Journal of the Institute for Chinese Classics Studies
Nanjing University

古典文獻研究

第十八輯　下卷

CSSCI來源集刊

南京大學文學院古典文獻研究所　主辦

江蘇高校優勢學科建設工程(PAPD)資助項目
南京大學中國文學與東亞文明協同創新中心資助項目
南京大學985工程項目經費資助出版項目
國家社科基金重大項目"中國古代文獻文化史"
(10&ZD130)階段性成果

鳳凰出版社

圖書在版編目(CIP)數據

古典文獻研究. 第十八輯. 下卷 / 程章燦主編. --
南京 : 鳳凰出版社, 2016.6
ISBN 978-7-5506-2381-1

Ⅰ. ①古… Ⅱ. ①程… Ⅲ. ①古文獻學—中國—叢刊
Ⅳ. ①G256.1-55

中國版本圖書館CIP數據核字(2016)第122309號

書　　名	古典文獻研究(第十八輯下卷)
主　　編	程章燦
責任編輯	林日波
出版發行	鳳凰出版傳媒股份有限公司 鳳凰出版社(原江蘇古籍出版社) 發行部電話025-83223462
出版社地址	南京市中央路165號,郵編:210009
出版社網址	http://www.fhcbs.com
經　　銷	鳳凰出版傳媒股份有限公司
照　　排	南京凱建圖文製作有限公司
印　　刷	江蘇鳳凰通達印刷有限公司 南京市六合區冶山鎮,郵編:211523
開　　本	787×1092毫米　1/16
印　　張	20
字　　數	412千字
版　　次	2016年6月第1版　2016年6月第1次印刷
標準書號	ISBN 978-7-5506-2381-1
定　　價	85.00圓

(本書凡印裝錯誤可向承印廠調换,電話:025-57572508)

目　次

古典文獻研究（第十八輯下卷）
Journal of the Institute for Chinese Classics Studies
Nanjing University
Volume 18, No.2 2015

元刊《事林廣記》插圖考論*

王 珂

中國古籍插圖的歷史源遠流長，早在先秦時期的簡帛典籍中就已能窺見其翩翩鴻影。[①] 雕版印刷術肇興以後，書籍插圖無論數量還是質量，都有了空前的飛躍，異彩紛呈，令人傾倒。在衆多圖文並茂的版刻書籍中，問世於宋元之際的日用類書《事林廣記》（以下隨文或稱《事林》）頗具代表性。該書插圖憑借其式樣的豐富多姿，畫面的精煉生動及不俗的表現力，在木刻版畫史上占有重要的一席之地。

不過，論及《事林》插圖者雖夥，卻多落脚於版畫的賞析或史料的徵引，從文獻研究的角度出發，考察其源流與演變者則不多見。故本文嘗試運用文獻比勘的方法，探討插圖在書籍内流傳過程中的嬗遞傳承，揭示其中隱藏的脈絡。

目前傳世的《事林廣記》版本，刊印時代最早者皆係元刻，共計五種：至順間（1330—1332）建安椿莊書院本（一部，今藏"臺北故宫博物院"，下文均作"椿莊本"）[②]、至順間西園精舍本（一部，今藏日本國立公文圖書館内閣文庫，下文均作"西園本"）[③]、後至元六年（1340）建陽鄭氏積誠堂本（三部，分藏北京大學圖書館、日本宫内廳書陵部、日本佐賀縣武雄市教育委員會，下文均作"積誠本"）[④]及日本長崎縣立對馬歷史民俗資料館藏本（據日本學者宫紀子考察，該本爲元刊本，然刊刻的具體年份不明，下文均作"對馬本"）[⑤]。另外還有和刻本一種，此本雖刊印於日本東山天皇元禄十二年（1699，清康熙三十九年），但

* 本文爲陝西省社會科學基金項目"宋代類書考"的研究成果之一，立項號 13HO63。

① 如 20 世紀 30 年代湖南長沙子彈庫出土的戰國中晚期楚帛書。

② （宋）陳元靚《新編纂圖增類群書類要事林廣記》，上海古籍出版社《續修四庫全書》本，2002 年。

③ （宋）陳元靚《增新類聚事林廣記》，臺灣"中央研究院"史語所傅斯年圖書館藏元至順西園精舍刊本影印本。按，圖書館目録將該影印本誤標爲明弘治間（1488—1505）西園精舍刊本。

④ （宋）陳元靚《事林廣記》，中華書局，1999 年。

⑤ （日）宫紀子《對馬宗家舊藏の元刊本〈事林廣記〉について》，2008 年 6 月《東洋史研究》第六十七卷第一號。

係翻刻元泰定二年(1325)刻本[①],故歷來學者仍以元本視之。這五種本子中,對馬本屬新近發現,經眼者很少,其它四個本子均有影印本,較易覓得,且基本上能反映出元刊《事林》的風貌,因此本文主要以此四本作爲討論的文獻依據。

翻檢椿莊、西園、積誠與和刻四本,諸本所附插圖,除譜與地圖外,以半葉一幅計(若一圖由一葉合成,則仍以一幅計),分别爲 86 幅、80 幅、52 幅、41 幅,各本每卷所附插圖平均約 2 幅、1.8 幅、3 幅、0.4 幅。比對四本的插圖,其版式大致可分作四類:

其一,月光式。

顧名思義,是指插圖版式外方内圓,猶如明月高懸。西園本、積誠本《事林》"天文類"之"兩儀兩曜之圖"(圖 1、2、3)即爲此類插圖的典型之作(前者位於《前集》卷一之首,後者位於《甲集》卷一之首)。[②] 西園本之圖爲雙葉連式,由兩個半葉共同構成一幅完整的圖畫;積誠本則縮小爲單葉式。不過兩者内容基本相同,均形象地表現了中國傳統文化的天地觀,十分珍貴。今人認爲這種插圖樣式的首創者是晚明蘇州書坊[③],顯然,這與事實並不相符。據上可知,至遲於元代中葉,閩地書坊[④]就已採用這種構圖的版畫了。

圖 1

圖 2

圖 3

其二,上圖下文式。

這類插圖在古籍中較爲常見,其起源也甚早,如五代後晉時的《大聖毗沙門天王像》,就已採用上圖下文的布局。雖然該像僅是單幅作品,並非真正意義上的書籍插圖,但其代表的版圖模式則預示着後世書籍插圖的發展

---

① (宋)陳元靚《事林廣記》,上海古籍出版社《和刻本類書集成》,1990 年。

② 圖 1、2 見(宋)陳元靚《事林廣記・前集》卷一,傅斯年圖書館藏元至順西園精舍刊本影印本;圖 3 見(宋)陳元靚《事林廣記》,中華書局影印本,第 2 頁。

③ 周心慧《中國古代版刻版畫史論集》:"晚明時,蘇州率先流行所謂'月光式'版型。"學苑出版社,1998 年,第 56 頁。又,陳鐸《建本和建安版畫》:"(月光式)這是晚明時期在杭州、蘇州出現的一種版畫構圖,後爲各地書坊所用。"福建美術出版社,2006 年,第 61 頁。

④ 按,西園精舍與鄭氏積誠堂皆爲宋元時期福建建陽地區著名書坊。

方向。

上圖下文式的插圖之所以被廣泛採用，根本原因仍須從刻本書籍的特點出發去探尋。胡應麟《少室山房筆叢》卷四云：“至唐末宋初，鈔録一變而爲印摹，卷帙一變而爲書册。”①胡氏顯然已經注意到印刷術與圖書形式之間的聯繫。版刻的出現，導致了宋前寫本書籍的主要裝幀形式——卷軸裝，日趨消亡，取而代之者爲新興的蝴蝶裝，此後又演變爲包背裝，並最終定型爲綫裝。然而無論是蝴蝶裝，還是包背裝和綫裝，其基本形式都是積葉成册，積册成部，而非首尾一體，前後相連的卷軸。易言之，信息傳播方式出現變革，信息的載體形式也會隨之創新。當册葉式書籍逐漸被大衆接受後，人們的閱讀習慣也悄悄地發生了改變，傳統“左圖右史”或“右圖左史”式的書籍插圖已不太適合新的情勢，爲閲讀方便計，上圖下文自然成了首選。

元刊《事林》插圖中以上圖下文式構圖的很不少，如椿莊本《後集》卷一一“器用類”所附“車制圖”（圖 4）②。該圖約占版面的三分之二，其餘爲文字解説，圖文之間由一道單邊横欄隔開。圖的内容是天子車駕出行時的情景，構圖較爲緊湊，不過人物刻畫略顯簡略。該圖左上角有一題記，名曰“大路”。清代《天禄琳琅書目》卷二“宋版子部”載：

> 《纂圖互注荀子》。一函八册。周荀况撰，三十二篇。唐楊倞注，分二十卷。前載楊序，序後有“欹器”、“大路”、“龍旗九斿”三圖。③

圖 4

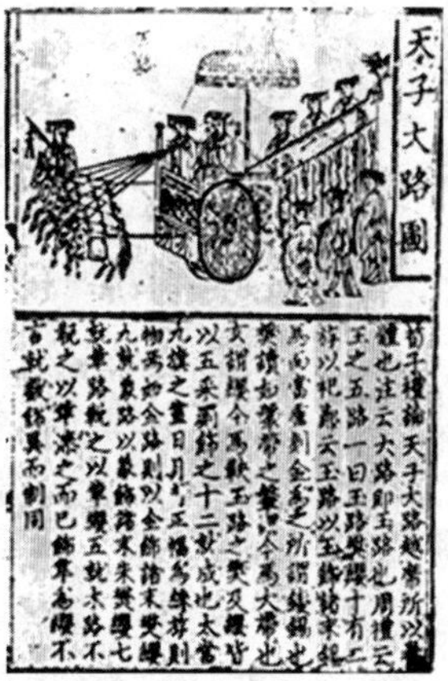

圖 5

該本出自南宋建陽麻沙書坊，今藏國家圖書館。葉德輝《書林清話》卷六“宋刻纂圖互注經子”條有云：

---

① (明)胡應麟《少室山房筆叢》，上海書店出版社，2009 年，第 45 頁。

② 按，此圖，椿莊、西園二本全同，故僅以前者爲例，以免重複。圖見(宋)陳元靚《新編纂圖增類群書類要事林廣記》，《續修四庫全書》本，第 378 頁。又，北大藏鄭氏積誠堂本與和刻本均無此圖。

③ (清)于敏中《天禄琳琅書目》，中華書局《清人書目題跋叢刊》本，1995 年，第37 頁。

> 宋刻經、子，有“纂圖互注重言重意”標題者，大都出於坊刻，以供士人帖括之用。[①]

所謂“纂圖”者，是指書中附有插圖。該書卷首所載“天子大路圖”（圖 5）[②]頗爲有名，與“車制圖”比較，二者雷同，相異處僅爲標題與圖下解說文字。綜合兩書的刊印時間、地點等因素考慮，兩者應存在先後承繼的關係。

南宋時，此圖似頗風行，孝宗乾道元年（1165），遂寧楊甲編有《六經圖》六卷，該書宋刻本今已不存，可見者乃明萬曆間徽州吴繼仕熙春樓覆刻本，其卷四“周禮文物大全圖”中有一葉，分作上下兩部分，上爲“巾車玉輅制圖”，下爲“墨車制度圖”（圖 6）[③]，兩者之間附有解釋文字。細觀上圖，若將翻刻時必然存在的走樣失真等因素忽略不計，其與前舉《事林》“車制圖”、《纂圖互注荀子》“天子大路圖”可謂如出一轍。

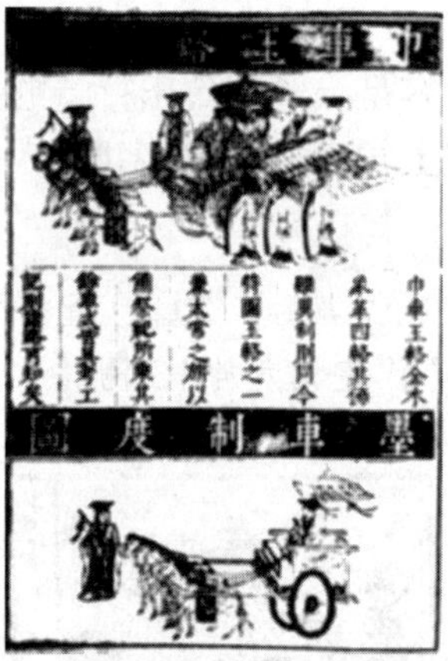

圖 6

圖 7

元刊《事林》中插圖與他書相同者，尚不止於此，兹再舉一例：至順二本（椿莊、西園本）《續集》卷四“文藝類”有“夫子杏壇之圖”（圖 7）[④]。此圖爲單葉式（有關該版式的介紹詳見下文）：圖中孔子高坐講壇之上，雙手撫琴，孔門弟子（計十人）則分侍於壇之左右；圖右有杏樹一株，師徒身後爲一遠山，山頂左側祥雲裊裊。整幅圖寧静肅穆，雍容恬淡，人物雖多，畫面卻緊湊而不顯擁擠，堪稱佳作。不過，該圖並非梓行《事林》者原創。錢曾《讀書敏求記》卷二“譜牒”類“《東家雜記》”條云：

> 牧翁《書趙太史魯游稿後》亟稱《東家雜記》、《祖庭廣記》諸書，而惜予之未見也。壬戌冬日，葉九來過訪草堂，云有宋槧本《東家雜記》，因假借

① 葉德輝《書林清話》，上海古籍出版社，2008 年，第 112 頁。

② 周蕪《中國版畫史圖録》上册，上海人民美術出版社，1988 年，第 85 頁。

③ 周心慧《中國古版畫通史圖版》，學苑出版社，2000 年，第 85 頁。

④ 按，以椿莊本圖爲例，參（宋）陳元靚《新編纂圖增類群書類要事林廣記》，《續修四庫全書》本，第 411 頁；積誠本、和刻本均無此圖。

繕寫。此書爲先聖四十七代孫孔傳編。首列《杏壇圖説》,記夫子車從出國東門,因觀杏壇,歷級而上,顧弟子曰:"兹魯將臧文仲誓將之壇也。"覩物思人,命琴兒歌。其歌曰:"暑往寒來春復秋,夕陽西去水東流。將軍戰馬今何在,野草閑花滿地愁。"考諸家《琴史》俱失載,附録於此。詳其語義,未知果爲夫子之歌否也。①

又,錢大昕《十駕齋養新録》卷一三"《東家雜記》"條云:

《東家雜記》二卷,孔子四十七代孫、右朝議大夫、知撫州軍州事傳所撰,有紹興甲寅三月自序。傳於宣和六年嘗撰《祖庭雜記》,其書雖不傳,猶略見於孔元措《祖庭廣記》中。此則從思陵南渡以後,别爲編輯,改"祖庭"爲"東家"者,殆痛祖庭之淪陷,而不忍質言之乎?考四十九代孫玠,襲封衍聖公,其時傳已稱本家尊長,而卷中所述孔氏世系,訖於五十三代孫洙,計其時代,當在南宋之季,蓋後來别有增入矣。卷首《杏壇圖説》,與錢遵王所記正同。又有《北山移文》、《擊蛇笏銘》、《元祐黨籍》三篇,恐皆後人妄增,非傳意也。卷中管勾之勾皆作勹,避思陵嫌名。間有不缺筆者,元初修改之葉,辨宋板者當以此决之。②

遵王、竹汀所言宋槧《東家雜記》者,保存至今,珍藏於國家圖書館。是書凡二卷,爲北宋間衢州刊本,南宋曾補板,其卷端《杏壇圖説》當如錢氏所考,係南宋末葉時加入。該"杏壇圖"(圖 8)③與至順本《事林》"夫子杏壇圖"幾無二致。若以刊刻年代論,後者應是照搬自前者。但仔細分析,卻並非如此。

圖 8

按,遵王言孔子登杏壇撫琴而歌之事"諸家《琴史》俱失載",檢核椿莊、西園二本《事林》,其"杏壇圖"位置正在"文藝類""琴"中,可見此圖確與琴書有關,《東家雜記》"杏壇圖"並非原創,也是沿襲之作。但若視《雜記》之圖沿用了《事林》原本之圖,這種可能性亦微乎其微。何以言之?考和刻本《事林》之《丁集》卷四"文藝門",該門首條曰"撫琴要

① (清)錢曾撰,管庭芬、章鈺校正《讀書敏求記校證》,上海古籍出版社,2007 年,第 160—161 頁。

② (清)錢大昕《十駕齋養新録》,江蘇古籍出版社,2000 年,第 279 頁。按,(清)黄丕烈撰、潘祖蔭輯《士禮居藏書題跋記》卷二"史類""《東家雜記》"條亦載錢氏此言(書目文獻出版社,1989 年,第 26 頁),文字略有不同,曰:"世文於宣和六年嘗撰《祖庭雜記》,及從思陵南渡,别撰此書,改'祖庭'爲'東家'者,殆痛祖庭之淪陷,而不忍質言之歟?考四十九代孫玠襲封衍聖公時,世文稱本家尊長,而卷中述世系訖於五十三代洙,計其時代當在南宋之季,蓋後來續有增入矣。卷首《杏壇圖説》與錢遵王所記正同,竊意此《圖説》及《北山移文》、《擊蛇笏銘》、《元祐黨籍》三篇亦後人增入,非世文意。"顯然,"杏壇圖"非孔氏原本所有,乃後人添入。

③ 王伯敏等《中國美術全集·繪畫編》第二十册《版畫》,人民美術出版社,1988 年,第 13 頁。

略”,節引了《孔子家語》、《桓譚新論》與《帝王世紀》的文字,文後附有“琴樣範圖”一幅(圖 9)①,比對椿莊本、西園本、積誠本,三者皆在《家語》引文與《新論》、《帝王世紀》引文之間,增入了一段“陳拙參軍琴説”的文字,“範圖”則截取一半,改題作“琴圖”,並順移於此文之後,椿莊、西園二本並在圖左方添入“夫子杏壇之圖”,以代替“範圖”被截去的部分(圖 10,此圖選自椿莊本)。② 和刻本最接近原本面貌,由上可見,“杏壇圖”當是入元後新增,顯然也就没有被宋本《東家雜記》襲用的可能了。

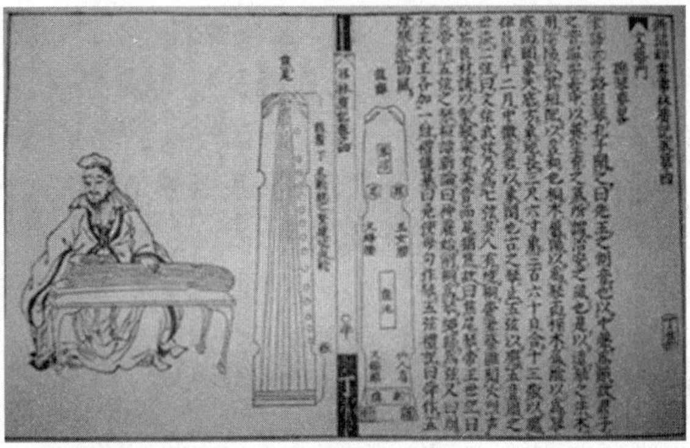

圖 9

圖 10

由此可見,典籍中的插圖實際也如同文字,在其流傳過程中,往往會有因襲、更改的情况出現。對於古籍中所附插圖,我們不可輕下斷語,徑言某書某圖式樣係首創,而應謹慎地考索源流,在辨别其傳承次序的基礎上,才有可能獲知事情的真相。當然,圖像的襲用較文字更加隱晦,後者若不注出處,很容

① (宋)陳元靚《事林廣記》,《和刻本類書集成》本,第 255 頁。

② (宋)陳元靚《新編纂圖增類群書類要事林廣記・續集》卷四,《續修四庫全書》本,第 411 頁。又,見(宋)陳元靚《事林廣記・續集》卷四,傅斯年圖書館藏元至順西園精合刊本影印本;(宋)陳元靚《事林廣記・庚集》卷上,中華書局影印本,第 172 頁。

易受到指摘詬病,前者的剿襲卻很少會有人注意,往往"事如春夢了無痕",無迹可尋,難以考求其源頭所在。

其三,單葉式。

這一類型是指插圖獨爲一葉。此種版式,因版面空間充裕,足供刊工施展技藝,故常用於繪刻場景闊大、人物繁多的題材,或需精雕細鎸的人與事物。元刊《事林》中單葉式插圖不僅數量衆多,且不乏匠心獨運、生動精彩之作。其構圖布局毫不拘泥呆板,或一葉一圖,或雙葉合爲一圖,或一葉上下兩圖。

椿莊本《前集》卷一二"農桑類"中收有插圖四幅(圖 11、12)[①],頗爲著名。四圖分作兩組,每組由兩圖構成。一曰"耕穫圖",分繪耕種、收穫之景;一曰"蠶織圖",分繪養蠶、紡織之景。合二爲一即成農桑全景圖,與類目主題配合無間,相得益彰。

圖 11

圖 12

① 按,四圖選自椿莊本,(宋)陳元靚《新編纂圖增類群書類要事林廣記》,《續修四庫全書》本,第 299 頁;和刻本無此四圖;積誠本《甲集》卷下"農桑類"將兩組圖中第二幅圖均删去。

又,至順二本中有數幅雙葉連式之圖也刻畫生動,頗堪玩味,今不妨分組對比如下:

圖 13

圖 14

此組圖皆出自《前集》卷十一"儀禮類 · 拜見新禮"之"茶飯儀"條,上者係椿莊本(圖 13)[①],下者爲西園本(圖 14)[②](積誠本、和刻本均無),但所描繪的場景卻大相徑庭,前者人物純爲蒙古人裝束,後者人物則全係華夏衣冠。考二本《前集》目録,"茶飯儀"條下均標注有"新增"字樣,説明該條並非原本所有。人物服飾爲蒙元式樣者,當是入元後所增,但圖中人物的漢家打扮,應非元人繪刻,其"新增"二字又該如何解釋呢? 合理的答案恐怕是,所謂"新增"者其實仍是宋時繪刻,元至順間西園精舍刊印《事林》,對該圖未作修改,沿襲了原貌,椿莊書院則依據新時代的情況,重新繪刻了一幅用以替代舊作。相同的情況

① (宋)陳元靚《新編纂圖增類群書類要事林廣記》,《續修四庫全書》本,第 296 頁。

② (宋)陳元靚《事林廣記 · 前集》卷一一,傅斯年圖書館藏元至順西園精合刊本影印本。

也見於以下兩組插圖：

圖 15

圖 16

圖 17

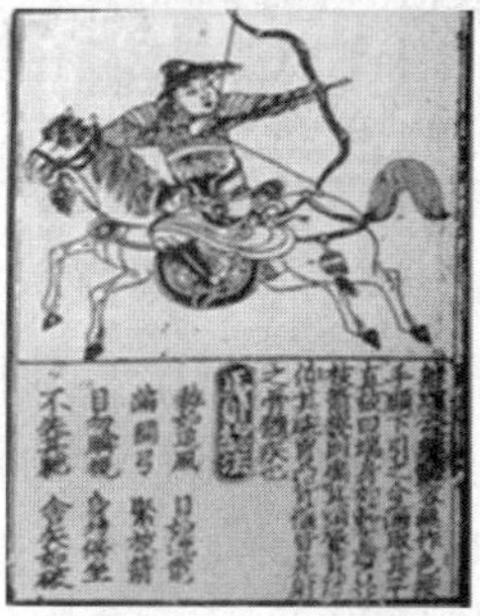

圖 18

上四圖，左側者出自椿莊本《後集》卷一三"武藝類"，上圖名"步射圖"(圖 15)[①]，下圖名"騎射圖"(圖 17)[②]；右側者出於西園本，集卷數、類目、圖名均與前者同(圖 16、18)[③]。將二本"步射"、"騎射"之圖分别比對，顯而易見，椿莊本所繪武將均爲蒙古人形象；西園本則是"步射"圖爲蒙人造型，"騎射"圖爲漢人相貌。又，和刻本《戊集》卷三附有"步射總圖"一幅(圖 19)[④]，圖中之人無論模樣，還是穿著，均爲典型的漢族特色。聯繫西園本"騎射圖"看，可知宋時《事林》舊本已載有"步射"、"騎射"二圖，只是蒙元代宋之後，有的本子對其做了修改，以便符合新朝制度。如椿莊本即採用了新圖，而西園本則不夠徹底，以致新舊参半。和刻本的底本泰定本，雖保存舊貌最爲完好，惜又刊落一幅，未成完璧。不過綜合三者比較，尚能尋出大致的脈絡，誠爲幸事。

圖 19

①② (宋)陳元靚《新編纂圖增類群書類要事林廣記》，《續修四庫全書》本，第 378 頁。

③ (宋)陳元靚《事林廣記・後集》卷一三，傅斯年圖書館藏元至順西園精合刊本影印本。

④ (宋)陳元靚《事林廣記》，《和刻本類書集成》本，第 290 頁。

椿莊本《事林》中還有兩幅描繪蒙古貴族日常娛樂生活的插圖,一爲《續集》卷六"文藝類"之"斗雙陸圖"(圖 20)①,一爲同集卷七"文藝類"之"蹴鞠圖"(圖 21)②。西園本因闕《續集》卷五至九,故二圖在該本中究竟爲何模樣,今已不得而知。積誠本、和刻本則均未載有類似插圖。從兩圖中人物外貌與著裝推斷,圖必爲入元以後所作。

圖 20

圖 21

細審椿莊本"茶飯儀"、"耕穫"、"蠶織"及"斗雙陸"四圖,各圖角落均繪有家犬,分别是"茶飯儀圖"中的兩隻(圖 22、23),其中一爲白犬,一爲黑犬,"耕穫圖"二中的花犬一隻(圖 24),"蠶織圖"中的黑犬一隻(圖 25),"斗雙陸圖"中的黑犬一隻(圖 26)。五犬均作翹尾狀,形態各異,生動可愛。繪刻者於插圖中加入這類點綴,看似無關輕重之筆,實則有平衡畫面,活躍氣氛的用意,故不應等閑視之。③ 英國藝術史家貢布里希(Ernst Hans Josef Gombrich)曾指出:"風格(Style)是表現或者創作所採取的或應當採取的獨特而可辨認的方式。"④

圖 22

圖 23

圖 24

圖 25

圖 26

觀察這五隻犬的造型風格,可謂十分統一,特别是圖 23 與圖 26,幾如複製,據之可證,"茶飯儀圖"、"耕穫圖"、"蠶織圖"、"斗雙陸圖"當係同一工匠抑或某幾位技藝上有承傳關係的工匠所繪刻。其他如"步射圖"、"騎射圖"與"蹴

① (宋)陳元靚《新編纂圖增類群書類要事林廣記》,《續修四庫全書》本,第 430 頁。

② (宋)陳元靚《新編纂圖增類群書類要事林廣記》,《續修四庫全書》本,第 434 頁。

③ 按,今人王伯敏曾以此爲例,説明《事林》插圖雕繪之細膩生動,不過王氏似不諳於版本之學,其所依據者爲積誠本,然援引之圖又出自椿莊本,混淆不清,且僅論及"鬥雙陸圖"、"蠶織圖"(王氏誤認作"蠶歌圖"),未能觀其全貌。參王伯敏《中國版畫通史》,河北美術出版社,2002 年,第 46—47 頁。

④ (英)貢布里希(Gombrich)《論風格》,范景中編《藝術與人文科學——貢布里希文選》,浙江攝影出版社,1989 年,第 84 頁。

鞠圖"中雖無類似圖案,但它們與前四圖屬同一批作品的可能性也很大。總而言之,椿莊本《事林》插圖中"茶飯儀"、"耕穫"、"蠶織"、"步騎射"、"斗雙陸"、"蹴鞠"等圖均是元統一中國後由某位或某些工匠繪刻而成,其它諸本中凡與之相同的插圖,都應源出於此。

其四,不規則式。

元刊《事林》中還有相當數量版式不規則的插圖,它們的構圖往往不拘一格,或一葉中包含多幅小圖,或圖之左右皆附有文字。此處姑舉兩例,以見其餘。

至順二本《後集》卷四"聖賢類"、積誠本《丙集》卷下"聖賢類"皆有"昭烈武成王像"(圖 27)一幅。① 又,至順本《後集》卷五"先賢類"、積誠本《丙集》卷下"先賢類"均附有七幅宋代大儒畫像(和刻本無),七圖分別是"濂溪周先生元公像"(圖 28)、"明道先生程純公像"(圖 29)、"伊川先生程正公像"(圖 30)、"橫渠先生張獻公像"(圖 31)、"康節邵先生像"(圖 32)、"涑水先生司馬温公(像)"(圖 33)、"晦庵先生朱文公像"(圖 34)。②

圖 27

圖 28

圖 29

圖 30

圖 31

圖 32

圖 33

圖 34

上引諸圖所刻繪者均爲赫赫有名的歷史人物。肖像畫最忌相似,而八幅插圖成功地避免了這一點,至少達到了面目各異的效果。不過,若將功勞都歸於刊印工匠,則有掠美之嫌。今因對馬本《事林》的發現,我們方知"昭烈武成

① (宋)陳元靚《新編纂圖增類群書類要事林廣記》,《續修四庫全書》本,第 333 頁。又,(宋)陳元靚《事林廣記・後集》卷四,傅斯年圖書館藏元至順西園精合刊本影印本;(宋)陳元靚《事林廣記》,中華書局影印本,第 81 頁。

② 按,此八圖均選自椿莊本,(宋)陳元靚《新編纂圖增類群書類要事林廣記》,《續修四庫全書》本,第 337、338 頁;積誠堂本之圖與之相同,見(宋)陳元靚《事林廣記》,中華書局影印本,第 84、85 頁;西園精舍本八圖中"涑水先生司馬温公(像)"與"晦庵先生朱文公像"與前二者略有差異。

王像”所據之本乃建安周氏家藏《禮奠圖》真本,而周敦頤至朱熹七人圖像的底本《新編音點性禮群書圖解》之《前集》卷一“遺像”,也是據建安“大貴家所得的七先生子孫家廟的真本傳寫”①。換言之,上述《事林》所附八圖並非刊行者創作,而是淵源有自,出於圖畫真迹。

宋元之時,理學大熾,流風所扇,波於四裔。儒者最重禮制,受其影響,元刊《事林》諸本皆用相當篇幅載録與禮有關的名物。這些内容在至順本中主要收録於《後集》卷一〇“服飾類”、卷一一“器用類”、卷一二“音樂類”,積誠本則收入《庚集》卷上“音樂類”中②,和刻本則收入《戊集》卷一“祭器儀式門”③。古器制度最難詳悉,對於初學者尤其如此,倘若僅讀文字,往往百思不得其解,故該類書籍多附插圖,以便讀者記憶理解。對此,《事林》也不例外,每個器物均配圖一幅,並於圖旁附有解釋文字。比如以下甲、乙、丙三組圖中居上者(圖 35、39、43)④,分别出於椿莊本《後集》卷一〇“服飾類”、卷一一“器用類”、卷一二“音樂類”:

甲

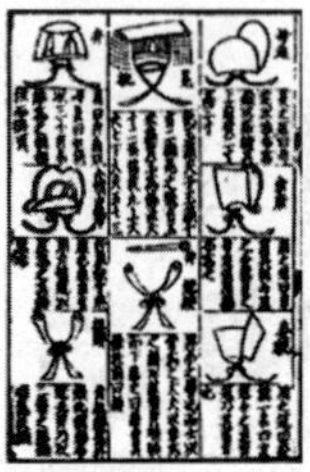

圖 35

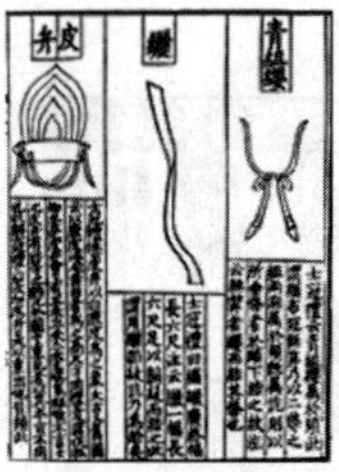

圖 36

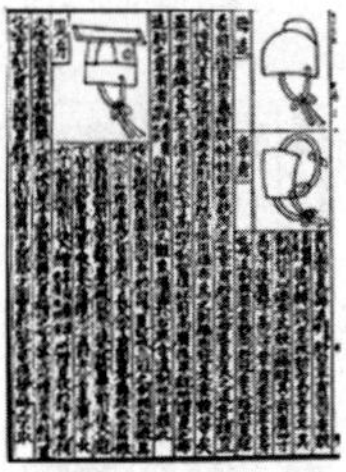

圖 37

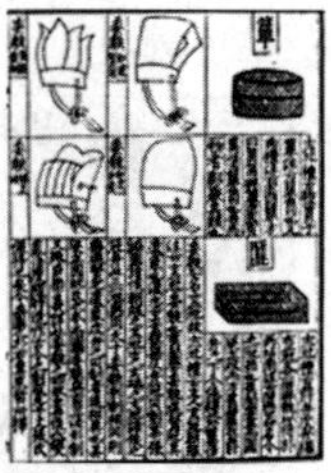

圖 38

乙

圖 39

① (日)宫紀子《新發現的兩種〈事林廣記〉》,《版本目録學研究》第一輯,喬曉飛譯,國家圖書館出版社,2009 年,第 188 頁。

② 參(宋)陳元靚《事林廣記》,中華書局影印本,第 169 頁。

③ 參(宋)陳元靚《事林廣記》,《和刻本類書集成》本,第 277—280 頁。

④ (宋)陳元靚《新編纂圖增類群書類要事林廣記》,《續修四庫全書》本,第 369、378、381 頁;又見(宋)陳元靚《事林廣記·後集》卷十、十一、十二,傅斯年圖書館藏元至順西園精舍刊本影印本。

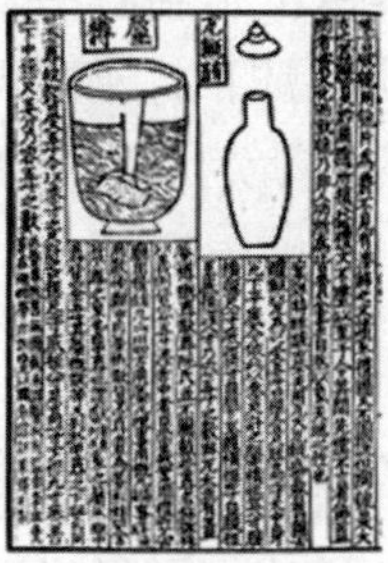

圖 40

圖 41

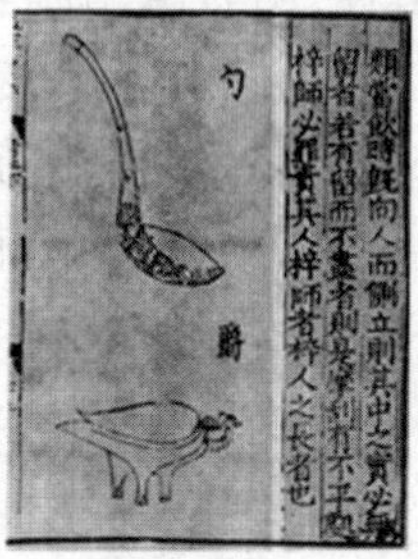

圖 42

丙

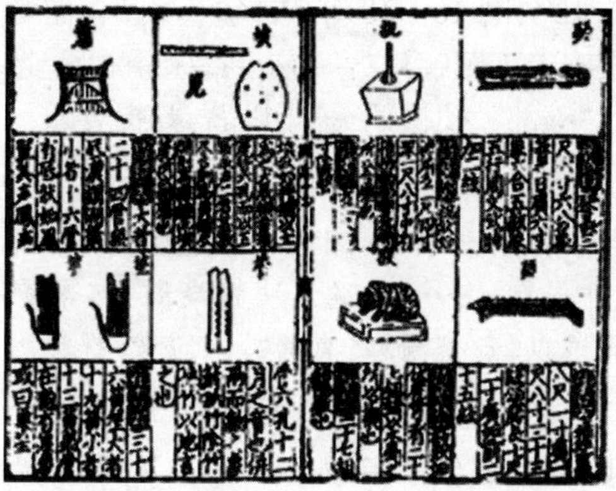

圖 43

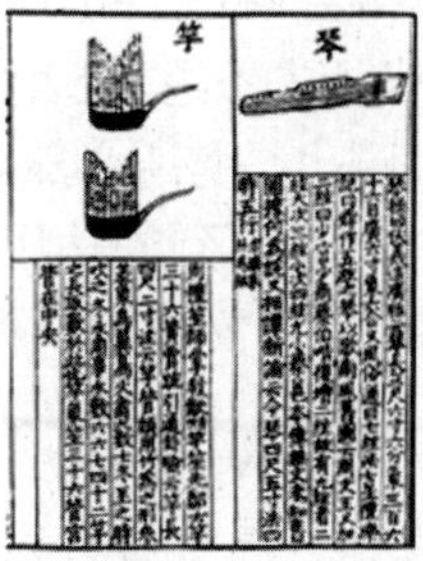

圖 44

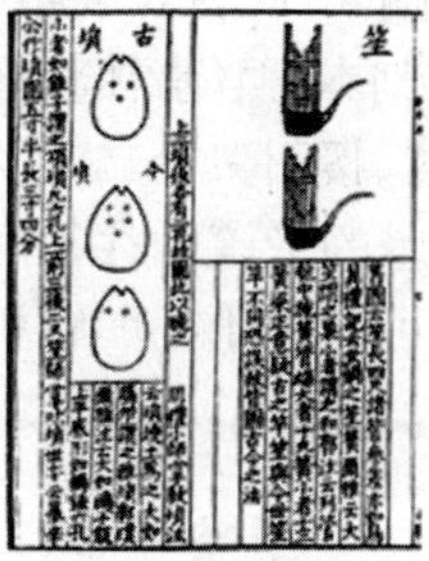

圖 45

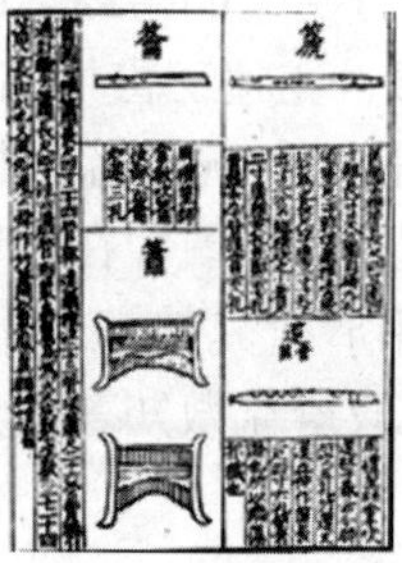

圖 46

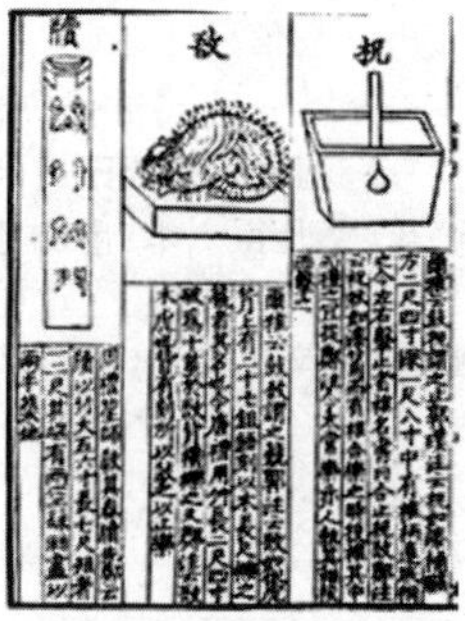

圖 47

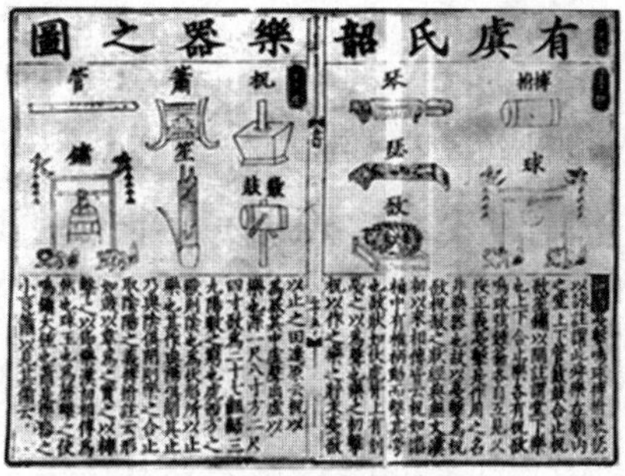

圖 48

若獨觀《事林》中有關禮制名物的插圖,大概會認爲其皆係編刊者繪刻,然正如前文指陳,書籍插圖也與文字撰述有相似之處,其中層層相因,輾轉稗販,剽竊割裂者所在多有。只是由於圖畫在臨摹沿襲中,必會不斷走形失真,摻入不同的風格元素。加之版畫還有上板雕刻一道工序,故更易與原作產生較大距離,絶難達到如出一轍的效果。儘管難以畢肖,但有無影響承繼,還是大致能夠作出準確的判斷,《事林》服飾器用之圖即屬此類。

北宋初,聶崇義撰《三禮圖》[①],是書今存諸本中最古者,當推南宋孝宗淳熙二年(1175)鎮江府學刻公文紙印本。該本保存完好無缺,乃稀世瑰寶,現藏於國家圖書館。書名題作"新定三禮圖",凡二十卷,分作十六門,皆博引經典,考釋器物,並附有五百多幅插圖,其中不乏與《事林》諸名物圖近似者,如上舉圖 36—38[②],圖 40—42[③],圖 43—48 等。[④] 今上海圖書館藏有南宋刻元延祐四年(1317)重修本《鬳齋考工記解》二卷,該書爲宋季福清士人林希逸編撰,《四庫全書總目》卷一九"經部"之"禮類一"予以著録,提要云:

> 自漢河間獻王取《考工記》補《周官》,於是經與《記》合爲一書。然後儒亦往往别釋之,唐有杜牧注,宋有陳祥道、林亦之、王炎諸家解,今並不傳。獨希逸此注僅存。……希逸注明白淺顯,初學易以尋求。且諸工之事非圖不顯,希逸以《三禮圖》之有關於《記》者,採摭附入,亦頗便於省覽。故讀《周禮》者,至今猶傳其書焉。[⑤]

此書插圖也有與《事林》之圖相似者,如圖 42[⑥]。又,國家圖書館藏南宋紹熙間建陽書坊刻本《尚書圖》二十卷,是書共附圖七十七幅,皆爲上圖下文,中有一幅名曰"有虞氏韶樂器之圖"(圖 48)[⑦],持與《事林》"樂器"圖(圖 43)比較,類同之處更多。上述三書均係南宋刻本,與《事林》成書年代相去不遠,後者受其影響當在情理中,何況後者本爲類書,援引衆籍文字以及插圖也是勢所必然。

綜上所述,圖像在典籍文獻的考證中往往能發揮意想不到的功用,它們不僅可以用於研究某部書籍,還可通過比勘與解析,揭示不同文本之間傳承沿襲的關係,取得見微知著的效果。

(作者單位:陝西省社科院古籍研究所)

① 按,(清)紀昀等《四庫全書總目》卷二三"禮部"之"禮類四"著録此書,提要曰:"崇義,洛陽人,周顯德中累官國子司業。世宗詔崇義參定郊廟祭玉,因取《三禮》舊圖,凡得六本,重加考訂。宋初上於朝,太祖覽而嘉之,詔頒行。"中華書局,1965 年,第 176 頁。

② 鄭振鐸《中國古代版畫叢刊(一)》,上海古籍出版社,1988 年,第 45、47、48 頁。

③ 鄭振鐸《中國古代版畫叢刊(一)》,第 156、162 頁。

④ 鄭振鐸《中國古代版畫叢刊(一)》,第 81、82、83、84 頁。

⑤ (清)紀昀等《四庫全書總目》,第 152 頁。

⑥ 鄭振鐸《中國版畫史圖録》上册,第 96 頁。

⑦ 鄭振鐸《中國版畫史圖録》上册,第 92 頁。

古典文獻研究(第十八輯下卷)
Journal of the Institute for Chinese Classics Studies
Nanjing University
Volume 18, No.2 2015

借閲、傳抄及過録與清代《説文》學的展開*

吴欽根

引　言

艾爾曼曾在《從理學到樸學》一書中强調:"考據學是一種群體性事業"①,這一群體"通過知識傳播的組織與機制走到一起,就尋找、發掘知識的途徑達成共識"②。如果"不瞭解樸學家的群體特質,就不能準確把握其實證方法的走向及其發展方式"③。對於許慎《説文解字》一書的研究,至清代,特别是乾嘉以還,可謂臻于極盛。参與其事的學者達四百餘人,研究著述不下九百種。④ 其地域亦不限於以江浙爲中心的江南學術圈(包括江蘇、浙江、安徽),輻射所及,勿論山東、廣東、福建、湖南⑤、湖北⑥,甚至是四川⑦、

---

* 本文爲"中國古代文獻文化史"(10&ZD130)子項目"清代文獻文化史"階段成果之一。

① (美)艾爾曼《從理學到樸學——中華帝國晚期思想與社會變化面面觀》,趙剛譯,江蘇人民出版社,2012年,第4頁。

② (美)艾爾曼《從理學到樸學——中華帝國晚期思想與社會變化面面觀・初版序》,趙剛譯,第2頁。

③ (美)艾爾曼《從理學到樸學——中華帝國晚期思想與社會變化面面觀》,趙剛譯,第4頁。

④ 據筆者初步統計,清代《説文》著述達883種(另成書年代未能確屬爲清代者36種),尚不包括各圖書館所藏批校本。

⑤ 如王夫之《説文廣義》二卷、何紹基《説文段注駁正》四卷、鄒漢勳《説文諧聲譜》十五卷、曾紀澤《説文重文本部考》一卷附録一卷、《説文分韻解字》、李楨《説文逸字辨證》二卷、郭慶藩《説文經字正誼》四卷、《説文經字考辨證》四卷、唐贊衮《説文字原表》一卷、鄒永脩《説文通譜》十四卷、周聲溢《説文解字補逸》一卷、葉德輝《説文讀同字考》一卷、《説文籀文考證》一卷《説籀》一卷補遺一卷、羅鎮嵩《説文部目便讀》、舒立淇《説文解字便箋》一卷、《説文解字舉隅》一卷、葉啓勳《説文籀文考證補遺》一卷、楊昭儁《説文難檢字録》一卷、楊廷瑞《説文經斟》十三卷補遺一卷、《説文正俗》一卷、張祖同《説文解字補逸》一卷、章敦彝《説文形聲指荄》、周廣洵《説文集腋》四卷、周詒樸《説文音韻類纂》、蔡用錫《説文啓蒙》十六卷、彭思眷《許氏説文訂》等。

⑥ 如楊守敬《重訂説文古本考》四卷、劉彝《説文便蒙》一卷、田潛《一切經音義引説文箋》、《説文二徐箋異》二十八卷、《宋本説文校勘表》一卷、吴錦章《説文補逸》一卷、《六書類纂》八卷,周繪藻《説文賡纂》一卷等。

⑦ 如宋育仁《許氏説文解字説例》一卷、《説文部首訂讀》二卷、《説文解字部首箋正》二卷、饒炯《説文解字部首訂》十四卷、《許書發凡内参》一卷、《説文部首六書例讀》一卷附《表説》一卷、《説文釋例補訂》四卷、吴楚《説文染指》二卷、岳森《説文舉例》、李滋然《説文引漢律補正》一卷等。

貴州、廣西[①]、甘肅[②]、陝西[③]、山西[④]等偏離學術重心的地域,亦不乏其人。較著名者如以王筠、許瀚、翟雲升等爲代表的山东群體[⑤];以陳澧、陳宗侃、黎永椿、徐灝、徐樾、徐紹楨、桂文燦等爲代表的廣東群體[⑥];以陳壽祺、孫經世、梁運昌、林昌彝、林慶炳、謝章鋌等爲代表的福建群體[⑦];以莫友芝、鄭珍、鄭知同等爲代表的貴州群體[⑧]等。群體間或父子相承,或師弟授業,或夫妻同心,或同道友朋相切磋,或前賢後學相鼓蕩,傳布幾遍於全國。

對於諸群體的湧現,這裏所關心及探討的,不在其興起的内在根源,興趣所指,乃在於它生發傳衍的外在機制,即這一龐大知識網絡是如何在學者群中由點到面而逐漸形成與展開的。任何一項學術研究的展開或一個知識體系的形成,其結果或許只是一堆乾枯的理論,但其過程往往是鮮活的。李文藻(1730—1778)《送馮魚山〈説文〉記》一文,就是其中的較好例證:

> 國家以《説文》治經,惠半農侍讀最先出,其子棟繼之。近日戴東原大闡其義,天下信從者漸多。高郵王懷祖,戴弟子也。己丑冬遇之京師,屬爲購毛刻北宋本,適書賈老韋有之,高其值。王時下第囊空,稱貸而買之。王曰:歸而發明字學,欲作書四種,以配亭林顧氏《音學五書》也。予是年

---

① 如况澄《説文外字》一卷、《許書重文》一卷、《説文考證》不分卷、《説文徵典》十二卷、周炳蔚《説文重文提要》一卷、况祥麟《六書管見》二十卷等。

② 如張澍《説文引經考證》、《一切經音義引説文異同》一卷等。

③ 如董詔《説文測議》(又名《説文測議訂經》)七卷附《二徐説文同異考》一卷、王玉樹《説文拈字》七卷補遺一卷、王文鑒《説文引經考》一卷、郭忠清《説文漫録》一卷等。

④ 如宋鑒《説文解字疏》三十卷、王軒《説文句讀識論》不分卷、韓耀光《説文聲類分韻表》十七卷等。

⑤ 如桂馥《説文解字義證》五十卷、郝懿行《説文廣詁》十二卷、王筠《説文釋例》二十卷、《説文句讀》三十卷、《説文系傳校録》三十卷、《説文韻譜校》五卷、《説文新附考校正》一卷、許瀚《説文引詩字輯》一卷、《説文義證定本》、《説文義證校例》、《某先生校桂注説文條辨》、馬邦舉《説文解字考略》六卷、丁棫五《説文解字均隸》十二卷、丁佛言《説文古籀補補》十四卷補遺一卷附録一卷、時庸勱《説文解字聲切正謬》、《説文韻孳》、《説文均表》、尹彭壽《説文類編》、《國朝治説文家書目》等。

⑥ 如陳澧《説文聲統》十七卷首一卷標目一卷、陳宗侃《毛傳説文異同考》不分卷、《説文釋例提綱》一卷、黎永椿《説文通檢》十四卷首末各一卷、徐灝《説文解字注箋》二十八卷附《説文檢字》三卷《重文檢字》一卷《疑難檢字》一卷《今文檢字》一卷、《象形文釋》、《説文部首考》、《説文校本》、桂文燦《説文部首句讀》一卷、侯康《説文假借例舉》、李黼平《説文群經古字》四卷、林伯桐《説文經字本義》二十卷、吴傳《説文假借例釋》一卷、馮譽驄《説文諧聲表》、高學瀛《説文解字略例》一卷、邵灉祥《説文新附通正》四卷,鄭耀奎《説文引經同異述》十二卷《説文引經同異述餘》二卷、鄒伯奇《讀説文段注劄記》一卷、林荃《千字文説文解字》一卷附《别解》一卷、徐紹楨《説文部首考》五卷、《説文部首述義》等。

⑦ 如陳壽祺《説文經字考》一卷、孫經世《説文説》一卷、《説文會通》十六卷、梁運昌《讀説文解字小箋》、林昌彝《説文注辨段》一卷、《説文二徐定本互校辨訛》十五卷附提要一卷、林慶炳《説文字辨》十四卷、陳慶鏞《説文古籀考》、謝章鋌《説文閩音通》一卷附録一卷、《説文大小徐本録異》一卷、吴種《説文引經異文集證》、陳建侯《説文提要》一卷、《説文部目》二卷、劉家鎮《説文分均再稿》五卷、魏本唐《通考説文引經》三十四卷、陳衍《説文舉例》七卷、《説文解字辨證》十四卷、蕭道管《説文重文管見》一卷等。

⑧ 如莫友芝《唐寫本説文解字木部箋異》一卷、鄭珍《説文逸字》二卷附録一卷、《説文新附考》六卷、鄭知同《説文淺説》一卷、《説文本經答問》二卷、《説文商議》十四卷附《説文訛字》一卷、《説文佚字補遺》一卷、《説文逸字附録》一卷、《説文述許經義》、宦懋庸《慧琳大藏音義引説文考》、《説文疑證編》、《〈六書略〉平議》、程棫林《説文通例》十卷、黄國瑾《段氏説文假借釋例》二卷等。

赴粤，所携書皆抄本之稍難得者，謂其易得者可隨處覓之。至則書肆寥寥，同官及其鄉士大夫家亦無可假，是書僅見萬曆間坊本耳。歲辛卯，羅臺山訪予于恩平，居數月，其行篋有手校毛刻本，改正甚多，惜未及録。壬辰春，予調潮陽，其書院山長鄭君安道爲朱竹君學士分校會試所得士，鋭意窮經，且以教其徒。索《説文》於予，乃爲劄，求于濟南周林汲，而揭陽鄭運使適自兩淮歸里，專一介問有此書否，運使實無之，而不遽報，遣健足走揚州，從馬秋玉之子取數部，往返才三閲月。以其二餉予，一插架，一貽鄭進士，進士喜過望。是冬，予有事羊城，又得林汲所寄，則此本也。首卷有藉圃主人、麥溪張氏諸小印，又有刻趙文敏語二印，方寸六十餘字。尤精緻，紙色蓋百年物。書到時，胡生亦常見之，極羨愛。且曰：廣中唯張藥房有之，胡、張相友善，予謂其可借觀，不能割也。今年春夏間，予寓廣，日與馮魚山相過從，魚山方講小學，每以不得此書爲恨，回潮乃舉此贈之。予之於書，聾瞽耳目，徒有之而不能用，魚山得此，將盡發其聰明，他日以語林汲，其不負萬里見寄之意矣乎。予記此以見粤中得書之難，得之而不能讀，是得書易而讀書難也。予不能讀，而魚山能讀之，是能讀書者必得書也。世之能讀《説文》如魚山者，予皆得而識之、友之，往來乎胸臆也，是予不能讀之而未嘗不能好之也。蓋仕之禍學如此。①

作爲著名的藏書家，《琉璃廠書肆記》的作者，李文藻對學術風氣導向下的書籍流通自然極爲敏感。此文成於乾隆三十九年(1774)，《説文》研究已初成風氣，而此《記》可謂是對當時風氣的具體呈現。從中至少可以提煉出四點信息：

一是學術典範的確立，即惠棟(《惠氏讀説文記》)、戴震(《六書論》)以及顧炎武。如惠棟被譽爲清代《説文》研究第一人，所著《惠氏讀説文記》，屢屢被學者傳録；顧炎武所言"讀九經自考文始，考文自知音始"②，戴震所謂"經之至者，道也；所以明道者，其詞也；所以成詞者，字也。由字以通其詞，由詞以通其道，必有漸"③，更直接促使《説文》一書的風行；

二是書籍流通的形態，文中所及，包括刻本、抄本、校本，甚至過録本。而從知識傳播與生發的角度看，相對於刻本，抄校及過録本亦有不可低估的作用。一些隱晦不彰的著述不僅藉此流傳，更重要的還在於，初學者通過前賢著述的抄寫、過録，成爲一種入門階梯或知識傳衍方式；

三是書籍的流轉方式，包括友朋間的借閲、傳抄，甚至贈予，書賈的販賣等等。人物涉及高郵王念孫、臺山羅有高、潮陽鄭安道、大興朱筠、濟南周永年、順德張錦芳、欽州馮敏昌及書賈韋氏；地域所及，涵括江蘇、安徽、江西、廣東、

① (清)李文藻《南澗文集》卷上，《清代詩文集彙編》，上海古籍出版社，2008年，第369册，第104頁。

② (清)顧炎武《顧亭林文集》卷四《答李子德書》，華忱之校點，中華書局，1983年，第73頁。

③ (清)戴震《戴震集》卷九《與是仲明論學書》，湯志鈞校點，上海古籍出版社，2009年，第183頁。

山東、北京等。短短一則文字,編織出一張頗爲繁密的書籍交流網絡;

四是知識傳播的途徑,如學人游幕、書院講授等。最著者如嘉慶五年(1800)阮元撫浙,創設詁經精舍于西湖之麓,設木主崇祀許慎,公然以許學爲天下倡,以致出現"許氏《説文》販脱,皆向浙江去矣"[①]的盛況。

此《記》雖短,卻蘊涵豐富。文中所述學人之間書籍往還情形,不僅可看作是呈現當時《説文》學初興面貌的剪影,亦未嘗不可視爲反映有清一代《説文》學形成與展開的全景圖。下文擬以惠棟《惠氏讀説文記》在群體間的傳抄與過録,以及在此典範下産生的累積性成果,來探究清代《説文》類著述的衍生機制;以王筠、許瀚、翟雲升等在群體間對《説文》及相關著述的借閲、傳抄與批校,一窺許學風氣的地域展開及其群體性力量。

一 典範的作用:以《惠氏讀説文記》爲例

吴中學人論學往往以"吾吴惠氏"相標舉,于《説文》學亦不能例外。黄廷鑒在給《席氏讀説文記》作序時即云:"我朝文治昌明,名儒蔚起。吾吴紅豆惠氏,始以《説文》提倡後學。"[②]後李富孫等繼之,以爲"近惟惠徵君(棟)、錢詹事(大昕)、段大令(玉裁)諸儒,講明《説文》之學,後進得以稍窺其源流"[③]。至於近代,梁啓超作《中國近三百年學術史》,更以惠氏所作《惠氏讀説文記》爲清代治《説文》專書之首。[④]

在一般的學術史論述中,惠棟似乎並不以《説文》研究著稱,今所傳《讀説文記》,乃弟子江聲從其《説文》校本中録出,僅爲校讀《説文》之片段劄記,難以言爲專書。[⑤] 且是書至嘉慶間,方由張海鵬刻入所輯《借月山房匯抄》中。後世雖屢有翻刻,但無一例外,都收録於叢書之中,未見有單行之本流傳。[⑥] 然而,僅以一書之刊刻情況來衡量其流傳廣狹,往往帶有一定的危險性,特别是

① (清)陳康祺《郎潛紀聞二筆》,晉石校點,中華書局,1997年,第633頁。

② (清)黄廷鑑《席氏讀説文記序》,見丁福保《説文解字詁林》前編下《説文總論》,中華書局,1988年,第226頁。

③ (清)李富孫《校經廎文稿》卷十一《説文辨字正俗自序》,《清代詩文集彙編》,第544册,第89頁。

④ 梁啓超《中國近三百年學術史》云:"乾隆中葉,惠定宇著《讀説文記》十五卷,實清儒《説文》專書之首,而江慎修、戴東原往復討論六書甚詳盡。"見梁啓超《中國近三百年學術史》,第十三講《清代學者整理舊學之總成績》,商務印書館,2011年,第252頁。

⑤ 今所傳《惠氏讀説文記》,乃摻入了惠士奇、江聲等人的校語,并非出自惠棟一人之所爲。王欣夫《蛾術軒篋存善本書録》之《癸卯稿》卷一"《説文解字》三十卷"條云:"惠氏父子手校《説文》,在張海鵬《惠氏讀説文記》未刊以前,多傳録者。張刊所據,爲江艮庭所輯,署松厓名而不及半農。以此本(佚名録本)較之,劣未得半。蓋江氏所見爲後定本,而此本半農用黄筆,約四之三,松厓用緑筆,約四之一,分别厘然。則勝於刻本之混同爲一,且可觀惠氏家學淵源焉。"見王欣夫《蛾術軒篋存善本書録》,鮑正鵠、徐鵬標點整理,上海古籍出版社,2002年,第819—820頁。可見《惠氏讀説文記》一書乃惠氏兩代家傳之讀本。今人錢慧真亦有《〈惠氏讀説文記〉係惠士奇、惠棟父子所作》一文,《圖書館理論與實踐》2011年第2期,第65—67頁,可參看。

⑥ 參見方達《〈惠氏讀説文記〉研究》,華東師範大學碩士學位論文,2013年。

在抄書成風的明清兩代。[①] 潘景鄭在給所得《録本惠校説文解字》題識時即不無誇張地説：

> 吾吴惠氏家學，至定宇先生而廣大淹博，流爲學派，至今推重吴學者，奉先生爲圭臬。先生著述甚夥，所校《説文》尤精核，成《讀説文記》十四卷，即自當時校本録出者。其刊本未行以前，藏家爭相迻録，以資考鏡。予所見傳本不下五六本，互有詳略，意先生所校不止一本，隨得隨録，至傳本不一耳。[②]

未行以前，爭相迻録，未免有掖揚鄉賢之意。但就今所傳録本來看，確有成一時風氣之勢：

清代各家過録《惠氏讀説文記》表[③]

書　名	版　本	過録者及相關信息	附　注
《説文解字》十二卷	明萬曆二十六年陳大科刻本	江聲録惠士奇、惠棟批校，朱邦衡題識	朱邦衡，字秋崖，乾隆間吴縣人，師事余蕭客。有《惠氏讀説文記》抄本(不分卷，任銘善、王欣夫跋)，今藏復旦大學圖書館。

① 就清代《説文》學著述而言，大量未刻或晚刻之書，即藉抄本以流傳。如王育《説文引詩辨證》(抄本，南京大學圖書館藏)、《説文解字六書論正》(宋賓王抄校本，上海圖書館藏)，王夫之《説文廣義》(清抄本，南京圖書館藏)，何焯《説文解字校勘記》(葉名澧抄本，上海圖書館藏)，惠棟《惠氏讀説文記》(朱邦衡抄本，復旦大學圖書館藏)，吴玉搢《説文引經考》(清抄本，南京圖書館藏)，吴穎芳《説文解字理董》(繆氏藝風堂抄本，上海圖書館藏)、《説文理董後編》(清抄本，南京圖書館藏)，朱文藻《説文繫傳考異》(清抄本，上海圖書館、湖南省圖書館等藏)，桂馥《説文解字義證》(清抄本，國家圖書館等藏)，程際盛《説文引經考》(姚氏咫進齋抄本，北師大圖書館藏，又清抄本，上海圖書館、蘇州圖書館等藏)，王念孫《説文解字校勘記》(馬瑞辰種松書屋抄本，遼寧省圖書館藏，又葉名澧抄本，上海圖書館藏)，錢大昭《説文統釋》(道光十三年抄本，遼寧省圖書館藏)、《説文分類榷失》(清抄本，國家圖書館藏)，莊述祖《説文古籀疏證》(清抄本，南京大學圖書館等藏)，郝懿行《説文廣詁》(清抄本，國家圖書館藏)，姚文田《説文解字考異》(葉名澧抄本，南京圖書館藏，又許槤抄本，上海圖書館藏，廣雅書局抄本，廣東省立中山圖書館藏)，鈕樹玉《説文新附考》(姚氏咫進齋抄本，上海圖書館藏)、《説文解字校録》(光緒四年鈕惟善抄本，南師大圖書館藏)，王紹蘭《説文段注訂補》(王氏知足知不足齋抄本，重慶圖書館藏)，徐承慶《説文段注匡謬》(張鳴珂寒松閣抄本，復旦大學圖書館藏，姚氏咫進齋抄本，臺灣“國立中央”圖書館藏，又南京圖書館、湖南省圖書館、北大圖書館等藏抄本多種)，陳詩庭《讀説文證疑》(許氏古均閣抄本，國家圖書館藏)，嚴可均《説文校議》(道光間王筠抄本，山東省圖書館藏，又國家圖書館、遼寧省圖書館、中山大學圖書館藏清抄本多種)，顧廣圻《説文辨疑》(劉履芬抄本，國家圖書館藏)、《説文考異》(劉履芬抄本，國家圖書館藏，又潘錫爵抄本，浙江圖書館藏)，江沅《説文釋例》(清退學齋抄本，淮安圖書館藏，又吴棣生抄本，北京大學圖書館藏)，梁運昌《讀説文解字小箋》(謝氏賭棋山莊朱絲欄抄本，臺灣傅斯年圖書館藏)，臧禮堂《説文解字經考》(嘉慶間抄本，北大圖書館藏)，王筠《説文韻譜校》(光緒十三年許克勤抄本，上海圖書館藏，又湖南省圖書館藏清抄本)，沈濤《説文古本考》(方佺抄校本，重慶圖書館藏，又曹元忠節抄本，復旦大學圖書館藏)，佚名撰《説文校本録存》、《五音韻譜校本録存》(道光間許瀚抄本，國家圖書館藏)，嚴章福《説文校議議》(豫恕堂抄本，復旦大學圖書館藏，又浙江圖書館藏清抄本)，吴種《説文引經異文集證》(循陔書室抄本，福建省圖書館、北師大圖書館等藏)等等。

② 潘景鄭《跋録本惠校説文解字》，見《著硯樓書跋》，《中國歷代書目題跋叢書》第二輯，上海古籍出版社，2006年，第19—20頁。

③ 表中所録書籍信息皆來源於翁連溪主編《中國古籍善本書總目》，綫裝書局，2005年，第159—166頁。

續表

書　名	版　本	過録者及相關信息	附　注
《説文解字》十二卷	明岱雲樓刻本	施梁題識並録惠士奇、惠棟、江聲等批校	施梁,其人不詳。
《説文解字》十五卷	毛氏汲古閣刻本	桂馥録惠棟批校,王獻唐跋	桂馥,字冬卉,號未谷,山東曲阜人。著有《説文義證》五十卷,世以"段桂"並稱。桂氏亦曾抄録王念孫校語。
《説文解字》十五卷	毛氏汲古閣刻本	陳嘉録惠士奇、惠棟、江聲批校	陳嘉,字子淑,浙江仁和人。
《説文解字》十五卷	毛氏汲古閣刻本	賈崧録惠棟等批校	賈崧,其人不詳。
《説文解字》十五卷	毛氏汲古閣刻本	清□子鄂録陸若璿、惠棟批校	其人不詳。
《説文解字》十五卷	毛氏汲古閣刻本	陳其榮録許鎬録惠士奇、胡士震等校	陳其榮,字荄庵,號桂廎,浙江秀水人。同治丁卯(1867)舉人。輯有《清儀閣金石題識》四卷,曾補畢沅所輯《説文舊音》(見朱記榮輯《槐廬叢書》)。
《説文解字》十五卷	毛氏汲古閣刻本	朱叔鴻録惠士奇批校	朱叔鴻,字弋青,吴縣人。曾入畢沅幕,得交洪亮吉、孫星衍等。
《説文解字》十五卷	毛氏汲古閣刻本	佚名録惠士奇、惠棟、胡士震、胡仲沄、胡重校語	胡重有《説文集校》,此本即從《集校》本衍生。胡重,字菊圃,浙江秀水人。著有《説文字原韻表》等。
《説文解字》十五卷	毛氏汲古閣刻本	佚名録惠士奇、惠棟校注	
《説文解字》十五卷	乾隆三十八年朱氏椒華吟舫刻本	江颿録惠士奇、惠棟校,陳壽祺題識	江颿,即江藩,字子屏,號鄭堂,江蘇甘泉人。嘗師事余蕭客。著有《國朝漢學師承記》八卷、《國朝宋學淵源記》二卷等。
《説文解字》十五卷	乾隆三十八年朱氏椒華吟舫刻本	佚名重録翁方綱録何焯、惠棟批校	
《説文解字》十五卷	嘉慶九年孫氏刻《平津館叢書》本	吴育校並録惠棟批校	吴育,字山子,江蘇吴江人。與包世臣、李兆洛游,能文工書。尤工篆書,與鄧石如差近。

續表

書 名	版 本	過録者及相關信息	附 注
《説文解字》十五卷	嘉慶九年孫氏刻《平津館叢書》本	劉庠手校，遍録惠士奇、惠棟父子及李威、王念孫等諸家校語	劉庠，字慈民，號鈍庋，江西南豐人。著有《説文蒙求》六卷及《讀説文記》等。
《説文解字繫傳》四十卷附録一卷	乾隆四十七年汪啓淑刻本	佚名臨惠棟校語	

以上所列雖僅十五種，但録者中有桂馥、翁方綱等著名學者，地域亦涉及江蘇、浙江、江西、山東等地，足見其流播之深度與廣度。且尚有輾轉傳抄而未見著録者，如朱叔鴻本即借自陳拭：

> 吾吴惠半農先生及其子松厓先生，博及群書，多□著述。曩游大粱，于秋帆先生所，獲交于惠雅南先生。雅南，半農先生之孫也。善飲酒，篤于友誼，有長者之風。其緒論本諸先人，頗得要領。行篋中猶有半農先生《尚書疏讀本》、《手批山海經》等書。丹黄甚精，因録其《山海經》語以歸。次年，聞雅南客死于汳，余既傷悼之，至其家，問其遺書，已盡散佚，爲可惜也。辛亥之秋，客紹興，遇陳拭斗泉，出半農先生父子所批《説文解字》，因借録之。其於六書之學，未甚精到，所考證，固多發明也。今其門弟子江君聲蓋過之，江君在秋帆先生門久，余得聞其説甚詳。乾隆壬子(1792)三月幼度氏朱叔鴻記。①

此事在乾隆辛亥、壬子間(1791—1792)，其時《讀説文記》一書尚未刊行。可見陳拭本亦爲傳抄之本，且陳拭與朱叔鴻皆爲吴縣人。且就上表觀之，出於吴地者尚有朱邦衡、江藩、吴育等人，其傳抄之迹亦多有譜系可尋：

> 己亥假朱大秋崖所藏惠氏手批本録，其墨筆者，半農説也。其硃筆者，松崖説也。其凡遇聲字闕筆者，□□祖諱也。江顯記。②

是江藩録本乃從朱邦衡本傳抄，江藩嘗受業于江聲、余蕭客，朱邦衡亦嘗師事余氏，余氏、江氏皆惠棟及門弟子，則江藩、朱邦衡爲惠氏之再傳。師弟相承之迹，可見一斑。

除吴地外，浙江自嘉慶間許學風氣大開，研究《説文》者亦衆，胡重即其中重要的一位。胡重(1748—?)，字菊圃，浙江秀水人。著有《説文字原韻表》一書，張之洞《書目答問》在"國朝著述諸家姓名略"中將其列入"小學家"③，可見其學術取向及成就。又錢泰吉《曝書雜記》云：

> 秀水胡菊圃丈重，精于《説文》，其所著書數十種，金君孝柏爲刻《説文

---

① 轉引自章琦、趙成傑《東北師範大學圖書館藏〈説文解字〉批校本三種初考》，《文獻》2014年第3期，第114頁。

② 見王欣夫《蛾術軒篋存善本書録》之《庚辛稿》卷一，鮑正鵠、徐鵬標點整理，第47頁。

③ (清)張之洞《書目答問》，范希曾補正，上海古籍出版社，2001年，第265頁。

字原韻表》。菊圃嘗得惠半農、松厓父子及惠氏同邑人胡竹厂孝廉士震與其子仲澐所校汲古閣本《説文》,其弟子沈茂才世枚以五色筆録于簡端,間附菊圃校語。今在吾友金岱峰衍宗處,余方借録。①

則胡重亦曾有惠氏校本,弟子沈世枚又匯輯惠氏及胡氏二父子並胡重校語,以五色筆别之。此本後流傳至金衍宗②處,錢泰吉又借以過録。原本後經太平天國之亂而存亡難考③,此爲流傳之後續。而胡重校本之來源亦可得而考:

《説文解字》二惠氏校本,余假之金孝廉馥泉孝枏,馥泉假之汪孝廉筆山如淵,乃紅豆齋主人遺墨也。二胡氏校本,余假之馮編修鷺庭集梧,云購于京師琉璃廠市,亦其手迹也。惠名士奇,號半農。其子名棟,字定宇,號松崖,世所共知。胡名士震,字東標,號竹厂,乾隆壬午舉人,終翰林待詔。其子名仲澐。胡于惠爲同邑後進,然實未嘗見紅豆之書也。沈茂才書琳世枚,從余問奇字,乃以五色筆録于簡端。緑筆圈點,依惠本。半農語别以黄,松崖語别以緑。藍筆圈點,依胡本。竹厂語以墨書之,其藍字則胡氏父子語,錯雜莫辨矣。余研朱細勘,間附己見,未免敝帚千金之誚。嘉慶三年重五日,錢塘胡重記于嘉興沈氏之經畬堂。④

可知胡氏本借自金孝枏(1768—1808),金氏復借自汪如淵⑤,至於汪氏來源則暫不可知。則此本在汪如淵、金孝枏、胡重、沈世枚、金衍宗、錢泰吉等秀水學人間流傳的一般情貌,歷歷可見。⑥ 這種代際或群體間的傳抄、過録,對於整個《説文》學風氣的形成無疑起到推波助瀾的作用。

傳抄、過録之餘,又有推廣以成著述者,席世昌即是一例。席世昌(? —1808),字子侃,號稚泉,清常熟人。席氏雖非師承惠棟,然所著《説文疏證》(後改題《席氏讀説文記》)一書,確乃受惠氏書之啓發而作:

吾友席君子侃窮經嗜古,得惠氏書讀而善之,惜其隨手劄記,未有成書。欲推廣其義例,作《説文疏證》。先辨形聲字母之體,次别古省通借之義……惜草創未就,中年殂謝。會其從舅若雲張君有叢書之刻,訪其遺稿,即在所校《説文》中,蠅書密布,散布上下……屬予勘閲商訂,余細加尋繹,逐條繕録,斷缺者連屬之,繁蕪者芟薙之,其所詮解,審定文義,先將

① (清)錢泰吉《曝書雜記》卷上,遼寧教育出版社,1998 年,第 9 頁。按:此條中金孝柏當爲金孝枏之誤。

② 金衍宗(1780—1861),字維漢,號岱峰,浙江秀水人。嘉慶五年(1800)舉人,歷任臨安教諭。崇尚漢學,著有《思貽堂文稿》、《詩稿》、《尊經閣禮典録》、《苕隱芻言》、《甌隱芻言》等。

③ 林昌彝《硯耕緒録》云:"庚申冬嘉興失守,未知此書存佚。"程章燦整理《硯耕緒録》,《中國典籍與文化》第七輯,北京大學出版社,2005 年,第 320 頁。

④ 見王欣夫《蛾術軒篋存善本書録》之《癸卯稿》卷一"《説文解字》三十卷"條,鮑正鵠、徐鵬標點整理,第 820 頁。

⑤ 汪如淵,又名治猷,字嘉謨,號筆山,浙江秀水人。

⑥ 近代又有馬叙倫據胡重校本重録,並録胡重跋語,云:"後學馬叙倫過録,丁巳夏六月。"今藏美國哈佛大學燕京圖書館,見沈津《美國所見中國善本書志九》,《圖書館雜志》1989 年第 5 期,第 63 頁。

《説文》本文條舉於前,次列疏解於下,閱半載,粗有條貫。復屬妻東莱鄉張君鐸續加訂定,乃克付梓云。[①]

《惠氏讀説文記》,作爲讀書時的隨手劄記,不僅便於傳抄過録,給初學者以典範指引,更以其短小精煉,給後來的研究者以無限空間。托馬斯·庫恩在《科學革命的結構》中首先提出"範式"的概念,並認爲"範式"的形成,應具備:"它們的成就空前地吸引一批堅定的擁護者,使他們脱離科學活動的其他競爭模式。同時,這些成就又足以無限制地爲重新組成的一批實踐者留下有待解決的種種問題。"[②]如果將上面所列過録諸家作爲堅定的擁護者的話,那麽席氏則是所謂重新組成的實踐者。劉庠亦有《讀説文記》之作,雖無沿襲惠氏的明顯證據,但其過録者的身份,及劉毓崧《序》中所云:"雖門徑多開于先覺,而推闡有待於後賢。"[③]則劉氏之作,亦不能排除必無師法惠氏之意。即後來許頌鼎等爲其父許槤董理所作校勘記,亦仿惠氏、席氏之例,分條録副,取名《讀説文記》,以裨流傳久遠。[④]

綜上,《惠氏讀説文記》不管刊前還是刊後,在吴縣以至之外的學人群體中,都獲得了較爲廣泛的關注,而其藉以流播的主要手段,即過録與傳抄。這種方式不僅使得一本書的物質形態得以永久保存,更重要的還在於,通過不同群體間的交互與傳承,作爲物質性的書籍,似乎變成了一個生命體,不斷被增添新的血液,在累積中得到新的活力。《惠氏讀説文記》只是其中的一例,這樣的例子還有很多,傳録之例如王念孫《王氏讀説文記》,亦是未刊之稿,後得桂馥抄傳,又得許瀚(嘗師事王念孫)寫定清本,使吉光片羽,得以流傳。傳抄之餘推衍以爲著述者,錢大昕《説文答問》可謂其中顯例,《説文答問》本爲《潛研堂集》中之一篇,因屢有傳抄而單行。薛傳均因此以成《説文答問疏證》六卷,後承培元又有《廣潛研堂説文答問疏證》;即其所及經字一項,後世推闡以爲著述者,即有陳壽祺《説文經字考》、俞樾《説文經字》(弟子宋文蔚爲之疏證)、郭慶藩《説文經字正誼》、錢人龍《説文經字考疏證》等。正所謂:"竹汀于《説文》雖無專書,然其緒論之見於《答問》及《養新録》者,其發明不在金壇之下,即此二十題,後人得其一以成書,即可名家。"[⑤]這種書籍的環流如同一股暗流,無

---

① (清)黄廷鑑《席氏讀説文記序》,見丁福保《説文解字詁林》,第 226 頁。

② (美)托馬斯·庫恩《科學革命的結構》,金吾倫、胡新和譯,北京大學出版社,2012 年,第11 頁。

③ (清)劉毓崧《通義堂文集》卷四《劉慈民讀説文記序》,《清代詩文集彙編》,第 670 册,第 280 頁。

④ (清)嚴曾銓《許氏讀説文記書後》云:"先生藏汲古原本,隨筆校録,旁行斜上,丹墨殆遍。其中或直抒己見,或采輯他説,蓋《統箋》之萌芽也。今哲嗣子曼刺史、子頌孝廉,仿惠氏、席氏之例,分條録副,名曰《讀説文記》,以付手民。殆將與定宇、子侃兩先生並行不朽矣。"(清)許槤《許氏讀説文記》卷末,光緒十四年(1888)海寧許氏刊《古均閣遺著》本。

⑤ 梁運昌亦曾受益於此書,其《讀説文解字小箋》識語云:"嘉慶壬戌,余游武林,入文少宰遠皋師幕府。于同年嘉定陳蓮夫詩庭處得見錢宫詹竹汀先生《讀説文法》一編,因此得以識許書門徑。用力既久,稍能習熟。"後以此成《讀説文解字小箋》一書,光緒壬寅間謝章鋌爲之録副,並以此爲《説文》入門階梯。見王欣夫《蛾術軒篋存善本書録》之《辛壬稿》卷一"《讀説文解字小箋》二十篇"條,鮑正鵠、徐鵬標點整理,第 448 頁。

形中推動學術的傳衍與新生。

二　學術的共同體：王筠及其群體間的書籍往還

以江、浙爲中心的江南學術圈，可謂是乾嘉學術的重心所在。僅就許學來説，"當乾嘉時，海内通《説文》之學者，以江浙爲最盛"①。然就今天所謂"説文四大家"而言，卻有兩家(桂馥與王筠)出自偏離此中心的山左，且二家中，桂氏成書較段玉裁早，桂、王成名亦早于朱駿聲。道光以還，以王筠、許瀚等爲中心的山東學術群體迅速崛起，就桂馥《説文義證》一書之刊刻，更引起與汪喜孫爲代表的江南學者的長期糾紛，甚至交惡。② 表現出與江南學術群體分庭抗禮的姿態。③

事實上，乾嘉以來精研《説文》，號稱專家者，如段玉裁(1735—1815)、錢大昭(1744—1813)、錢坫(1741—1806)、陳鱣(1753—1817)、姚文田(1758—1827)、鈕樹玉(1760—1827)、嚴可均(1762—1843)等，道光以還，可謂凋喪略盡。而與之形成鮮明對比的是，山東學術群體卻有異軍突起之勢，最顯著者如王筠(1784—1854)、許瀚(1797—1867)④、翟雲升(1776—1860)⑤、李璋煜等⑥，更有張穆(1805—1849)、許槤(1787—1862)、葉名澧(1812—1859)、何紹基(1799—1873)、陳慶鏞(1795—1858)等爲之羽翼，楊以增(1787—1856)、祁寯藻(1793—1866)等亦曾參與其中。一時間，《説文》學蔚然成風。對此，吴鷗曾總結説：

> 道咸之際，菉友、石舟與李月汀、許印林、珊林諸先生，遇善本多互爲校訂。余曾見諸先生會校桂氏《義證》底本，糾摘之處，不可枚舉，反復討論，精研入神，以是蔚爲風氣，一時爲許學者無能逃其月旦。自段懋堂後，王氏繼爲斯學宗匠，有以夫。⑦

菉友即王筠，石舟(洲)爲張穆，李月汀即李璋煜，及許瀚(印林)、許槤(珊林)諸

① 葉德輝《郎園讀書志》，楊洪昇注解，上海古籍出版社，2010年，第99頁。

② 詳細情形，可參看丁原基《晚清山左許瀚與江南汪喜孫之交惡始末——兼述照邑學者與揚州學者之互動》，《中國文哲研究通訊》2012年第3期，第203—231頁。

③ 南京圖書館藏王筠《説文句讀》稿本天頭有批語云："孟慈意恐未谷奪懋堂之席。不知未谷去懋堂遠甚，惟嚴鐵橋足以奪其席，次之則我耳。"自信之餘，流露出對段玉裁的輕蔑之意。

④ 許瀚(1797—1867)，字印林，山東日照人。著有《説文解字義證定本》、《説文引詩字輯》、《某先生校桂注説文條辨》等。于桂馥《説文義證》一書，更是竭盡一生心力。

⑤ 翟雲升(1776—1860)，字舜堂，號文泉，山東掖縣人。著有《説文辨異》八卷、《説文形聲後案》四卷、《肄許外編》二卷、《説文備經考》等書。

⑥ 傳衍所及，更有時庸勱、丁楙五(1825—1857)、丁艮善等，且多師承有自，綿延至於近代。時庸勱，字吉臣，山東單父人。著有《説文解字聲切正謬》、《説文韻孳》、《説文均表》等。丁楙五，字伯才，山東日照人。著有《説文解字均隸》十二卷。丁艮善，字少山，山東日照人。精于《説文》及金石文字之學。張之洞于湖北崇文書局重刻桂馥《説文解字義證》，延其主事。丁佛言(1878—1931)，原名世峄，字桐生、息齋、芙緣，號邁鈍，山東黄縣人。著有《説文古籀補補》十四卷補遺一卷附録一卷。更有王獻唐者，傳照邑樸學，精于金石、文字、音韻之學，著述滿家。

⑦ 吴鷗《説文答問疏證提要》，見民國二十四年(1935)遼陽吴氏《稷香館叢書》首册卷首。

人組成的《説文》群體,不僅在書籍上互通有無[①],更在著述的校訂、刊刻等方面互爲鼎力。而這一風氣在桂馥《説文義證》一書的刊刻與流傳上,已初見端倪。

桂馥所著《説文義證》,雖成書較早,但由於卷帙太繁,無力刊刻,稿藏於家。至道光年間,方有刊刻之議。先是,李璋煜邀許瀚、王筠、許槤、陳宗彝等人,欲以通校全書,上吴鷗所云會校底本即此次合校之本。道光二十二年(1842),楊以增又擬刊刻,後以遷任,僅印一册即告終止。道光二十七年(1847),在張穆、王筠等的慫恿下,楊尚文(墨林)又毅然肩刻此書,並于咸豐二年(1852)告成。由於此書行世較晚,故長時期内僅得以抄本流傳。至於傳抄之情形,王筠《復翟文泉先生書》曾有所涉及:

> 未谷先生于篆有《説文義證》,凡五十册,約近二百萬字,原本在顔丹泉大令所。聞阮芸台制軍曾抄一本,令葉東卿、李方赤各抄一本。方赤尚有八本未完,抄工須八十金,恐無大力者爲之刊布,奈何?[②]

知除原抄本外,阮元、葉名澧、李璋煜均有抄存。王筠本亦有移寫之打算,以卷帙浩繁而作罷。又陳慶鏞《説文義證序》云:

> 己亥(1839)夏從漢陽葉東卿假得寫本謄録,壬寅(1842)冬,余門楊生子言又從余假抄,於是先生書都中藏者凡三部。顧其書卷帙浩大,經易寫魚成魯,烏成焉,是所不免。每思釐校,而以他事間阻。前因許印林孝廉計偕携有先生原抄本來都,頗見廬山真面目。[③]

知陳慶鏞及其門弟子楊子言,又有謄抄之事。則《義證》一書當時抄傳之本即有五部,葉氏、陳氏、楊氏三本更是傳抄有自。其人當時俱在京師,且來往頗密[④],足見群體間互通有無之風氣。

(一) 王筠《説文》相關書籍的來源

王筠((1784—1854),字貫山,號菉友,山東安丘人。寢饋許書達數十年,著述之傳於今者,包括《説文釋例》及《補正》、《説文句讀》、《説文繫傳校録》、《説文韻譜校》、《説文新附考校正》、《汪刻繫傳考正》、《説文抄》等,另又手校之

---

① 如許瀚《涉江采珍録》、《錫朋録》及《許印林日記》所載群體間之書籍往來事蹟頗多,如"壬辰至浙,觀何子貞世兄行篋藏書,有二本(王引之《經義述聞》)焉,因乞其一"、"浙友貽子貞三部(《翁注困學紀聞》),以一惠予"、"李月汀贈《拜經日記》、宜子孫鏡、長生無極瓦"、"汪孟慈送江晉三韻書部"、"陳頌南慶鏞農部贈《洪範五行傳》二大册"、"石洲送《紀元編》、《西域釋地》、《西陲要略》各一部"等等。另外記載群體間之交游活動亦頗夥。詳見(清)許瀚《許瀚日記》,崔巍整理,河北教育出版社,2001年。

② (清)王筠《清詒堂文集 · 復翟文泉先生書七》,鄭時、屈萬里輯校,齊魯書社,1987年,第134頁。

③ (清)陳慶鏞《籀經堂類稿》卷十一《説文義證序》,《清代詩文集彙編》,第587册,第536—537頁。

④ (清)陳介祺《説文古籀補序》云:"時漢陽葉東卿駕部、海豐吴子宓閣學、道州何子貞同年,皆以文字及先公門。諸城李方赤外舅、劉燕庭世丈、安丘王菉友姻丈、日照許印林同年,皆在京師。嘉興張尗未解元、徐籀莊明經,皆南中未見忘年交,共以古文相賞析。"可見當時風氣之一斑。(清)吴大澂《説文古籀補》卷首,中華書局,1988年。

書十餘種。[①] 故嘉道而後,世之言《説文》者,段、桂而外,必推尊王筠。如譚獻作"師儒表"以"段、桂、王"爲鼎足三家[②],王舟瑶以爲"至貫山之《釋例》出,索隱搜疑,分條縷析,而《説文》之變盡"[③]。其生前亦自以爲可列于嚴可均、桂馥之間。[④] 然其自述讀書歷程時卻説:"年近三十,讀《説文》而樂之。"[⑤]又云:"筠資性愚暗,家少藏書。"[⑥]與所傳著述之博而廣形成鮮明對比,今欲就其各書序跋及與友人書信等相關材料,並結合其交游,考察其《説文》類書籍之來源及其往復情形。

王筠曾多次在書信及序跋中道及讀書歷程,而於研讀《説文》之相關情況,更是言之甚詳。如道光七年(1827)《復馬卧廬先生書》云:

> 筠資性愚暗,家少藏書,株守《説文》,又只見汲古剜補本、李巽岩大小字本。凡有可疑,皆用臆測。比來都,見桂未谷先生《義證》,所臚各本及他書所引異同,抉擇甚精,第卷帙浩繁,未能移寫。[⑦]

資性愚暗,或爲自謙之辭,家少藏書確爲事實,這一點從所藏《説文》類書籍即可見一斑。清代《説文》學自乾隆中期興起,至嘉慶間至于極盛。當時天下宗尚《説文》,故此類書籍亦風行天下,然王筠所見僅汲古閣本及李燾《説文五音韻譜》二俗本。當時通行之本,除飽受批評的汲古閣剜改本外,就覆刻宋本而言,即有額勒布藤花榭本及孫星衍平津館本。就研究著述而言,段玉裁、鈕樹玉、錢坫等各家書亦早已刊行於世。王氏自言年近三十,始讀《説文》,而專治《説文》,更晚至道光三年(1823,時四十歲),這與其家少藏書、涉獵不廣有莫大關係。而這一點在受邀合校《義證》,並得與許瀚、許槤、李璋煜、葉名澧等往還後,得到較大改觀:

> 念前奉賜書,欲以《説文》提綱,又謂所蓄之《説文》未廣,筠輒欲以此獻替,惟先生俯采焉。案今之《説文》,惟大小徐兩本。余所見大徐書,汲古閣初印及五次剜補,今所行者皆此本。藤花榭、平津館,皆仿宋也。李巽岩《韻補》大小字兩本,已有不合。小徐書無善本,汪氏刻,朱文藻《龍威秘書》小字本以朱文游抄本校之,多不同。綜而論之,汲古初印,與藤花、平

---

① 今各圖書館所藏王筠批校《説文》著述,尚存《説文義證》(清抄本,校注並跋,國家圖書館藏),姚文田《説文聲系》,北京大學圖書館藏,鈕樹玉《説文新附考》及《續考》(批注並跋,國家圖書館藏)、《段氏説文注訂》(國家圖書館藏),嚴可均《説文校議》(抄校並跋,山東省圖書館藏)、《説文注補鈔》(浙江大學圖書館藏),薛傳均《説文答問疏證》(批校並跋,國家圖書館藏),蔣和《説文字原表》及《表説》(《説文句讀》稿本附,南京圖書館藏)等。

② (清)譚獻《譚獻日記》,范旭侖、牟曉朋整理,中華書局,2013年,第30頁。

③ (清)王舟瑶《默盦集》卷二《擬許鄭二君從祀諸儒考略》,民國二年(1913)上海國光書局鉛印本。

④ 南京圖書館藏王筠《説文句讀》稿本天頭有批語云:"孟慈意恐未谷奪懋堂之席,不知未谷去懋堂遠甚,惟嚴鐵橋足以奪其席,次之則我耳。"

⑤ (清)王筠《清詒堂文集》,鄭時、屈萬里輯校,第58頁。

⑥ (清)王筠《復馬卧廬先生書》,《清詒堂文集》,鄭時、屈萬里輯校,第117頁。

⑦ (清)王筠《復馬卧廬先生書》,《清詒堂文集》,鄭時、屈萬里輯校,第117—118頁。

津多合，然剜補亦多佳處，不得如段茂堂之一概抹殺。[①]

此爲道光八年(1828)王筠給翟雲升的一封復信。此處所涉《説文》類書籍已頗廣，除前所云汲古閣五次剜改本及《五音韻譜》外，又得見汲古閣初印、藤花榭、平津館諸本。段玉裁《汲古閣説文訂》，王氏恐亦得見。故得以爲友人羅列衆本，品評得失。此處雖並未明言所見書籍之來源，但未嘗不可從其他相關材料推知。

爲便於集中而具體地反映書籍的來源信息，現將各條材料以時間爲次，梳理如下：

道光九年(1829)：

右《考異》二十八卷《附録》二卷，杭州朱文藻著，自序於後。朱竹君先生藏本，李方赤比部借抄，而屬筠書其篆文，即隨手校正，訛者墨改之，原書訛者朱改之。[②]

道光十一年(1831)：

辛卯冬復至都，葉氏平安館買一《考異》抄本，借校一過。[③]

道光十二年(1832)：

漢陽葉潤臣以《説文韻譜》相詒，又以翁覃溪閣學抄本相假，筠讀之匝月，不得其要領，爰獻疑以諮潤臣。[④]

道光十三年(1833)：

《説文》新附字，鼎臣故自知其不典，每於注中明之。然唐以前書所引之《説文》，而今本訛者、脱者，乃未能訂補。鈕氏考正其誤，説甚精核。海昌許珊林進士梿贈我一帙，乃以秕見所及，或爲之助正，兼校其字之訛脱，異日寫一通，附珊林寄之。[⑤]

道光十四年(1834)：

筠在都中，李方赤郎中于書肆購一册，署曰“檢難字法”。乃桂未谷先生所輯，備檢《説文》難字，手書贈翁覃溪先生者也。欲移謄之，方赤靳弗與。今春雪大至，寒窗無事，遂自輯之，五日而畢。[⑥]

道光十五年(1835)：

---

① (清)王筠《復翟文泉先生書》，《清詒堂文集》，鄭時、屈萬里輯校，第123頁。

② (清)王筠《書朱文藻〈説文繫傳考異〉後》，《清詒堂文集》，鄭時、屈萬里輯校，第44頁。其《説文繫傳校録序》亦云：“道光乙丑，筠始見朱氏《繫傳考異》。正其謬誤，核其故實，啓後學用心之端，可謂勤矣。”見《清詒堂文集》，鄭時、屈萬里輯校，第55頁。按：此處乙丑當是己丑之誤。

③ (清)王筠《書朱文藻〈説文繫傳考異〉後》，《清詒堂文集》，鄭時、屈萬里輯校，第48頁。

④ (清)王筠《〈説文韻譜校〉初稿序》，《清詒堂文集》，鄭時、屈萬里輯校，第50頁。

⑤ (清)王筠《説文新附考校正序》，《清詒堂文集》，鄭時、屈萬里輯校，第53頁。

⑥ (清)王筠《〈檢説文難字〉序例》，《清詒堂文集》，鄭時、屈萬里輯校，第53—54頁。

乙未八月,在都借馬氏《龍威秘書》[①]讀之,是書蓋以汪本付刊,而頗有校正,先得我心者皆録之,亦聊免余説之無稽云。[②]

乙未九月,在都從方赤借朱谷先生原本,不載部首,而部中字則注明部首。[③]

道光二十一年(1841):

道光辛丑,祁淳父先生賜筠此書,出自顧千里抄本,首尾完具,訛誤差少,以爲所據之本,誠完本也。癸卯秋,借得朱竹君先生家藏本校之,而後悟其非,請臚舉之,以諗讀者。[④]

年代不詳:

段氏《汲古閣説文訂》雪堂六弟抄此,俾筠是正。以筠淺識,不能概知其非,僅就鄙見所及,點識其旁,不知者空之,以待再酌。[⑤]

自道光九年(1829)至道光二十一年(1841)的十三年間,王筠從友朋處獲見、獲贈及借閲之書籍包括:朱文藻《説文繫傳考異》及附録、徐鍇《説文解字韻譜》、鈕樹玉《説文新附考》、《龍威秘書》本《説文繫傳》、桂馥《檢説文難字法》、祁寯藻覆刻本《説文繫傳》、段玉裁《汲古閣説文訂》等。其中多難見之本,如朱文藻《繫傳考異》,世無刻本。今可考見者,亦僅此朱竹君(筠)藏本、李璋煜傳抄本及丁傑、陳熷抄校本[⑥]。其他如翁方綱《説文韻譜》抄本、桂馥《檢説文難字法》抄本等。而所涉及之人,除祁寯藻外[⑦],許槤、李璋煜、葉名澧、陳山嵋等皆爲群體中人。更爲關鍵的是,這種群體間的書籍互通,不僅豐富了王筠的《説文》類相關書籍,甚至可以説直接促成了其《説文韻譜校》、《説文新附考校正》、《説文繫傳校録》、《汪刻繫傳考正》、《檢説文難字》等書的撰作。

(二)群體間個人著述的贈予、借抄與互校

許槤、李璋煜、葉名澧等的書籍贈予與借抄,給王筠《説文》類書籍的積累及《説文》學的養成提供了重要的輔助。書籍的流通或者説群體的運轉,必須建立在一種良性互動的基礎之上。故王筠對於己所校或所著之書,亦往往贈

① 指《龍威秘書》本《説文解字繫傳》。

② (清)王筠《説文繫傳校録序》,《清詒堂文集》,鄭時、屈萬里輯校,第57頁。

③ (清)王筠《〈檢説文難字〉序例》,《清詒堂文集》,鄭時、屈萬里輯校,第55頁。

④ (清)王筠《校祁刻〈説文繫傳〉題記》,《清詒堂文集》,鄭時、屈萬里輯校,第68頁。

⑤ (清)王筠《校段氏〈汲古閣説文訂〉後記》,《清詒堂文集》,鄭時、屈萬里輯校,第74頁。

⑥ 葉啓勳《跋〈説文繫傳考異〉二册》云:"《説文繫傳考異》舊鈔本,二十八篇。歸安丁小疋學博錦鴻、秀水陳梅軒明經熷手校。……梅軒與錦鴻交好,同有書癖,互相借抄借校。……辛酉冬月,得此于道州何蝯叟太史紹基家,挑燈漫記。書中尚有題'葆案'者,此不知何人,暇日當詳考之。"見葉啓勳、葉啓發《二葉書録》,李軍整理,上海古籍出版社,2014年,第27頁。

⑦ 其實,祁氏書亦非親手所贈,乃托之張穆,張氏、祁氏本是姻親,王筠與張氏又交好,故未嘗不可算作是同一群體間的書籍往還。

予或借予同仁抄閲。[①] 這一點在與翟雲升的往來中表現最爲突出：

行篋所攜藤花榭刻《説文》一部，奉塵座右。惟初校時不記用何本，又止書某一作某，後誤記爲毛本，乃將一字改作毛，然改筆顯然可見也。弟尚有手校兩本，此本不必賜還矣。素有《櫛比説文》兩册，爲珊林借去，伊寄來即以呈教，雖謬誤多端，亦可省心力。《韻譜》大字本，假之聲甫，字大寸半，未知誰氏刻？小字本不足道，其餘諸本，亦忘之矣。方赤用十金買汲古本初印，與平津、藤花多同，然非初印，與段懋堂《汲古閣説文訂》所説，尚有不符也。段書都中未有，然持論不平，且間以未改爲改，是其病。俟弟回家有暇，當親賫所校本呈閲。

又文一篇，亦呈法鑒。惜前答馬岱陽先生書，未帶來，無以呈教。必欲買，則莫如段氏《説文解字注》，伯申先生許之七分，蓋亦不滿其武斷處。然講《説文》者，未有加於此者也。弟亦有之，但在家中耳。[②]

翟雲升與王筠交往最密，今《清詒堂文集》所收二人來往書劄就達二十通，其中涉及書籍往還的内容頗夥。就此一通而言，所涉書籍就包括三種：一是以手校藤花榭本《説文》相贈，又許以毛氏汲古閣校本，且以段氏《説文解字注》相推介。其中還附及與許槤等的書籍往來，《櫛比説文》恐即《説文抄》，乃王筠初讀《説文》時所撰。後又以此相借：

拙作《説文抄》一函，本係兩册，毛裝。珊林兄借去，受梅雨，乃爲之襯紙作沓，甚不稱也。其首三卷，或吾兄著述有角尖之益。然此乃弟初讀《説文》時所纂，後見其不成體裁，故即自見之刺謬，亦多不復删改，二兄自審擇之，不用時再賜還。[③]

一曰"此本不必賜還"，又云"不用時再賜還"，可見二人在書籍互通方面的密切程度。[④] 除翟雲升、許槤之書籍借閲外，張穆、陳慶鏞亦有傳抄之事：

與石洲書言《繫傳》事，弟出都時書即言此事。弟校畢時，頌南抄之，想石洲回都亦抄之。大兄所據寫者，石洲本耶？卷末有兩跋，大兄見之耶？所云桂抄本，桂校汪刻本，兄皆有之耶？[⑤]

（道光二十六年）三月接到手諭，言喬撫軍寄筠校《繫傳》，石洲携去謄抄，按筠校此書，在癸卯七月，以示之石洲，兼告以將聞之于夫子。渠反復力止，言但可説校勘記，當改作而已。筠乃止。石洲業已抄之，後來印林

① 如《説文部首讀序》云："適尹怡堂孝廉公車來京，問字于余，且將以歸課其子。余既以《文字蒙求》示之，復以是寫本，屬其録出携歸，俾學童潛心熟讀，庶可爲許學之初桄矣。"王筠《清詒堂文集》，鄭時、屈萬里輯校，第65頁。

② （清）王筠《復翟文泉先生書十一》，《清詒堂文集》，鄭時、屈萬里輯校，第136—137頁。

③ （清）王筠《復翟文泉先生書》，《清詒堂文集》，鄭時、屈萬里輯校，第141—142頁。

④ 此外，道光十六年《致翟文泉書》又云："前此葉潤臣曾以《説文韻譜》相詒，弟校其中謬誤，得百五十紙，已寫成帙。惜原刻本不在此，歸當以相贈耳。"王筠《清詒堂文集》，鄭時、屈萬里輯校，第144頁。

⑤ （清）王筠《致許印林書》，《清詒堂文集》，鄭時、屈萬里輯校，第149頁。

至都,亦借石洲本傳抄矣,何以今又謄抄耶?①

此處所言,當是所作《説文繫傳校録》一書。先是,王筠因不滿朱氏所爲《繫傳考異》,故葉名灃慫恿其覆校,並許以通力合作,王筠任其異文,葉氏任其典故。得到王筠的許可,並於次年(1832年)九月始事,至道光十四年(1834)初成,然葉氏所允部分終無消息。後王氏又屢有覆校,如道光十五年(1835),以《龍威秘書》本對勘,道光二十一(1841)又得朱筠家藏本及祁寯藻覆刻本對校,精審可見。故陳慶鏞、張穆、許瀚等皆爭相傳抄。

以上爲著述之相借抄,更有以著述質之友朋,互爲校閱之事:

> 道光丁酉三月二十二日始輯此書,百日乃畢。割裂竄易數過,又草一過,十一月十二日乃畢,已閱三百二十六日矣。十月中,携至掖,以質翟君文泉。②
>
> 戊戌携至都,以示諸良友,則皆賞之。爰進而請曰,書之必有疵纇也,自古以然。……黟縣俞理初正燮先閱之,小加删削,未有駁難。……又許爲作序,以事不果,遂行矣。陳念庭金城,許《繫傳校録》,而於《釋例》尚有不足,乃未正一事而去。日照許印林瀚,詳閲之。……乃道州何子貞紹基、子毅紹業,獨不肯相助,何也?豈鄙之爲無足置議耶?③

可見《釋例》一書初成之後,先後得翟文泉、俞正燮、陳金城、許瀚、何紹基、何紹業等閲覽審定。《説文句讀》草創之初,亦得陳山嵋、陳慶鏞之勸勉。另外,翟雲升《隸篇》之作,許槤、葉名灃、何紹基、吴式芬、許瀚、王筠、李璋煜等亦並爲之助。此種群體間的互閲、合校,儼然成爲一種風氣。風氣所被,更至於群體外之著述,如所傳《説文校本録存》、《五音韻譜校本録存》,就先後得許瀚、王筠批校,又如薛傳均《説文答問疏證》,迭經張穆、王筠、李璋煜等手訂重刻,前後形同兩書,故有吴鷗"一時爲許學者無能逃其月旦"④之歎。

結　　語

有清一代,不管是在學者、文人還是藏書家中,都存在一些範圍或大或小、凝聚力或强或弱的知識群體,這些群體以血緣、姻親、師承、友誼或相同的學術旨趣爲紐帶,以書籍爲媒介,或相互借閲,或互爲傳抄,或集體校閲,或往來贈送,並慢慢在群體間形成一個資源互通的"共同體"。這種共同體在清代並不算少數,如嘉道間有以黄丕烈爲中心的吴中學人群體,道咸間有以管庭芬等爲中心的浙中群體,又有以賀濤爲中心的北方文人群體,及以桐城派爲中心的書

---

① (清)王筠《上春圃先生書》,《清詒堂文集》,鄭時、屈萬里輯校,第151—152頁。

② (清)王筠《説文釋例後序》,《清詒堂文集》,鄭時、屈萬里輯校,第60頁。

③ (清)王筠《説文釋例後序》,《清詒堂文集》,鄭時、屈萬里輯校,第60—61頁。

④ 吴鷗《説文答問疏證提要》,民國二十四年(1935)遼陽吴氏《稷香館叢書》首册卷首。

籍内部傳承網絡[①],這些知識群體共同構建了多姿多彩的清代書籍社會。

清代對《説文》一書的研究,可謂由附庸而蔚爲大國。但對於此一風氣的形成與展開,以及此種風氣下,《説文》及其相關著述的接受、閲讀、流傳等情況,卻往往未得其詳。文獻(書籍)作爲知識、思想的物質載體,其生産、編刻、流播、閲讀與接受的每一個階段,無不藴含有豐富的思想、文化意味。因此對其價值的考量,不應該僅僅局限在對其文本所承載的知識作"專門性"的解讀,而完全忽視其所産生的社會、文化背景,以及它們彼此之間的互動。其實,"自章學誠以後,文獻史與思想史、學術史的關係已成爲清代學者的思考重點之一。其根本方法是視文獻的編纂、生産、傳播,與作者——抄寫刊刻者——接受者、文獻傳達的内容和意義、時代背景、社會政治環境以及思想道統爲一個不可分割的整體,各種元素彼此互動、往復循環,共同構成一種意義系統,然後以歷史實證爲基礎,對這些多元以及每一元的多邊進行交互往復的'闡釋循環',以發明其中的豐富内涵"[②]。當然,這一問題並非單篇文章即能完全解决,所舉《惠氏讀説文記》的傳録以及王筠《説文》類書籍的往還,也僅僅是清代《説文》學群體中的兩個顯例,雖不足以全面反映清代《説文》學展開的整體模式,但未嘗不可作爲以書籍史反觀學術史的一種嘗試。

(作者單位:南京大學文學院)

① 詳參徐雁平《"蕘圃藏書題識"與嘉道時期吴中文士活動圖景》,見莫礪鋒主編《周勛初八十壽辰紀念文集》,中華書局,2008年,第513—549頁;《管庭芬日記與道咸兩朝書籍社會》,《文獻》2014年第6期,第74—88頁;《批點本的内部流通與桐城派的發展》,《文學遺産》2012年第1期,第100—112頁;《日記細讀與晚期桐城文派研究——以〈賀葆真日記〉爲例》,《清代文學研究集刊》第六輯,人民文學出版社,2013年,第164—195頁。

② 趙益《從文獻史、書籍史到文獻文化史》,《南京大學學報》2013年第3期,第121頁。

古典文獻研究(第十八輯下卷)
Journal of the Institute for Chinese Classics Studies
Nanjing University
Volume 18, No.2 2015

由《漢志》編撰實情考論"賦略"分類與排序*

鄧　穩

《漢書·藝文志》(下文簡稱"《漢志》")獨"詩賦略"把兩類(詩、賦)合爲一略且每種後面没有小序,所以後世學者疑説紛紜,甚至掀起有無類例的爭論。鄭樵批評劉向父子所校經傳諸子詩賦"冗雜不明",班固也"胸中元無倫類",但章學誠不僅以賦略"當日必有其義例"批駁鄭樵,還假借鄭樵之論肯定《漢志》"辨章學術,考鏡源流"的功能,學界遂多認同有類例之説。陳剛《〈漢書·藝文志·詩賦略〉賦之分類原則述略》①、陳錦春《歷代〈漢書藝文志〉研究述略》②等綜述類文章已經詳述"賦略"的既有研究,毋庸贅言。綜觀歷代"賦略"研究,大多囿於劉向父子編目"必有義例"的認識,猜測出許多分類方法。但這些研究往往都把"雜賦之屬"置之高閣,以致所論義例不能統領整篇"賦略",殊爲遺憾。筆者以爲《漢志》固然遵守某種類例,但也受到編撰實情的限制。本文即從劉向父子因替皇家圖書館圖書編目而分類爲出發點,綰合文獻考證與資料統計,對"賦略"分類方法與編排順序提出幾點新的看法。

一　《漢志》首重圖書編目,而非"考鏡源流"

"賦略"以及整篇《漢志》首先是爲皇家圖書館編著書目,即爲書分類,而不是爲賦或詩考鏡學術源流。欲詳解"賦略"類例,須先觀《漢志》編撰實情。第一,西漢有三次大規模的書籍搜輯,一是漢興"改秦之敗,大收篇籍,廣開獻書之路",二是漢武帝時"建藏書之策,置寫書之官",三是漢成帝時"使謁者陳農求遺書於天下"。是知,劉向父子只是對現有書籍進行校訂、編目,並不負責書籍的搜輯,所以劉向父子雖然有辨章學術、考鏡源流的目的,但也必定以所負責的皇家圖書館圖書爲據。第二,從劉歆奉命"卒父業"、班固對《七略》僅"删

---

* 本文係四川省社會科學研究"十二五"規劃 2015 年度青年項目"漢賦文學地理及其體現的中國文學版圖的展開特點研究"(項目編號:SC15C029)的階段性研究成果。

① 陳剛《〈漢書·藝文志·詩賦略〉賦之分類原則述略》,《文獻》,2011 年第 2 期,第 44—49 頁。

② 陳錦春《歷代〈漢書藝文志〉研究述略》,《圖書館雜志》,2006 年第 9 期,第 67—71 頁。

其要"來看,劉向《别録》、劉歆《七略》、班固《藝文志》雖然繁簡略有差異,但框架和主要書目基本相同。其中,班固把《輯略》拆分到《漢志》各略前後、用"出""入""省"等形式所作修改也都昭然可辨。因此,可以由《漢志》窺探劉向父子的編撰概貌。今再舉若干條辨明《漢志》編撰受所見書籍限制的情況。

1.《漢志》没有讖緯文獻的記載,其原因當如姚振宗所説:"讖緯之書起于周秦六國,漢時所有而《七略》所無。按《七略》惟録中秘書,自温室徙之天禄閣者乃得以論次之。若夫蘭臺石室之儲、故府録藏之籍、民間傳習之本、博士章句之書,當時不勝枚舉,故皆未嘗遍及也。"①今存劉向《叙録》有《荀子》、《戰國策》、《關尹子》、《晏子》、《子華子》、《列子》、《於陵子》等,無論真假,皆言"校(讎)中(……)書","中"即指姚振宗所説的"中秘書",姚振宗認爲其藏在天禄閣。如淳引劉歆《七略》云:"外則有太常、太史、博士之藏,内則有延閣、廣内、秘室之府。"②當日所校書具體爲哪些館藏姑且毋論,但劉向父子只校訂、編目過漢廷部分藏書室圖書,則爲不爭事實。

2. 據王應麟《漢書藝文志考證》,《漢志》未收書有 29 種;據姚振宗《漢書藝文志拾補》,《漢志》未收書有三百一十七種;據李學勤《學術文化隨筆》,"新見簡帛中的重要經籍有馬王堆帛書《周易》和雙古堆竹簡《詩經》……可以斷定,它們不同於已知的各家傳本,而是前所未知的在楚地流傳的本子"③。因此,劉向父子没有也不需要網羅天下遺書來編撰書目。

3.《春秋》爲六經,《戰國策》爲戰國縱横家言、《奏事》爲秦朝雜史材料、《太史公》爲漢代所作通史等等,皆與《春秋》經没任何直接關係(既不是經文,也不是傳説),但因不便單獨成類,故附録於《春秋》類後。

4.《春秋》類既載左丘明《國語》二十一篇,又載劉向分《新國語》五十四篇,《新國語》即是劉向對皇室館藏春秋時期此類遺存材料整理後的著録,目的在於把皇室所藏原不成書的文獻也著録完整。陰陽類附《雜陰陽》三十八篇,也是對陰陽類本不成書的剩餘材料合著後的題名。戰國之際,本無什麽"雜家"一派,但因爲有這一大批書不能歸入它類,故劉向父子特列"雜家"一門著録這些無所歸屬的文獻。

阮孝緒解釋《漢志》不單列"史書略"説:"劉氏之世史書甚寡,附見《春秋》,誠得其例。"④有學者以爲史書附録於《春秋》和西漢史學意識模糊有關⑤,但史書數量不多與史學意識模糊其實並不矛盾。與此相同,"詩略"既有《高祖歌詩》、《宗廟歌詩》等皇室自作歌詩,也有"自孝武立樂府而采歌謡"所得"代、趙

① (清)姚振宗《漢書藝文志拾補·例言》,中華書局《二十五史補編》本,1955 年,第 1435 頁。

② (漢)班固《漢書》卷三〇《藝文志》,中華書局,1962 年,第 1702 頁。

③ 李學勤《學術文化隨筆》,中國青年出版社,1999 年,第 364 頁。

④ (唐)道宣《廣弘明集》卷三,上海古籍出版社,1991 年,第 112 頁。

⑤ 王智勇《論〈七略〉不立史部》認爲:"《七略》所以未爲史書單獨立類,主要原因不是當時史籍太少,而是由於當時史學正處於初期的發展階段,人們對史學的認識是模糊的、有限的,加之《七略》分類主要依據於先秦的學術狀况,所以未立史部就很自然了。"《四川圖書館學報》,1998 年第 2 期,第 69 頁。

之謳,秦、楚之風”[①],其來源不一[②],本可如《詩經》十五《國風》分爲數類,但因爲總體數量較少並未分類。

總之,劉向、劉歆父子的主要工作和目的是爲皇家圖書館的某部分藏書編目,在工作中他們有意識地按當時學術眼光做了文獻分類,成爲後世學者“辨章學術,考鏡源流”的重要文獻。但如果以爲劉向父子定當在“考鏡源流”的目的下搜集當時所存全部書籍並加以分類,則太過苛責古人。鄭樵以爲蕭何律令、張蒼章程,劉氏《七略》、班固《漢志》不載,“此劉氏、班氏之過”[③];章學誠揣測“此亦非當時之遺漏,必其本志有殘逸不全者”[④],不然即“此劉氏之過,非班氏之過”[⑤]。鄭、章二人皆因不明當時只爲特定藏書室編撰書目的實情,妄以劉、班應當如何來苛求前人。正因爲劉向父子只爲特定館藏編撰書目,就不可避免地出現部分書籍與所在種略不甚相合的情況。鄭樵以爲《世本》、《戰國策》、《秦大臣奏事》等不應入“春秋類”,章學誠認爲“詩賦”當入“詩經類”、《孝景皇帝頌》當與銘、箴、贊、誄“通爲部録”,皆有所發現,但其説雖有理卻屬於,不得當日編撰實情的以今律古之舉。因此責備劉向父子分類失誤,不若以詳實考證辨明當日編撰實情,還原學術源流的真實面貌。

二　由《賦篇》篇名的擬定論荀賦及其流派是否存在

《漢志》“賦略”第三種首載“孫卿賦十篇”,該種賦因此被後世學者稱爲“孫卿賦之屬”,且今本《荀子》第二十六篇、劉向《荀子敘録》第三十二篇皆有《賦篇》一名,後世學者遂認爲荀況是第一個以賦名篇的人,並由此勾勒出漢賦的荀卿流派。對於荀況是否自題“賦篇”篇名,雖有學者提出過質疑,但皆無確證和系統的考論。筆者《〈賦篇〉篇名非荀況自題考》一文以出土文獻綰合賦體得名的過程考證“賦篇”篇名非荀況自題[⑥],今簡述論證過程如下:

1. 據林清源《簡牘帛書標題格式研究》所載 927 條先秦及部分漢代標題及其格式,没有一個具實際意義的標題有“篇”字。先秦標題無“篇”字與當時使用大小不一的“·”以及長度不等的“■”分隔篇章有關。

2. 今傳宋刻本《十一家注孫子》及其它多本《孫子》篇名有“篇”字,但 1972 年山東省博物館和臨沂文物組在臨沂銀雀山一號和二號漢墓發掘出的《孫子兵法》每篇篇名皆無“篇”字。以此可證,今傳《孫子》各篇名的“篇”字,皆爲後人所加。

---

① (漢)班固《漢書》卷三〇《藝文志》,第 1756 頁。

② 許繼起、王小盾《論〈漢書藝文志〉所載漢代歌詩的淵源》(《中國社會科學院文學研究所學刊》,2010 年 10 月)認爲西漢樂府歌詩多來自劉氏歷代祖先所在地:晉、秦、梁、荆的祠祀。由此可知,“詩賦略”所載歌詩可以地域略分爲幾類。

③ (宋)鄭樵《通志二十略》,中華書局,1995 年,第 1811 頁。

④ (清)章學誠《文史通義校注》附《校讎通義》卷一,葉瑛校注,中華書局,1985 年,第 989 頁。

⑤ (清)章學誠《文史通義校注》附《校讎通義》卷二,葉瑛校注,第 993 頁。

⑥ 詳參拙文《〈賦篇〉篇名非荀况自題考》,《四川師範大學學報》,2015 年第 4 期,第 124—132 頁。

3.《荀子》書中有相當一部分篇名不爲荀况親題。首先,唐代楊倞認爲《宥坐篇》、《法行篇》、《哀公篇》、《堯問篇》“皆荀卿及弟子所引記傳雜事”,既爲雜事的編纂,荀况當不會自題篇名。其次,楊倞認爲《大略篇》“蓋弟子雜録荀卿之語”,既爲荀况弟子所記,荀况更不得自題篇名。第三,荀况未能親自著定《孫卿子》一書,至劉向才把三百二十二篇删除重複定爲《孫卿新書》三十二篇,今猶見當時把數篇綴爲今本《荀子》一篇的痕迹①。

4. 先秦篇名由首段首句擇字以定篇是一個普遍的規律,賦字進入篇名也不例外。由漢初及後世賦體篇名的通例可知,賦體篇名當爲“○○賦”的形式。考屈原《悲回風》“竊賦詩之所明”、《大招》“投詩賦只”,宋玉《招魂》“同心賦些”,尚在文中,至宋玉《高唐賦》、《神女賦》載楚襄王對宋玉説“試爲寡人賦之”已在篇首,正可看出“賦”字進入篇名的過程。今本《賦篇》文中一個“賦”字皆無,其篇名定爲“賦”當非荀况所能自爲。

由1、2可知,今本《荀子》包括《賦篇》在内的三十二個篇名中的“篇”字皆非荀况自題;由3可知今本《荀子》有相當部分的篇名不爲荀况自題,或者説可能也有大量荀况親題篇名今本未用;由4可知,荀况不可能把“賦”字寫入篇名。總之,《賦篇》篇名不可能爲荀况所題,歷代學者所論荀况作賦的文獻依據並不可靠。

自《漢志》以後,荀况作賦的説法幾爲定論,但自王芑孫、章太炎、劉師培,特别是陶秋英、李曰剛、姜書閣後,荀卿賦才被認爲是漢賦流派。論説者或以爲荀卿賦爲咏物賦,或以爲闡理賦,李曰剛兼而論之:“荀卿之五賦,藉分析事物,以闡陳義理,漢之辭人師之,即演成咏物賦與説理賦。”②漢代及後世多有咏物賦、闡理賦,即以李曰剛所舉《西京雜記》中梁孝王賓客的咏物賦及以揚雄《太玄》、張衡《思玄》爲例的闡理賦而言,從篇章、用語到文獻記載哪有一絲梁王賓客、揚雄、張衡學習或模擬《賦篇》作賦的痕迹?班昭《鍼縷賦》與荀况《箴(通鍼)》乃同一題材,但毫無模擬痕迹。夷考其實,元代陳仁子《文選補遺》所説“屈、宋之賦,家有人誦,獨荀卿之賦人希誦”③才符合西漢賦體創作實情。

由《賦篇》篇名並非荀况自題、漢代及後世賦家並無學習《賦篇》作賦的現象可知,荀况並未作賦,荀卿賦流派實爲後世學者在儒家《詩》教影響下虚構的賦史。④

---

① 王先謙在《王制篇》“序官”一節指出:“按《樂論篇》云:‘其在《序官》也,曰:修憲命……太師之事也。’則《序官》是篇名,上文王者之人,王者之制度等語,及各篇分段首句類此者,疑皆篇名。應與下文離析,經傳寫雜亂,不可考矣。”是知,劉向校定時合數篇爲一篇的痕迹較爲明顯。

② 李曰剛《辭賦流變史》,文津出版社,1987年,第85頁。

③ (宋)陳仁子《文選補遺》卷三十一,臺灣商務印書館《影印文淵閣四庫全書》,1986年,第1360册,第495頁。

④ 《戰國策·楚策四》、《韓詩外傳》載荀况與黄歇故事時所用“因爲賦曰”與荀况書信原文並無邏輯關係,顯係當時編撰者所加,其實已無意中參與了荀卿賦流派的構建。

三　論"賦略"首二種是賦後二種是附録

劉向父子在爲皇家圖書館編著書目時,除"詩略"所載用於歌唱的歌詩外,還有一大批不能歌唱的作品需要著録。這類作品皆是用於,或搜集起來準備用於皇室娱樂的口誦作品,其中以屈原、宋玉、司馬相如所作的"賦"作品最爲典型,故以此類作品的名稱——"賦",命名爲"賦略"。因此,賦略得名自一種叫作"賦"的文學作品,但著録其中的作品不皆爲"賦"。章太炎以"有韻者皆爲詩"立論,在《辯詩》一文中揭示出"賦略"《隱書》與《成相雜辭》的功用:"《詩賦略》録《隱書》十八篇,則東方朔、管輅射覆之辭所出。又《成相雜辭》者,其句度長短不齊,亦悉入録。"[①]由章氏所言,"詩賦略"載有大量供皇室娱樂的韻文,這些韻文的屬性章氏以爲是詩不是賦。爲明晰這一問題,我們先看"賦略"作品存亡表:

	屈原賦之屬		陸賈賦之屬		孫卿賦之屬		(客主賦)雜賦之屬	
著録(家)、(篇)	20	361	21	275	25	136	12	233
亡佚(家)、(篇)	5	259	19(13)	251	24	126	12	233
亡佚比例	25%	72%	90%(62%)	91%	96%	93%	100%	100%

該表家數、篇數的亡佚情況皆據陳國慶《漢書藝文志注釋彙編》整理所得[②]。家數存亡較爲確定,篇數由於真僞和對賦定義的差異可能有些出入,但總體上能反映出每種賦的存亡情況。由表可知,這四類賦的存亡率存在急劇遞減、遞增的情況:

1. 就家數而言,屈賦之屬只有五家没有作品流傳,存留率高達75%,表明這些賦家的作品是後人研讀、模仿的典範。陸賈賦之屬只有兩家(司馬遷、揚雄)有作品流傳,但陸賈"賦孟春"[③],枚皋本傳載有賦作篇名《平樂館賦》、《衛皇后立時戒終之賦》,馮商"作《燈賦》"[④],又有莊忽奇"從行至茂陵,詔造賦"[⑤],如果綰合賦自屈原作品(《楚辭》)而出來看,嚴助、朱買臣俱以《楚辭》幸,其作賦自有根據,則陸賈賦之屬由《史記》、《漢書》、《文心雕龍》可證作賦者8家,所存比率則爲38%。孫卿賦之屬,只有孫卿一人留存,其餘24家皆亡佚,存留率只有4%。雜賦之屬12家全部亡佚,存留率竟是0!

2. 就篇數而言,每類亡佚都很多,但四類存亡率的差異更讓我們吃驚。屈原賦之屬著録361篇,存留率爲28%;陸賈賦之屬著録275篇,以篇爲單位

---

① 章太炎《國故論衡疏證》中卷《辯詩》,龐俊、郭誠永疏證,中華書局,2008年,第412—413頁。

② 陳國慶《漢書藝文志注釋彙編》,中華書局,1983年,第166—178頁。

③ (南朝梁)劉勰《文心雕龍注》卷七《才略》,范文瀾注,人民文學出版社,1958年,第698頁。

④ 《藝文類聚》卷八十引劉向《别録》:"待詔馮商作《燈賦》。"

⑤ 《漢書·藝文志》顔師古注引劉向《七略》:"忽奇者,或言莊夫子子,或言族家子,莊助昆弟也。從行至茂陵,詔造賦。"

的存留率爲10%,但因爲陳國慶是把有賦文留存標爲“存”、“殘”,所以不少只有賦作篇名的作品未計算在内,如果把有作品名或史書有作賦行爲的記載(僅計一篇)都算成有賦作的話,留存率則高達38%;孫卿賦之屬著録136篇,只有孫卿一人作品全部留存,其餘著者在歷史上没有任何作賦或有賦作傳播的痕迹,留存率爲7%;雜賦之屬著録233篇,全部亡佚,留存率0!

由四種賦家數留存率75%、38%、4%、0對比來看,第一、二種留存率很高,第三、四種留存率極低,其中第四種低至0。如果據上文考證,因荀况並未作賦而把荀况及其作品排除在外,則第三種、第四種無論作家還是作品留存率便皆爲0! 這種差異説明什麽呢? 筆者以爲,這表明後兩種根本就不是賦! 我們談論“賦”、研究“賦”是把“賦”作爲一種文體來看,這至少要求作者,或者同時代人以之爲賦;或者後代有人把它作爲賦來學習、模仿。雜賦、孫卿賦之屬皆不能滿足這兩個條件,可見其不當爲文學之賦體。①

要言之,“詩賦略”只有前兩種所載爲文學之賦體。第一種屈原賦之屬正是對賦體淵源的一個客觀追溯,且能驗諸西漢賦家創作實際,屬於漢賦的正統派,可稱爲“正體”。第二種陸賈賦之屬,其存者只有司馬遷、揚雄,其餘多爲臨時賦誦娱樂的短小製作(如枚皋隨武帝出行時隨口賦誦之作),可看成是對漢人一般賦作的叙録,不爲賦之優秀者,稱之爲“變體”亦可。第三種孫卿賦之屬、第四種雜賦之屬在當日並不是“言語侍從之臣”、“公卿大夫”爭相獻誦的賦作,而只是劉向父子在“不歌而誦”的大目下附録於賦文體後供皇家娱樂的韻文。

四 “揚雄賦”列入“陸賈賦”釋疑

不少學者對揚雄賦録入陸賈賦之屬大惑不解,徐復觀《西漢文學要略》即認爲:

> 劉歆何以分賦之屬爲四類,後人雖有解説,然率多臆測之辭,無可證驗。且其分類亦未必恰當,如班固入《揚雄賦》之八篇共爲十二篇,其中有《反離騷》、《廣騷》、《畔牢愁》等,何以不列入《屈賦》之類?②

徐復觀對“詩賦略”分類的質疑可以作爲絶大多數學者的代表,其偏頗之處在于認爲劉向是在爲西漢賦分類,而忽略他實質上只是因爲對皇家圖書館某一大類書編目而分類。筆者以爲揚雄賦録入陸賈賦之屬正是由書籍編目的特殊情况所致。

據湯炳正先生研究,劉向繼淮南王等續編《楚辭》,也遵從前人先例,以己作《九歎》附于《楚辭》書後。③ 同樣的情况也出現在“賦略”編撰中,第一種屈

① 當然也並不能斷言其中没有一篇以“賦”名篇的賦體作品,但就絶大多數篇目而言,並不是作爲文學的賦文,且許多篇目應當都不是以“賦”名篇的韻文作品。

② 徐復觀《中國文學精神》,上海書店出版社,2004年,第354頁。

③ 參湯炳正《〈楚辭〉成書之探索》,《屈賦新探》,華齡出版社,2010年,第68—87頁。

原賦之屬末尾數種賦爲:

上所自造賦二篇。
兒寬賦二篇。
光禄大夫張子僑賦三篇。與王褒同時也。
陽成侯劉德賦九篇。
劉向賦三十三篇。
王褒賦十六篇。①

"上所自造"指漢武帝造賦,兒寬爲武帝大臣,其後張子僑爲宣帝時人,時間銜接緊密,正表現出武、宣盛世造賦的實情。但"張子僑賦三篇"後注云"與王褒同時也",而今本《藝文志》王褒在末尾,所注之語豈不是没有了着落?第二種陸賈賦之屬也有類似情形:

陸賈賦三篇。
枚皋賦百二十篇。
朱建賦二篇。
常侍郎莊怱奇賦十一篇。枚皋同時。②

朱建應與陸賈同時,活動于高祖、孝惠前後。莊怱奇實與枚皋同時,主要活動于武帝一朝,因此注云:"枚皋同時"。但因中間隔了高祖時的朱建,注語也顯得突兀。姚振宗以爲:

案平原君文帝時卒,此當在陸大夫之次、枚皋之前,疑轉寫之誤。觀下一條注"枚皋同時",明是承上文而言,尤可證也。③

姚振宗以作者年代和注文位置判定平原君朱建應在陸賈之後、枚皋之前,誠爲的論。以此例王褒與張子僑的位置,更應該如此,概朱建位置雖亂,但莊怱奇注文"枚皋同時"還能被讀者理解,而王褒在張子僑後好幾位,張子僑注文"與王褒同時也"顯得完全没有着落,定是錯簡所致。因此,原文順序應是:

上所自造賦二篇。
兒寬賦二篇。
王褒賦十六篇。
光禄大夫張子僑賦三篇。與王褒同時也。
陽成侯劉德賦九篇。
劉向賦三十三篇。

王褒移至張子僑前,原文順序無論從時間還是注文來看,都非常順利,自是當日舊序。而這一順序與劉向編撰《楚辭》順序原則上一樣,即反映出對屈原、宋玉作品的尊崇、模仿。姚振宗對這一種編排原則的解釋是:"此二十種大抵皆

---

①② (漢)班固《漢書》卷三〇《藝文志》,第1748頁。
③ (清)姚振宗《漢書藝文志條理》卷三,項永琴整理,清華大學出版社,2011年,第318頁。

楚騷之體,師範屈宋者也,故區爲第一篇。"[1]可爲佐證。

明白第一種賦的類聚原則後,揚雄歸入陸賈賦之屬就較易理解。"詩賦略"載"揚雄賦十二篇",但班固於文後注云"入揚雄八篇",則《七略》原文只載揚雄四賦。揚雄四十三歲始入長安,成帝元延二年(前 11)從成帝上甘泉,始作《甘泉賦》、《河東賦》、《校獵賦》,元延三年(前 10)秋才作《長楊賦》[2],四賦收入國家圖書館的時間應該更晚一些。據徐興無先生《劉向(附劉歆)簡表》,劉向卒於成帝綏和元年(前 8)四月,時年 72 歲[3],距揚雄《長揚賦》的完成時間不過一年左右,劉向録揚雄四賦入"賦略"的可能性極小。如果是劉歆録入《七略》,因爲揚雄初入長安,他模仿《楚辭》的《反騷》等作品不一定爲劉歆所知,劉歆也不會打破其父劉向編定《楚辭》的體例附揚雄於劉向之後。當然也有可能是,揚雄初入長安,雖然"客有薦雄文似相如者",但其賦名並没有後世那麽響亮,只能以一般漢人作品附録於已編陸賈賦之屬的後面。今本《藝文志》順序恐爲班固調整,其序爲:

> 河内太守徐明賦三篇。字長君,東海人,元、成世歷五郡太守,有能名。
> 給事黄門侍郎李息賦九篇。
> 淮陽憲王賦二篇。
> 揚雄賦十二篇。
> 待詔馮商賦九篇。
> 博士弟子杜參賦二篇。
> 車郎張豐賦三篇。張子僑子。
> 驃騎將軍朱宇賦三篇。

由徐明後注"元、成世歷五郡太守",可知此下皆元帝、成帝以後的賦家,據《諸侯王表》:"淮陽憲王欽,宣帝子,元康三年四月丙子立,三十六年薨。"[4]推其死時正在成帝河平元年(前 28),揚雄十六年後始入長安,録在揚雄之前理所當然。但揚雄後面 4 人在劉歆《七略》中可能也在揚雄前,因爲他們都被載入了劉向《别録》:

> 劉向《别傳(似應爲"録")》:"待詔馮商作《燈賦》。"[5]
> 《别録》:"臣向謹與長社尉杜參校中秘書。"[6]
> 《别録》:"驃騎將軍史朱宇。"[7]

《藝文志》揚雄後 4 人,分别是:馮商、杜參、張豐、(史)朱宇,其中馮商、杜參、

---

① (清)姚振宗《漢書藝文志條理》卷三,項永琴整理,第 317 頁。

② 揚雄入長安及作賦時間略有爭議,但現在學界較爲統一,相差不過一二年,此處參考劉躍進《秦漢文學編年史》,商務印書館,2006 年,第 282—286 頁。

③ 徐興無《劉向評傳》,南京大學出版社,2005 年,第 481 頁。

④ (漢)班固《漢書》卷十四《諸侯王表》,第 420 頁。

⑤ (唐)歐陽詢《藝文類聚》卷八十,汪紹楹校,上海古籍出版社,1999 年,第 1368 頁。

⑥⑦ (漢)班固《漢書》卷三〇《藝文志》,顔師古注引,第 1750 頁。

(史)朱宇都載録於劉向《别録》,《别録》還載馮商"作《燈賦》",可見此三人爲劉向載入"詩賦略"相當確定。張豐雖不見於今本《别録》佚文,但他是張子僑的兒子,而"更生以通達能屬文辭,與王褒、張子僑等並進對,獻賦頌凡數十篇"①,可知劉向與張子僑曾一起作賦,張豐以父任爲車郎,劉向知之,録其所獻之賦可無疑問。姚振宗對四人排序於揚雄之後,作過推測:

> 案自馮商以下四人,年皆少於揚子雲,而著録其賦者,或其人已卒,或其賦奏御,故類從於其後。②

姚振宗的推測尚未達一間,蓋因其尚未明白當日著"詩賦略"之程式。實則,劉向已校閲過"詩賦略"。馮商四人年歲可能小於揚雄,但先於揚雄在長安,當時獻進之賦已入皇家圖書館,劉向自當著録。揚雄在劉向死前一年多才獻四賦給皇上,72 歲的劉向在最後一兩年應當來不及在皇家圖書館看到四賦而加以著録。後來劉歆始補入揚雄賦與其父所寫定的"賦略"後,當劉歆删簡《七略别録》爲《七略》時可能也照此序實録。揚雄經桓譚等宣傳,已得大儒之名,加之班固編撰《藝文志》本也需要重新寫定"詩賦略",從年紀大小排列賦家順序才成爲可能。因此,揚雄入"陸賈賦之屬"與實際著録情况及他當時的賦家地位都比較吻合。只是後之學者,强使陸賈爲縱横之賦,要追溯揚雄賦學司馬相如、屈原的淵源,這一矛盾才突顯出來。

(作者單位:四川師範大學文學院)

① (漢)班固《漢書》卷三十六《楚元王傳》,第 1928 頁。
② (清)姚振宗《漢書藝文志條理》卷三,項永琴整理,第 324 頁。

古典文獻研究(第十八輯下卷)
Journal of the Institute for Chinese Classics Studies
Nanjing University
Volume 18, No.2 2015

政治、性別與文本:論花蕊夫人百首《宫詞》的可能作者

俞士玲

今存百首花蕊夫人《宫詞》,北宋熙寧間始見於文獻記載,當時被判定爲後蜀孟昶花蕊夫人所作。今讀此詩,發現所寫多與前蜀王衍宫廷事相合,後研讀諸家論著,發現浦江清先生早在1947年就已對此問題進行了全面深入的研究,其結論是:"《宫詞》所咏爲前蜀後主王衍之宣華苑事,可正名爲《宣華宫詞》","衍嗣位後尊爲順聖太后者,《宫詞》或其所作"。[①] 其後《蜀檮杌校注》作者之一的王文才,在其《花蕊夫人氏籍辨》一文中,引用黄休復《茅亭客話》卷五"孟氏初,徐光溥宅虹蜺入井飲水"條,指出"花蕊姊妹爲三人,一爲(王)衍妃,一爲(潘)在迎之室,一爲(孟)昶妃。並王建之二妃,一門四女俱貴,誠爲異事",進而斷言"至於花蕊之《宫詞》,宋以來確傳爲三十二首,别有逸詩六十六首,乃好事者續成之,來歷各異。或以百首俱前蜀小徐之作,固不辨真僞,而又好爲附會新奇之論"。[②] 此"附會新奇之論"似指浦江清先生之説,但未明言"確傳"之"三十二首"是前蜀花蕊還是後蜀花蕊之作。後來研究者或徑取北宋

---

① 浦先生文原載《開明書店:十周年紀念文集》(1947年),本文引自浦江清《浦江清文選》,張鳴編選,北京大學出版社,2010年,第29頁。

② 王文才《花蕊夫人氏籍辨》,《成都大學學報》,1991年第2期。黄休復《茅亭客話》卷五"虹蜺"條云虹霓入人家飲水,或吉或凶,然後列舉唐韋皋鎮蜀時、王蜀時、孟蜀時以及自己母親親身經歷的虹霓見而吉的事例。其中談到前、後蜀事:"孟氏初,徐光溥宅虹蜺入井飲水,其母曰:王蜀時有虹入吾家井中,王先主取某家女爲妃。今又入吾家,必有女爲妃后、男爲將相,此先兆矣。未浹旬,選其女入宫,後從蜀主歸闕,即惠妃也。"這裏王建有徐姓妃,但未言一家出二妃,徐光溥姐妹爲孟昶妃。王建妃嬪衆多,除周皇后外,《蜀檮杌》載有成年子嗣的嬪妃尚有馬、白、宋、陳、喬、褚、徐諸人,遑論無成年子嗣或無出者,故由此直接推斷"王先主取某家女爲妃,即徐耕二女,王建之貴妃與淑妃",其實證據不足。(宋)司馬光《資治通鑑》卷二百七十一《後梁紀六》云王衍"韋妃者,徐耕之孫也"(中華書局,1956年,第8861頁),若依此,王先生文言"光溥與花蕊並是徐耕之孫",就不妥。有關此條,浦江清先生的處理則審慎合理,他説:"余知《客話》但爲小説,惟其言惠妃之姓徐,似不爲無因。據此,前後蜀皆有徐妃,雖不必出於一家,然亦非事之所不可能也。"(第7頁)

以來後蜀花蕊夫人説,故只能對百首《宮詞》中一些與前蜀有關之詩加以曲解[①],或簡單列舉幾條材料云前蜀後宮也是後蜀後宮,即宣稱"前蜀花蕊夫人之説不攻自破"[②]。我以爲浦江清先生的意見很中肯,他説花蕊夫人是誰並不十分重要,重要的是這些詩所寫的是前蜀後宮事。其實後蜀人寫前蜀事並非不可能,後蜀人傳前蜀詩也非不可能,重要的是百首宮詞作品,本文將增加材料並更細緻地解讀花蕊夫人《宮詞》,以論説百首宮詞是一體的,所寫爲前蜀後宮事,我會將《宮詞》置於宮詞文學書寫傳統中並將之與前蜀女性詩歌對照以論述《宮詞》的可能作者,我還將描述北宋以來後蜀花蕊夫人被賦予《宮詞》百首創作權的過程,討論政治、道德、性别等因素如何參與了文本和文本歸屬的建構。

一　花蕊夫人《宮詞》中有九首只能、五首最可能寫的是王衍後宮

最先引起我的疑問的是徐式文先生《花蕊夫人宮詞箋注》對《宮詞》七六首[③]的解釋。詩曰:

法雲寺裏中元節,又是官家誕降辰。滿殿香花爭供養,内園先占得鋪陳。

徐先生解釋"官家降誕辰"道:"顯指祭祀孟知祥亡靈,做冥壽。若孟昶(919—965),則其生辰應在十一月十四日。"[④]但是第一,"降誕辰"無論如何不能解釋成"冥壽";第二,句中"又"如何解釋? 退一步講,即使接受徐先生"誕降辰"解釋,孟知祥(874—934)"咸通十五年甲午歲四月二十一日生",逝於前蜀明德元年七月二十六日,"年六十一"[⑤],亦非七月十五中元節時爲冥壽。徐先生顯因認定此詩爲後蜀花蕊夫人所作,故儘量貼合後蜀事而造成曲解,也因此放棄尋求更合理的解釋。我以爲此詩第三句承第一句、第四句承第二句,一、三兩句云上元節在法雲寺殿以香花供養三寶,二、四兩句寫在内園鋪陳爲官家祝壽,因同一日在不同空間有兩大重要行事,故詩着一"又"字。[⑥]

那麽,蜀中有無中元節生日的帝王呢? 浦江清先生鈎稽史料,云前蜀王衍(899—926)即生於七月十五中元節日。其證據出自《蜀檮杌》卷上:"[咸康元年(西元 925 年)]七月丙午,衍應聖節,列山棚於得賢門。是日,有暴風摧之,

① 代表性著作爲徐式文《花蕊夫人宮詞箋注》,巴蜀書社,1992 年。

② 趙曉蘭《關於花蕊夫人〈宮詞〉作者的再探討》,《清華大學學報》,2007 年第 1 期。

③ 爲敘述查找方便,此依浦江清《花蕊夫人宮詞考證》附録一《花蕊夫人宮詞校定本》所加序號。所引詩亦出於此校定本。見《浦江清文選》,第 30—38 頁。

④ 徐式文《花蕊夫人宮詞箋注》,第 140 頁。

⑤ (宋)張唐英《蜀檮杌》卷下,《叢書集成初編》本,中華書局,1985 年,第 3855 册,第 17、18 頁。

⑥ 浦江清先生首拈出此首爲王衍作,誠發千古之覆,然對詩"先占"的解讀又嫌迂曲。《浦江清文選》,第 18 頁。

翌日,雷震應聖堂,摧兩柱。太常少卿楊玢上言,其略曰:'陛下誕聖之日而山摧者,非不騫不崩之義也,在於得賢門者,示陛下所用不得賢也;應聖摧者,示陛下柱石非材也。'衍不以爲意。"[①]顯然,"七月丙午"即王衍"降誕之日",查陳垣《二十四史朔閏表》,是年"七月丙午"正爲七月十五。尚可參證之材料有:杜光庭《廣成集》卷二《皇帝爲太子生日設齋表》曰:"臣伏奉聖旨,爲皇太子生辰,宣賜莊宅庫錢陸拾貫文省除於北帝院差選道衆二十一人於七月八日開置黄籙道場七晝夜,至十五日散齋者。"[②]杜光庭唐末隱於青城山,仕於前蜀。《資治通鑑》卷二百六十八《後梁紀三》載,乾化三年(蜀永平三年,913)六月丙子(初五),"以道士杜光庭爲金紫光禄大夫、左諫議大夫,封蔡國公,進號廣成先生。"[③]上表爲杜光庭任職前蜀時所書公文。王建時太子有二:一是武成二年(909)五月所立之宗懿(後改名元膺),此太子永平三年七夕前因叛被斬;二是永平三年始立之太子王衍。則此表中太子當爲王衍,王建提前七日爲太子生日設齋,"七月十五日"散齋,是日即王衍生日。則《宫詞》第七十六首必爲王蜀後主而作。

《宫詞》第五、十三首也極具時空感。詩曰:

> 殿庭(名)新立號重光,島上亭(池)臺盡改張。但是一人行幸處,黄金閣子(内)鎖牙床。

> 旋移紅(花)樹斸青(斫新)苔,宣使龍池再(更)鑿開。展得緑波寬似海,水心(晶)宫(樓)殿勝蓬萊。

王建(847—918)先封爲蜀王,以成都節度府爲王府,武成元年(907)即帝位,改蜀王府署"堂宇廳館爲宫殿":"大衙門爲宣德門,獅子門爲神獸門","球場門爲神武門";"大廳爲會同殿","球場廳爲神武殿","蜀王殿爲承乾殿","九頂堂爲承乾殿[④]"。其後宫改自新舊二宅,其中"舊宅爲昭聖宫,堂爲金華殿","設殿爲韶光殿";"新西宅爲天啓宫,堂爲金華殿"。"摩訶池爲龍躍池"。從其列舉的次序看,龍躍池應離舊宅更近。因王建後宫分兩處,前朝和後宫也有所分隔,故其修建夾城將其連接起來。《資治通鑑》記貞明元年(蜀永平五年,915)十一月己未夜,蜀宫火,"自得成都以來,寶貨貯於百尺樓,悉爲煨燼"。被燒的應是舊宅昭聖宫以及庫藏區域,於是"在舊宫之北",更築新宫,貞明二年(916)九月庚申,"蜀新宫成"。[⑤] 所以,王衍即位時,他繼承了其父的前朝、原西宅天

① (宋)張唐英《蜀檮杌》卷上,第13頁。

② (前蜀)杜光庭《廣成集》卷二,中華書局,2011年,第19頁。

③ (宋)司馬光《資治通鑑》卷二百六十八《後梁紀三》,第8773頁。

④ (宋)張唐英《蜀檮杌》有兩處承乾殿,清代彭元瑞《五代史記注》卷六十三上《前蜀世家》"九頂堂爲九乾殿",此處"承乾殿"當作"九乾殿"。

⑤ (宋)司馬光《資治通鑑》卷二百六十九《後梁紀四》,第8797、8806頁。四川省文史研究館《成都城坊古迹考》(成都時代出版社,2006年,第53、82頁)云"舊宫盡毁",恐不確。《資治通鑑》僅云寶物貯於百尺樓者悉爲煨燼,又云:"諸軍都指揮使兼中書令宗侃等帥衛兵欲入救火,蜀主閉門不内。庚申旦,火猶未熄,蜀主出義興門見群臣,命有司聚太廟神主,分巡都城,言畢,復入内閉門。"似乎火勢亦未到盡焚的程度。

啓宫、舊宫之北建成的新宫和火災毁損嚴重的舊宫。[①] 王衍即位後,大興土木,拓展了龍興池[②],"以龍躍池爲宣華池",在宣華池畔以及池中建造了大量的宫殿亭臺,總名宣華苑。此苑因處新宫之東南而有東内、内園、内苑等稱呼。《蜀檮杌》卷上曰:"(乾德三年,920)五月,宣華苑成,延袤十里,有重光、太清、延昌、會真之殿,清和、迎仙之宫,降真、蓬萊、丹霞之亭,土木之功,窮極奢巧。"[③]雖然,後蜀或許沿用前蜀宫殿和宫殿名,但只有宣華苑剛建成時,上引《宫詞》中"殿庭(名)新立號重光"、"宣使龍池再鑿開"之"新"、"再"方有着落。則此二詩亦當爲王衍後宫所寫。儘管兩詩有異文,但不影響以上的結論。

《宫詞》書寫的帝王、後宫生活、娱樂方式也爲王衍宫中所獨有。第一首:

> 五雲樓閣鳳城間,花木長新日月閑。三十六宫連内苑,太平天子住(坐)昆山。

此詩總寫蜀國都城氣象,再及宫城内苑,最後聚焦於昆山上的太平天子。五雲樓閣、三十六宫、内苑都是實寫,然而成都地勢平坦,只西北隅之武擔山略有土阜高聳,實爲古墓葬封土,並不在前後蜀宫城之内,何以有"太平天子住(坐)昆山"之象?學者只好泛泛作解道:"昆山,即昆侖山,傳説是西王母居住的玉山,這裏用來譬喻皇帝宫苑的美麗。"[④]研讀史料,"昆山"恰爲"太平天子"王衍所創的獨特景觀:繒山。《資治通鑑》卷二百七十一《後梁紀》龍德元年(蜀乾德三年,921)載:"蜀主常列錦步障,擊球其中,往往遠適而外人不知。……結繒爲山,及宫殿樓觀於其上,或爲風雨所敗,則更以新者易之。或樂飲繒山,涉旬不下。山前穿渠通禁中,或乘船夜歸,令宫女秉蠟炬千餘居前船,卻立照之,水面如晝。或酣飲禁中,鼓吹沸騰,以至達旦。以是爲常。"[⑤]因王衍好道,其"繒山"或即是想象的昆山,或即命名爲昆山也未可知。

第三九、四〇首書寫了天子、六宫道教徒式的服飾和天子的焚修生活:

> 金畫香臺(囊)出露盤,黄龍雕刻繞朱闌。焚修每遇三元[⑥]節(日),天子親簪白玉冠。

---

① 前蜀寢殿有天錫宫。(前蜀)杜光庭《廣成集》卷一有《謝新殿修金籙道場表》(第2頁)、卷三《賀新起天錫殿表》(第35頁)。《賀新起天錫殿表》曰:"大内新殿成,賜名天錫殿者。鼎新正寢,光錫嘉名……"(第35頁)又有明德殿。卷二《登極後聽政書》云"御明德殿聽政","今則雲開碧落,齊瞻北極之尊;霞散滄溟,共奉大明之照"(第44頁),明德殿是王衍登基後首次聽政之處,當爲前朝重要宫殿。

② 宋祁《摩訶池》詩有"十頃隋家舊鑿池"句,然隋池不過五頃左右,王衍將摩訶池池面擴大了一倍。參《成都城坊古迹考》,第289—290頁。

③ (宋)張唐英《蜀檮杌》卷上,第9頁。後主時,亦有西宫,或即王建天啓宫。《資治通鑑》卷二百七十四《後唐紀三》載咸康元年十一月,後唐兵將至成都,前蜀中書令、判六軍諸衛事王宗弼棄利州,至成都,對蜀主及太后等無復臣禮。乙巳,"劫遷蜀主及太后後宫諸王於西宫,收其璽綬"。第8944頁。

④ 徐式文《花蕊夫人宫詞箋注》,第24頁。

⑤ (宋)司馬光《資治通鑑》卷二百七十一《後梁紀六》,第8861頁。

⑥ (前蜀)杜光庭《廣成集》卷三有《趙部助上元黄籙齋詞三首》、《馮涓大夫助上元齋詞》、《周庠員外助上元齋詞》、《盧蔚大夫助上元齋詞》均包含上元、中元、下元三元。

六宫一例羅(雞)冠子,新樣交鐫白玉花。欲試淡(道)裝兼道服,面前宣與唾盂家。

據杜光庭《廣成集》,前蜀王建後期多舉行道教活動,與其父比,後主王衍更深入地將道教融入政治和帝王、後宫生活實踐中。王衍着力在政治和宗教上爲前蜀政权建立正統。宗教上尊道教,建構王姓在道教史上的重要地位;政治上奉李唐,特别是奉入蜀之玄宗皇帝爲正統。乾德五年,"起上清宫,塑王子晉像,尊以爲聖祖至道玉宸皇帝,又塑建及衍像,侍立於其左右;又於正殿塑玄元皇帝及唐諸帝,備法駕而朝之"①。洪邁《容齋隨筆》卷四"孟蜀避唐諱"條曰:"前蜀王氏已稱帝,而其所立龍興寺碑,言及唐諸帝,亦皆半闕,乃知唐之澤遠矣。"②

王衍是少數幾個受過道籙的天子,他是在宣華苑中受道籙的。《蜀檮杌》卷上載:"(乾德三年)八月,衍受道籙於苑中,以杜光庭爲傳真天師、崇真館大學士。"③王衍後宫嬪妃妾妓皆曾着道服、道冠。同書載:"(咸康元年)三月,衍朝永陵……還宴怡神亭,嬪妃妾妓皆衣道服,蓮花冠,髽髻爲樂。夾臉連額,渥以朱粉,曰醉妝。國人皆效之。"④《新五代史》卷六十三《前蜀世家》云:"後宫皆戴金蓮花冠,衣道士服,其髻髽然,更施朱粉,號醉妝。"⑤杜光庭《趙部助上元黄齋詞三首》寫到前蜀上元、中元、下元三元節其上壇主持道教儀式。《宫詞》"焚修每遇三元節,天子親簪白玉冠",强調了天子焚修生活的經常性,在焚修生活中每遇到三元節,天子親上寶壇主持儀式,這兩首詩與道士天子王衍的生活情形最接近。

《宫詞》中還寫到天子、宫人所玩的宫人入道的游戲。本來"宫人入道"是前帝或年老宫女的歸宿之一,張籍《送宫人入道》詩言,"名初出宫籍,身未稱霞衣","中官看入洞,空駕玉輪歸"⑥。因這一題材的香艷、戲劇性和具諷諭性等原因,唐詩中多有書寫。宋劉克莊觀察到"《送宫人入道》,唐人多有此作"⑦。《瀛奎律髓》卷四十八張籍《送宫人入道》詩下方回曰:"宫人入道,唐世多有。此詩,既幽閉之深宫矣,一旦得出,又以道宫終其身,皆非禮也。"⑧宫人入道詩皆爲律詩,又以七律居多。如《才調集》選于鵠《送宫人入道》曰:"十載吹簫入漢宫,看修水殿種芙蓉。自傷白髮辭金屋,喜着黄冠向雪峰。解語老猿開曉户,引雛飛鶴下高松。定知别後宫中伴,遥聽緱山半夜鐘。"⑨然而花蕊夫人《宫詞》中的入道宫女既非守寡又非年老,既非入道籍,也不會脱離與天子的關係,只是學作道人,皇帝每每會鹿車往駕的。《宫詞》第七四、七五首:

① (宋)歐陽修《新五代史》卷六十三《前蜀世家》,中華書局,1974年,第792頁。
② (宋)洪邁《容齋隨筆》卷四,上海古籍出版社,1978年,第49頁。
③ (宋)張唐英《蜀檮杌》卷上,第9頁。
④ (宋)張唐英《蜀檮杌》卷上,第11頁。
⑤ (宋)歐陽修《新五代史》卷六十三《前蜀世家》,第793頁。
⑥ (清)彭定求等《全唐詩》卷三百八十四,中華書局,1960年,第4305頁。
⑦ (宋)劉克莊《後村先生大全集》卷一百七十三《詩話》,《四部叢刊》本。
⑧ (元)方回選評《瀛奎律髓彙評》,李慶甲集評校點,上海古籍出版社,1986年,第1771頁。
⑨ (唐)韋縠選《才調集》卷九,《唐人選唐詩(十種)》,上海古籍出版社,1979年,第656頁。

會仙觀内玉清壇,新點宫人作女冠。每度駕來羞不出,羽衣初着怕人看。

老大初教學道人,鹿皮冠子淡黄裙。後宫歌舞全抛擲,每日焚香事老君。

在"抛擲歌舞"和"事老君"之間强調的不是"老大"、被棄,不是自己的趣味①,而是"教學""道人",是帝王的趣味,所以詩歌没有傷感,只有新奇和嬌羞。從帝王趣味的角度看,孟知祥、孟昶父子自覺地將王衍視爲自己的鑑誡。史稱孟昶爲文"皆本於理",嘗謂人曰:"王衍浮薄而好清艷之辭,朕不爲也。"②不爲王衍之所爲是其爲文本於理的動力之一。又如廣政元年上巳,俳優以王衍爲戲,孟昶"命斬之"③。兩相對比,上引詩中所寫應更可能是王衍後宫生活。

此外,第三〇首:"婕妤生長帝王家,常近龍顔逐翠華。楊柳岸長春日暮,傍池行困倚桃花。"浦江清先生引《十國春秋》卷三十八云此生長帝王家的元妃爲王衍韋妃。可據。④

與其説王衍好道教,不如説好神仙。杜光庭有《王氏神仙傳》五卷,《郡齋讀書志》云是書"集王氏男真女仙五十五人以諂王建"⑤。如果上文之説有據,則王衍所作繒山實爲滿足自己居於昆侖山的想象;又上引宣華苑建築名多神仙色彩:"降真"、"迎仙"、"會真",此三者豈非是神仙降蜀宫的完整過程。《蜀中廣記》論洪邁《萬首唐人絶句》所載《群仙降蜀宫》六首,猜測此爲"附會杜光庭王氏男女仙傳而然矣"⑥,詩中降蜀宫的群仙皆爲女仙,分别是后土夫人、王母、麻姑、上元夫人、弄玉、太真。《宫詞》中在龍池一帶活動者頗有扮演的神女,或木雕神女。如第五〇首:

春日龍池小宴開,岸邊亭子號流杯。沉檀刻作神仙女,對捧金樽水上來。

爲滿足天子的神仙幻想,龍池邊流杯亭前雕刻了自水上而來的兩兩相對捧着金樽的兩隊神女,可以想象,那真正捧酒而來的宫女是否也是神仙裝扮?詩中亦將宫女形容爲神仙,或以宫女扮神仙。第三五首:

---

① 王建《宫詞》中有有志於學道的宫女:"私縫黄帔捨釵梳,欲得金仙觀裏居。近被君王知識字,收來案上檢文書。"卻走了"道爲宫人"的相反路綫。

② (宋)張唐英《蜀檮杌》卷下,第20頁。

③ (宋)張唐英《蜀檮杌》卷下,第19頁。

④ 韋妃,姓徐,是徐耕之孫,順聖皇太后侄女。《資治通鑑》卷二百七十一《後梁紀六》,龍德元年(蜀乾德三年,921),"高妃遣歸,其父兵部尚書高知言不食卒"後有更詳細的記載:"初,蜀主之爲太子,高祖爲聘兵部尚書高知言女爲妃,無寵,及韋妃入宫,尤見疏薄,至是遣還家,知言驚仆,不食而卒。韋妃者,徐耕之孫也,有殊色,蜀主適徐氏,見而悦之,太后因納於後宫,蜀主不欲娶於母族,托云韋昭度之孫。初爲婕妤,累加元妃。"第8861頁。

⑤ (宋)晁公武《郡齋讀書志》卷三下,《四部叢刊》景宋淳祐本。(現在的通行本孫猛《郡齋讀書志校證》卷九,此書爲四卷。上海古籍出版社,1990年,第389頁。)

⑥ (明)曹學佺《蜀中廣記》卷四,影印文淵閣《四庫全書》本。

平頭船子小龍床，多少神仙立御旁。旋刺篙竿令過岸，滿池春水蘸紅妝。

從文學創作角度講，以“神仙”比“宫女”並非不可能，但《宫詞》“用樂府通行之體制，寓史家紀事之筆墨”，故王建、徽宗、楊太后等宫詞皆不見此用法，因此，此宫詞中的神仙意象或也與帝王後宫的神仙喜好有關，神仙降蜀宫的“戲劇”也爲王衍蜀宫所獨有。

《蜀檮杌》卷上載咸康元年“十一月，衍至成都，宫人及百官迎謁於七里亭，衍入妓妾中，作回紇隊以趨城中”。此時唐師已逼近綿谷，王衍與妓妾猶有興致和能力作回鶻隊回城中，可見他們行頭具備，演練精熟。花蕊夫人《宫詞》第六五首曰：

明朝臘日官家出，隨駕先須點内人。回鶻衣裳回鶻馬，就中偏稱小腰身。

兩相對照，只有王衍宫人才有這樣的回鶻裝束和演練吧。

又第六一、九一首：

牡丹移向苑中栽，盡是藩方進入來。未到末春緣地暖，數般顏色一時開。

高亭（亭高）百尺立當（春、於）風，引得君王到此中。床上翠屏開六扇，檻花初（折枝花）綻牡丹紅。

直至唐末，蜀中無牡丹花。《蜀中廣記》卷六十二引胡元質《成都牡丹記》云：“蜀自李唐後未有此花，凡圖畫者，唯名洛陽花。”[①]王衍宣華苑始植牡丹。《方輿勝覽》卷五十四“彭州土産牡丹”條：“僞蜀王氏宣華苑所植，多自梁、洋間移本。”[②]梁，梁州，唐地名，唐德宗興元中，升爲興元府，前後蜀時皆稱興元府；洋，洋州，前蜀地名。王衍宣華苑牡丹多自陜漢中移本，而王衍徐氏舅則有來自隴西秦州的紅牡丹。《成都集記》載：“徐延瓊僞蜀王衍之舅，於興義門造宅。宅内有二十餘院，皆雕墻峻宇，高臺深池，奇花異木，叢桂小山，三川珍物，無不畢集。秦川董城一村院，有紅牡丹一株，所植年代深遠，使人取之。掘土方丈，盛以木櫃，自秦川自成都數千里，歷大小漫天隘狹險絶之路方致焉。乃植於新第，因請少主臨幸。”[③]孟蜀時，在宣華苑廣加栽植牡丹，名之曰“牡丹苑”，花至盛矣，品種也極多，反與此數種之數、强調帝王被引去看紅牡丹情形不合。

綜上所述，現存98首《宫詞》中，可確定爲寫王衍後宫者共14首，其中4首出自98首的前32首（詳下），占前32首的12%；10首出自後66首，占後66首的15%。

---

① （明）曹學佺《蜀中廣記》卷六十二。

② （宋）祝穆撰，祝洙增訂《方輿勝覽》卷五十四，施和金點校，中華書局，2003年，第963頁。

③ （宋）趙抃《成都古今集記》，王文才、王炎編注《蜀志類鈔》，巴蜀書社，2010年，第185—186頁。

二 王衍、孟氏父子和宣華苑:椒房諸院和偶爾游幸之園

近來研究者找出幾條孟知祥、孟昶父子在宣華苑活動的史料,云宣華苑非前蜀王衍所獨有,這當然是正確的,我要談的是,同樣是宣華苑,但在王衍和孟氏父子時功能不同,宣華苑是王衍後宫所在,在孟氏只是偶爾游樂之所。

鈎稽史料,可得孟知祥、孟昶在龍池、宣華苑活動五則。第一則是後唐長興四年(933)三月蜀王宴蜀王府僚屬。是年二月癸亥(十七),後唐朝廷最終封孟知祥爲蜀王,三月孟知祥"宴府僚於王氏宣華苑",與僚佐談論王衍荒於政、無賢臣輔之的覆滅教訓。[①] 第二則是後蜀明德元年(934)七夕與宫人乞巧。是年閏正月,孟知祥始稱帝,七夕"與宫人乞巧於丹霞樓,是月寢疾"[②]。丹霞亭是宣華苑建築之一,《宫詞》有"丹霞亭浸池心冷"之句,可知其位於龍池中心。孟知祥在乞巧後病重。第三則是廣政五年(942)蜀後主宴群官。是年三月,"宴後苑,賞瑞牡丹,其花雙開者十,黄者三,白者三,紅白相間者四,從官皆賦詩"。第四則廣政十四年(951)三月,蜀主宴後苑並放士庶入苑觀賞。《蜀檮杌》曰:"十四年春三月,宴後苑,放士庶人觀。"第五則廣政十六年(953)五月端午,蜀主侍母游。《蜀檮杌》云是年端午"游凌波殿競渡",下注:"前蜀宣華苑也。"[③]《宫詞》有"太虚高閣凌波殿,背倚城墻面枕池"之句,可知凌波殿位於龍池岸上。相反,《蜀檮杌》有關王衍宣華苑紀事者僅見於乾德三年宣華苑成召群臣宴和"乾德五年,宴群臣於宣華苑",王衍與六宫游宴記事反多"后妃餞於升仙橋"、"駐西湖,與宫人泛舟奏樂"、"宴怡神亭"、"游浣花溪"、"同禱青城山"等非宣華苑之地。這不是説王衍在宣華苑與六宫活動少,而是這些事未爲國史所記録,這與古代外史、内史分工記事制度以及宫闈禁忌有關。[④] 現可見之

---

① 此依《資治通鑑》説,《蜀檮杌》云其長興三年六月進封蜀王,《通鑑》云三年八月孟知祥授意詞臣以五留後名義上表,"請以知詳爲蜀王",《檮杌》依孟知祥採取行動爭取蜀王封號立説,《通鑑》自後唐正式封王起算。《蜀檮杌》卷下,第18頁。

② (宋)張唐英《蜀檮杌》卷下,第18頁。

③ (宋)張唐英《蜀檮杌》卷上,第23頁。

④ 《孔叢子》卷中《答問第二十一》曰:"古者,人君外朝則有國史,内朝則有女史,舉則左史書之,言則右史書之。"(《叢書集成初編》本,第144頁)外朝左右史,唐五代時稱爲起居郎、起居舍人。起居郎隸屬門下省,"掌録天子起居法度。天子御正殿,則郎居左,舍人居右。有命,俯陛以聽,退而書之,季終以授史官"(《新唐書》卷四十七《百官志二》,中華書局點校本,1975年,第1208頁)。且"凡法駕行幸,則負寶而從"(《舊唐書》卷四十三《職官志二》,中華書局點校本,1975年,第1842頁)。起居舍人屬中書省,"掌修記言之史,録制誥德音,如記事之制,季終以授國史"(《新唐書·百官志二》,第1212頁)。王建《宫詞》中也有對起居郎殿上值勤的描繪:"千牛仗下放朝初,玉案傍邊立起居。每日進來金鳳紙,殿頭無事不教書。"(王宗堂校注《王建詩集校注》,中州古籍出版社,2006年,第545頁)皆在正殿或隨法駕記録帝王外朝言動法度。據《新唐書·百官志二》唐時後宫六局二十四司皆有"女史",每局10—20人不等,但無季終以授國史的記載。《詩經·鄘風·墻有茨》:"中冓之言,不可道也。""中冓之言,不可詳也。"(《毛詩正義》,《十三經注疏》本,中華書局,1980年版,第313頁)所以王建《宫詞》寫出後,宦者王守澄質疑道:"禁掖深邃,何以知之?"(〔元〕辛元房《唐詩紀事》卷四十四,上海古籍出版社,1985年,第677頁)

材料往往因在外史職責範圍内而得以記載,就《蜀檮杌》王衍在宫禁或與宫人活動記事而言,一因在宫苑宴群臣而爲史官記録,一因帶宫人在宫禁外游覽而爲史官所記録。由此反觀後蜀宣華苑記事,三則爲宴群臣,兩則是蜀王與宫人、母后游觀行事,依稀可見宣華苑在後蜀時已非嚴格意義上的宫禁,至少不像王衍時"諸院各分娘子位"了,這一點從孟昶放士庶人入苑游觀或可得到印證。此外,孟知祥以王衍舅徐延瓊宅爲居。孟知祥始以成都尹、劍南西川節度副使至蜀,當時魏王繼岌駐於成都府舍,故孟知祥館於王衍舅徐延瓊之第,徐第"迥同於上苑",據云王衍歎舅宅"基創之大","遂戲取筆於柱上大書一孟字,時俗謂孟爲不佳也"。[①] 孟知祥據徐第,見此孟字,以爲吉祥,因云"吾無易此居矣"[②]。孟氏對徐彦瓊宅的認同度很高。宣華苑是王衍窮極奢巧、爲長夜之飲之地。當他巡幸至秦川梓潼山上,他還會爲自己的巡游找理由:"驅馳非取樂,按幸爲憂邊。"[③]而宣華苑,對王衍來説就是景美人樂之地。王衍這樣歌唱宣華苑:"輝輝赫赫浮玉雲,宣華池上月華新。月華如水浸宫殿,有酒不醉真癡人。"[④]

花蕊夫人 98 首《宫詞》中,27 首活動地點不詳,2 首與近臣府第有關,1 首爲城上高亭,5 首單寫宫城,6 首宫苑連及,2 首由夾城入内苑,3 首由御溝入内苑,1 首由内苑及蠶市,餘下 51 首單寫内苑,合計有内苑詩 63 首。[⑤]《宫詞》單寫宫禁,除 2 首涉及後宫制度和發月支錢外,其餘的寢殿描寫皆是静謐深沉的。第三三、五〇、八三首:

> 水車踏水上宫城,寢殿檐頭滴滴鳴。助得聖人高枕興,夜凉長作遠灘聲。

> 寢殿門前曉色開,紅泥藥樹間花栽。君王未起翠簾卷,又發宫人上直來。

> 白藤花限白銀花,閣子當門寢殿斜。近被宫中知了事,每來隨駕使烹茶。

然而通過夾城門或御溝進入後苑,則池面開闊,亭臺繞岸,楊柳牽風,畫船來往,歡聲笑臉,歌酒喧闐。受寵的宫人搬進了内苑,"修儀承寵住龍池",婕妤進來了,"婕妤生長帝王家,常近龍顔逐翠華。楊柳岸長春日暮,傍池行困倚桃花"(15)。夫人進來了,隨之而來的還有小小宫娥:"小小宫娥到内園,未梳雲

---

① (宋)張唐英《蜀檮杌》卷下,第 17 頁。

② (宋)趙抃《成都古今集記》,王文才、王炎編《蜀志類鈔》,第 186 頁。

③ 《全唐詩》卷八,第 77 頁。

④ 《全唐詩》卷八,第 78 頁。

⑤ 分别爲 12、22、23、24、32、36、39、40、41、42、53、54、62、63、64、65、71、74、75、84、85、86、92、93、95、97、98。47、91 與近臣府第有關。44 爲城上高亭。17、31、33、50、58、82 單寫宫禁。1、4、8、9、48、52 宫苑連及。7、51 夾城内苑連及。79、94 御溝入内苑。47 内苑蠶市連及。餘下 51 首單寫内苑。

鬟臉如蓮。自從配與夫人後,不使尋花亂入船。”(43)才人進來了:“才人出入每相隨,筆硯將行繞曲池。能向彩箋書大字,忽防御製寫新詩。”(16)諸娘子都進來了,“諸院各分娘子位”(14)。這裏冬日温暖:“密室紅泥地火爐,内人冬日晚傳呼。今宵駕幸池頭宿,排比椒房得暖無。”(88)夏日清涼:“薄羅衫子透肌膚,夏日初長板閣虚。獨自憑闌無一事,水風涼處讀文書。”(38)這裏有良辰美景、賞心樂事。有産生歌舞的宣徽院,“宣徽院約池南岸,粉壁紅窗畫不成。總是一人行幸處,徹宵聞奏管弦聲”,“梨園子弟簇池頭,小樂携來候燕游”,“每日内庭聞教隊,樂聲飛上到龍池”。有新修的酒庫、甚至有打魚人爲他們提供活蹦亂跳的鮮魚。在這裏,人們行樂:賞景、看花、圍棋、投壺、射鴨、釣魚、騎馬、打球、撲蝶、鬪雞,無所不至。

《資治通鑑》卷二百七十二《後唐紀一》列舉王衍一干近臣,“陪侍游宴,與宫女雜坐,或爲艷歌相唱和,或談嘲詼浪,鄙俚褻慢,無所不至,蜀主樂之”①。王衍留下“者邊走,那邊走,只是尋花柳;那邊走,者邊走,莫厭金杯酒”②之句,以下兩首《宫詞》一從宫女角度、一從較平和的角度寫出了王衍的後苑日常游宴生活:

殿前排宴賞花開,宫女侵晨探幾回。斜望苑門遥舉袖,傳聲宣唤近臣來。(20)

翡翠簾前日影斜,御溝春水浸成霞。侍臣向晚隨天步,共看池頭滿樹花。(94)

三　帝王抑或少子:與前後《宫詞》對比看花蕊夫人《宫詞》的帝王書寫

《宫詞》以“用樂府通行之體制,寓史家紀事之筆墨”,可以説帝王以及宫中情狀更大程度上決定了詩人的書寫,但詩人選擇帝王後宫的哪些方面加以書寫以及如何書寫,仍然可見詩人的主動性,讀者可以據此管窺詩人對帝王的情感態度等。今將花蕊夫人《宫詞》與唐代王建、北宋王珪、宋徽宗和南宋楊后的《宫詞》相比較以見其主題選擇上的重要不同;考慮到《宫詞》創作傳統的影響,相同題材的沿襲與變化也有利於透視詩人的思想觀念,故將諸家相同或相似題材宫詞相對照以見花蕊夫人《宫詞》帝王書寫的特點。

雖然稱《宫詞》,但《宫詞》並非僅寫後宫之私,王建《宫詞》1 到 13 首都在寫皇帝處理政事。早朝、接見番使,“召對西來入詔鑾”(2)、“聖人三殿對西番”(8);求賢、策士,“天子下簾親考試”(7),拜陵、南郊、大赦等等。皇帝還在集賢殿校書、分類藏書:“集賢殿内圖書滿,校勘頭邊御印同。真迹進來依數字,别

① (宋)司馬光《資治通鑑》卷二百七十二《後唐紀一》,第 8892 頁。

② 《全唐詩》卷八,第 78 頁。

收鎖在玉函中。”(12)[①]宋徽宗宫詞涉及政事更多。除王建所及内容外,增加了大量的奏凱、納降的内容。此外,徽宗寫到皇帝爲理想政治嘔心瀝血,未央早朝,夜禱民福。如:“議司稽放紹熙豐,因革三王二帝功。夙夜焦勞無敢怠,求衣常是未鳴鐘。”“玉宇珍庭夜未央,月移花影上回廊。精神勤禱祇民福,耿耿晴空靄露香。”其政令是符合民意的充分討論的政令,如:“手詔時頒出廣廷,俯從民欲示儀刑。廟堂僉允都俞議,方許昭垂粲日星。”[②]可見其對理想政治有自己的思考。楊后宫詞又增加了帝王關心地方政治、關心農事等内容。

與之相比,花蕊夫人《宫詞》不見以上所言之政治内容。如果説皇帝言行本身就是政治的話,那麽花蕊夫人《宫詞》中書寫的帝王則是宴飲無時,夜夜笙歌,日晏不起,取消早朝,私行市中[③]:

半夜摇船載内家,水門紅蠟一行斜。聖人正在宫中飲,宣使池頭旋折花。(48)

苑中排比宴秋宵,弦管掙摐各自調。日晚閣門傳聖旨,明朝盡放紫宸朝。(69)

寢殿門前曉色開,紅泥藥樹間花栽。君王未起翠簾卷,又發宫人上直來。(50)

海棠花發盛春天,游賞無時引御筵。繞岸結成紅錦帳,暖枝猶拂畫樓船。(59)

春早尋花入内園,竟傳宣旨欲黄昏。明朝駕幸游蠶市,暗使氈車籠苑門。(47)

第五〇、六九首寫其春天、秋天裏的“游賞無時”,半夜了,帝王還在宫中飲酒,竟然還派人摇船到内園折花(48),難怪其晏睡不起(50),因爲玩得高興,所以索性宣布明日放假(69),甚至讓人準備氈車,偷偷去蠶市行樂(47)。

漢光武帝宴群臣時注視旁邊的列女屏風,被宋弘批評好德不及好色,此亦成爲宫詞中的一個母題。王建、宋徽宗、楊后各有所書,花蕊夫人詩與之形成饒有趣味的對照:

少年天子重(愛)邊功,親到凌煙畫閣中。教覓勳人寫圖本,長生(將)殿裏作屏風。(王建,9)

---

① 此段及下文引王建宫詞均見《王建詩集校注》卷十《宫詞》。

② 此段及下文引徽宗與楊后宫詞均見(明)毛晉輯《二家宫詞》,《叢書集成初編》本,第1787册。

③ (宋)張唐英《蜀檮杌》乾德四年三月載:“禁百姓不得戴小帽。衍好私行,往往宿於娼家,飲於酒樓,索筆題曰王一來云。恐人識之,故令民間皆帶大帽。”第10頁。

翰林文府擇良工,心畫諸家一一通。無若孝經書座右,邇英到徹畫屏風。(宋徽宗)

思賢夢寢過商宗,右武崇儒治道隆。總攬權綱求治理,群臣臧否疏屏風。(楊后)

用人論理見宸衷,賞罰刑威合至公。天下監司二千石,姓名都在御屏中。(楊后)

六宫官職總新除,宫女安排入畫圖。二十四司分六局,御前頻見錯相呼。(花蕊夫人,17)

王建創造性地將圖畫屏風與唐太宗淩波閣圖畫功臣結合,説少年天子因重邊功,故屏風上不畫列女而畫功臣;宋徽宗將《孝經》書於邇英閣屏風上;楊后云將地方官姓名和政績好壞書於屏風。帝王或將地方吏治放在頭條,或將天下人心看得很重,或重視邊功,不外是帝王的内治和外功,而花蕊夫人《宫詞》中的帝王將後宫宫女入畫圖。

徽宗、楊后《宫詞》通過一些小事寫出帝王對臣民由己及人的體恤的温情,花蕊《宫詞》對此也有别有意趣的表達。

庚伏炎曦酷暑升,旋尋庭廡避煩蒸。禁庭宿衛肩相比,特遣中丞輒賜冰。(宋徽宗)

宫殿鈎簾看水晶,時當三伏熾炎蒸。翰林學士知誰直,今日傳宣與賜冰。(楊后)

月頭支給買花錢,滿殿宫人近數千。遇着唱名多不語,含羞走過御床前。(花蕊夫人,31)

宋徽宗寫烈日炎炎,帝王找地方避暑,就想到禁中衛兵在烈日下執勤,無法逃熱,於是派中丞賜冰給他們降暑。楊后寫傳宣賜冰給當直的翰林學士。花蕊夫人寫帝王月頭就給宫人們發買花錢,這亦有體恤之意吧,但詩中帝王不是傳宣他人發錢,而是親力親爲。與王建、宋徽宗、楊后宫詞寫帝王在朝堂上接見"數千"朝臣、外國使節不同,這裏有滿殿的"數千"宫人,她們一個個含羞地從御床前跑過。想象這一場景,真是頗爲有趣。

有關宫苑亭臺裝飾,花蕊夫人與王建、王珪、楊后都有詩。分别是:

安排諸院接行廊,水檻周回十里長。青錦地衣紅繡毯,盡鋪龍腦鬱金香。(花蕊夫人,6)

魚藻宫中鎖翠娥,先皇(引者按:指唐憲宗)行處不曾過。如今池底休

鋪錦，菱角雞頭積漸多。（王建）

魚藻宫中淑景長，鴨頭新水御池塘。奇花深院院門閉，總被春風漏泄香。（王珪《宫詞》）[①]

後院深沉景物幽，奇花名竹弄春柔。翠華經歲無游幸，多少亭臺廢不修。（楊后）

據考王建《宫詞》所透露的是穆宗長慶年間的宫廷生活。[②]“池底鋪錦”事，據李石《開成承詔録》爲唐德宗朝事，文宗以此談及德宗奢靡，故王建此詩有寫穆宗不淫不奢之義。王珪詩寫魚藻宫中關不住的自然春色，與王建詩主題不同；楊后詩則贊君王亭臺廢而不修的儉樸和不好游幸，詩贊後宫景色美好，廢棄不修的亭臺呈現的不是衰敗，而是帝德和美好。與之相較，花蕊夫人詩則寧誇其奢而不言其儉。一般來講，奢固然不佳，但儉而趨嗇，亦不合度，所以《詩序》對《魏風》之《葛屨》、《汾沮洳》、《園有桃》等，屢有“刺儉”、“刺儉嗇”“不得禮”之解讀[③]，但花蕊夫人《宫詞》並没有過猶不及的道德考慮。

花蕊夫人《宫詞》寫出了一個心血來潮、任性、調皮的“小霸王”型“太平天子”：

管弦聲急滿龍池，宫女藏鬮夜宴時。好是聖人親捉得，便將濃墨掃雙眉。(87)

厨船進食簇時新，侍宴無非列近臣。日午殿頭宣索鱠，隔花催唤打魚人。(8)

半夜摇船載内家，水門紅蠟一行斜。聖人正在宫中飲，宣使池頭旋折花。(48)

酒庫新修近水旁，潑醅初熟五雲漿。殿前供御頻宣索，進入花間一陣香。(81)

西球場裏打球回，御宴先於苑内開。宣索教坊諸伎樂，傍池催唤入船來。(83)

太虚高閣臨波殿，背倚城墻面枕池。諸院各分娘子位，羊車到處不教知。(14)

① (明)毛晉輯《三家宫詞》,《叢書集成初編》本，第1760册，第86頁。
② 參施蟄存《王建：宫詞八首》，見收於氏著《唐詩百話》，上海古籍出版社，1987年，第389頁。
③ 《毛詩正義》，第357—358頁。

快打魚來、快上酒來、快奉上鮮花、快請歌人舞者,像個被驕縱壞了的孩子,而詩人以慈愛的眼光、喜悦的心情、誇耀的態度、清麗的筆觸來對之進行書寫。與之相應,花蕊夫人《宫詞》中後宫、宫女都爭相爲帝王服務,而詩人並非要表現嬪妃爭寵,而是表現後宫對帝王的殷勤,用來襯托那所有人目光聚焦和守望之人——天子的可愛和尊貴。

高燒紅蠟點銀燈,秋晚花池景色澄。今夜聖人新殿宿,後宫相競覓祗承。(68)

金碧欄干倚岸邊,卷簾初聽一聲蟬。殿頭日午摇紈扇,宫女爭來玉座前。(96)

夾城門與内門通,朝罷巡游到苑中。每日日高祗候處,滿堤紅艷立春風。(7)

翠輦每從城畔出,内人相次立池邊。嫩荷花裏摇船去,一陣香風送水仙。(67)

後唐派李嚴出使王蜀,回國後,李嚴這樣評價蜀君:"衍童騃荒縱,不親政務,斥遠故老,昵比小人。"[①]王衍的所作所爲是差不多的,不同的是觀察者對王衍的角色定位和期許不同。

浦江清先生《花蕊夫人宫詞考證》列舉了7首疑似花蕊夫人詩,并對其中3首作了辨析,餘4首則未作判斷,兹以上所論花蕊夫人《宫詞》叙述者的特點或可對這些詩的歸屬作些判斷。[②] 四首詩如下:

鴛鴦瓦上瞥然聲,晝寢宫娥夢裏驚。元是我王金彈子,海棠花下打流鶯。

雨灑瑶階花盡開,君王應是看花來。静憑雕檻渾忘倦,忽聽笙簧殿外回。

錦鱗躍水出浮萍,荇草牽風翠帶横。恰似金梭攛碧沼,好題幽恨寫閨情。

後宫宫女無多少,盡向園中笑一團。舞蝶落花相覓看,春風共語亦應難。

第一和第二首出毛晉《三家宫詞》,第三首出曹學佺《蜀中名勝記》,第四首出萬

① 《資治通鑑》卷二百七十三《後唐紀二》,第8921頁。

② 浦江清《花蕊夫人宫詞考證》,附録一,第39—41頁。

曆仿宋本《花蕊夫人宫詞》。其中第四首爲宋徽宗作，見宋徽宗《宫詞三百首》中，詩後有"王建作"小注。第一首詩中調皮游樂的帝王、叙述者親昵溺愛的態度、詩人清新的筆觸都與現存花蕊《宫詞》相似。① 第三首詩最不似花蕊《宫詞》，其《宫詞》中雖有六十餘首寫到宣華池，但不及荇草、浮萍，最重要的是花蕊《宫詞》甚少寫幽恨、閨情。第二首，王建、楊后皆有同題之作。王建詩曰："内人相續報花開，準擬君王便看來。逢着五弦琴繡袋，宜春院裏按歌回。"楊后作："海棠移向小窗栽，高迭盆山合復開。將見紅葩鬭新艷，君王應爲探花來。"相對而言，王建《宫詞》更多艷遇期待，楊后更多賞景，而此首守望等待君王來賞花的姿態頗有花蕊《宫詞》之風。98首再加上這裏的第一首、第二首，或許毛本花蕊夫人"百首"宫詞實有來源吧。

四 "花蕊夫人"、"花蕊"的區分與前"三十二首"、"逸詩六十六首"的問題

王安石(1021—1086)弟弟王安國(1028—1074)最早發現了花蕊夫人《宫詞》，當初情形見於王安國《花蕊夫人詩序》和釋文瑩《湘山野録》，兩者互有補充：

> 熙寧五年，臣安國定蜀民所獻書可入三館者，得花蕊夫人詩，乃出於花蕊手，而辭甚奇，與王建《宫辭》無異。建自唐至今，誦者不絶口，而此獨遺棄不見取，甚爲可惜也！臣謹繕寫入三館，而歸口誦數篇於丞相安石，明日與中書語及之，而王珪、馮京願傳其本，於是盛行於時。花蕊者，僞蜀孟昶侍人。事在國史。臣安國題。②

> 王平甫安國奉詔定蜀民、楚民、秦民三家③所獻書可入三館者，令令史李希顔料理之，其書多剥脱，而得一敝紙所書花蕊夫人詩筆，書乃花蕊手寫，而其辭甚奇，與王建《宫詞》無異。建之辭，自唐至今誦者不絶口，而此獨遺棄不見取，受詔定三家書者又斥去之，甚爲可惜也，遂令令史郭祥繕寫入三館，既歸，口誦數篇與荆公，荆公明日在中書語及之，而禹玉相公

---

① 楊慎《詞品》以爲蜀昭儀李舜弦作，《全唐詩》作李玉簫作，不知何據，然兩人皆爲前蜀宫人。

② (宋)王象之《輿地紀勝》卷一百七十四《涪州·碑記》載《花蕊夫人詩序》，中華書局影印本，1992年，第4538—4539頁。此應非王安國題記原文，因文中稱兄"相國安石"、直稱王珪、馮京名，但此文必有相當的文獻基礎。文瑩與王安國談過發現花蕊詩之始末，故文瑩亦將"花蕊夫人"與"花蕊"區分。但因《輿地紀勝》爲南宋時著作，從時間上講，我們也可以提出《花蕊夫人詩序》也有可能是北宋或南宋人取文瑩筆記所言僞爲之，但文瑩文無熙寧五年之時間記載，而據(清)蔡上翔《王荆公年譜考略》卷十七，王安國熙寧四年八月任"充崇文院校書"(上海人民出版社，1973年，第232頁)，熙寧七年就去世了，時間上極其吻合。

③ 這裏的楚、蜀、秦民三家當是指覆滅的五代時期三個政權，秦猶子爲王建女婿，秦爲前蜀屏障，王建曾占其城邑、兵馬，後秦賓後唐。見(後蜀)何光遠《鑑誡録》卷四"得夫地"條。中華書局《叢書集成》本，第2843册，第26頁。

(王珪)、當世參政(馮京)願傳其本,於是盛行於時。文瑩親於平甫處得副本,凡三十二章,因録於此。①

因爲王安國接觸到手書文獻,他的記述細節值得注意,其中特别重要的是對"花蕊夫人""詩"、"花蕊""書"和"花蕊夫人"、"花蕊"的區分。可以想象,當時詩頁上必有讓王安國作如是判斷的證據,如題作"花蕊夫人詩",有"花蕊書"題署等,或許王安國並非清晰意識到這裏的"花蕊夫人"和"花蕊"的區分,但他按文獻的原始面貌作了著録。因原始文獻之不易得見,同時的劉攽(1023—1089)和同時稍後的陳師道(1053—1102)已不能體會區分誰詩誰書的意義,誰書不再被提起,"花蕊夫人詩"就與"花蕊書者"、"僞蜀孟昶侍人"合流,成爲孟蜀後主花蕊夫人作花蕊夫人詩了。南宋蔡絛《鐵圍山叢談》始稱前後蜀各有一花蕊夫人,前蜀小徐妃亦稱花蕊夫人,他雖然指出這一點,但他也説後蜀花蕊夫人"作《宫詞》者是也"。②

王安國對"繕寫入三館"、"歸口誦數篇"和"王珪、馮京願傳其本"之間的區分,也值得注意。依文瑩所言,花蕊書花蕊夫人詩是在剥脱的書中的一張舊紙上(舊紙夾在這些剥脱的書中,還是屬於剥脱書的一部分,不詳),詩首數不詳,但當時所易見之花蕊夫人詩,是王安國鈔録的部分,文瑩就是從王安國那兒得到的副本,"凡三十二章",但他没説這三十二章是花蕊夫人詩全部還是王安國所選鈔部分的全部。有關花蕊夫人詩的首數,北宋劉攽云八九十首,陳師道云百首:

孟蜀時,花蕊夫人號能詩,而世不傳。王平父因治館中廢書,得一軸八九十首,而存者才三十餘篇。大約似王建句。若"厨船進食簇時新……""月頭支給買花錢……"③

費氏,蜀之青城人,以才色入蜀宫,後主嬖之,號花蕊夫人,效王建作《宫詞》百首。④

劉攽此段文字對花蕊夫人表憐惜、發感慨,云其在後蜀時,即號稱能詩,而世竟不傳其詩,等到王安國治府中廢書,得其詩八九十首,而安國才"録存"⑤了三十餘首。劉攽云王安國所得花蕊夫人詩爲一軸,"一軸"云云,想是爲保護和便於收藏已將一敝紙裝爲一軸了。劉攽與王安國同時,花蕊夫人詩既已確定作者、書者及其文學價值,八九十首之詩亦非多麽龐大,凡此皆無理由僅鈔三分之一藏於三館,故劉攽所云"存者才三十餘篇",當指王安國所鈔存帶出之三十

① (宋)釋文瑩《續湘山野録》,《唐宋史料筆記叢刊》本,中華書局,1984年,第81—82頁。

② (宋)蔡絛《鐵圍山叢談》卷六,《唐宋史料筆記叢刊》本,中華書局,1983年,第108頁。

③ (宋)劉攽《中山詩話》,見何文焕《歷代詩話》,中華書局,1981年,第290頁。

④ (宋)陳師道《後山詩話》,見何文焕《歷代詩話》,第303頁。

⑤ 浦江清《花蕊夫人宫詞考證》解"存者才三十餘篇"之"存"爲"删存、録存"之意,此從浦江清先生説。第20頁。

二首，即文瑩所列之三十二首者，劉攽所舉的兩首詩皆在其中，因當時僅此三十餘首流傳較廣，故劉攽感慨繫之。細細體味王安國"謹繕寫入三館"、"歸口誦數篇"和"王珪、馮京願傳其本"之語，他在區分自己所傳者、入三館、"傳其本"者之不同，自己所傳者爲部分，傳其本者或部分、或全部，入三館則爲全帙也。因王安石、王安國的影響力，三十二首選粹本顯然更爲時人所知，但花蕊夫人詩有八、九十首甚至百首，也爲北宋人之共識。

據此可推想當時至少存在這幾種花蕊夫人詩本：1. 敝紙或軸中原花蕊書寫本。因已確定作者、書者及其文學價值，則此物不當被棄，應藏於某處。（詩數或八九十首）2. 王安國（或郭祥）繕寫本，藏三館。（詩數或八九十首）3. 王珪所傳本。（八九十首或三十二首?）4. 馮京所傳本。（八九十首或三十二首?）5. 王安國處寫本。（或三十二首）6. 文瑩所録副本及《湘山野録》本。（三十二首）

南宋初，九十餘首之《花蕊夫人詩》應該已廣爲流傳，胡仔《苕溪漁隱叢話前集》援引《後山詩話》花蕊夫人"效王建作《宫詞》百首"，未對其詩數提出質疑，約二十年後的《後集》始提出"三十二首"和"逸詩六十六首"的問題。他説：

> 王平甫云：熙寧間，奉詔定蜀楚秦氏三家所獻書，得一敝紙，所書花蕊夫人詩，共三十二首，乃夫人親筆，而辭甚奇，與王建《宫詞》無異。自唐至今，誦者不絶口，而此獨遺棄不見取，前受詔定三家書者，又斥去之，甚可惜也。謹令繕寫入三館，而歸口誦數篇於丞相安石，明日中書語及之，而王珪、馮京願傳其本，於是盛行於世。夫人，僞蜀孟昶侍人，事具國史。苕溪漁隱曰：余閲此詞，如……皆清婉可喜。花蕊又有逸詩六十六首，乃近世好事者旋加搜索續之，篇次無倫，語意與前詩相類者極少，誠爲亂真矣。聊摘其一二。①

此段"苕溪漁隱曰"前之文字，胡仔説來自王安國，與上引王安國題和文瑩《續湘山野録》比較，在不經意間，胡仔已將文字、文意暗轉。第一，三十二首明確變爲花蕊夫人詩的總數。安國題、文瑩皆未在"花蕊夫人詩"後示首數，文瑩在談到王安國歸誦於王安石等，最後云"親於平甫處得副本"，"凡三十二章"，胡仔直接將之説成是花蕊夫人詩的全部。第二，"花蕊書"變成"夫人親筆"，"花蕊"轉化成"夫人"。假如"花蕊夫人"與"花蕊"所指相同，上引安國題、文瑩文中如《苕溪漁隱叢話》般簡稱爲"夫人"亦很合理，或云更合理，但王安國、文瑩皆不作如此簡稱，或更證明"花蕊夫人"和"花蕊"之區分。所以，就胡仔此文而言，其云花蕊夫人詩共三十二首並無文獻依據，實出自其對王安國題和文瑩記事的誤讀。這一誤讀勢必影響他對其他六十六首詩的看法，所謂"逸詩六十六首"的提法就是一個證明。

胡仔否認花蕊夫人"逸詩六十六首"的措辭頗有歧義，前兩句云"乃近世好事者旋加搜索續之，篇次無倫"，就句意看，似説諸詩爲近世人搜求遺佚而來，

① （宋）胡仔《苕溪漁隱叢話後集》，廖德明點校，人民文學出版社，1962年，第330頁。

然編次失當,非否認其爲花蕊夫人詩。後兩句又云"語意與前詩相類者極少,誠爲亂真矣",則以語意不類爲標準否定其爲花蕊夫人詩。關於語意不類,浦江清先生論證了"前詩爲宣華苑《宫詞》,逸詩亦爲宣華苑《宫詞》……並無二致",進而曰:"自北宋熙寧以來,即以《宫詞》屬諸孟昶之妃,如有好事者續爲,豈不摭拾孟蜀宫廷間之逸聞,何能復言宣華苑之舊事乎?"聰明而有力地反駁了胡仔逸詩乃"近世好事者"續之而以假亂真之説。

現可明確考知的花蕊夫人詩最早刻本是毛㞐刻於衡陽的《花蕊夫人詩》一卷本。趙希弁《讀書附志》著録曰:"《花蕊夫人詩》一卷。右蜀孟昶愛姬也,青城費氏女。幼能屬文,長於詩,宫詞尤有思致。蜀平,以俘輸織室。後有罪,賜死。此卷乃王安國寫入館者,毛㞐(南宋孝宗朝)鐫於衡陽。"[①]毛㞐曾知衡陽,同治《湖南通志》卷二六九《藝文志》著録其知衡陽時所刻其祖父毛漸所書《宋梅山頌》,《花蕊夫人詩》一卷或亦其爲衡陽知州時所刻,時當孝宗淳熙十六年(1187)後。[②] 趙希弁云此卷"乃王安國寫入館者"。南宋時尚有與諸家宫詞合鈔/刻之花蕊夫人詩。《直齋書録解題》卷六著録《三家宫詞》三卷本,"唐王建、蜀花蕊夫人、本朝丞相王珪三人所著。"[③]《十家宫詞》十二卷,中有花蕊夫人宫詞一卷。[④] 在《三家宫詞》、《十家宫詞》系統中,花蕊夫人宫詞與王建、王珪九十首左右規模,和凝、王珪子王仲修百首的宫詞同爲一卷,表明幾家宫詞系統中的花蕊夫人詩應也有八九十首的規模。

綜上所述,花蕊夫人詩有八九十首之數實較其僅有三十二首説更有文獻依據。胡仔所見之九十八首花蕊夫人詩當與毛晉《三家宫詞》、曹學佺《蜀中名勝記》、李調元《全五代詩》、林志尹《歷代宫詞》本花蕊夫人詩基本相同[⑤],而毛、曹、李、林諸家本當從上引南宋《花蕊夫人詩》或幾家宫詞系統而來。

五　王安國"三十二首"的選粹性質

爲嚴密起見,我將補充論證現有花蕊夫人《宫詞》九十八首是一體的,而"三十二首"應是王安國基於一些文學標準的選粹。假如前三十二首與後六十六首詩有相同題材之詩,基於宋代的或王安國的文學標準,出自前三十二首者確優於出於後六十六首者,則大致可確定王安國前三十二首的選粹性質。

因外臣身份,王建《宫詞》很自然地多以仰視的角度寫皇宫之景,故視野不免受到滯礙,如"開着五門遥北望,赭黄新帕御床高"、"上得青花龍尾道,側身偷覷正南山"、"五刻閣前卿相出,下簾聲在半天中"、"城東北面望雲樓,半下珠

① (宋)趙希弁《讀書附志》,晁公武撰,孫猛校證《郡齋讀書志校證》,第953頁。

② 據(清)陸增祥《八瓊室金石補正》卷八六《真仙岩題刻》十一段(文物出版社,1985年,第77頁),淳熙十六年(1187),毛㞐職通判融州兼管内勸農使,其爲知州或當在其後。

③ (宋)陳振孫《直齋書録解題》卷十五,徐小蠻、顧美華點校,上海古籍出版社,1987年,第447頁。

④ 傅增湘《藏園群書經眼録》,中華書局,1983年,第1450頁。

⑤ 此從浦江清《花蕊夫人宫詞考證》之論證和結論,第17頁。

簾半上鈎。騎馬行人長速過,恐防天子在樓頭",這使得王建《宫詞》中的寫景之善可陳,即如所引幾篇而言,其不以寫景取勝,而寫人的行爲神態倒頗有神,當然紀事亦頗新奇。故以王安石晚年詩好"深婉不迫之趣"來衡量,王安石僅獨愛以下一首是自然的。[①]《陳輔之詩話》云:"王建《宫詞》,荆公獨愛其'樹頭樹底覓殘紅,一片西飛一片東。自是桃花貪結子,錯教人恨五更風。'謂其意味深婉而悠長也。"[②]王建詩寫落紅風中飄飛之態,惜春者覓殘紅之情,又從事物之理上,道出花因希冀結子不得不捨棄花瓣,而在情感上,惜花之人又不免錯誤地將之歸結於五更風雨柔損瓊肌。此處落紅可比宫女,因邀寵承恩,貪圖結子的心態,只换得五更風起,片片殘紅墜地的命運。落紅又進一步比一切對結果貪圖之人。所以,此詩景像凄美,情景交融,情理兼至,設意造語皆新巧,全詩婉約含蓄,誠爲"意味深婉悠長"之詩,儘管此詩在王建百首《宫詞》中誠爲異數,賀貽孫《詩筏》説:"伯敬云:王建《宫詞》,非宫怨也。惟(此)一首,頗有怨意。"[③]王安國對花蕊夫人宫詞的選擇亦以含蓄雋永爲標準,這從前三十二首詩歌同題材詩編次以及前三十二首與後六十六首相同題材詩的比較中最能見出。

如花蕊夫人宫詞第三、二九首詩:

龍池九曲遠相通,楊柳絲牽兩岸風。長似曲江好春景,畫船來去碧波中。

早春楊柳引長條,倚岸沿堤一面高。稱與畫船牽錦纜,暖風搓出彩絲條(條)。

花蕊夫人《宫詞》寫景多開闊平遠式展開,也很善於寫景。兩詩同描繪宣華池邊春柳,然前詩寫龍池開闊而有曲折,似有無限之勢,後詩則詩盡而止,爲一堤楊柳;前詩由柳絲牽動龍池兩岸之風,因而景象靈動,春意飄逸鼓蕩,包蘊無限生氣,後詩柳色相對濃密板滯;前詩由宣華苑池想象唐長安曲江畔,使時空進一步深廣流衍,詩以"畫船來去碧波中"作結,不僅使空間不盡,更有言盡而意無窮之感,如考慮到蜀以唐朝爲正朔,則不免使人産生複雜的情感。後詩由柳條之相與錦纜之同,又因折柳相送而意欲挽留之意而凝練成第三句,最後化用賀知章《咏柳》意而得第四句,亦精巧而工,然走的是較爲純粹的咏物路綫,未能達成詩歌的高格調。這或許是前者居三而後者居二十九之位的原因。

又如第七、六七首:

夾城門與内門通,朝罷巡游到苑中。每日日高祗候處,滿堤紅艷立

---

① (宋)葉夢得《石林詩話》卷中:"王荆公少以意氣自許,故詩語惟其所向,不復更爲涵蓄。……皆直道其胸中事。後爲群牧判官,從宋次道盡假唐人詩集,博觀而約取,晚年始盡深婉不迫之趣。"見《歷代詩話》,第419頁。

② (宋)陳輔《陳輔之詩話》,見郭紹虞輯《宋詩話輯佚》卷上,中華書局,1980年,第291—292頁。

③ (清)賀貽孫《詩筏》,見郭紹虞編選,富壽蓀校點《清詩話續編》,上海古籍出版社,1983年,第176頁。

春風。

> 翠輦每從城畔出,内人相次立池邊。嫩荷花裏摇船去,一陣香風送水仙。

王安國很能把握花蕊夫人宫詞的特點,如三十二首中二十六首與龍池有關,占選詩的 81%,比龍池詩占全詩的比例高出 15%,可見其把握和凸顯了龍池詩在花蕊夫人宫詞中的意義。王安國也把握到了花蕊夫人詩表現的宫人對帝王的集體性的殷勤,這一心意最凝練、最有衝擊力的表現就是上兩首詩表現的"滿堤紅艷立春風"的景象。集體表演的震撼力在於參加人數衆多,動作齊整,因而顯得崇高莊嚴。第一首在帝王巡游至苑中的一瞬間,由遠而近的摇擺的鏡頭忽然定格,滿堤紅艷,恭敬肅穆地站立着,氣氛莊嚴,詩歌在此結束,使這一凝重肅穆的氣氛得以持續、發酵。第二首則頗似莊嚴肅穆中忽然有孩子喊道:"那皇帝實際上並没有穿衣服呀!"嚴肅、莊嚴的氣氛被打破,於是笑聲漸起,人聲雜沓,擠擠挨挨,正劇成爲喜劇。古典詩歌顯然更欣賞前者。

又如第八、七三首:

> 厨船進食簇時新,侍宴無非列近臣。日午殿頭宣索鱠,隔花催唤打魚人。

> 傍池居住有漁家,收網摇船到淺沙。預進洪魚供日料,滿筐跳躍白銀花。

前首"隔花催唤打魚人"與第三首"楊柳絲牽兩岸風"兩句是花蕊夫人詩中被引用最多的佳句,事情緊急,"隔花"催唤更節約時間,而且這一隔,則隔出一層距離,一層迷蒙,令人想起"隔水問樵夫"、"竹喧歸浣女,蓮動下漁舟"之意趣和意境來,雖然,就狀魚之新鮮而言,"滿筐跳躍白銀花"亦可謂傳神寫照,神來之筆。

又如一五與五一、九三首:

> 修儀承寵住龍池,掃地焚香日午時。等候大家來院裏,數看鸚鵡念宫詞。

> 漫梳鬟髻著輕紅,春早争求芍藥叢。近日承恩移住處,夾城裏面占新宫。

> 内人承寵賜新房,紅紙泥窗繞畫廊。種得海柑才結子,乞求自進與君王。

三首詩中宫人,皆正承寵,皆被賜予新房/院,皆寫君王不在身旁的時刻,一則焚香等待,逗鸚鵡念詩,一則梳髻簪花,一則乞求晉見,獻上新鮮海柑,前者如大家閨秀,中間似小家碧玉,最後則有市井女兒之風,三位各具情態,而從古代讀書人的審美標準看，前者最典雅，這是此首得以進入三十二首的原因。

又如二五、六六、七二三首：

翔鸞閣外夕陽天，樹影花光遠接連。望見内家來往處，水門斜過畫樓船。

窗樹高低約浪痕，島中斜日欲黄昏。樹頭木刻雙飛鶴，遠起晴空映水門。

池心小樣釣魚船，入㲲偏宜向晚天。掛得彩帆教便放，急風吹過水門邊。

三首詩皆寫黄昏時分，皆以開闊的龍池以及水門爲背景，第一首首先描繪翔鸞閣外艷麗的夕陽天際以及夕陽下遠處樹影花光，給後兩句構建了開闊平遠而艷麗的背景，然後是宫人來往，接着是畫樓船在地平綫上出現，斜過水門。讀者明顯感覺到一個眼光始終凝視西北的叙述者。第二首叙述者從一扇窗自近而遠向西北觀望所見之景，近處的窗樹，仿佛與樹頭相連的湖水，故用“約”字來形容，池中之島，島上樹頭上雙鶴木刻飛於晴空之上，與水門相映。此首寫景甚有次第，如西洋畫中的透視法，其效果亦如美術學院學生學透視法所作之畫，終難視爲藝術品。第三首寫傍晚釣魚船，掛上彩帆，急過水門而去，然僅見船而不見人，終有模糊之感。

又如第一八、七八首：

春風一面曉妝成，偷折花枝傍水行。却被内監遥覷見，故將紅豆打黄鶯。

秋曉紅妝傍水行，競將衣袖撲蜻蜓。回頭瞥見宫中唤，幾度藏身入畫屏。

兩詩不分軒輊，堪稱姊妹篇。一春妝成，一秋妝成；一偷折花枝，一衣袖撲蝶；一被内監遥見，一被宫中遥見；一用紅豆打黄鶯掩飾，一藏入畫屏躲藏。合理的解釋是：前詩寫出了蜀宫特殊的對折枝花的控制制度。上引花蕊夫人詩有“預進洪魚供日料，滿筐跳躍白銀花”，可見對池魚蜀宫有獨特的管理和經營方式，或許花亦如此，這令人想起《紅樓夢》探春新政中的一項開源之方，將大觀園花承包給幾個婆子，每年收其二百多兩承包費，然後大觀園中折花就受到約束了。五代史中，有王衍、徐太后與民爭利的記載，此詩與之相互印證；又上引第五一首有“春早爭求芍藥叢”句，或亦因内苑花草管理規定而需爭求嗎？第一八首或亦僅能爲前蜀王衍宫廷而作。

此外，王安國《花蕊夫人詩序》强調花蕊夫人宫詞與王建《宫詞》無異，這是王安國肯定花蕊夫人宫詞的又一角度。後人討論比較集中的是上引花蕊夫人宫詞第八首與王建《宫詞》第四四首的模擬關係：

御厨不食索時新,每見花開即苦春。白日卧多嬌似病,隔簾教唤女醫人。(王建)

厨船(盤)進食簇時新,侍宴無非列近臣。日午殿頭宣索鱠,隔花催唤打魚人。(花蕊)

吴曾《能改齋漫録》卷八"沿襲":"不惟第一句同,而末章詞意,皆相緣以起也。"①胡仔《苕溪漁隱叢話》也指出兩者造語有同,但認爲花蕊夫人更高一籌:"二詞紀事則異,造語頗同,第花蕊之詞工,王建爲不及也。"②由上諸例,可證王安國所選三十二首確有選粹的性質。

六 從紀事性宫詞的特徵看花蕊夫人《宫詞》的可能作者

蔣之翹云宫詞:"唐人爲之,原本《離騷》美人之思,自寫其情而不及事,雖曰宫詞,亦曰宫怨,至王秘監仲初,則以上家起居充以密記……衹言事而不言情,命曰宫詞。"③此論將以王建爲祖的言事類宫詞與抒情詩類宫詞、宫怨區分開來,指出自王建以來的宫詞系列言事不言宫怨的特質。丘良任《論宫詞》從宫詞作者角度將言事類宫詞分爲三類:帝后之詞、詩人之詞、史家之詞。雖然帝后也有可能是詩人或史家,詩人與史家身份也可兼而有之,這樣分類並不嚴密,但他提出"史家之詞以論史爲主","後人寫前代之事",仍給人以啓發④。我以爲從王建而來的宫詞系列可依作者的創作態度和資料來源分爲紀事和紀史兩類,紀事類題材來源於親見,或得之親見者之叙述,一般寫當朝或近朝事;紀史類題材來源於史料,故可近可遠,可通史、可斷代。⑤

---

① (宋)吴曾《能改齋漫録》卷五,《叢書集成初編》本,第290册,第188頁。

② 胡仔較欣賞健康有活力的女性。他總體認爲後六十六首乏善可陳,但還是選了兩首,一首爲:"羅衫玉帶最風流,斜插銀篦幔裹頭。聞得殿前調御馬,掉鞭横過小紅樓。"矯健利索的騎乘宫人。明清人更欣賞王建詩。(清)黄星周《唐詩快》卷十五評價王建詩:"宛轉嬌怯,如見其態,亦如聞其聲。"賀貽孫《詩筏》:"余謂花蕊盜王建語,然不及王建遠甚,謂'隔花唤'三字,頗能領全詩生動耳。王建'御厨不食索時新'七字,寫女子性情嬌癡厭飫之狀可見。若云'進食簇時新',則直而無味矣。下二句情景事三者俱媚,'白日睡多'便爲'苦春'二字傳神,'隔簾唤醫',撒嬌極妙,非過病也。女子性情,絶非女子能道,每被文人信手描出,漁隱何足以知此哉!"賀貽孫以爲王建詩寫出了女子性情,而女子不懂女子性情,也不能用文字表達女子性情。兩者欣賞趣味頗不同。

③ (明)蔣之翹《天啓宫詞一百三十六首並序》,見(清)張海鵬輯《宫詞小纂》卷中,《叢書集成初編》本,第2326册,第39頁。

④ 丘良任編著《歷代宫詞紀事 竹枝紀事詩》,鳳凰出版社,2012年,第15頁。

⑤ 紀事類宫詞總有些爲史書所不及之内容,即使内容有一致性,但作者的態度和認識也與歷史書寫大爲不同。如上文所引諸詩,作者多以親昵熱愛的態度、清新的筆觸加以書寫,史家則多以批評的態度加以記載。紀史類宫詞總能從書寫文獻中找到依據。如(清)孟彬《十國宫詞》寫前蜀王衍:"臉頰燕支冠帶蓮,醉妝相對坐生憐。風流只愛尋花柳,不走者邊走那邊。"所寫不出上引《蜀檮杌》之記載。又如(清)史夢蘭《全史宫詞》:"唱罷霓裳唱柳枝,龍舟燈火夜深時。歸來細迭霞光紙,傳寫煙花絶妙詞。"(177)前兩句出《蜀檮杌》、《資治通鑑》。霞光紙出《蜀志》,《蜀志》曰:"王衍以霞光箋五百幅,賜金堂令張蠙。"《煙花詞》,《直齋書録解題》卷十五:"《煙花集》五卷,蜀後主王衍集艷詩二百篇,且爲之序。"

王建宫詞系列作者多强調其詩所寫之事得自於親見或親見者之敘述,其作乃寫真。如王建自云其宫詞素材出自内官王守澄:“不是官家頻向説,九重爭遣外人知。”明寧獻王朱權《宫詞一百七首序》云:“大概宫詞之作……務在親睹其事,則敘事得其真矣。予生長於深宫之中,豈無以述乎!雖不盡便娟之體,其傳染寫真之意,間有所似。”[①]明周王朱有墩也强調宫詞提供獨有“故實”的意義。其《元宫詞一百首序》云:“永樂元年,欽賜予家有一老嫗,年七十矣,乃元后乳母之女,嘗居宫中,能通胡人書翰,知宫中事爲最悉。嘗細訪之,一一備陳其事,故予書中所咏,皆元宫之故實,亦有史中未嘗載、民間不得而知者,詩百篇中則能見之矣。”[②]蘇軾如果早出生十年二十年,他亦有條件寫出王建式的後蜀宫詞,其《洞仙歌序》云:“僕七歲時,見眉州老尼姓朱,忘其名,年九十餘,自言嘗隨其師入蜀主孟昶宫中,一日大熱,蜀主與花蕊夫人夜起避暑摩訶池上,作一詞,朱具能記之。今四十年,朱已死矣,人無知此詞者。”[③]可惜當時蘇軾年僅七歲。紀事類宫詞素材,或出自作者親見,或聽聞親見者講述,故詩中所紀宫事或與作者同時,亦可有關前朝。朱有墩元宫詞序寫於永樂四年(1406),是時距離元亡約四十年。據《洞仙歌序》,蘇軾所見之朱尼當生於 950 年左右,其隨師入宫不過十餘歲,其獲高壽,屬於能親聞後蜀宫事的最後一批人,蘇軾聽其講後蜀宫廷事約在 1043 年,此時距後蜀覆亡已七八十年。

若以此爲參照,花蕊夫人詩可以爲王蜀之花蕊夫人詩,可以爲後蜀之花蕊夫人詩,也可以爲前蜀花蕊夫人詩而後蜀花蕊傳。從創作角度看,前蜀宫人寫本朝詩固然條件優越,而後蜀人得前蜀後宫的秘聞也十分便利。現有史料就足以爲我們提供可資想象的空間。《資治通鑑》卷二百七十四《後唐紀三》載前蜀亡前王宗弼子承涓“杖劍入宫,取蜀主寵姬數人以歸”,後王宗弼又使其子承班“以蜀後宫及珍玩賂繼岌及郭崇韜”[④]。上文提到的前蜀後主元妃即未隨後主赴洛陽,而是留在蜀地。《錦里耆舊傳》卷七載孟昶繼位後殺李仁罕後追述道:“初,仁罕入蜀後,充馬步軍都指揮使,恣爲奢豪,前蜀主元妃有國色,欲娶之,又懼高祖。”[⑤]前蜀元妃、寵姬都有流散,更何况一般宫人和宫中大量的服務人員的存在,她們都可以是前蜀後宫故事的講述者。

花蕊當爲美稱,《蜀檮杌》卷上曾記録一位花蕊般的女性。“(潘)炕字凝夢,其先河南人。……嬖於美妾解愁,遂宿恙成疾。解愁姓趙氏,其母夢吞海棠花蕊而生,有國色,喜爲新聲及工小詞,建嘗至炕第,見之,謂曰:朕宫無此人。意欲取之。炕曰:此臣下賤人,不敢有薦於君。其實靳之也。弟峭謂曰:緑珠之禍,可不戒耶?炕曰:人生貴於適意,豈能愛死而不自足於心耶!人皆

① (明)葉苕山、陶石貴、李九我輯《歷代宫詞》,廣文書局影印本,1975 年,第 165—166 頁。

② 《歷代宫詞》,第 141—142 頁。

③ (宋)胡仔《苕溪漁隱叢話前集》卷六十,第 413 頁。

④ (宋)司馬光《資治通鑑》卷二百七十四《後唐紀三》,第 8944 頁。

⑤ (宋)勾延慶《錦里耆舊傳》卷七,《叢書集成初編》本,第 3855 册,第 26 頁。

服其有守。"[①]雖然趙氏無花蕊或花蕊夫人之稱,但此記事有助於我們對花蕊、花蕊夫人稱謂含義的瞭解。出生神話往往是對某人優異之處的倒因爲果的一種解釋方法,夢吞某物而生某,往往暗示某物與人的同構性,此處"花蕊"與美貌而工新聲、小詞的女性同構。《蜀檮杌》繫此事於永平四年(914)十月下,因是年樞密使潘炕卒而追及之,王建見此女必在此前,故這段記事的意義還在於提示我們王建對於花蕊般女性的興趣。據云王建徐氏二妃亦貌美而能詩,具有花蕊般的特質。《蜀檮杌》卷上、《鑑誡録》卷五曰:

> 徐氏父名耕,成都人,生二女,皆有國色,耕教爲詩,有藻思。耕家甚貧,有相者謂之曰:官非久貧,當大富貴。耕引使相其二女,相者曰:青城山有王氣,每夜徹天者一紀矣,不十年後,有真人乘運,此二子當作妃后,君之貴由二女致也。及建入城,聞有姿色,納於後房。姊生彭王,妹生衍。建即位,姊爲淑妃,妹爲貴妃……衍即位,册貴妃爲順聖太后,淑妃爲翊聖太妃。[②]

> 前蜀徐公耕二女,美而奇艷,初,太祖搜求國色,亦不知徐公有女焉,徐寫其女真以惑太祖,太祖遂納之,各有子焉。長曰翊聖太妃,生彭王,次曰順聖太后,生後主。[③]

據史料,王建大順二年(891)七月始入成都城,自稱西川留後,之後在蜀地身經百戰。據王衍登基年歲推算,王衍當生於天復二年(902)七月十五,則王建納徐氏女必在天復元年之前。又上文所引王衍元妃,爲徐耕之孫,亦有姝色,李仁罕覬覦之,又怕孟知祥,想徐家二女以能詩而得上位,元妃或亦精於此道吧;又上引後蜀徐光溥妹,爲後蜀孟昶妃,同出徐家,想亦當得花蕊之譽;又有所謂李舜鉉、李玉簫輩亦皆美而能詩,當得花蕊之美稱。

"夫人"一語,若爲尊稱,則以上諸人皆可用。若爲實稱,則只貴妃等正一品妃可用,《新唐書·百官志二》"内官"曰:"唐因隋制,有貴妃、淑妃、德妃、賢妃各一人,爲夫人,正一品。"[④]王建、王衍兩代,皇后皆出周氏[⑤],李舜鉉、李玉簫未能爲正一品,故王建二徐、王衍元妃徐氏、後蜀孟昶徐妃可稱。然二徐後爲太后、太妃,稱其爲花蕊夫人是否恰當,則又有可議者,如此想來,似乎王衍元妃是最合適的人選。

除宫詞外,現有較多詩歌留存者爲王建二徐。留存之詩作於咸康元年九月至十一月兩人隨王衍及衆宫人游青城山、彭州等地,此時二人一爲太后,一

① (宋)張唐英《蜀檮杌》卷上,第6頁。

② (宋)張唐英《蜀檮杌》卷上,第14頁。

③ (後蜀)何光遠《鑑誡録》卷五,第29頁。

④ (宋)歐陽修、宋祁《新唐書》卷四十七《百官志二》,第1225頁。

⑤ (宋)張唐英《蜀檮杌》卷上,武成二年(909)五月,"立周氏爲皇后";王衍十八歲繼位,時當梁貞明五年(919),"立妃周氏爲皇后"。《廣成集》卷十五《皇后修三元大醮詞》有"周某叨榮宿福……備位彤官"句。第207頁。

爲太妃,但在詩歌中,太后皆稱太妃爲元妃、真妃。如《題青城夫人觀》詩曰:“早與元妃慕至玄,同躋靈嶽訪真仙。當時信有壺中境,此日親來洞裏天。”又《題漢州三學山夜看聖燈》云:“虔禱游靈境,元妃夙志同。”[①]則其自稱花蕊夫人似亦有較合理的解釋。

在巡游途中,二徐多同時之作,故可對之作些比較。如太后、太妃《題謁丈人觀先帝聖容》詩:

舜帝歸梧野,躬來謁聖顔。旋登三境路,似陟九疑山。日照堆嵐迥,雲横積翠閑。期修封禪禮,方俟再躋攀。

共謁御容儀,還同在禁闈。笙簧宣寶殿,彩仗耀金徽。清淚沾羅袂,紅霞拂繡衣。九疑山水遠,無路繼湘妃。[②]

太后從先帝故去,此次親來謁先帝聖顔寫起,然後寫登臨之路,以及一路所産生的如登九疑山的恍惚,再寫登臨之後所見開闊而雄厚之景,由此聯想到帝國封禪的遠圖並表達了再次登臨的願望。太妃則從與太后同來寫起,然後寫丈人觀中之禮樂儀仗,繼而寫清淚沾衣,並感慨九疑山水遠,無法追步湘妃。相比而言,太后寫景更開闊、厚重,最後詩意振起,指向國家和未來,頗有氣象,而太妃比擬過於粘滯,太后將自己、太妃與先帝的關係比爲舜與娥皇、女英,既寫出二人同侍一夫,也寫出二人的姊妹身份,比擬貼切,但太妃要追步至九疑山,則頗不倫,其若學湘妃,只能留在丈人觀或永陵,不必至九疑也。

又如太后、太妃《題玄都觀》:

千尋緑嶂夾流溪(奔流峻),登眺因知衆嶽低。瀑布迸舂青石碎,輪菌横剪翠峰齊。步粘苔蘚龍橋滑,目閉煙嵐鳥徑迷。莫道穹天無路到,此山便是碧雲梯。

登尋丹壑到元都,接日紅霞照座隅。即向周回岩上看,似聞曾進畫圖無。

太后詩筆力雄健,寫景既開闊有力,又細膩入微,最後期於登天,雖涉於道流,在詩歌情境中,亦發想自然,而太妃詩則稍嫌不詞,有難以爲繼之勢。

太后亦有清麗的寫景和清新的練字:

雲披分景象,黛斂顯樓臺。雨滌前山淨,風吹去路開。(《題金華宫》)

晴日曉升金照耀,寒泉夜落玉丁當。松梢月轉禽棲影,柏徑風牽麝食香。(《題丹景山至德寺》)

---

① (後蜀)何光遠《鑑誡録》卷五,第29—30頁。
② 文中引徐太后、徐太妃詩均見《鑑誡録》卷五。

水遠波瀾碧,山高氣象清。殿嚴孫氏號,碑暗祖師名。夜醮古壇月,松風森磬聲。(《題彭州陽平觀》)

玉香焚靜夜,銀燭炫遼空。泉漱雲根月,鐘敲檜杪風。……猿來齋室上,僧坐講筵中。頓覺超三界,渾疑證六通。(《題漢州三學山夜看聖燈》)

其"柏徑風牽麝食香"令人想起"楊柳絲牽兩岸風"。其"雨滌前山淨,風吹去路開"、"水遠波瀾碧,山高氣象清"亦有"展得緑波寬似海"、"苑中池水白茫茫"的開闊和簡潔,而"碑暗祖師名"之"暗"、"松風森磬聲"之"森"與"丹霞亭浸池心冷"暗冷的練字,其筆力也有一比。

兩宋時有關花蕊夫人的文獻材料也相當缺乏。南宋袁説友在《成都文類》中談到花蕊夫人的文獻不足:"平甫稱'花蕊事見國史',今國史乃無花蕊事,不知平甫何所見也。"[①]孟昶花蕊夫人事雖或不見國史,北宋人對其故事似津津樂道,觀蘇軾《洞仙歌序》、《後山詩話》可知,但是人們並不知道蜀地還有一位花蕊夫人,直到北宋末蔡絛《鐵圍山叢談》方第一次談到蜀地前後有兩位花蕊夫人、並將花蕊夫人與二徐妃聯繫起來。蔡絛《鐵圍山叢談》卷六曰:

花蕊夫人,蜀王建妾人,後號小徐妃者,大徐妃生王衍,而小徐妃其女弟,在王衍時,二徐坐游宴淫亂亡其國。莊宗平蜀後,二妃隨王衍歸中國,半途遭害焉。又孟氏再有蜀,傳至其子昶,則又有一花蕊夫人,作宫詞者是也。……始所傳多僞,不知蜀有兩花蕊夫人,皆亡國且殺其身。[②]

據上引《鑑誡録》卷五"徐后事"、《蜀檮杌》,蔡絛所言二徐妃封號亦小有誤。

綜上所述,如果小徐妃或元妃被稱花蕊夫人有據,我們接受王安國所言花蕊爲後蜀孟昶宫人,結合我上文所言王安國對花蕊夫人、花蕊的區分,花蕊、夫人的釋義,以及九十八首(即使是三十二首)組詩的筆力,就現存五代文獻看,花蕊夫人最有可能是王建之小徐夫人、王衍之母、後來的順聖皇太后;其次是王衍元妃,因爲她留在蜀地,很可能入後蜀後宫,是最有資格、最有愛意"閑坐説玄宗"的人。書花蕊夫人詩者則爲後蜀孟昶之徐妃,其亦出於徐氏,可以直接接觸到花蕊夫人詩或花蕊夫人。當然這可能永遠只是推測而已。

七 時代、道德和性别:被剥奪與被給予的著作權

既然北宋較晚時期已知有二花蕊夫人,《宫詞》中的許多信息也指向王蜀花蕊夫人,何以王蜀花蕊夫人未能被給予著作權呢?除了偶然因素外,所處時代、政治道德因素也值得分析。

一個王朝的政治、道德聲譽固然與其自身行爲息息相關,而後來者出於本朝需要對前朝的解讀和定讞也十分重要。後蜀建立,偏居一隅,故一直視王衍

---

① (宋)袁説友等編《成都文類》卷十五,影印文淵閣《四庫全書》本,第459頁。

② (宋)蔡絛《鐵圍山叢談》卷六,108—109頁。

爲鑑誡對象。上引《蜀檮杌》載孟知祥封蜀王後的後唐長興四年(933)三月,"宴府僚於王氏宣華苑,因謂左右曰:使衍不荒於政,有賢臣輔之,繼岌小子,豈能遽取"①。孟昶廣政四年曰:"王浮薄而好輕艷之辭,朕不爲也。"②宋人也看出了後蜀帝王對前蜀帝王的態度。如《蜀檮杌》引"黄松子曰"曰:"昶戒王衍荒淫驕佚之失,孜孜求治,與民休息。雖刑罰稍峻,而不致酷虐,人頗安之。"此外,還可考慮寫作者的個人身份和寫作動機。如後蜀幸寅遜作《王氏開國記》、何光遠作《鑒戒録》,除了追憶或鑑誡的創作目的外,也體現了作者個人作爲遺民對前朝的痛惜。而宋朝是滅亡了諸多割據勢力的一統政權,依中國文化的價值觀,結束霸權,實現王道本身就提供了政權的合理性,故不必將蜀後主置於不道德之地來顯示一己政權建立的合理,故宋人盡可能顯示大宋對滅亡政權和帝王的包容以顯示其胸襟和氣概,即使事實上並没有那麽寬容。如同書引"黄松子曰"曰:"(孟昶)不識天時,用庸臣之謀,結並州之援,此至愚極昏者之所不爲,而昶爲之,固宜誅之無赦,及王師吊伐,能翻然束手歸命,生享大國之封,死有真王之贈,子孫俱享厚禄,太祖皇帝真有恩於降虜哉!"③而且宋代也少聞後蜀遺民的發聲。

王衍即位時年十八,被殺時二十八,少年天子的敗亡的教訓之一,在五代人和宋人的闡釋中是其母之過,其中以何光遠《鑑誡録》爲極端代表。《鑑誡録》卷五"徐后事"條曰:

> 《左傳》昭公二十六年,叔向之母曰:子靈之妻殺三大夫(陳御叔、楚襄老、申公子靈是三大夫)、一君、一子(君,靈公也,一子,徵舒)而亡一國、兩卿矣(孔寧、儀父),可無徵乎?吾聞之,甚美必有甚惡,此《春秋》爲深誡矣。前蜀徐公耕二女,美而奇艷。……後主性多狂率,不守宗祧,頻歲省方,政歸國母,多行教令,淫戮重臣。頃者,姊妹以巡游聖境爲名,恣風月煙花之性,駕輜軿於緑野,擁金翠於青山,倍役生靈,頗銷經費,凡經過之所,宴寢之宫,悉有篇章,刊於玉石。自秦漢以來,妃后省巡,未有富貴如兹之盛者也。……議者以翰墨文章之能,非婦人女子之事,所以謝女無長城之志,空振才名;班姬有團扇之詞,亦彰淫思。今徐氏逞乎妖志,飾自幸臣,假以風騷,庇其游佚,取女史一時之美,爲游人曠代之嗤。及唐朝興吊伐之師,遇蜀國有荒淫之主,三軍不戰,束手而降,良由子母盤游、君臣陵替之所致也,於是亡一君(後主名衍)、破一國、殺九子(彭王宗鼎、雅王宗輅、褒王宗紀、興王宗澤、榮王宗獻、忠王宗賢、資王宗霸。後主所生二子,長曰承祧,次曰承祀)、誅十人(齊王宗弼、宋光嗣、王宗渥、王宗勳、歐陽晃、景潤澄、李輅周、王承休、韓昭、蕭懷武),殄滅萬家,流移百辟。其次六

① (宋)張唐英《蜀檮杌》,第18頁。
② (宋)張唐英《蜀檮杌》,第20頁。
③ (宋)張唐英《蜀檮杌》,第27頁。

宫嬪御,挫紅緑於征途,十宅公王,碎金珠於逆旅,子靈之室,何以比方![1]

何光遠以經傳中最有名的禍水紅顔來比附聖順皇太后和太妃,對太后、太妃作少量的政治方面的批評後,何光遠集中攻擊了太后和太妃的詩才,他甚至將咏絮才的謝道藴、作團扇詩的班婕妤拈出,在詩才與敗德之間建立因果關係,而不顧班婕妤入《列女傳》,謝道藴是《世説新語》中的賢媛。由於政治上的失勢,聖順皇太后和太妃的詩才、作詩與其政治和品行的失德聯繫在一起。後蜀花蕊夫人的詩筆既被如此嗤罵,當一批有正面價值的詩出現時,似乎就很難能與之聯繫起來。

也許因爲有孟昶妃入宋,後蜀花蕊夫人比前蜀花蕊夫人與宋人更近、更親切、更易於聯想,總之,在王安國告訴世人花蕊夫人有許多《宫詞》之後,孟昶花蕊夫人又有了流傳甚廣的國亡詩,《後山詩話》曰:

(花蕊夫人)國亡,入備後宫。太祖聞之,召使陳詩。誦其《國亡》詩云:"君王城上豎降旗,妾在深宫那得知。四十萬人齊解甲,更無一個是男兒。"太祖悦。[2]

然而此詩與何光遠《鑑誡録》卷五所記後唐興聖太子滅前蜀時太子隨軍王承旨之詩依稀仿佛:

興聖太子隨軍王承旨失名有咏後主出降詩曰:蜀朝昏主出降時,銜璧牽羊倒繫旗。二十萬軍齊拱手,更無一個是男兒。[3]

我們當然可以將陳後山所記事理解成後蜀花蕊夫人靈機一動將王詩稍加改變而及時應對,因爲從年代先後看這是可能的,但在北宋人的言説語境中,則爲了肯定後蜀花蕊夫人的詩才。

又如蘇東坡《洞仙歌序》云:

一日大熱,蜀主與花蕊夫人夜起避暑摩訶池上,作一詞,朱具能記之。今四十年,朱已死矣,人無知此詞者,獨記其首兩句云"冰肌玉骨,自清凉無汗",暇日尋味,豈洞仙歌令乎?乃爲足之云。[4]

據此序,"作一詞者",似爲"蜀主"。《漫叟詩話》亦曰"錢塘有一老尼,能誦後主詩首章兩句……余嘗見士人誦全篇"[5](所録《洞仙歌》,實是將蘇軾詞隱括爲齊句詩),然而南宋周紫芝《竹坡詩話》已謂此詩爲花蕊作,[6]最後蘇軾《洞仙歌》也被看作是花蕊之作。

我們也應注意宋初曖昧多義的花蕊夫人形象有逐漸向不忘故國的節義和

---

① (後蜀)何光遠《鑑誡録》卷五,第29—31頁。
② (宋)陳師道《後山詩話》,第303頁。
③ (後蜀)何光遠《鑑誡録》卷五,第31頁。
④ (宋)胡仔《苕溪漁隱叢話前集》卷六十,第413頁。
⑤ (宋)佚名《漫叟詩話》,見郭紹虞輯《宋詩話輯軼》卷上,第368頁。
⑥ (宋)周紫芝《竹坡詩話》,見何文焕輯《歷代詩話》,第344頁。

能詩的形象轉换的傾向。蔡絛《鐵圍山叢談》卷六曰:

> 國朝降下西蜀,而花蕊夫人又隨昶歸中國,昶至且十日,則召花蕊夫人入宫中,而昶遂死。昌陵後亦惑之,嘗進毒,屢爲患,不能禁。太宗在晉邸時,數數諫昌陵,而未果去。一日,兄弟相與獵苑中,花蕊夫人在側,晉邸方調弓矢,引滿正擬射走獸,忽回射花蕊夫人,一箭而死。①

此處花蕊夫人既有尤物惑人的特徵,又記其"嘗進毒,屢爲患",似表現其不忘故國的忠義的一面。

吴曾《能改齋漫録》卷十六云:

> 徐匡璋納女於昶,拜貴妃,别號花蕊夫人,意花不足擬其色,似花蕊翾輕也,又升號慧妃,以號如其性也。王師下蜀,太祖聞其名,命别護送,途中作詞自解曰:"初離蜀道心將碎,離恨綿綿,春日如年,馬上時時聞杜鵑。三千宫女皆花貌,妾最嬋娟。此去朝天。只恐君王寵愛偏。"陳無已以夫人姓費,誤也。②

詞上半闋云其不忘故國,下半闋則又有邀寵新主之意,詞意多歧,顯示出叙述者對這一女性判斷和定位的不確定性。

花蕊夫人,楊用修云:

> 宫詞之外,尤工樂府。蜀亡入汴,書葭萌驛壁云:"初離蜀道心將碎,離恨綿綿。春日如年。馬上時時聞杜鵑。"書未畢,爲軍騎催行。後人續之云:"三千宫女皆花貌,妾最嬋娟。此去朝天。只恐君王寵愛偏。"花蕊見宋祖,猶作"更無一個是男兒"之詩,焉有隨昶行而書此敗節之語乎?續之者不惟虚空架橋,而詞之鄙,亦狗尾續貂矣。③

宋人所記花蕊曖昧多義的詞作,在楊慎叙述中,被嵌進花蕊夫人蜀亡入汴的故事中,用書未畢而被催行的理由,將下闋著作權讓渡給了一個相信宫人只爲爭寵的見識淺陋者,因而完成了花蕊夫人文本文意與其德行的整體一致性,完成了花蕊夫人道德純粹性的建構。

小 結

綜上所述,可小結如下:

花蕊夫人 98 首(或有百首)《宫詞》中,可確定爲寫王衍後宫者共 14 首,其中 4 首出自前 32 首,占前 32 首的 12%;10 首出自後 66 首,占後 66 首的 15%。後 66 首寫王衍後宫的比例更高,這一數字不支持後 66 首是後人續作的觀點。宣華苑在前蜀是椒房所在,在後蜀爲帝王侍母或携臣偶爾游幸之處,

① (宋)蔡絛《鐵圍山叢談》卷六,第 109 頁。
② (宋)吴曾《能改齋漫録》卷十六,第 416—417 頁。
③ (明)楊慎《詞品》卷二,王幼安校點,人民文學出版社,1960 年,第 75 頁。

後者因外史記載而入史傳,因此,後蜀有游觀後苑記載並不能證明百首《宫詞》爲後蜀後苑而作。與王建、宋徽宗、楊后《宫詞》相比,花蕊夫人《宫詞》無政事書寫,更無意表達政治理想,詩人以愛的眼光、喜悦的心情、誇耀的態度、清麗的筆觸寫出了驕縱而任性的少主。王安國是現在可知唯一接觸到百首《宫詞》原始文獻者,在《花蕊夫人詩序》中他明確區分了"花蕊""筆"、"花蕊夫人""詩",他選了其中的"三十二首"抄出,後釋文瑩又從其處得副本抄入其筆記,此"三十二首"本流傳最廣,但北宋人都有"百首"花蕊夫人《宫詞》的共識。南宋胡仔誤解王安國、釋文瑩"三十二首"爲全部,將另"六十六首"稱爲"逸"詩,王安國所選三十二首具有選粹的性質,前三十二首與後六十六首實爲一體。若不將花蕊夫人遽定爲後蜀花蕊夫人,則前後蜀有很多可稱之爲"花蕊夫人"者,就詩歌創作實績和創作水準,前蜀順聖皇太后或許是最可能的人選;就時間、際遇而言,王衍元妃亦有可能。宋人知道前後蜀有兩個花蕊夫人,前蜀花蕊夫人有不少詩作留存,但是作爲女性而有詩才,又身處亡國之際,故其詩才是作爲歷史之罪、政治道德上的污點而被記載和批判的,歷史處境和歷史反思、政治道德和性别等都影響了後人對前蜀花蕊夫人詩才的判斷,相反,人們一直致力於後蜀花蕊夫人的道德和詩才建構,其道德建構得越堅固,其爲《宫詞》百首的作者的建構也就越牢固。總之,百首《宫詞》作者問題,與其遽下結論,封閉討論,不如持開放心態,開放對問題的思考,這可能更有利於研究的深入。

(作者單位:南京大學文學院)

古典文獻研究(第十八輯下卷)
Journal of the Institute for Chinese Classics Studies
Nanjing University
Volume 18, No.2 2015

王安石詩繫年新證

徐 濤

王安石是北宋詩壇大家,對其詩歌作品的整理考訂自古代就開始了,從南宋李壁,清代顧棟高、沈欽韓、蔡上翔,到近現代學者夏敬觀、劉咸炘、劉乃昌、李德身、高克勤、賈三强、湯江浩、壽湧、楊天保、劉成國等,均曾有不少考證發明,爲今天的荆公詩研究奠定了基礎。不過,由於種種原因,王安石作品還有不少仍未得到確切考訂,比如其中的繫年問題,就有很多尚未解决的,這不能不説是一個遺憾。今筆者在閲讀荆公集的過程中,發現其中《寄吴冲卿》、《河北民》、《送何聖從龍圖》、《和張仲通憶鍾陵絶句二首》《汀沙》《西山》(此四首係爲組詩)、《張工部廟》等數首詩歌,似可通過細讀與考證手段進一步推定其創作年代,而前賢未曾注意、或舊説猶有訛誤。故本文不揣淺陋考證如次,以祈對荆公詩的整理與研究工作略有裨益。

一 《王荆文公詩箋注》卷一〇《寄吴冲卿》[①],今按:此詩當作於嘉祐六年(1061)。

詩云:"窮年走區區,得謗大於屋。歸來汚省舍,又繼故人躅。"李壁注曰"至和二年,公召爲群牧判官"[②],意此四句謂至和二年(1055)吴充(字冲卿)、王安石同爲群牧判官事[③]。

李壁注可議者有二:其一,詩云"又繼故人躅",而群牧判官乃吴、王二人初次同僚時,則"又"字如何着落?其二,在北宋官制中,群牧判官屬群牧司,其官署似不應稱"省舍"。故筆者認爲此四句應當是指吴、王再次同僚,即嘉祐年間

① (宋)王安石撰,(宋)李壁注《王荆文公詩箋注》卷一〇,上海古籍出版社,2010 年,第 250—252 頁。

② (宋)王安石撰,(宋)李壁注《王荆文公詩箋注》卷一〇,第 250 頁。

③ 吴充至和二年六月任群牧判官,見(宋)李燾《續資治通鑑長編》卷一八〇,中華書局,1995 年,第 4352 頁;王安石同年爲群牧判官,參見李德身《王安石詩文繫年》,陝西人民教育出版社,1987 年,第 87 頁。

同爲三司判官事。三司判官(包括鹽鐵、度支、户部)屬三司,三司别名"計省"、"省司"①,故其廳署可稱"省舍"。如此則與詩意相合。

王安石任三司度支判官在嘉祐四年(1059)②。吴充任三司户部判官,此事不見於《宋史·吴充傳》③,然李清臣《吴正憲公充墓誌銘》載:"徙開封府推官……徙三司户部判官"④;又據《續資治通鑑長編》卷一八七載:"(嘉祐三年七月)内降劄子:'臣僚上言,開封府推官吴充與權知開封府歐陽修爲親家,遂除户部判官。近制,推官或改判官,通三年方授三司判官。充在府始逾年而遷之,頗爲僥倖。'"⑤可證吴充出任三司户部判官在嘉祐三年(1058)七月前。吴、王至和間同爲群牧判官,而嘉祐間又同屬三司判官,且吴任職皆在王前,故王詩才有"又繼故人躅"之句。

李德身《王安石詩文繫年》將此詩繫於嘉祐四年,謂是荆公"自叙自知常州至直集賢院、三司度支判官時事"⑥。但他未引李壁注"群牧判官"之説,當然亦未考辨此説之誤;又引《宋史·吴充傳》叙吴充履歷,而《吴充傳》恰未記載吴氏任三司户部判官事,則顯然對"歸來污省舍,又繼故人躅"的詩意並未深解。其遽斷詩乃荆公自叙"三司度支判官時事",帶有較强的猜測成分。

《王安石詩文繫年》還有一個嚴重錯誤,即這幾句詩乃王安石"回憶"與吴充同僚之經歷,未可據之以爲詩篇即作於三司判官任上。今詩中尚有"歲殘東風生,陜樹塵翳麴"句,考《宋史·吴充傳》"歷知陜州"⑦,則知此詩實乃作於吴充知陜州之時。《繫年》已看出這一點,但它並未仔細考察吴充知陜州的時間,而遂將此詩繫於嘉祐四年(即王安石任三司判官時),同時以爲吴充在本年知陜,則不免於史實大謬。

那麽,吴充究竟何年知陜州?據筆者考證,當在嘉祐五年(1060)至八年(1063)間。歐陽修有《西齋小飲贈别陜州冲卿學士》詩,繫於嘉祐五年九月⑧,劉敞亦有《永叔西齋送冲卿知陜府》⑨,可知吴充在本年赴陜。《吴正憲公充墓誌銘》載吴充陜州知府後的官職是"京西路轉運使"⑩,而《續資治通鑑長編》卷一九八載"(嘉祐八年四月)京西轉運使吴充"⑪,可見在此之前吴已由知陜州徙京西轉運使。荆公詩云"歲殘東風生",當是作於吴充在陜州的某年冬,即嘉祐五年、六年或七年冬。

---

① 參見龔延明編著《宋代官制辭典》"三司"條下"别名"之考證,中華書局,1997年,第115頁。
② 李德身《王安石詩文繫年》,第119頁。
③ 參見(元)脱脱等《宋史》卷三一二,中華書局,1977年。
④ 《全宋文》卷一七一八,上海辭書出版社、安徽教育出版社,2006年,第79册,第56頁。
⑤ (宋)李燾《續資治通鑑長編》卷一八七,第4516頁。
⑥ 李德身《王安石詩文繫年》,第124頁。
⑦ (元)脱脱等《宋史》卷三一二,第10239頁。
⑧ (宋)歐陽修《歐陽修詩文集校箋》卷九,洪本健校箋,上海古籍出版社,2009年,第240頁。
⑨ 《全宋詩》卷四七三,北京大學出版社,1992年,第9册,第5733頁。
⑩ 《全宋文》卷一七一八,第79册,第56頁。
⑪ (宋)李燾《續資治通鑑長編》卷一九八,第4803頁。

據詩意及王安石本人事迹,還可進一步推定此詩的創作時間。詩云:"清明有冲卿,奥美如晦叔。時謂當遷升,屈指尚五六。揆才最不稱,饕寵寧無恧?殷勤故人書,紙尾又見勖。君雖好德言,我自望忠告……進爲非成材,罪恐不容贖。"不難看出,這是詩人自叙仕途升擢並自謙之語。詩意謂:吴充、吕公著(晦叔)本當以美材"遷升",而"不材"如自已反受拔擢,故不禁"饕寵"而"有恧";並稱謝吴充以"德言""相勖"。考察王安石嘉祐五年至七年間履歷,《續資治通鑑長編》卷一九三載:"(嘉祐六年六月)度支判官、刑部員外郎、直集賢院、同修起居注王安石知制誥。初,安石辭起居注,既得請,又申命之,安石復辭至七八乃受。於是徑遷知制誥,安石遂不復辭官矣。"[①]詩中所指拔擢之事,當即指此而言。由此推斷,《寄吴冲卿》詩當作於嘉祐六年(1061)冬。

二 《王荆文公詩箋注》卷二一《河北民》[②],今按:此詩當作於治平四年(1067)。

詩云:"河北民,生近二邊長苦辛。家家養子學耕織,輸與官家事夷狄。今年大旱千里赤,州縣仍催給河役。老小相携來就南,南人豐年自無食。悲愁白日天地昏,路旁過者無顔色。汝生不及貞觀中,斗粟數錢無兵戎。"關於這首詩的創作時間,主要有以下幾種説法:

其一,作於慶曆八年(1048)。李壁注云:"河北人過河南逐熟,疑富公在青州時。"[③]"富公"指富弼,慶曆七年(1047)至皇祐元年(1049)知青州。據《續資治通鑑長編》載:慶曆八年"河北大水,流民入京者不可勝數,知青州富弼擇所部豐稔者五州勸民出粟,得十五萬斛,益以官廪,隨所在貯之"[④]。今按:慶曆八年河北流民是因水災,而王安石詩所寫河北流民乃因"大旱",故李壁注恐不確,李德身《王安石詩文繫年》已駁其非[⑤]。

其二,作於熙寧七年(1074)。林庚、馮沅君主編《中國歷代詩歌選》下編(一)注此詩曰:"詩爲哀憐饑民流亡而作,可能是神宗熙寧七年的作品。這年四月,神宗以天旱罷方田(新法的一種),王安石因而求去,遂罷相,出知江寧。"[⑥]

今按:宋神宗熙寧七年春之大旱,受災者不止河北,而是遍及河北、河東、京東西、荆湖、淮南、江南、福建、兩浙、永興、秦鳳、梓州路等地[⑦],其中又以河北、河東、京東、淮南、陝西尤爲嚴重,故《續資治通鑑長編》屢記朝廷應對各方

---

① (宋)李燾《續資治通鑑長編》卷一九三,第4677頁。

②③ (宋)王安石撰,(宋)李壁注《王荆文公詩箋注》卷二一,第508頁。

④ (宋)李燾《續資治通鑑長編》卷一六六,第3985頁。按:此事記載在皇祐元年,而河北水災在慶曆八年。

⑤ 李德身《王安石詩文繫年》,第43頁。

⑥ 林庚、馮沅君主編《中國歷代詩歌選》下編(一),人民文學出版社,1979年,第607頁。

⑦ 參見(宋)李燾《續資治通鑑長編》卷二五一,第6139頁。按:朝廷特下詔爲這些地區饑民犯法從輕量刑,可見當地皆有災情。

災情之事[①]。當時有鄭俠上《流民圖》並敘災民情狀曰:“去年大蝗,秋冬亢旱,以至今春不雨,麥苗乾枯,黍、粟、麻、豆皆不及種,五穀踊貴,民情憂惶,十九懼死,逃移南北,困苦道路。”[②]亦泛論災民之衆,而不僅言河北。如謂《河北民》作於熙寧七年,則在天下受災的情况下,身爲宰相的王安石何以惟獨哀憐“生近二邊長苦辛”的“河北民”? 此甚可疑者一。

再者詩中有“州縣仍催給河役”句,乃暗諷朝廷河役之重。而熙寧七年,王安石正主張在河北路疏浚滹沱河、漳河等[③],當時有人謂此河役乃“騷擾河北”,安石對曰:“……調數萬夫塞卻河,致恩、冀數州皆免流亡,得良田耕墾,何名騷擾?”[④]如謂《河北民》作於熙寧七年,則豈非成王安石本人自諷其政? 此甚可疑者二。

又細繹《河北民》詩意,頗含有不滿朝政之意,如謂“汝生不及貞觀中,斗粟數錢無兵戎”等。林庚、馮阮君主編《中國歷代詩歌選》注此詩時引神宗罷方田、王安石罷相事,似是隱含着解釋詩中的“不滿”乃因安石含“怨”之故。然王安石雖罷相,朝廷新法卻仍在進行,此時他若因仕途挫折便有不滿朝政之辭,豈非正好落人口實、借以打擊他辛苦經營的新法之政? 此甚可疑者三。

由以上三點推測,恐“作於熙寧七年”説亦難成立。

其三,作於慶曆六年(1046)。李德身《王安石詩文繫年》曰:“安石《讀詔書》説:‘去秋東出汴河梁,已見中州旱勢强。日射地穿千里赤,風吹沙度滿城黄。’與此詩所云相應,必爲本年秋東出汴河時作。”[⑤]今按:北宋的“中州”是指都城汴京所在的京畿路一帶,與河北(河北東路、河北西路)無涉;王安石《讀詔書》詩僅言中州旱勢,並未言河北大旱及流民事,而史書中亦未見有任何慶曆六年河北流民的記載;李德身將《讀詔書》與此詩聯繫起來,乃於地理常識有誤,遂致誤解詩意。

由以上考辨,可知要推定《河北民》的創作時間,需注意以下兩點:一是河北旱災並有流民;二是詩中對朝政頗有不滿,當作於荆公熙寧變法之前。據此展開檢索,符合詩意的似惟有英宗治平四年(1067)河北流民事。《宋史·神宗紀》載:“(治平四年)五月辛巳,以久旱,命宰臣禱雨……(六月)己未,振河北流民。”[⑥]記載更連貫的是馬端臨《文獻通考》卷二六《國用考四》:“英宗治平四年,河北旱,民流入京師。”[⑦]還可參見司馬光治平四年六月上《言賑贍流民劄子》:“臣竊見朝廷差官支撥粳米於永泰等門,遇有河北路流民逐熟經過,即大

① 參見(宋)李燾《續資治通鑑長編》卷二五〇、二五一,第6099、6116、6121、6123、6158頁。
② (宋)李燾《續資治通鑑長編》卷二五二,第6152頁。
③ 參見(宋)李燾《續資治通鑑長編》卷二四九,第6075—6076頁。
④ (宋)李燾《續資治通鑑長編》卷二五〇,第6088頁。
⑤ 李德身《王安石詩文繫年》,第43頁。
⑥ (元)脱脱等《宋史》卷一四,第266頁。
⑦ (元)馬端臨《文獻通考》卷二六,中華書局,1986年,第253頁。

人每人支與米一斗,小兒支與米五升。"[①]又,治平四年王安石正以知制誥知江寧府[②],其時英宗駕崩,神宗即位,第二年便是熙寧元年。綜上所述,《河北民》所咏歎哀憫的應即治平四年河北大旱之流民,詩云"汝生不及貞觀中",而王安石的抱負是"越漢唐而追三代";在不久的將來,他便懷着這一理想入京實施新法了。

三 《王荆文公詩箋注》卷三四《送何聖從龍圖》[③],今按:此詩當作於嘉祐六年(1061)。

詩題"何聖從龍圖"謂何郯,字聖從。

詩云"應留賜席丹塗地,誤責飛芻紫塞功",李壁注曰:"(何)郯……後判銀台,言龍昌期異端之學,非毀周公,不宜崇長,詔追所賜緋及絹。文彦博少從昌期學,深惡郯言,徙判吏部流内銓,又改龍學、河東都轉運使。此言公不應去朝廷,職將輸也。"[④]"職將輸"即指任轉運使,可見這首詩是王安石送何郯赴河東都轉運使而作,因何郯此前官龍圖閣直學士("龍學"),故又稱"何龍圖"。

何郯的仕宦經歷,《宋史·何郯傳》載:"擢天章閣待制,還判銀台司……唐介出荆南,敕過門下,郯封還之,介復留諫院。遷龍圖閣直學士,爲河東都轉運使。故相梁適帥太原,病不能事,内臣蘇安静鈐轄兵馬,怙寵不法,皆劾奏之。歷知永興、河南。"[⑤]其任河東都轉運使之時間,即《送何聖從龍圖》詩的創作時間。李德身《王安石詩文繫年》推測在嘉祐八年(1063):"何郯爲待制乃嘉祐六年事;遷龍圖閣直學士、爲河東都轉運使,乃嘉祐末事。此詩……必爲送何郯爲河東都轉運使而作,時或在是年。"[⑥]

今按:李德身此説錯誤極多。其一,何郯爲天章閣待制在至和元年(1054)而非"嘉祐六年",《續資治通鑑長編》卷一七七:"(至和元年十一月)何郯爲天章閣待制,留再任。"[⑦]其二,銀台司兼門下封駁,掌受天下奏狀案牘,何郯判銀台司時封還唐介敕,乃嘉祐五年(1060)七月事,《續資治通鑑長編》卷一九二:"……唐介知荆南,從介請也。敕過門下,知封駁事何郯封還之。"[⑧]其三,遷龍圖閣直學士、爲河東轉運使在此之後,但不可能晚於嘉祐八年,因何郯上任後即奏劾河東路經略使、知并州(太原府)梁適,並導致梁適改調[⑨];而到嘉祐八

① (宋)司馬光《温國文正公集》卷三六,《四部叢刊初編》本。

② (元)脱脱等《宋史》卷一四,第265頁。

③ (宋)王安石撰,(宋)李壁注《王荆文公詩箋注》卷三四,第856—857頁。

④ (宋)王安石撰,(宋)李壁注《王荆文公詩箋注》卷三四,第856頁。

⑤ (元)脱脱等《宋史》卷三二二,第10441頁。

⑥ 李德身《王安石詩文繫年》,第157頁。

⑦ (宋)李燾《續資治通鑑長編》卷一七七,第4288頁。

⑧ (宋)李燾《續資治通鑑長編》卷一九二,第4635頁。

⑨ 王珪《梁莊肅公適墓誌銘》:"乃拜公定國軍節度使、檢校太傅、河東路經略使、知并州……未及,暴得風眩,求罷邊,易忠武軍節度使、檢校太尉、知河陽"(《全宋文》卷一一六一,第53册,第311頁),所謂"暴得風眩"云云,即《宋史·何郯傳》載何郯劾其"病不能事"事。

年或更早,知并州的已是文彦博[①],故知何郯出任河東轉運使不可能在嘉祐八年後。

由此可知,何郯爲河東轉運使的時間應在嘉祐五年至七年之間。李之亮《王荆公詩注補箋》即判定"(何)郯爲河東都轉運使在嘉祐五年"[②]。其實此説亦稍有舛差。

筆者檢校歐陽修集,發現其與劉敞書簡中有一則記載:"前日餞聖從,與景仁、介甫清坐",繫於"嘉祐六年"[③]。"景仁"謂范鎮,"介甫"即王安石。此處言"前日餞聖從",從時間與何郯事迹推斷,應當就是餞别何郯赴河東都轉運使。同與送别的似還有王珪,他有一首《送何聖從龍圖將漕河東》詩[④],與王安石《送何聖從龍圖》同爲七律,且押同一韻部,當爲一時所作。由此斷定,何郯出爲河東轉運使應在嘉祐六年,王安石詩亦作于此時。

四　《王荆文公詩箋注》卷四四《和張仲通憶鍾陵絶句二首》,卷四七《汀沙》、《西山》[⑤],今按:此組詩當作於治平四年(1067)。

王安石《和張仲通憶鍾陵絶句二首》、《汀沙》、《西山》這四首七言絶句,在"龍舒本"《王文公文集》中作《和張仲通憶鍾陵絶句四首》,《汀沙》爲其三,《西山》爲其四[⑥]。

《汀沙》、《西山》就内容看,都與"張仲通憶鍾陵"有關。如《汀沙》云"歸去北人多憶此",張仲通乃張洞,晁補之《雞肋集》卷六二、《宋史》卷二九九有傳,開封祥符人,故稱其爲"北人"。再如《西山》云"但道使君留不得,那知肯更憶江南","西山"代指洪州(鍾陵)[⑦],而張洞曾爲江西轉運使(詳見下文),故詩中稱"使君"。《汀沙》《西山》皆取首二字爲題,故疑二詩本與《和張仲通憶鍾陵絶句二首》爲組詩,並無别目,不知何故與組詩脱落,後人編荆公集時遂取今題。"龍舒本"《王文公文集》中四詩合題爲《和張仲通憶鍾陵絶句四首》,似更符合

① 《宋史·文彦博傳》載"遷尚書左僕射、判太原府,俄復鎮保平、判河南。丁母憂"(《宋史》卷三一三,第10261頁);又據韓琦《祭文潞公太夫人文》"維嘉祐八年歲次癸卯,二月某朔某日……致祭于魯國太夫人之靈"(《全宋文》卷八六〇,第40册,第139頁),可知文彦博嘉祐八年二月丁母憂之前已知太原府(并州)。

② (宋)王安石撰,(宋)李壁注《王荆公詩注補箋》卷三四,李之亮補箋,巴蜀書社,2002年,第634頁。

③ 《與劉侍讀原父二十七通》其二十一,(宋)歐陽修《歐陽修全集》卷一四八,李逸安點校,中華書局,2001年,第2427頁。

④ 《全宋詩》卷四九五,第9册,第5986頁。

⑤ (宋)王安石撰,(宋)李壁注《王荆文公詩箋注》卷四四、卷四七、卷四七,第1154、1276、1277頁。

⑥ (宋)王安石《王文公文集》卷五二,唐武標校,上海人民出版社,1974年,第591頁。按:此書以影印南宋龍舒本爲底本,見其"出版説明"。

⑦ 參見《和張仲通憶鍾陵絶句二首》李壁注,(宋)王安石撰,(宋)李壁注《王荆文公詩箋注》卷四四,第1154頁。

荆公詩原貌。

欲考索這組詩的寫作時間,需先瞭解相關背景。依據詩題,張洞本應有《憶鍾陵》原唱,而荆公詩乃和作。晁補之《張洞傳》載,張氏在"濮議"時曾賦"孝慈則忠"進上,英宗疑其有諷意,後因奏對稱旨受賞識,"上欲遂進用,而大臣忌之,出爲江西轉運使。"[①]江西轉運使治所在洪州(鍾陵)[②],而張洞詩爲"憶鍾陵",則應是他離開江西轉運使之後的作品了。

"濮議"事在英宗治平二年(1065)四月[③],張洞出爲江西轉運使的時間晚于此;又據《張洞傳》,他在江西轉運使後又移淮南轉運使,而"卒於治平四年七月",可知《憶鍾陵》詩大致作於治平二年四月至治平四年七月間。又,張洞在江西、淮南任上皆有治績[④],任職均不會太短(至少數月)。據此推算他離任江西轉赴淮南的時間,較有可能是在治平三年,而《憶鍾陵》就作於此後的淮南任上。其時王安石居江寧,而淮南轉運使治所在揚州[⑤],二地相距不遠,故往來唱和甚便。又據王安石和詩"只應兩岸當時柳,能到春來尚可憐"、"汀沙雪漫水溶溶,睡鴨殘蘆晻靄中"等句[⑥],可知詩當作於治平三年或四年春。

王安石詩雖是和作,卻寫得很有感情,如"一夢章江已十年"、"西山南浦慣曾游……聞説章江即淚流"等句[⑦],都是他本人"憶鍾陵"的感受,而不僅僅是應和張洞詩了。這是因爲王安石與鍾陵亦有淵源,他在嘉祐三年(1058)"提點江東西路刑獄"時[⑧],曾至洪州一帶,其詩《豫章道中次韻答曾子固》、《將次鎮南》("豫章江面朔風驚")、《寄虔州江陰二妹》("貢水日夜下,下與章水期。我行二水間,無日不爾思")等[⑨],皆與洪州有關。可能張洞正是知悉王安石的這段經歷,故才有《憶鍾陵》詩相贈,從而引起了荆公本人對鍾陵的回憶。合"一夢章江已十年"之句以觀,則王安石《和張仲通憶鍾陵絶句四首》當以作於治平四年春爲近是,此距嘉祐三年正合"十年"之數也。

或許正因這組詩含有荆公本人的"自我抒情",而《汀沙》、《西山》二詩又與《和張仲通憶鍾陵絶句二首》脱落,故有的學者誤認爲《西山》詩是王安石的"自道"。詩云:"西山映水碧潭潭,楚老長謡淚滿衫。但道使君留不得,那知肯更憶江南。"[⑩]李德身《王安石詩文繫年》即曰"使君"是王安石"自謂","詩當作於

---

① (宋)晁補之《雞肋集》卷六二,《四部叢刊初編》本。

② 參見王文楚《北宋諸路轉運司的治所》,收入氏著《古代交通地理叢考》,中華書局,1996年,第322頁。

③ 參見(宋)李燾《續資治通鑑長編》卷二〇四,第4957頁。

④ 參見晁補之《張洞傳》。

⑤ 參見王文楚《北宋諸路轉運司的治所》,《古代交通地理叢考》,第319—320頁。

⑥ (宋)王安石撰,(宋)李壁注《王荆文公詩箋注》卷四四、卷四六,第1154、1276頁。

⑦ (宋)王安石撰,(宋)李壁注《王荆文公詩箋注》卷四四,第1154頁。

⑧ 參見李德身《王安石詩文繫年》,第105—106頁。又,"提點江東西路刑獄"乃據沈欽韓説,參見(清)沈欽韓《王荆公詩文沈氏注》,中華書局上海編輯所,1959年,第22頁。

⑨ (宋)王安石撰,(宋)李壁注《王荆文公詩箋注》卷三七、卷四八、卷二〇,第929、1305、485頁。按:詩中所言"豫章"、"鎮南",皆指洪州;"貢水(江)"、"章水(江)"合流爲贛江,亦經過洪州。

⑩ (宋)王安石撰,(宋)李壁注《王荆文公詩箋注》卷四六,第1277頁。

是年(按:即嘉祐三年)提點江東刑獄離臨川時"[①]。依此解釋,則此詩成王安石本人"思鄉"之作,"江南"係指詩人的家鄉臨川。

今按:這一說法講不通。且不論"龍舒本"《王文公文集》將此詩收爲《和張仲通憶鍾陵絶句四首》其四,單就詩意而論:"西山"代指"洪州",而非指荆公家鄉"臨川",此乃典實。王勃《滕王閣》詩云"畫棟朝飛南浦雲,朱簾暮卷西山雨"[②],"南浦"、"西山"皆代指洪州;王安石《和張仲通憶鍾陵絶句二首》其二即有"西山南浦慣曾游"句,李壁注云"見王勃《滕王閣記》"[③],已明確指出"西山"、"南浦"出典及其代指含義。由此可證,《西山》確係王安石唱和張洞之作,"使君"指張洞,他離江西轉運使,當地百姓依依不舍,故詩曰"楚老長謡淚滿衫"、"但道使君留不得";而張洞本人亦頗留戀此地,故又有"那知肯更憶江南"之句,至此也照應了"憶鍾陵"的詩歌主題。

又按:《西山》詩李壁注亦有舛誤,容易産生歧解,今並爲辨正。"楚老長謡淚滿衫"一句,李壁注曰:"謝靈運《廬陵王墓下》詩:'延州協心許,楚老惜蘭芳。'李善注云:'《徐州先賢傳》曰:楚老者,彭城之隱人。'"[④]此典實際源自《漢書·兩龔傳》:王莽篡漢,龔勝恥事二姓,堅不應莽之徵,絶食而死,"有老父來吊,哭甚哀,既而曰:'嗟乎!薰以香自燒,膏以明自銷。龔生竟夭天年,非吾徒也。'遂趨而出,莫知其誰"[⑤]。將哭吊龔勝之老父稱"楚老",似首見於東晉謝萬著述,《世説新語·文學》載:"謝萬作《八賢論》",劉孝標注云:"(謝)萬《集》載其叙四隱四顯,爲八賢之論,謂漁父、屈原、季主、賈誼、楚老、龔勝、孫登、嵇康也。"[⑥]庾信《哀江南賦》"楚老相逢,泣將何及",清人倪璠注:"楚老,謂漢世吊龔勝者也。"[⑦]由《漢書》記載可知,被後世尊爲彭城隱士的"楚老"與吊喪之典有關,李壁注引謝靈運《廬陵王墓下作》即爲吊祭之作。而《西山》乃荆公唱和友人詩,他怎麽會在詩中用此"哭吊"典故,豈非對友人大不吉利?故筆者認爲,此處"楚老"並非用彭城隱士"楚老"典,而就是指"楚地(這裏特指洪州)之父老"[⑧];這一用法在前人詩中亦非罕見,如杜甫《虎牙行》"楚老長嗟憶炎瘴"[⑨]、白居易《宣武令狐相公以詩寄贈傳播吴中聊奉短章用伸酬謝》"楚老吴娃耳遍聞"等[⑩]。張洞在洪州免饑民租賦,有惠政於民[⑪],"楚老長謡淚滿衫"即

① 李德身《王安石詩文繫年》,第115頁。

② (唐)王勃撰,(清)蔣清翊注《王子安集注》卷三,上海古籍出版社,1995年,第76—77頁。

③ (宋)王安石撰,(宋)李壁注《王荆文公詩箋注》卷四四,第1154頁。

④ (宋)王安石撰,(宋)李壁注《王荆文公詩箋注》卷四六,第1277頁。

⑤ (漢)班固《漢書》卷七二,中華書局,1962年,第3085頁。

⑥ (南朝宋)劉義慶《世説新語箋疏》上卷下《文學第四》,余嘉錫箋疏,中華書局,1983年,第270頁。

⑦ (北周)庾信撰,(清)倪璠注《庾子山集注》卷二,中華書局,1980年,第97頁。

⑧ 按:王安石爲臨川人,有時亦自稱"楚老",如《定林寺》"楚老一枝筇"(《王荆文公詩箋注》卷四,第80頁)、《公辟枉道見過獲聞新詩因叙歎仰》"新篇楚老得先知"(《王荆文公詩箋注》卷二七,第665頁)。

⑨ (唐)杜甫撰,(清)仇兆鰲注《杜詩詳注》卷二〇,中華書局,1979年,第1807頁。

⑩ (唐)白居易《白居易詩集校注》卷二四,謝思煒校注,中華書局,2006年,第1874頁。

⑪ 參見(宋)晁補之《雞肋集》卷六二《張洞傳》。

言當地父老感念其恩,不願其調任他處。李壁注推求典故過深,反而誤入歧途。

五 《王荆文公詩箋注》卷四八《張工部廟》①,今按:此詩當作於皇祐二年(1050)。

詩云:"使節紛紛下禁中,幾人曾到此城東?獨君遺像今如在,廟食真須德與功。"李壁注"未詳何人"②,是未知詩題中"張工部"爲何人也。李德身《王安石詩文繫年》將此詩繫於嘉祐元年(1056):"安石是年末提點開封府界諸縣鎮公事,詩當是時作。"③此説尤爲無據,李氏未考"張工部廟"究爲何人廟、其坐落何處,焉可斷定詩爲王安石"提點開封府界諸縣鎮公事"時作?

今按:"張工部廟"乃張夏祠,位於杭州城東。《海塘録·祠祀一》於"敕封靜安公廟"收王安石此詩,並載:"舊名昭貺廟……《咸淳臨安志·祠祀二》:故司封郎官張夏祠也。"④依此尋檢,南宋《咸淳臨安志》載:"昭貺廟。在候潮門外,渾水閘東。故司封郎官張夏祠也。《會要》作工部員外郎。夏,雍邱人,景祐中爲兩浙漕使。江潮爲患,故堤率用薪土,潮水衝擊,每繕修,不過三歲輒壞,重勞民力。夏始作石堤,延袤十餘里,人感其功。慶曆二年,立祠堤上;嘉祐六年,褒贈太常少卿;政和二年,封寧江侯,後改安濟公,賜'昭貺廟'額。"⑤由此可見,"張工部廟"即張夏祠,始建於仁宗慶曆二年(1042)到北宋徽宗時改稱"昭貺廟"。王安石詩云"幾人曾到此城東",據《咸淳臨安志》載:昭貺廟"在候潮門外",而候潮門正爲杭州城"城東便門"(《雍正浙江通志》)⑥,可知張夏祠位於杭州城東,與王詩所言完全吻合。

這裏有一個疑問:既然張夏祠就在杭州城東,而杭州又是南宋都城,身爲南宋人的李壁何以竟不知"張工部廟"?其中緣故可能與"張夏祠"在兩宋的複雜名稱有關。《咸淳臨安志》載張夏爲"司封郎官",下有小字注云:"《會要》作工部員外郎"。明人郎瑛《七修類稿》考證曰:"錢塘江干張司封廟,宋太宗朝進士,仁宗景祐中出爲兩浙運司。名夏,字伯起,雍邱人也。正史作兵部郎,由前爲兵部郎也;舊碑作張太常,由後嘉祐又有功而贈爲太常少卿也;宋祠典作工部夏員外,訛也;俗呼司封,以其有功授司封郎中也。其稱謂不同如此。"⑦而據《宋史·河渠志七》載:"至景祐中,以浙江石塘積久不治,人患墊溺,工部郎中張夏出使,因置捍江兵士五指揮,專採石修塘,隨損隨治,衆賴以安,邦人爲之立祠。"⑧這裏所記的"工部郎中",與王安石詩題的"張工部"相合。蓋邦人

---

①② (宋)王安石撰,(宋)李壁注《王荆文公詩箋注》卷四八,第1310頁。

③ 李德身《王安石詩文繫年》,第95頁。

④ (清)翟均廉《海塘録》卷一一,《文淵閣四庫全書》本。

⑤ (宋)潛説友《咸淳臨安志》卷七二,《宋元方志叢刊》本,中華書局,1990年,第4006頁。

⑥ 參見(清)嵇曾筠《雍正浙江通志》卷二三,《文淵閣四庫全書》本。

⑦ (明)郎瑛《七修類稿》卷二八,上海書店出版社,2001年,第299頁。

⑧ (元)脱脱等《宋史》卷九七,第2396頁。

爲張夏立祠,可通稱"張夏祠",而張夏本人官職變化,則祠廟名稱亦必隨之而變,故又有"張司封廟"、"張工部廟"等不同稱法。這是張夏生前的情況,至於死後,朝廷對他的封號亦一直不斷,到北宋徽宗政和二年(1112),已累封至安濟公,並賜"昭貺廟"額;至此,"昭貺廟"便成爲"張夏祠"的御賜官方名稱了。到南宋作《咸淳臨安志》,仍稱"昭貺廟",並保留着"張夏祠"的通稱;至於北宋年間流傳的"張司封廟"、"張工部廟"等稱呼,則似乎已漸漸堙没不聞了。恐怕這就是李壁不知"張工部廟"的原因了。

瞭解了"張工部廟"乃張夏祠、位於杭州城東,則可以推定此詩乃王安石至杭州時所作。李壁注荆公《初去臨川》詩曰:"撫州金峰有公題字云:'皇祐庚寅,自臨川如錢塘,過宿此。'"①皇祐庚寅即皇祐二年,根據這條記載,可知王安石本年有赴杭之行,過張夏祠即應在此行中。故今將《張工部廟》詩繫於皇祐二年。

(作者單位:南京大學文學院)

① (宋)王安石撰,(宋)李壁注《王荆文公詩箋注》卷三九,第979頁。

古典文獻研究（第十八輯下卷）
Journal of the Institute for Chinese Classics Studies
Nanjing University
Volume 18, No.2 2015

由杜詩"焚銀魚"看明人杜詩接受中的誤讀與誤用

金生奎

一 "焚銀魚"之疑

"焚銀魚"一詞出自杜甫夔州時期的七律《柏學士茅屋》。全詩云："碧山學士焚銀魚，白馬卻走身岩居。古人已用三冬足，年少今開萬卷餘。晴雲滿户團傾蓋，秋水浮階溜决渠。富貴必從勤苦得，男兒須讀五車書。"這首詩不是杜甫的名篇佳作，無論是思想内容還是藝術技法，都算平平。明代之前，在普遍尊杜、學杜的的時代風氣下，我們很少看到對該詩的題寫唱和或稱引致敬的例子。在宋代"千家注杜"的熱鬧局面下，這首杜詩也並未引起其時箋注者過多的關注。至於該詩首句"焚銀魚"一詞其意何謂，宋人編刻的《補注杜詩》、《集千家注杜工部詩集》等諸種杜集版本，根本就未置一詞。顯然，在宋人看來，"焚銀魚"一詞其意了然，無需置喙，因而根本没有必要對其進行明確的解釋。只有郭知達《九家集注杜詩》引用趙次公的話説："柏君既爲學士矣，乃焚銀魚而居於茅屋之下讀書。末句又方言及富貴，豈唐有别科目而柏君將應之邪？次公嘗觀《國史補》云：'縉紳雖位極人臣，不由進士者終不爲美。'又觀盧氏《瑣雜記》云：'杜升自拾遺賜緋，卻應舉及第，又拜拾遺，時號著緋進士。'則柏學士者焚銀魚而别讀書，其所圖類此矣。"[①]在趙次公看來，"焚銀魚"之銀魚，就是與"緋(衣)"同配的銀魚袋。按，銀魚袋是唐代五品以上官員的一種佩飾，由皇帝賞賜，一般和緋衣同配；金魚袋則與紫衣同配，賜三品以上官員。[②] 此後，凡訓説杜詩涉及"焚銀魚"一詞者，大都同於趙次公之説。

但明代成化、弘治年間的王鴻儒對"焚銀魚"即焚銀魚袋之説産生了懷疑，

---

① (宋)郭知達《九家集注杜詩》卷三十二《柏學士茅屋》引，文淵閣四庫全書本。

② (明)彭大翼《山堂肆考》卷三十七《魚袋》，文淵閣四庫全書本。

他質疑到:“杜子美《柏學士茅屋》云:‘碧山學士焚銀魚,白馬卻走身岩居。’自昔讀之,心以爲疑。以爲‘銀魚’學士之服飾,苟欲棄官爲學,抛之可也,藏之可也,何至於焚乎?且謂之‘銀魚’,體非草木,可以言‘熔’,不可以言‘焚’。”王鴻儒認爲若將“銀魚”視爲唐代官員佩帶的“銀魚袋”的簡稱,“焚”字用得是很不妥當的。那麽“焚銀魚”究竟何謂呢?隨後他給出了自己的解釋:“子美詩事多出《文選》”,而《文選》中有應璩《百一詩》云:“前者㰱官去,有人適我廬。田家無所有,酌醴焚枯魚。”所以,“‘銀魚’當如應璩之説,言其絶去膏粱,食淡攻學也”。同時,王氏還將視綫延續到杜甫身後的宋代,又云:“‘焚銀魚’事,亦有可稽:歐陽永叔《過張至秘校莊詩》曰:‘焚魚酌白醴,但坐且歡忻。’梅聖俞《賦歐陽永叔、劉原甫、范景仁、何聖徒見訪之什》曰:‘爲君開蓬户,酌酒焚紫鱗。’劉貢甫《夜過曾孚先詩》曰:‘度阡仍越陌,酌醴更焚魚。’是皆用應璩詩意而可以爲杜子美之證者也。”①

按,“唐人尚《文選》學”②,而杜甫尤重《文選》。在《宗武生日》一詩中,杜甫曾告誡其子宗武學習作詩要“熟精《文選》理”③。對此,宋人高似孫云:“杜公訓兒熟精《選》理。兒豈能熟,公自熟耳。”④張戒亦云:“子美不獨教子,其作詩乃《文選》中來。”⑤所以,我們今天在杜集中可以看到,杜詩對《文選》中作品的模仿之例比比皆是。王鴻儒説“子美詩事多出《文選》”,並由此推斷“焚銀魚”之意是由應璩“酌醴焚枯魚”而來,乍看似乎不無道理。

然而,如果綜合考慮到相關情况,我們會發現王鴻儒對《柏學士茅屋》“焚銀魚”一詞的新解是不能成立的。

二 “焚銀魚”之辨

我們知道,在中國古代詩歌漫長的發展演變進程之中,因爲文學内在的傳承沿襲或外在社會文化因素的影響,詩歌的意象表達、修辭比興往往會形成一定的傳統與習慣。所以,在古典詩歌的長河中,創作者往往會沿着語言的慣性順流而行,詩人們的遣詞造語雖强調創作者之個性與獨創,但也往往包含著共性與成例。比如,咏北斗則喻忠君,賦松竹則比君子,傷春必言落紅,悲秋常叙夜雨。從此角度出發,我們對有關的詩例進行排比分析,可以推知杜詩“焚銀魚”一詞該訓解爲何意才是妥當。

首先,讓我們看看,在杜甫之前之後,詩人們在創作中是如何使用“焚魚”這個詞語或意思的。爲了直觀起見,將有關詩句做一簡單列表如下:

① (明)王鴻儒《凝齋集》卷九《杜詩解辯》,明刻本。

② (清)郎廷槐《師友詩傳録》引王士禛語,文淵閣四庫全書本。

③ (清)仇兆鰲《杜詩詳注》卷十七《宗武生日》,中華書局,1979年,第1477頁。

④ (宋)高似孫《選詩句圖》凡例,宋左圭輯《百川學海》庚集,民國十六年(1927)武進陶氏涉園影宋咸淳本。

⑤ (宋)張戒《歲寒堂詩話》卷上,《歷代詩話續編》,中華書局,1983年,第456頁。

朝　代	作　者	篇　名	詩　例
三國	應　璩	《百一詩》	田家無所有,酌醴焚枯魚。
南朝	劉孝綽	《歸沐呈任中丞昉》	但願長閑暇,酌醴薦焚魚。
唐代	王　績	《薛記室收過莊見尋率題古意以贈》	嘗愛陶淵明,酌醴焚枯魚。
唐代	楊　炯	《和石侍御山莊》	蕭然隔城市,酌醴焚枯魚。
唐代	羅　鄴	《自遣》	焚魚酌醴醉堯代,吟向席門聊自娱。
宋代	歐陽修	《過張至秘校莊詩》	焚魚酌白醴,但坐且歡忻。
宋代	梅堯臣	《賦歐陽永叔》	爲君開蓬户,酌酒焚紫鱗。
宋代	謝　薖	《招李商老兄弟》	求船貨馬事應速,酌醴焚魚吾豈辭。
宋代	劉　攽	《夜過曾孚先》	度阡仍越陌,酌醴更焚魚。

從上表可以看出,詩中用"焚魚"是自應璩開始,後世對應氏詩意的模仿痕迹十分明顯。比如,初唐的王績與楊炯在各自的創作中都是直接照搬原句,一字未動。只是稍後詩人們將"焚枯魚"减省爲"焚魚"了;同時,詩中用"焚魚"之意時,基本上都是與"酌醴"同稱,魚、酒意象之並用成爲詩家慣例,這也顯然是源自應璩詩句。而杜甫"焚銀魚"詩中並無"酌醴"之意,與向來學應璩之慣例有異,此乃王鴻儒之説一可疑也。

其次,從唐人詩歌中"銀魚"一詞的使用成例,以及杜甫夔州時期涉及魚類的詩篇等情況看,將"焚銀魚"等同於"焚魚",也是大有不妥之處。從《全唐詩》的檢索看,有唐一代詩人們創作使用"銀魚"一詞的詩例,除了杜甫的《柏學士茅屋》之外,共有 8 例。詳情如下:

作　者	篇　名	詩　例
白居易	《自歎二首》	實事漸消虚事在,銀魚金帶繞腰光。
白居易	《酬令狐留守尚書見贈十韻》	曉闢開玉兔,夕鑰納銀魚。
劉禹錫	《酬嚴給事賀加五品兼簡同制水部李郎中》	初佩銀魚隨仗入,宜乘白馬退朝歸。
李　廓	《長安少年行》	倒插銀魚袋,行隨金犢車。
李群玉	《留别馬使君》	俱來海上歎煙波,君佩銀魚我觸羅。
羅　隱	《賀淮南節度盧員外賜緋》	驄馬早年曾避路,銀魚今日且從軍。
羅　隱	《送霅川鄭員外》	銅虎貴提天子印,銀魚榮傍老萊衣。
徐　鉉	《送孟賓于員外還新淦》	暫來城闕不從容,却佩銀魚隱玉峰。

從上表八個詩例的意思可以看到,例句中的"銀魚"指的都是作爲佩飾的銀魚袋(其中,有六句詩寫明是佩飾魚袋,"夕鑰納銀魚"與"銀魚今日且從軍"這兩句雖未明寫,但從前後文意也可得知是寫的魚袋之飾)。也即是説,有唐

一代的詩人在創作中使用“銀魚”這個詞彙的時候,指屬統一,别無其他用法。因此,若認定杜甫《柏學士茅屋》中的“銀魚”指的是魚而不是魚袋,便不免讓人有所懷疑了。同時,《柏學士茅屋》作於杜甫遷居夔州時期,檢查其時的詩作,我們會看到杜甫曾屢次提到當地飲食上以魚爲蔬的習俗,多首作品中都提到了一種“白魚”,如《解悶十二首》其一:“山禽引子哺紅果,溪女得錢留白魚。”《峽隘》:“白魚如切玉,朱橘不論錢。”特别是《白小》一詩云:“白小群分命,天然二寸魚。細微沾水族,風俗當園蔬。入肆銀花亂,傾筐雪片虚。生成猶拾卵,盡取義何如。”詩中“天然二寸魚”、“入肆銀花亂,傾筐雪片虚”等關於“白小”這種魚的描寫,和今天我們常見的銀魚的形狀十分相像。“銀魚,身圓如筋,潔白無鱗,目兩點黑。……或云一名白小。”[①]由此可見,杜甫夔州期間的詩作屢次提及的小魚即是銀魚,但卻並未以“銀魚”之名稱之,而是用了“白魚”、“白小”等名。推想可知,當是其時其地雖多有銀魚之産但並無“銀魚”之名。因此,“焚銀魚”之“銀魚”便不太可能指的是真的銀魚。此乃王鴻儒之説二可疑也。

另外,應璩以來詩人們使用“焚魚”這個詞彙或概念的時候,指的都是一種以魚爲食材的烹調方式,所謂“焚魚”就是將魚直接於火上燒烤而食,類似於今天的烤魚之法。我們細細推敲《柏學士茅屋》全詩大意,只是説柏學士絶交息游、静居苦讀,似乎完全不涉日常飲食起居之事。因此,“焚銀魚”解爲學士焚棄魚袋、决心向學,則與全詩之思想内容契合無縫;如解爲焚魚而食,與後面詩句之意殊爲不倫。退一步而言,假設“焚銀魚”就是“焚魚”,詩中的“銀魚”指的不是魚袋而是作爲食物的銀魚,從事理上看,其意也是難通的。我們知道,作爲食材的銀魚乃細微之物,以烹飪方式論,哪裏是適合用來直接燒烤的食物呢?此乃王鴻儒之説三可疑也。

綜上所論,我們可以明確,王鴻儒以應氏的“焚魚”指代杜詩的“焚銀魚”,是一種張冠李戴式的誤讀。“焚銀魚”就是焚棄銀魚袋,並非是對應璩《百一詩》中“焚魚”一詞的模擬運用,宋代注杜者對該詞的解讀没有問題。從表現手法而言,如果我們認真考察杜甫夔州時期的生活狀况和有關詩作的情况,就會發現,《柏學士茅屋》“焚銀魚”一詞是作者和柏學士交往時所見學士生活狀態的即時寫照。

我們知道,杜甫在大曆元年(766)暮春從雲安遷居夔州,到大曆三年(768)初春携家乘舟出峽赴江陵,寓居夔州前後近兩年。[②] 這一時期夔州地區的主政者是柏茂琳[③],即杜甫夔州詩作中的一再提及的“柏中丞”。杜甫因爲替柏氏向皇帝寫謝表的緣故而結識了這位地方軍閥(其所作《爲夔州柏都督謝上表》今存杜集中),並得到他在生活上的照顧和經濟上的支持[④]。因此,杜甫與

① (明)彭大翼《山堂肆考》卷二百二十四。

② 封野《杜甫夔州詩疏論》,東南大學出版社 2007 年版,第 1 頁。

③ 也有人説是柏貞節。《新唐書》、《舊唐書》記録柏茂琳、柏貞節事錯亂互見,二者的關係歷來爭論不休。當下學界一般認爲二者實爲一人,茂琳、貞節乃名與字之異,或柏氏前後名字有變耳。

④ 相關詳細情况見張曉慶《杜甫與柏茂琳交游考論》一文,《南華大學學報》2010 年第 5 期,第 102—105 頁。

柏茂琳及其子侄輩在一段時間内來往比較密切,杜甫在其詩歌中記録了這些交往,今天我們可以看到的共有《柏學士茅屋》、《寄柏學士林居》、《題柏大兄弟山居屋壁二首》等8首作品。其中《覽柏中丞兼子侄數人除官制詞因述父子兄弟四美載歌絲綸》云:"蜀中寇亦甚,柏氏功彌存。深誠補王室,戮力自元昆。……子弟先卒伍,芝蘭疊璵璠。同心注師律,灑血在戎軒。……奉公舉骨肉,誅叛經寒温。"《題柏大兄弟山居屋壁二首》云:"叔父朱門貴,郎君玉樹高。"通過這些詩題或詩句,我們可以知道,柏家因爲軍功,自柏茂琳而下有父子兄弟四人除官,柏學士即其中之一人,於節度本州的柏茂琳屬侄輩,其銀魚袋當即此次除官時所得。據史書所載,柏茂琳此次除官是從邛南防禦使轉升爲邛南節度使,其背景是當時主政蜀中的杜鴻漸無力解决地方軍閥的紛爭,遂上報朝廷,以加官晉職的方法對地方不同勢力進行安撫。包括柏學士在内的柏氏子侄的除官與獲賜魚袋,顯然也是這次政治安撫之舉的構成部分。

至於柏學士獲得銀魚袋後爲何又輕棄之,推究而言,原因大略如下:

《柏學士茅屋》云:"年少今開萬卷餘。"《寄柏學士林居》云:"歎彼幽棲載典籍。"《題柏大兄弟山居屋壁二首》云:"山居精典籍,文雅涉風騷。……筆架沾窗雨,書籤映隙曛。"可見柏學士其人當是不樂軍旅之行,頗喜讀書之事;而唐代仕途風氣又是"縉紳雖位極人臣,不由進士者終不爲美"①,是比較推崇科舉進身的。所以,詩中的柏學士應當是因爲"不屑以門蔭進身,而願以文章顯名"②,所以才焚棄魚袋,山居苦讀。這是其一。

又,魚袋作爲一種榮耀象徵物,唐前期官方的賞賜一般都是比較嚴格地按照規定執行的:銀魚袋需五品官階、金魚袋需三品官階,而且主要是賞賜給"開府儀同三司及京官文武職事"等京中中高級官員③。但安史之亂爆發後,這類榮譽象徵物的賞賜變得比較隨意,任職地方或官階低於常規而獲得魚袋賞賜的比比皆是。比如,以杜甫爲例,肅宗上元二年(761),因爲嚴武的推薦而授官檢校尚書工部員外郎,官階從六品,賜銀魚袋。柏學士所除何官今史書中無載,想來官階當不會太高,柏學士之得銀魚袋是當時朝廷衆多濫賞亂賜之例中的一個。因此可以想象,這種佩飾的榮耀性、莊重性在立志清高的柏學士看來,自是大打折扣。將其焚棄不佩,以表達決意向學之心,也是可以理解的。此爲其二。

三 "焚銀魚"之用

從杜詩接受的歷史看,經過唐、宋、元三代的積累,發展至明代,杜詩的經典地位建立已久,其時文人群體對杜詩的接受既普遍又深入。不僅在明人無比熱烈的的詩學論爭中杜詩往往是話題的中心,在明人的詩歌創作實踐中杜

① (五代)王定保《唐摭言》卷一《散序進士》,中華書局,1985年,第2頁。
② (清)陳廷敬《杜律詩話》卷下《柏學士茅屋》,清刻本。
③ (五代)劉昫《舊唐書》卷四十五《輿服志》,文淵閣四庫全書本。

詩也始終是學習、借鑒的主要對象。這種學習與借鑒,除了唱和模擬、步韻集句之外,最常見的還包括杜詩的典故化,即將杜甫詩歌中的意象或詩句作爲一種詩歌"材料"納入到自己的詩篇之中。翻檢明人文集,這樣的詩例比比皆是。以杜甫《柏學士茅屋》中"焚銀魚"一句爲例,也被大量地作爲詩歌典故來使用,成了其時詩人的創作"材料"。筆者根據《四庫全書》、《中國基本古籍庫》等電子資源,在相對有限的範圍内,進行了一次不完全的統計,發現明人文學創作中的杜詩用典涉及"焚銀魚"一句的共有 65 例。

這 65 例用典,從文體看,有 4 例是散文文體,1 例是戲劇作品,其他都是詩作。這一點反映了"焚銀魚"在明代主要是作爲一種詩歌典故,但也旁涉其他文體,有走向更廣泛傳播範圍的趨勢。從作者時代看,除了 1 例是明初詩人李昱外,其他的用典者都是王鴻儒以後的明中後期作家。我們知道,弘治以後,隨着"前七子"的出現,"文必秦漢,詩必盛唐"的口號一經標舉,詩歌創作上向唐人尤其是盛唐詩人學習的復古大潮,便風起雲湧,一發而不可收拾。而在這種向唐人致敬的風氣中,杜甫始終是最主要的學習和模仿對象。因此,明代中期開始,杜詩傳播與接受的廣度與深度,遠非明前期可比。"焚銀魚"典故在明代中後期創作中的大量運用,顯示了一首原非經典的杜詩作品被"再發現"、並逐步走向經典化的過程,是明代杜詩學整體的發展軌迹在一個微觀個案上的映射。

另外,從明人寫作中具體使用"焚銀魚"典故的用字情況看,有 9 例是直接使用了"焚銀魚"三個字,但其他例子則全部是簡化爲"焚魚"二字。使用"焚銀魚"的詩例情況比較簡單,比如李昱《次韻李師文見柬》云:"無官不用焚銀魚,自分茅屋深山居。"①文肇祉《嘉靖乙未暮春寄羅念庵石蓮洞歌》云:"忽然興動碧山棲,飄然長往焚銀魚。"②大體上都是沿用杜句,以爲典故。

而後一類的情況有點複雜。細細分來,可以歸類爲兩種情況:一是"焚魚"和"酌醴"之類的詞語或意象關聯使用,共計 3 例。比如,王世貞《過飲陳體幹少卿時石拱辰大卿遲一驛未到》云:"驛騎關河新雨餘,逢君設醴更焚魚。"③歐大任《高祖處士南野府君行狀》云:"唯與南海孔伯平、古岡鄧林游,時乘扁舟相訪,酌醴焚魚,賦詩言志。"④從前面一、二節的辨析我們可以得知,"焚魚"一詞與"酌醴"搭配而用,是自三國應璩到宋代以來的固定表達模式,主要是用於描寫友朋過訪的情景,寫主人以"焚魚""酌醴"這樣比較簡樸的方式招待友好,藉以表達主客間脱略虚儀、相知情深之意。上所引王世貞等 3 例,從詩題與詞意看,都是應璩一類的表達方式,與杜詩"焚銀魚"之典無涉。第二類情況,"焚魚"則是與"碧山""學士"等詞關聯使用,共計 53 例(除了一個文例外,都是詩例)。爲了更直觀地展示相關情況,下面將最具代表性的詩作略舉數例:

---

① (明)李昱《草閣詩文集》詩集卷五,明刻本。
② (明)汪砢玉《珊瑚網》卷十八"國朝名公詩翰後卷",適園叢書本。
③ (明)王世貞《弇州四部稿》續稿卷十四,文淵閣四庫全書本。
④ (明)歐大任《歐虞部集》卷十一,清刻本。

作家	詩例	出處
馬中錫	銅柱功名羞據馬,碧山風致在焚魚。	《東田漫稿》卷四《讀騷有感》
文徵明	君行問寢辭青瑣,我已焚魚住碧山。	《甫田集》卷十一《送陸舉之》
王立道	碧山莫動焚魚興,紫誥黄麻寵正繁。	《具茨集》卷四《題張學士仰宸樓卷》
佘翔	學士碧山隱,焚魚問草堂。	《薜荔園詩集》卷一《碧山堂》
鄒元標	騎鶴仙人詩可在,焚魚學士榻空留。	《願學集》卷一《玄潭觀》
何良俊	載筆曾爲丹禁客,焚魚今遂碧山情。	《何翰林集》卷五《重贈一首》
顧起元	焚魚常作碧山緣,鷲嶺雞籠地接連。	《雪堂隨筆》卷四《水亭望雞鳴寺》
鄧原岳	碧山學士焚魚後,舊物猶存三徑松。	《西樓全集》卷六《題黄葵陽先生齋古松》

從字面上看,這些詩句中的"焚魚"意象,顯然是由《柏學士茅屋》中"碧山學士焚銀魚"而來,"焚魚"一詞是對杜詩"焚銀魚"的簡化使用。但從表達功能看,明人在詩作中使用"焚魚"一詞展示的是厭棄功名、寄情山林的隱逸之趣,具有明顯的象徵性。這與杜詩"焚銀魚"一詞焚棄魚袋、即時紀事的表達頗有差距,反而與應璩《百一詩》中"焚魚"之意要更爲接近。也即是説,在明代中後期的杜詩接受史上,有很多人對"焚銀魚"一詞的解讀與我們前面所辯駁的王鴻儒的看法相同:"焚銀魚"即是"焚魚"。由此可見,對杜詩"焚銀魚"的誤讀,並不止王鴻儒一個孤立的個案,而是明代杜詩接受史中普遍存在的情況。這真是一個令人驚訝的現象!

我們知道,在前面所統計的詩例的作者中,既包括明中期的馬中錫、李夢陽、康海、王世貞、文徵明等名滿天下的大才子、大名士,也還有何良俊、顧起元、范欽等明後期的學問家、藏書家。以這些人的學養、才識而論,正常情況下,他們是不可能不知道唐代的魚袋之制的,對宋代以來"焚銀魚"即焚銀魚袋的常規解説也應該是有所瞭解的。比如,我們統計的 65 例中,王世貞的詩例共有 4 例。其中,既有前面所舉的"驛騎關河新雨餘,逢君設醴更焚魚"之例,也有"君家學士亦如此,碧山焚魚尚年少"[①]的用典。因此,明人對杜詩"焚銀魚"的誤讀,顯然不是由於作家們學力淺薄、見聞不廣,而更像是出於一種"故意"。

那麽,明人爲何要"故意"誤讀、誤用杜詩呢?竊以爲,至少有以下幾個因素在起作用:第一點,"故意"誤讀、誤用杜詩"焚銀魚"的典故,部分原因是出於對前代——尤其是宋人——杜詩接受成説的一種反動。中唐以下,對杜詩的傳播、解讀與批評沿緣有自,蔚爲大觀,所以元好問直接以"杜詩學"名之。而宋代杜詩的傳播與接受尤其發達,出現了所謂"千家注杜"的局面。因此,在明人看來,對杜甫及其詩歌創作的論説已經早有規範:舉凡杜甫家世生平之考訂,集大成詩學地位之辨析,具體作品詞義之解説評點,杜詩接受角度與批評

① (明)王世貞《弇州四部稿》卷十六《華員外改南司馬部分韻》。

範式之探索,如此等等,全無遺漏。在如此豐富的杜詩學成果前,同樣推崇杜詩的明人,在延續、承接前人之外,如果想別開生面,更上層樓,從一反前代成説的角度入手,將會是一種相對討巧的杜詩接受策略。所以,王鴻濡對"焚銀魚"以往解説産生質疑,楊慎對宋人杜詩"詩史"説大不以爲然,謝榛輕視宋人的杜詩校勘之功而以己意徑改杜詩詩句。擴大而言之,在以杜甫爲中心的整個明代唐詩接受中,明人也都有一種與宋人成説别苗頭的傾向。最著名的例子,便是"唐人七律第一"的爭論——自南宋詩論家嚴羽標舉崔顥《黄鶴樓》爲唐人七律第一之後,明代中後期文壇將近有 10 人參與了這場爭辯,其中包括王世貞、胡應麟等大家,他們雖然對唐人七律第一的具體判斷言人人殊,但都毫無例外地反對宋人嚴羽的主張。所以,明人的種種反宋人之舉,其背後的心理動因就在於急切地想在宋代杜詩學高峰之後確立明人的建樹與成就。

第二點,"焚銀魚"的誤讀,也是緣於文本的創作者與接受者的時代隔閡導致的。中國傳統的文學批評主張"以意逆志",但在不同的歷史語境下,文本接受者的"意"顯然是不可能完全同一的,他們"逆"的方式與角度也可能大有差别,因而所得之"志"自是難説契合作者本義。西諺云:有一千個讀者就有一千個哈姆雷特。其意相類。在誤用杜詩"焚銀魚"典故最頻繁的明代中後期,雖然不能説是政治賢明的美好時代,但大體上可以算是太平之世。生於這樣一個相對安穩的統一帝國中的詩人們,與安史之亂後天下紛擾、漂泊流離的杜甫的生活狀態差别明顯。對杜甫後期相關詩作中的深沉内涵,這些杜詩接受者往往缺乏直接的生命體驗,對作品的精神内核相對地難以産生深切的感悟與共鳴,很容易從自己的生命際遇出發,去"填充"杜甫詩歌字裏行間的空白之處,附加以自己内心的期待與想象,因而,對杜甫其人其詩的評説便很可能存在與事實相背離的誤差與誤解。杜甫《柏學士茅屋》的内容雖然也附帶了一點離塵遠俗的隱者情趣,但全詩的根本主旨卻是對柏學士的棄武從文、苦心向學表達鼓勵與期許之意,所以詩篇結語云:"富貴必從勤苦得,男兒須讀五車書。"這一點,從同期寫給柏學士兄弟的其他詩作中也能看出,比如《題柏大兄弟山居》中誇贊山居的柏氏兄弟道:"蕭蕭千里足,個個五花文。"《寄柏學士林居》則鼓勵學士立志濟世云:"幾時高議排金門,各使蒼生有環堵。"按,夔州地僻,文化不發達,整個唐代才出了李遠一個進士①,杜甫居夔州時能夠結識的文學之士想來當是寥寥,寂寞之感自不待言;同時,杜甫對當時天下武人横行、文道不昌的形勢甚爲憤恨無奈。所以,結識了棄武從文、苦心向學的柏學士兄弟後,很容易便産生知己之意、同道之感,反復寄詩,推重、期許之情溢於言表。總結而言,杜甫《柏學士茅屋》意在勸勉學士入世上進,並非稱譽其出世隱逸②。明人以"焚魚"代指"焚銀魚",以隱逸之意附加于杜詩典故"焚銀魚"之上,是對杜甫《柏學士茅屋》全詩内涵的一種淺表化理解,反映了在不同社會背景與歷史

① (明)吴潛《夔州府志》卷十一"人物",明正德刻本。

② 《臨安志》卷十一:"孝宗少年時,嘗題杜甫詩句於壁云:'富貴必從勤苦得,男兒須讀五車書。'並刻置殿上。理宗皇帝又書全篇,鋟於東宫廳之屏。"可見宋代時,是普遍認爲該詩意在鼓勵向學上進。

語境下的創作者與接受者之間審美心理的差别度,達成“共識”的困難度[①]。明代有很多以“杜甫游春”爲題的畫作與題咏,在這些畫作或題咏裏,依據杜甫定居成都期間涉及其地其時自然風物描寫的一些作品,單純地以一個恬静安詳的隱居者形象來概括成都草堂時期的杜甫生活狀況與精神狀態。這樣的杜詩接受策略,與“焚銀魚”的誤讀與誤用一樣,同出於一理:杜詩接受者在非亂世的時代環境裏,雖然也可能會正面肯定亂世詩人作品裏深沉鄭重的情懷,但他們可能更願意從哪些作品中“尋找”出相對輕鬆愉悦的趣味。所以,我們回過頭來看王鴻濡對杜詩“焚銀魚”的質疑與解釋,可以總結説:這不是王氏一人的偶然的誤讀,而是整個時代精神錯位後的普遍的“故意”誤解。

像這樣的“故意”之舉,不僅見於杜詩的接受,也見於對作者本身的評價。比如,“前七子”之一的康海,曾經這樣評價杜甫説:“古今詩人,予不知其幾何許也。曹植而下,才杜甫、李白爾。三子者,經濟之略停畜於内,滂沛洋溢,鬱不得售。”[②]康海對曹植、李白的評説姑且不論,但就對杜甫的評價而言,明顯是一種“誤讀”:考察史書記載和杜甫自己詩作中的描寫,雖然杜甫自己有“致君堯舜上,再使風俗淳”的宏大抱負,但其困居長安期間,苦於爲衣食奔波;任職左拾遺等官職期間,除了疏救房管一事外,似乎别無作爲;流寓川巴湖廣期間,也只有忠君憂國之思時時見於詩篇。再考察其傳世不多的幾篇賦作、表文,都是頌聖歌德之作,全無匡時濟世之策。康海一代才士,自負不凡,受劉瑾案牽連而在壯年貶官家居,壯志難申,以“經濟之略停畜於内”評價杜甫,可謂是以他人之酒杯澆自家之塊壘,是典型的“誤讀”。

(作者單位:淮南師範學院中文系)

---

① 即便如王嗣奭這樣的學者型明代杜詩接受者,他的杜詩評説雖然富於卓識獨見,後世廣受稱贊,但關於《柏學士茅屋》詩意的解讀也有不妥之處。《杜臆》卷九《柏學士茅屋》説:“落句謂學士且然,况志求富貴者,蓋借學士以勉人也。”連杜甫詩作中勸勉的對象都没搞清,“誤讀”太離譜矣。

② (明)康海《對山集》卷四《韓汝慶集序》,文淵閣四庫全書本。

古典文獻研究（第十八輯下卷）
Journal of the Institute for Chinese Classics Studies
Nanjing University
Volume 18, No.2 2015

追尋消逝的唐詩選本
——顧陶《唐詩類選》的復原與研究

金程宇

在唐人選唐詩的諸選本中，晚唐顧陶的《唐詩類選》是極爲重要的一部唐詩選本。

顧陶(783—856?)，大中時官太子校書郎，晚家錢塘(儲嗣宗《送顧陶校書歸錢塘》，《全唐詩》卷五九四)。《文苑英華》卷七一四録顧陶二序，其前序作於大中十年(856)，曰："始自有唐，迄於近殁，凡一千二百三十二首，分爲二十卷，命曰《唐詩類選》。"

《唐詩類選》二十卷，《新唐書》卷六十《藝文志》、《崇文總目》、《中興書目》、《宋史》二〇九《藝文志》(總集類)、《文獻通考》二四八、《古今姓氏書辨證》卷十一著録，《遂初書目》不著撰人。其書《直齋書録解題》卷十五(總集類)著録，南宋時尚存，此後或即亡佚。

此書的失傳，使唐詩研究者十分遺憾："如果我們遺憾有一部詩選亡佚的話，那麽其就是顧陶的《唐詩類選》，此書序於856年，但成書時間非常漫長。這部大型的詩選，最初選詩1232首，南宋時還存在，《文苑英華》中就選了其兩篇序。序言顯示，顧陶是一位獨特而思慮深致的選家，深切注意本朝的詩歌歷史，常常從全集中選詩，并且關注有眼光的詩選。與留存下來的其他所有唐人選唐詩不同，從顧陶的《唐詩類選》可以看出，我們發現有些人希望藉詩選這種形式來代表本朝的詩歌。"①

儘管已有學者對該書進行過一些探討，或者在論文中有所涉及，但由於資料所限，皆各述一端，故對該書的整體把握和探討仍留有空間。本文擬在諸家學者的基礎上，統合各種文獻，試圖對《唐詩類選》進行部分復原和研究。

---

① 宇文所安《唐人眼中的杜甫：以〈唐詩類選〉爲例》，英文發表於2007年；漢譯載《國際漢學研究通訊》第3期，2011年。

一 《唐詩類選》的選詩傾向

據《唐詩類選序》,可以瞭解到顧陶選録的詩人及其選詩傾向。他説:

國朝以來,人多反古,德澤廣被,詩之作者繼出,則有杜李挺生於時,群才莫得而問疑。其亞則昌齡、伯玉、雲卿、千運、應物、益、適、建、況、鵠、當、光、義、郊、愈、藉、合十數子李白、杜甫、王昌齡、陳伯玉、孟雲卿、沈千運、韋應物、李益、高適、常建、顧況、于鵠、暢當、儲光羲、孟郊、韓愈、張藉、姚合,挺然頹波間,得蘇、李、劉、謝之風骨,多爲清德之所諷覽,乃能抑退浮僞流艷之辭,宜矣。爰有律體,祖尚清巧,以切語對爲工,以絶聲病爲能,則有沈、宋、燕公、九齡、嚴、劉、錢、孟、司空曙、李端、二皇甫之流,實繫其數沈佺期、宋之問、張説、張九齡、嚴維、劉長卿、錢起、孟浩然、司空曙、李端、皇甫曾、皇甫冉,皆妙於新韻,播名當時,亦可謂守章句之範,不失其正者矣。

……

由是諸集悉閲,且無情勢相托,以雅直尤異成章而已。或聲流樂府,或句在人口,雖靡所紀録,而闕切時病者,此乃究其姓家,無所失之;或風韵標特,譏興深遠。雖已在他集,而汩没於未至者,亦復掇而取焉。或詞多鄭衛,或音涉巴歈,苟不虧六義之要,安能間之也?既歷稔盈篋,搜奇略罄,終恨見之不遍,無慮選之不公。始自有唐,迄於近歿,凡一千二百三十二首,分爲二十卷,命曰《唐詩類選》。篇題屬興,類之爲伍而條貫,不以名位卑崇、年代遠近爲意。騷雅綺麗,區别有觀,寧辭披揀之勞,貴及文明之代。時大中丙子之歲也。

由此可窺顧陶主張雅正風骨的詩歌觀點,雅直、六義等成爲顧陶選録的標準。由於初唐詩受到齊梁綺靡詩風的影響甚大,從風格上不符合顧陶的選録標準,故可以推測,《唐詩類選》中初唐詩是較少入選的。

顧陶此書爲今知最早的分類唐詩選本,"篇題屬興,類之爲伍而條貫",又云"不以名位卑崇、年代遠近爲意",知原書每類詩作並不以時代爲序。"騷雅綺麗,區别有觀",風格多樣。從序來看,顧陶的選録是嚴謹的,一些"聲流樂府,或句在人口"的名作都在選擇之列。有的詩作者名氏不詳,他也努力尋求。有的"風韵標特,譏興深遠",雖然僅收入在他人集中,亦加採擷。對於"詞多鄭衛,或音涉巴歈"的作品,他也採取包容的態度,認爲"苟不虧六義之要",即可入選。共選出一千二百三十二首,可謂洋洋大觀。這部詩選也便成爲今知最大的一部唐人選唐詩之作。

再來看顧陶的《唐詩類選後序》:

余爲《類選》三十年,神思耗竭,不覺老之將至。今大綱已定,勒成一家,庶及生存,免負平昔。若元相國稹、白尚書居易,擅名一時,天下稱爲"元白",學者翕然,號元和詩。其家集浩大,不可雕摘,今共無所取,蓋微志存焉。所不足於此者,以删定之初,如相國令狐楚、李凉公逢吉、李淮海紳、劉賓客禹錫、楊茂卿、盧仝、沈亞之、劉猛、李涉、李璆、陸暢、章孝標、陳罕等十數公,時猶在世,及稍淪謝,即文集未行,縱有一篇一咏得於人者,亦未稱所録。僻遠孤儒,有志難就,粗隨所見,不可殫論,終愧力不及心,庶非耳目之過也。近則杜舍人牧、許鄂州渾,洎張祜、趙嘏、顧非熊數公,並有詩句,播在人口。身没才二三年,亦正集未得絶筆之文。若有所得,别爲卷軸,附於二十卷之外,冀無見恨。若須待見全本,則撰集必無成功;若但泛取傳聞,則篇章不得其美。已上並無采摭,蓋前序所謂終恨見之不遍者矣。唯歙州敬方,才力周備,興比之間,獨與前輩相近;亡殁雖近,家集已成,三百首中間録律韵八篇而已。雖前後夐接,或畏多言,而典刑具存,非敢遐棄,又前所謂無慮選之不公者矣。嗟乎! 行年七十有四,一名已成,一官已棄,不懼勢逼,不爲利遷,知我以《類選》起序者,天也。取舍之法二十通在,故題之於後云耳。

可知他有"取舍之法二十通",大概是指書前的選録體例,可惜没有保留下來。但在《後序》中,仍可以瞭解到他不選的詩人:即編纂之初仍在世以及"身没才二三年"的當代詩人,都不在選録之列。晚唐的詩人不入選,當即出於這一原因。此外,姚寬《西溪叢語》云:"顧陶爲《唐詩類選》,如元白、劉柳、杜牧、李賀、張祜、趙嘏皆不收,姚合作《極玄集》亦不收杜甫、李白,彼必各有意也。"陳尚君師認爲不録原因:"顧陶或云'文集未行',或云'身没纔二三年','恐皆係托辭',云'今共無所取,蓋微志存焉',知其取捨之間,頗存褒貶。"。

二 《唐詩類選》部分復原之方法

《唐詩類選》選録了超過一千兩百餘首的詩作,雖然現在可以確定爲顧陶所選的詩作極爲有限,但筆者認爲,由於顧選在北宋相當流行,古籍的整理者、詩歌的評論者都曾加以利用,一些大型總集和選本,與之重復者當不在少數。從輯佚的角度來看,《唐詩類選》即便保存下來,亦未必有大量佚詩。也即是説,顧選的大部分詩作仍然存世。雖説《唐詩類選》已經失傳,但根據現存文獻,仍可以獲得部分認知。我以爲可以從以下幾方面着手:

(一) 自總集、選本考察

有不少作品與《文苑英華》、《萬首唐人絶句》、《唐詩紀事》等書對應,其史源當即出自《唐詩類選》。比如李敬方詩,顧陶在序中説選了"三百首中,間録律韵八篇而已",《全唐詩》現存李詩八首,另《全唐詩補編·補逸》卷七補詩一首。《續拾》卷二九補一首又二句。其中出自《唐詩紀事》者五首,大體仍是顧陶所選。

顧陶之前的選本,僅他在序中提到的,如"前賢纂録不少,殊途同歸。如《英靈》、《間氣》、《正聲》、《南薰》之類,朗照之下,罕有孑遺"。現在看來一些詩作是沿襲了此前的選本。如韋承慶《南中咏雁》(《唐詩類選》卷六),又見於《國秀集》下,當即顧陶所本。

（二）自唐人别集來考察

顧陶選詩時，除了參考了此前的唐詩選本外，尚仔細閲讀過他所能見到的唐詩别集。

如前所述，可以確定入選的詩人大約四十餘人，對有别集存世的要加以考察。

經過安史之亂，盛唐詩人作品遭到了巨大破壞，他所能見到的應當比較有限。這是制約顧陶選詩的客觀條件。而中唐詩人作品，由於時代較近，保存較多，故筆者認爲在《唐詩類選》中選録的數量較多。

（三）自宋人詩話、筆記考察

由於《唐詩類選》在北宋及南宋前期尚存，宋人詩話筆記多有引録，可據以瞭解部分原貌。

三 《唐詩類選》已有研究之回顧

關於《唐詩類選》所收杜詩的輯録和分析，有卞孝萱《〈唐詩類選〉是第一部尊杜選本》①、吕光華《今存十種唐人選唐詩考》（第九章《又玄集考》第四節“《又玄集》以杜甫壓卷之意義”②、胡可先《唐人書中所見杜甫詩輯目》③、《〈唐詩類選〉選杜詩發微》④。前者利用《艇齋詩話》、《能改齋詩話》，輯出杜詩三十首（吕據《艇齋詩話》録二十八首。其中《風凉原上作》，胡文指出爲王昌齡詩，輯二十九首），從而推出《唐詩類選》是第一部尊杜選本的結論。宇文所安《唐人眼中的杜甫：以〈唐詩類選〉爲例》則試圖説明唐人選杜詩與宋以來選録的差異。

關於《唐詩類選》的入選詩人，陳尚君師曾據唐宋文獻考得《類選》三十五人，即：陳子昂、沈佺期、宋之問、張循之、張説、張九齡、張潮、孟浩然、王昌齡、李白、杜甫、金昌緒、儲光羲、高適、嚴維、劉長卿、韋應物、李益、暢當、顧況、于鵠、錢起、司空曙、李端、皇甫冉、王建、孟郊、韓愈、張籍、姚合、楊郇伯、朱絳、李敬方、秦系（《唐音統籤》據宋吕夏卿序，云載秦詩八首）。（《唐人編選唐詩總集叙録》，《唐代文學叢考》第193—194頁）並據《唐詩類選》後序，指出未收録詩人爲：元稹、白居易、令狐楚、李賀、李逢吉、李紳、劉禹錫、柳宗元、楊茂卿、盧仝、沈亞之、劉猛、李涉、李璆、陸暢、章孝標、陳罕、杜牧、許渾、張祜、趙嘏、顧非熊等廿餘人。尚君師此文未輯録詩作。

學妹唐雯又加以補充，其所著《晏殊〈類要〉研究》據《類要》補《唐詩類選》所選三人：楊衡、郎士元、鮑溶。《類要》所引《唐詩類選》詩作爲：司空曙《元日早朝詩》（卷一三“古今宫殿名”引《類選》二“漏促雙魚鑰，車喧百子鈴”，166—

① 《學林漫録》第八集，中華書局，1983年。又載其《唐代文史論叢》，山西人民出版社，1986年。

② “國立政治大學”1984年碩士論文。

③ 《杜甫研究學刊》1990年4期。

④ 《杜甫研究學刊》1993年2期。

582頁;卷十三“總叙禁中景物”引《類選》此二句,166—582頁)、張九齡(當爲朱放)《答陸澧》(卷二八“酒”引《唐詩類選》十二“松葉堪爲酒,春來釀幾多”,167—198頁)、郎士元《送楊中丞和蕃詩》(卷一八“出使”引《類選》“錦車登隴日,邊州正萋萋”,166—685頁)、李益《早發》(卷三六“邊塞風景”引《類選》“破衲沙頭雁正飛”,167—375頁)、于鵠《送人歸薊中》(同前)、楊衡《送孔周南之南海》(卷三“南極”,引《唐詩類選》“潮盡收珠母,沙閑捨翠翎”,166—242頁)、鮑溶《留别杜員外》(卷一三總叙皇后引《類選》“當時風來日,熟用雞鳴夫。外首九仙門,皇家在玉壺。慚非海人别,淚下不成珠”,166—580頁)。《類要》此書保存了《唐詩類選》的部分卷次出處,非常珍貴。

日本學者再補充了一些《唐詩類選》的詩人和作品,即:錢起《贈閣下閻舍人》(《唐詩類選》卷十一)、皇甫冉(李端)《秋日東閣作》、韋承慶《南中咏雁》(《唐詩類選》卷六)①;最近在鳳來寺舊藏本《和漢朗咏集》中,又發現了朱灣《同達奚宰過竇子明仙潭詩》,也出自《唐詩類選》②。

以上研究,分别涉及《唐詩類選》的選詩人數(共三十九人)和具體作品(杜詩三十首、其他詩作十一首)。

四 《唐詩類選》入選詩人及詩作的重新輯録

下面即在此基礎上加以補充相關材料。

(一) 鮑溶詩

曾鞏《元豐類稿》卷十一《鮑溶集序》:

> 臣言此集詩見《文粹》、《唐詩類選》者皆稱鮑溶作。又防之《雜感詩》最顯,而此集無之,知此詩非防作也。臣以《文粹》《類選》及防《雜感詩》考之,敏求言皆是。又得參知政事歐陽脩所藏《鮑溶集》,與此集同,然後知爲溶集决也。

(二) 陽(楊)郇伯

《能改齋漫録》卷三“妓人出家詩”條:

> 唐顧陶大中丙子編《唐詩類選》載陽郇伯作《妓人出家》詩:“盡出花鈿與四鄰,雲鬟翦落向殘春。暫驚風燭難留世,便是池蓮不染身。貝葉欲翻迷錦字,梵聲初學誤梁塵。從今豔色歸空後,湘浦應無解佩人。”

(三) 常建

宋姚寬《西溪叢語》卷上:

> 常建有《題破山寺後院詩》云:竹徑通幽處,禪房花木深。余觀《又玄集》、《唐詩類選》、《唐文粹》皆作通字。熙寧元年,永叔守青州,《題廨宇後

① 三木雅博《中國晚唐朝の唐代詩受容と平安中期の佳句選——顧陶〈唐詩類選〉と〈千載佳句〉〈積漢朗詠集〉》,《國語と國文學》第82卷5號,2006年1月。

② 佐藤道生《三河鳳來舊藏曆應二年書寫和漢朗詠集影印と研究・影印篇》,勉誠出版,2014年。

山齋》云："竹徑遇幽處。"

(四) 孫叔向

宋曾季貍《艇齋詩話》:

唐人孫叔向《温泉詩》:"雖然水是無情物,流到宫前咽不流。"其詩見顧陶《唐詩類選》。

(五) 張循之

《唐詩紀事》卷十一:

《巫山高》云:"巫山高不極,合沓狀奇新。暗谷疑風雨,陰崖若鬼神。月明三峽曙,潮滿九江春。爲問陽臺客,應知入夢人。"此詩范攄以爲佺期之作,而顧陶以爲張循,今記於此。

(六) 金昌緒

《唐詩紀事》卷十五:

金昌緒《春怨》詩云:"打却黄鶯兒,莫教枝上啼。幾迴驚妾夢,不得到遼西。"(原注:顧陶取此詩爲《唐類詩》)

(七) 綦毋潛

《唐詩紀事》卷二十:

綦毋潛字孝通,開元中繇宜壽尉,入集賢院待制,遷右拾遺,終著作郎。《早發上東門》云:"十五能行西入秦,三十無家作路人。時命不將明主合,布衣空染洛陽塵。"(原注:顧陶取爲《唐類詩》)

(八) 顔舒

《唐詩紀事》卷二十:

《鳳樓怨》云:"佳人名莫愁,珠箔上花鈎。清鏡鴛鴦匣,新粧翡翠樓。擣衣明月夜,吹管白雲秋。唯恨金吾子,年年向隴頭。"(原注:顧陶取爲《唐類詩》)

(九) 朱絳

《唐詩紀事》(《四部叢刊》景明嘉靖本)卷第二十八:

《春女怨》云:"獨坐紗窗刺綉遲,紫荆枝上囀黄鸝。欲知無限傷春意,併在停針不語時。"(原注:顧陶取此書爲《類選》)

(十) 司空曙

《唐詩紀事》卷三十:

《和耿拾遺元日早朝》云:"元朔争朝闕,奔流若會溟。路塵和薄霧,騎火接低星。漏促雙魚鑰,車喧百子鈴"。

(十一) 楊牢

《唐詩紀事》卷五三:

《奉酬于中丞見寄之什》詩云:"劍外書来日,驚忙自拆封。丹青得山水,强健慰心胸。事少勝諸郡,江迴見幾重。寧悲久作别,且似一相逢。詩合焚香咏,愁應賴酒濃。庾樓寒更憶,腸斷雪千峰。"

牢,登大中二年進士第,最有詩名。大中時顧陶作《唐詩類選》,去取甚嚴,其序云:"删定之初,如楊牢等十數公,時猶在世,及稍稍淪謝,一篇一咏,未稱所録。若續有所得,當列爲卷軸,庶無遺恨。"

(十二)李敬方

《唐詩紀事》卷五八:

《天台閑望》云:"天台十二旬,一片雨中春。林果垂楊盡,山苗半夏新。陽烏暗展翅,陰魄夜飛輪。坐冀無雲物,分明見北辰。"《勸酒》云:"不向花前醉,花應解笑人。只憂連夜雨,又過一年春。"《聞高侍郎卒貶所》云:"京西高院長,直氣似吾徒。走馬論邊備,飛聲感廟謨。官移人未察,身没事多符。寂寞他年後,名編野史無。"《遣興》云:"果窺丹竈鶴,莫羨白頭翁。日月仙壺外,筋骸藥臼中。雲歸無定所,鳥迹不留空。何必勞方寸,嶇崎問遠公。"《汴河直進船》云:"汴水通淮利最多,生人爲害亦相和。東南四十三州,地取盡脂膏是此河。"字中虔,登長慶進士第,大和中爲歙州刺史,大中時顧陶集《唐詩類選》云:"李歙州敬方,才力周備,興比之間,獨與前輩相近,家集三百首,簡擇律韻八篇而已,雖前後夐絶,或畏多言,而典刑具存,非敢避棄。"

(十三)無名氏

《唐詩紀事》卷八十:

"傳聞天子訪沉淪,萬里懷書西入秦。早知不用無媒客,恨别江南楊柳春。"顧陶《類詩》云不知名氏。

(十四)李白

《郡齋讀書志》卷四"李翰林集二十卷"條:

右唐李白,太白也。白舊集十卷,唐李陽冰序。咸平中樂史别得白歌詩十卷,凡歌詩七百七十六篇。又纂雜著爲别集十卷。宋次道治平中得王文獻及唐魏萬所纂白詩,又裒《唐類詩》洎刻石所傳者[①],通李陽冰樂史集,共一千一篇,雜著六十五篇。

五 《唐詩類選》與《唐賢詩範》之關聯

在研究《唐詩類選》時,《唐賢詩範》無疑是頗爲重要的。

全書爲上中下三卷,前有熙寧元年(1068)序。卷上(八葉)分爲:天文、

① 《艇齋詩話》云顧陶《唐詩類選》載李白、張潮《長干行》詩,頗有異文。

時節、花木、飛禽、雜咏、尋訪,卷中(十葉)分爲:行役、登臨、寄贈、酬答、送人、愁懷,卷下(十一葉)分爲:留題、(邊事)、(投獻)、釋道、(游賞)、(樂府)、(鄭衛)、傷悼,所收詩皆爲五言絶句,七十二人(不含作者差異情况),凡一百六十三首。

其選録詩作按數量來分,大體如下(《唐詩類選》明確選入者標爲黑體字):

- **杜甫** 16 首
- **孟浩然** 11 首
- 王維 10 首
- **李白** 8 首
- **劉長卿** 7 首
- **韓愈**、崔國輔、**張籍** 5 首
- **韋應物** 4 首
- **王昌齡**、**楊衡**、**錢起**、**司空曙**、戴叔倫、朱放、**李端**、**暢當** 3 首
- 賈島、崔顥、、權德輿、丘爲、**張説**、**皇甫曾**、皎然、李崇嗣、武瓘、薛維翰、**孟郊**、皎然 2 首
- 其他詩人均一首(駱賓王、東方虬、劉幽求、李福業、孫處玄、**宋之問**、楊炯、于季子、**韋承慶**、沈如筠、**高適**、靈一、**嚴維**、王灣、王之涣、岑參、**張九齡**、鄭虔、祖咏、陳羽、蔡隱丘、柳中庸、孫叔向、劉禹錫、吕温、盧綸、李德裕、武元衡、法振、**于鵠**、張元宗、李季蘭、朱彬、包何、**皇甫冉**、張文姬、邵真、徐凝、許鼎、齊己、劉商、**金昌緒**)

序言漫漶不清,依稀可辨者如下:

> 昔大子校書顧陶嘗爲《詩選》,凡三十年,而自謂精神耗竭者。固非矜誇於人,蓋出於誠心也。然詩之教,寫乎性情,而繫國家治亂之迹。詩人紛作,固難輕重,迨非吟風嘯月、尋章琢句者而預其選也。元微之、白樂天,元和時聲走天下,號爲元白,詞人林林,無敢肩其右者,尚未見採於其間,是六義之教深矣。予因觀其詩選,思童蒙輩日□□傳,而篇章汗漫,難於盡覽,苟不指其要途,便於諷咏,則無以補於學者。迺於唐選及諸家集中,採摭五言二韻、意高而格安者,古律詩一百六十篇,離爲三卷,凡二十門,題之曰《唐賢詩範》。積爲□□,章句復□于世,庶幾後人得爲範□也。時熙寧改元七月望日樂安□□序。

可知《唐賢詩範》是一部以顧陶《唐詩類選》爲藍本,再根據他書而加以選録的童蒙唐詩選本。其選録標準是五言絶句中"意高而格安者",這與顧陶在《唐詩類選》序、後序中推崇雅正風骨,以雅直、六義等作爲選録標準的詩歌主張是一致的。"唐選"應當指的就是顧陶的《唐詩類選》。"諸家詩集"則不詳,但恐怕不會是大量的。其主體選録仍是以顧陶《唐詩類選》爲基礎的。儘管顧陶《唐詩類選》已佚,但由於《唐賢詩範》主要以該書爲藍本,故我們仍可通過該書增加對《唐詩類選》的瞭解。

其中顧陶序談到不入選而《唐賢詩範》選録了的,僅有劉禹錫一人。此外,武瓘(咸通四年進士)、許鼎(後梁人)爲晚唐五代時人,也不會選入。二書均入選者,有二十四人。其他顧序中未提及而《唐賢詩範》選録的,均爲初盛唐和中唐時人,其入選《唐詩類選》的可能性頗大。

如果這一假設成立,則可補入不少詩人和作品,深化我們對顧選的認識。如卞孝萱先生根據存世文獻,所輯或爲五言排律,或爲五律,或爲七律,獨缺少杜詩絶句。而《唐賢詩範》收杜詩十六首,皆五絶,似可補充顧陶尊杜的結論。又如宇文所安在論文中辨析顧陶選本的特色,提出"《唐詩類選》未選王維是一個值得注意的遺漏"①,現在根據《唐賢詩範》選録王維詩作十首來看,我們認爲顧陶原書選録了王詩的可能性極大。

六 《唐詩類選》的價值和意義

(一) 文獻價值

1. 輯佚

《唐詩類選》保存了一些獨有的作品。如宋敏求整理李白集,即從中裒輯佚詩。杜甫《遣憂》,吴曾指出"今世所傳杜集,皆無此詩"。一些小詩人的作品,亦賴本書以存,如金昌緒《春怨》詩、無名氏詩。

2. 校勘

《唐詩類選》中的詩作,保存了不少異文,如《艇齋詩話》所引,其文字多與通行本差異較大。這些異文對瞭解相關詩作的傳播很有價值。

(二) 唐詩經典化的重要選本

1. 尊杜

在唐詩接受史上,《唐詩類選》最受矚目的就是他在選本中對於杜甫的重視。此點已有多位學者論及,兹不詳述。

2. 確立名篇

所選部分作品,爲後世詩歌選本所沿用。如杜詩的《同諸公登慈恩寺塔》、《夢李白二首》其一、《奉和賈至舍人早朝大明宫》,長期以來都是名篇。

(三) 在域外的傳播和影響

1. 日本

日本學者認爲該書可能對《千載佳句》産生了重大影響。②

2. 朝鮮半島

雖然没有直接的材料,但新發現的《唐賢詩範》,係根據《唐詩類選》選編而成,所以具有間接的影響。

---

① 宇文所安《唐人眼中的杜甫:以〈唐詩類選〉爲例》,《國際漢學研究通訊》第 3 期,第 33 頁,北京大學出版社 2011 年版。

② 三木雅博《中國晚唐期の唐代詩受容と平安中期の佳句選——顧陶撰〈唐詩類選〉と〈千載佳句〉〈和漢朗咏集〉》,《國語と國文學》第 82 卷 5 號,2006 年 1 月。

附記：本文曾在2014年10月24—25日東華大學中國語言文學系主辦之“經典詮釋的多重性”(第四届人文化成國際學術研討會)會議上宣讀，東海大學中文系李建崑教授擔任評議，多所指正，在此謹致謝忱。又，2015年10月，京都大學人文科學研究所永田知之先生惠示所撰《〈唐詩類選〉雜考——類書と唐人選唐詩》(載《高田時雄教授退職紀念　東方學研究論集〔日英文分册〕》，臨川書店2014年6月版)，與本文互相補充，可以參看。

(作者單位：南京大學文學院)

古典文獻研究（第十八輯下卷）
Journal of the Institute for Chinese Classics Studies
Nanjing University
Volume 18, No.2 2015

清人傳記中的章氏學術記載：《清史稿·文苑傳》章學誠傳考論

陸思麟

章學誠(1738—1801),字實齋,浙江會稽人。乾隆四十三年(1778)進士,官國子監典籍。曾主講定州定武、保定蓮池書院;並爲和州永清縣與亳州編寫縣志及州志,又編寫《湖北通志》。章學誠倡“六經皆史”之論,治經治史,皆有特色。所著《文史通義》,對中國近代學術思想研究産生了深遠影響。關於這位著名學人,《清國史》、《清史列傳》與《清史稿》均有其專傳。本文以《清史稿·文苑傳》章學誠傳爲中心,對章學誠諸傳進行對勘研究,考辨其版本、文字差異以及史料來源,藉此闡明《清史稿·文苑傳》的編纂體例、傳統“儒林”與“文苑”兩傳對學人録取標準的爭議,以及清代以來學界對章學誠學術成就的定位等問題。

一 《文苑傳》之編纂與章學誠傳的史源考察

《清史稿·文苑傳》之底本初由繆荃孫負責編纂。繆荃孫(1844—1919),字炎之,號筱珊,江蘇江陰人,光緒丙子(1876)科進士,授國史館一等編修。光緒年間,繆荃孫曾在國史館“奏辦儒林、文苑、循良、孝友、隱逸五傳”,並於光緒十四年(1888)“成儒林傳上二十二篇、下四十九篇,文苑七十四篇,循良四十三篇,孝友二十九篇,隱逸十五篇,分並去取”[①]。後因與總裁徐桐不合,遂弃官離京。臨行前繆氏將稿交館,徐桐不辦進呈,惟有將“初稿留篋中,本欲刊入私集”,因“費重而止”[②]。繆荃孫於 1914 年清史館開館後,獲聘爲總纂,負責編纂《儒林》、《文苑》、《循吏》、《孝友》、《隱逸》、《土司》、《明遺臣》諸叢傳。繆荃孫在《雲自在龕隨筆》中記載:

---

① 繆荃孫《藝風老人自定年譜》光緒十四年條,見《中國近代史料叢刊》第五十一輯,臺灣文海出版社,1970 年,第 35—38 頁。

② 繆荃孫《國史儒林文苑兩傳始末》,見《藝風堂文漫存(乙丁稿)》卷三,《近代中國史料叢刊》第九十五輯,臺北文海出版社,1973 年,第 16—18 頁。

《清史》屬於予所擬者:《明遺臣傳》三人一卷,附見五百人。《儒學傳》上三十四人一卷,附七十三人。下六十三人三卷,附一百零一人。《文學傳》九十二人五卷,附一百九十一人。《孝友傳》六十三人二卷,附傳四十八人,附見七百餘人,單列人名。《遺逸傳》十七人一卷,附二十一人。《土司傳》一省一卷,湖廣、四川、雲南、貴州、廣西、甘肅。①

清史館開館之初,當時學人曾針對儒林、文苑、循吏等列傳的編纂體例展開討論。梁啓超認爲傳統的儒林、文苑、循吏等傳,其類型屬於叢傳,叢傳中有正傳并附録附傳,不能夠獨立成篇②。故有關叢傳人物,何者該入此,何者該入彼,編纂者要煞費心思去斟酌,且須結合相關叢傳進行通盤考量③。對此,張宗祥曾提出《清史稿》諸叢傳的編纂應該由一人主之,唯有明於一代學術之變遷,且成於一手,其編纂方能夠貫通而不紊亂④。張氏的觀點,代表了當時學人對修纂儒林、文苑等叢傳標準的一種共識。

清史館所撰稿,多取諸清國史館。因《儒林》、《文苑》、《循吏》、《孝友》、《隱逸》五傳初稿原出繆荃孫之手,故仍由其負責編纂,符合張宗祥所説"必須出於一手,方能貫通"的建議。後《循吏傳》轉歸他人負責,而其餘四傳則相繼在兩年内成稿。繆荃孫爲清史館撰成相對完整的"儒學傳"、"文學傳"等傳稿,成爲《清史稿》中的《儒林傳》與《文苑傳》底本。1916 年,清史館聘桐城派文人馬其昶爲總纂,主修光宣大臣傳,兼負責整理與修改繆荃孫在 1917 年逝世前所遺留下的"儒學"與"文學"二傳底本,并改名爲"儒林"、"文苑"⑤。馬其昶修改的"儒林"與"文苑"二傳,後來又歸總纂兼代館長柯劭忞整理修訂⑥。另外,據朱師轍記載,他也曾參與"儒林"與"文苑"二傳的修補工作⑦。後來《清史稿》印

① 繆荃孫《雲自在龕隨筆》,商務印書館,1958 年,第 16 頁。

② 梁啓超《清史商例第一書》:"傳有叢傳、有别傳。别傳之中有合傳、有附傳,此其大較也。叢傳如'循吏'、'儒林'、'文苑'、'孝義'、'烈女'等篇,大率諸史咸有……"見朱師轍《清史述聞》,上海書店出版社,2009 年,第 101 頁。

③ 如有關顧炎武、王夫之、黄宗羲等清初大儒,該入《遺逸傳》抑或者《儒林傳》,開館之初就曾引起討論。明清鼎革之際,有衆多的文武守節之士,而清朝載筆之士,忌憚於文網,不敢記載這些遺老事迹,不列其傳。這就導致《明史》無記載,清史因忌諱而不書,或認爲他們不屬於清代之人,甚爲不妥。因此張宗祥建議設立"明遺臣傳",收録明遺民,并冠於各傳之首。儘管這些明遺民可列入儒林、文苑等傳,但張宗祥認爲:"'遺民'一傳不能不列亭林、船山、梨洲諸先生,《明史》既無傳,若分列於'儒林'、'文學'實有不安,此必宜增加者也。"秉持同樣見解的還有袁嘉穀與陳敬第,他們在《陳清史凡例商榷》一文中也認爲應該設立"逸民傳",收録顧炎武等明遺民。見朱師轍《清史述聞》,第 162、177 頁。

④ 張宗祥《陳纂修清史辦法》:"'遺民'、'儒林'、'文學'、'隱逸'、'循吏'、'方技'各傳一人主之。此種傳視尋常列傳不同,雖各人分傳,實則各有統系,如'儒林'三傳經、'文學'三宗派,絲毫不容紊亂,必須出於一手,方能貫通。"見朱師轍《清史述聞》,第 177 頁。

⑤ 張爾田《清史稿纂修之經過》:"(馬其昶)任咸、同朝大臣傳,儒林、文苑傳亦歸其整理。"見朱師轍《清史述聞》,第 217 頁。

⑥ 趙爾巽也曾邀請邵瑞彭協助修"文苑"、"儒林"二傳,終究未果。見朱師轍《清史述聞》,第 31、39、42 頁。

⑦ 朱師轍:"余繼先君任咸、同、光列傳,各朝亦有撰述,並有補儒林、文苑各傳,都一百七十餘篇。"見朱師轍《清史述聞》,第 218 頁。

行之時,《文苑傳》採用馬其昶修正稿,而《儒林傳》仍用回繆荃孫的原稿[①]。

章學誠傳被收録在《清史稿・文苑傳二》卷四百八十五,列傳二百七十二,全文如下:

> 章學誠,字實齋,會稽人。乾隆四十三年進士,官國子監典籍。自少讀書,不甘爲章句之學。從山陰劉文蔚、童鈺游,習聞蕺山、南雷之説。熟於明季朝政始末,往往出於正史外。秀水鄭炳文稱其有良史才。繼游朱筠門,筠藏書甚富,因得縱覽群籍,與名流相討論,學益宏富。著《文史通義》、《校讎通義》,推原官禮而有得於向、歆父子之傳。其於古今學術,輒能條别而得其宗旨,立論多前人所未發。嘗與戴震、汪中同客馮廷丞寧紹台道署,廷丞甚敬禮之。
>
> 學誠好辯論,勇於自信。有《實齋文集》,視唐宋文體,夷然不屑。所修和州、亳州、永清縣諸志,皆得體要,爲世所推。[②]

清代記述章學誠生平的專傳,主要見載於《文獻徵存録》、《國朝耆獻類徵》、《清國史》、《清史列傳》與民國初期的《清史稿》等撰述中。《徵存録》是目前已知最早收録章學誠傳的著述,但所收章氏傳略字數不多,且與周永年、馬宗璉同附録在《邵晉涵傳》下,夾雜在邵氏傳文之中叙述。其後《國朝耆獻類徵》亦收録章學誠傳,傳略内容則完全取自《文獻徵存録》,所差異處僅在於將《徵存録》附録的章學誠抽出,獨立成傳,並在其下附録馬宗璉一人而已。

章學誠傳略被正式收入清代國史中,則見於《清國史》與《清史列傳》二書,並爲後來的《清史稿》所承襲。據馮爾康考察,清史館人纂修《清史稿》,其取材主要來源於兩個途徑:一是作者自行搜集資料,撰述成文;二則是摘抄、綜合前人已有撰述,敷衍成篇。《清史稿》的諸多篇章,尤其是列傳部分,多取用前人已有著述與文獻,如《國史列傳》、《清史列傳》、《滿漢名臣傳》、《國朝先正事略》、《碑傳集》、《國朝耆獻類徵》等撰述,然後在此基礎上加工而成[③]。《文苑傳》中的章學誠傳,并非清史館人自行搜集材料後撰述成文,而是源於第二個途徑——在《清國史》章學誠傳的基礎上,再進行修改而成。這裏試將《清國

① 朱師轍《清史述聞》,第 40 頁。此外,《清史稿・文苑傳》尚存在版本差異的問題。《清史稿》初由袁金鎧主持刊印,金梁經辦,并於 1928 年出版。金梁未經清史館人許可,私自對原稿作出改動。全書共印一千一百部,其中四百部由金梁運往東北發行,此版本被稱爲"關外一次本"。後來清史館人發現金梁私自增改原稿,因不同意金梁的改動,遂抽换北京的若干存書,這批書稱爲"關内本"。往後東北曾再印一次,内容有所改動,稱爲"關外二次本"。金梁的關外本私自增改者,涉及包括《儒林傳》與《文苑傳》在内的諸多列傳,二傳中又以《文苑傳》的增改稍多。如《文苑傳三》的斌良,原稿本并無附傳,關外本增入錫縝、李雲麟、觀成、鄂恒、震鈞、英華、盛元七人;又如原稿本漏記朱筠、翁方綱二傳,關外本私自將朱、翁二傳補入《文苑傳二》姚鼐後。類似的版本差異,在考察《清史稿・文苑傳》時都應予以注意。

② 趙爾巽等《清史稿》,中華書局,1998 年,第 44 册,第 13398 頁。

③ 參見馮爾康《清史史料學》,沈陽出版社,2004 年,第 46—47 頁。

史》與《清史稿》對章學誠傳略記載的異同及其史源列出,以考見兩者間的繼承關係[①]:

表 1

《清國史·文苑傳》[②]	《清史稿·文苑傳》	史　源
性耽墳籍,不甘爲章句之學。	自少讀書,不甘爲章句之學。	見章華紱於道光壬辰(1832)十月所作《序》:"惟性耽墳籍,不甘爲章句之學。"[③]
從山陰劉文蔚、童鈺游,習聞蕺山、南雷之説。言明季黨禍緣起、奄寺亂政及唐魯二王本末,往往出於正史之外。秀水鄭炳文[④]稱其有良史才。	從山陰劉文蔚、童鈺游,習聞蕺山、南雷之説。熟於明季朝政始末,往往出於正史外。秀水鄭炳文稱其有良史才。	見錢林《文獻徵存録》卷八的《邵晉涵傳》:"秀水鄭虎文稱其有良史才。……少從山陰劉文蔚豹君、童鈺二樹游,習聞蕺山南雷之説,言明季黨禍緣起、奄寺亂政及唐魯二王本末,往往出於正史之外。"
所自著有《文史通義》八卷、《校讎通義》三卷。其中倡言立論,多前人所未發。大抵推原官禮,而有所得於向、歆父子之傳,故於古今學術之源,輒能條别而得其宗旨。	著《文史通義》、《校讎通義》,推原官禮而有得於向、歆父子之傳。其於古今學術,輒能條别而得其宗旨,立論多前人所未發。	見章華紱《序》:"著有《文史通義》一書,其中倡言立議,多前人所未發。大抵推原官禮,而有得於向、歆父子之傳,故於古今學術淵源,輒能條别而得其宗旨。"[⑤]
嘗與休寧戴震、江都汪中同客寧紹台道馮廷[⑥]署。廷丞甚敬禮之。	嘗與戴震、汪中同客馮廷丞寧紹台道署,廷丞甚敬禮之。	見章學誠《文史通義·卷八·外篇三·記與戴東原論修志》。

---

① 《清國史》列傳部分共收入 14934 人,其中《文苑傳》七十四卷,共 651 人,章學誠傳見於《文苑傳》卷五十。本文所據《清國史》,爲中華書局影印復旦大學圖書館所藏劉氏嘉業堂鈔本。另外,章學誠傳亦見載於《清史列傳·文苑傳三》卷七十二。筆者通過對《清國史》與《清史列傳》的章學誠傳進行對勘,兩傳記載文字基本一致,僅存在若干文字上的差異。這些差異或是《清國史》之誤、或是《清史列傳》之誤。如有關戴震與章學誠論修志一事,《清國史》作"悉心於地理沿革則志事已竟",《清史列傳》作"悉心於地理沿革則志事以竟",異一"已"字;《清史列傳》"陽湖洪亮吉嘗撰輯乾隆府廳州縣志",《清國史》作"必陽湖洪亮吉嘗撰輯乾隆府廳州縣志",衍一"必"字;《清國史》有"所修和州、亳州、永清縣諸志,緒者謂是非斟酌,非兼才學誠之長者"一句。"緒"與"誠"二字,《清史列傳》作"論"與"識",顯然是《清國史》的訛誤。類似差異,一般不影響對文意的解讀。但從這幾個文字的差異處來考察,可知《清國史》與《清史列傳》章學誠傳的文字異同主要是出於傳鈔時的訛誤所致。

② 見(清)國史館《清國史》,中華書局,1993 年,第 955 頁。

③ (清)章學誠《文史通義校注》,葉瑛校注,中華書局,1985 年,第 9 頁。

④ "鄭炳文",應爲"鄭虎文"。(清)錢林《文獻徵存録》卷八作"鄭虎文";(清)阮元《兩浙輶軒録》卷二十五:"鄭虎文,字炳也。"

⑤ (清)章學誠《文史通義校注》,葉瑛校注,第 9 頁。

⑥ "馮廷",應爲"馮廷丞",《清國史》缺一"丞"字。有關馮廷丞生平事迹,見(清)章學誠《湖北按察使馮君家傳》,劉氏嘉業堂校刻本《章氏遺書》卷十七;(清)汪中《大清誥授通議大夫湖北提按察使司按察使兼管驛傳馮君碑銘并序》,《四部叢刊》景無錫孫氏藏本《述學·外篇一》;(清)朱珪《湖北按察使司按察使馮君墓誌銘》,清嘉慶刻增修本《知足齋集》卷三;趙爾巽等撰《清史稿》列傳五十九等。

續表

《清國史・文苑傳》	《清史稿・文苑傳》	史　源
震論修志,謂悉心於地理沿革則志事已竟;侈言文獻,非所急務。	學誠好辯論,勇於自信。	見章學誠《文史通義・卷八・外篇三・記與戴東原論修志》:"夫志以考地理,但悉心於地理沿革,則志事已竟。奢言文獻,豈所謂急務哉?"①
必②陽湖洪亮吉嘗撰輯《乾隆府廳州縣志》,其分部乃以布政司分隸廳州縣,學誠均著論相諍。	學誠好辯論,勇於自信。	見章學誠《文史通義・地志統部・卷六・外篇一》:"陽湖洪編修亮吉,嘗撰輯《乾隆府廳州縣志》,其分部乃用《一統志》例,以布政使司分隸府廳州縣……"③
自謂卑論仲任,俯視子元,未免過詡,然亦夾漈之伯仲也。	學誠好辯論,勇於自信。	阮元《兩浙輶軒録補遺》卷七清嘉慶刻本:"王宗炎曰:'先生地産霸材,天挺史識;……學古文於朱笥河太史,沉雄醇茂過於其師。尤長攻難駁詰之文,班范而下皆遭指摘。自謂卑論仲任,俯視子元,未免過詡,平心而論,夾漈之伯仲也。
	視唐宋文體,夷然不屑。	
所修和州、亳州、永清縣諸志,緒者謂是非斟酌,非兼才學誠④之長者,不能作云。	所修和州、亳州、永清縣諸志,皆得體要,爲世所推。	阮元《兩浙輶軒録補遺》卷七清嘉慶刻本:"所撰《和州志》、《永清縣志》,簡核可傳。"

據表1所列,《清國史》與《清史稿》所叙章學誠生平史料,主要來源於章氏《文史通義》、其子章華紱於道光壬辰十月所撰《序》、錢林《文獻徵存録》以及零星見於相關清人文獻中的記載⑤。以《清國史》與《清史稿》的章學誠傳對讀,兩者大體一致,對人物事迹的叙述次序大致相同,據此可推斷《清史稿》章學誠傳確實直接承襲自《清國史》而成。

---

① (清)章學誠《文史通義校注》卷八,葉瑛校注,第869頁。

② "必",《清史列傳》無此字,爲衍文。

③ (清)章學誠《文史通義校注》卷六,葉瑛校注,第596頁。

④ "緒"、"誠",《清史列傳》作"識"與"論",蓋《清國史》誤。

⑤ 如《清史稿》記載"繼游朱筠門,筠藏書甚富,因得縱覽群籍,與名流相討論,學益宏富"一句,即散見於《蔣君墓誌銘書後》、《笥河文集》卷五《椒花吟舫小集序》、《任幼植别傳》等清代文獻材料中,故不一一舉出。

二 清史館人對章學誠傳的改寫與評價

儘管《清史稿》章學誠傳乃依據繆荃孫原國史館文苑傳稿改寫來,文字皆出自《清國史》,然經清史館人修訂,内容亦做了不少改動。清史館人改寫章學誠傳,反映出若干的學術問題,其中有三點值得注意:

第一點,對章學誠方志學的肯定。

《清史稿》大量删削《清國史》文字内容。在文字上,或因修改者的價值傾向與篇幅的限制使然,《清史稿》的文字内容顯得較爲簡略。《清國史》章學誠傳共321字,《清史稿》僅有213字,删削達三分之一。章學誠傳文字本已不多,加上如此大量删削,以至於許多重要内容也被剔除。金毓黻曾對此提出批評:"章學誠傳僅寥寥二百字,不足以盡其平生,應爲補撰翔實之傳,以彰著一代之學人。"①如有關纂修地方志方面的討論,章學誠與戴震、洪亮吉等學人商榷往來,爭鋒相對,提出不少精闢的理論見解。然觀最早記述章學誠生平的《文獻徵存録》,并無記載章氏論方志學的内容,反之《清國史》則增加相關論述:

> 震論修志,謂悉心於地理沿革則志事已竟;侈言文獻,非所急務。必陽湖洪亮吉嘗撰輯《乾隆府廳州縣志》,其分部乃以布政司分隸廳州縣,學誠均著論相諍。所修和州、亳州、永清縣諸志,緒者謂是非斟酌,非兼才學誠之長者,不能作云。②

此段共91字,充分肯定章學誠在方志學上的貢獻,而往後學界論及章氏學術成就,基本上皆肯定其方志學上的成就。然《清史稿》删除此段内容不用,僅在下段改爲"學誠好辯論,勇於自信。……所修和州、亳州、永清縣諸志,皆得體要,爲世所推"。《清史稿》的改動,從文章敘述角度而言,固然較爲簡潔。但若就史實的敘述與史料的保存而言,基本上無法從篇中見到章學誠對纂修地方志的觀點,以及他與戴震、洪亮吉意見相左的重要見解。另外,《清國史》曾採王宗炎評價章學誠自信豪言"自謂卑論仲任,俯視子元,未免過詡,然亦夾漈之伯仲也"一句,亦爲《清史稿》所删削,以至於對章學誠"好辯論,勇於自信"的評斷無法在文字中得到體現。

第二點,對章學誠古文觀的評價。

删削文字外,《清史稿》亦增加文字,所增"視唐宋文體,夷然不屑"一句,爲《清國史》所無。觀章學誠的《文德》、《文理》、《质性》、《黠陋》、《俗嫌》、《俗忌》、《與汪龍莊書》、《與陳觀民工部論史學》、《上朱大司馬論文》諸篇,有不少對古文以及唐宋文體的批評言論。然考相關篇章内容以及清人有關章氏的記述,目前暫未見有類似或近於"視唐宋文體,夷然不屑"的文字表述。反之,此句卻見諸稍晚於《清史稿》的《清儒學案·實齋學案》,應該是清史館人修改章學誠

① 金毓黻《讀〈清史稿〉劄記》,見《國史館館刊》1948年第一卷第三期,第51頁。

② (清)國史館《清國史》,第955頁。

傳時所增,並爲其後的《清儒學案》所採用[①]。《清史稿》謂章學誠不屑唐宋文體,此一揭示歸納甚具文壇觀照意義,深刻反映出章氏對古文的獨特見解[②]。章學誠提倡"六經皆史",認爲經之流变,必入於史,惟史才可當古文。同時,章氏十分重視經世之學,認爲惟有切於人事的史學才能擔起經世之任[③]。章學誠以其史學經世的學術理念爲本,在此基礎上提出史學、史才是古文的根本,而史書的叙事記人之法才是古文的主要文體[④]。當時古文傳統的主流,以桐城派所推崇的唐宋八大家爲宗。章學誠則本諸他的史學經世觀點,欲構建出一套能取代桐城派的"真古文辭"傳統。章氏在《與汪龍莊書》中有言:

> 左丘明古文之祖也,司馬因之而極其變;班、陳以降,真古文辭之大宗。至六朝,古文中斷,韓子文起八代之衰,而古文失傳亦始韓子。蓋韓子之學宗經而不宗史,經之流變必入於史,又韓子之所未喻也。近世文宗八家以爲正軌,而八家莫不步趨韓子,雖歐陽手修《唐書》與《五代史》,其實不脱學究《春秋》與《文選》史論習氣。而於《春秋》、馬、班諸家相傳所謂比事屬辭宗旨,則概未有聞也。八家且然,况他人遠不八家若乎?[⑤]

章學誠推崇左丘明爲古文之祖[⑥],以司馬遷、班固、陳壽等史家爲古文大宗,因爲他們的古文皆以叙事爲文章之極致,以史學爲一切撰述之歸依,屬於"真古文辭之大宗",而此"真古文辭"傳統從左丘明而下,最晚至六朝後就已斷絶不得其傳。章氏以史學經世的古文論,去衡量六朝以下的唐宋古文,遂批評韓愈雖"文起八代之衰,而古文失传亦始韩子",因其學"宗經而不宗史",對史學一無所解。而歐陽修雖作《新唐書》與《新五代史》,但其生平見解仍不脱韓愈範圍,且"不脱學究《春秋》與《文選》史論習氣","終不可與語史家之精微也"[⑦]在章學誠的"真古文辭"傳統觀照下,清代古文家奉爲古文典範的唐宋八大家古文傳統被其逐一消解,蕩然無存,莫怪乎章氏會在《與汪龍莊書》中豪言道:"八家且然,况他人遠不八家若乎?"故《清史稿》增"視唐宋文體,夷然不屑"一句,

---

① 見徐世昌等編纂《清儒學案》第八册,中華書局,2008年,第3878頁。

② 清代古文在中後期雖以桐城派爲主流,然仍有不少古文家不受此範圍之牢籠。張之洞《書目問答》列舉清代古文派时,於桐城、陽湖兩派之外,列出"不立宗派古文家",以此三方呈現文家的流别,即是一個明顯的證明。見(清)張之洞撰,(清)范希曾補正《書目問答補正》,上海古籍出版社,2001年,第219—221頁。

③ 章學誠:"故無志於學則已,君子苟有志於學,則必求當代典章,以切於人倫日用;必求官司掌故,而通於經術精微;則學爲實事,而文非空言,所謂有體必有用也。"《史解》,見(清)章學誠《文史通義校注》,葉瑛校注,第231頁。

④ 章學誠:"古文必推叙事,叙事實出史學,其源本於《春秋》'比事屬辭',左史班陳,家學淵源,甚於漢廷京師之授受。馬曰'好學深思,心知其意',班曰'緯六經,綴道綱,函雅故,通古今者,《春秋》家學,遞相祖述,雖沈約、魏收之徒,去之甚遠,而别識心裁,時有得其仿佛。"《上朱大司馬論文》,見《章學誠遺書》,文物出版社,1985年,第612頁。

⑤ (清)章學誠《與汪龍莊書》,見《章學誠遺書》,第82頁。

⑥ 章學誠:"文章以叙事爲最難,文章至叙事而能事始盡。而叙事之文,莫備於《左史》……故學叙事之文,未有不宗《左史》。"《論課蒙學文法》,見《章學誠遺書》,第685—686頁。

⑦ (清)章學誠《丙辰劄記》,見《章學誠遺書》,第389頁。

基本上精準歸納與道出章學誠對待唐宋文體的真正態度及其背後的思想淵源,此非深於文法者不能爲之,亦可見修改者之手眼。前文曾述及,有關《文苑傳》的編纂,是以繆荃孫原國史館稿爲底本,後經由馬其昶、柯劭忞諸人修改,諸人當中又以清史館總纂馬其昶爲主。馬其昶爲桐城派殿軍,且深於文法,此"視唐宋文體,夷然不屑"的評論或出自其手①。

第三點,對章學誠學術淵源的爭議。

《清史稿》有沿襲《清國史》之誤而不察處,觀《清國史》有"從山陰劉文蔚、童鈺游,習聞蕺山、南雷之説。言明季黨禍緣起、奄寺亂政及唐魯二王本末,往往出於正史之外"一段,述及章學誠早年的學術淵源。章氏《文史通義》有《浙東學術》一篇,他在此篇中致力塑造自身的學術傳承譜系,提出浙東與浙西學術之分,認爲清儒經學考據承襲顧亭林一派,並上接程、朱;而其自身的史學則承襲黄宗羲一派而上接陸、王,特色在於"浙東言性命者必究於史"。此種意見,近代研究者多有爭議,余英時就認爲"不免有誇張之嫌"②。故這條記載章學誠早年曾從劉文蔚與童二樹學,習聞劉蕺山與黄宗羲以下陽明之學的材料,對論證章學誠的"浙東學術"説無疑是有力的證據。

檢閲清代有關章學誠傳略記載,此條有關章氏學術淵源的材料最早僅見於錢林《文獻徵存録》:

> 晉涵友會稽張學誠,有《文史通義》若干卷。秀水鄭虎文稱其有良史才。嘗與休寧戴震、江都汪中同爲馮觀察廷丞客,觀察甚敬禮之。以明經終。少從山陰劉文蔚豹君、童鈺二樹游,習聞蕺山南雷之説,言明季黨禍緣起、奄寺亂政及唐魯二王本末,往往出於正史之外。自學誠謝世,而南江之文獻亡矣。③

由於《徵存録》的記載屬於孤證,故民國以來學人對此條材料的真僞爭議不斷,難以定論④。後經余英時考辨,方得知錢林《文獻徵存録》的材料源於江藩《漢

① 觀馬其昶當時人,亦有類似判斷。如金毓黻認爲馬氏深於文法,故推測《文苑傳》中的梅曾亮傳出自其手:"梅曾亮傳叙次有法,中一段云:'居京師二十餘年,與宗稷辰、朱琦、龍啓瑞、王拯、邵懿辰輩游處,曾國藩亦起而應之,京師治古文者,皆從梅氏問法。當是時,管同已前逝,曾亮最爲大師。而國藩又以唐鑒、倭仁、吴廷棟講身心克治之學,其餘文推挹姚氏尤至,於是士大夫多喜言文術政治,乾嘉考據之風,稍稍衰矣。'此傳非深於文法者不能爲,疑出於馬通伯手筆。然於曾亮陷入洪楊軍中一事,不著一字,蓋爲之諱也。"見金毓黻《讀〈清史稿〉札記》,第51頁。惟目前限於條件,暫時無法對馬其昶所修改的《文苑傳》稿進行對勘,故有關問題尚待進一步考察,才能做更準確的判斷。

② 余英時《論戴震與章學誠:清代中期學術思想研究》,生活·讀書·新知三聯書店,2000年,第72頁。

③ (清)錢林《文獻徵存録》卷八,清咸豐八年有嘉樹軒刻本。

④ 二十世紀二十年代胡適爲章學誠撰寫《年譜》,即不予以採用;而錢穆在三十年代撰寫《中國近三百年學術史》章學誠一章時,儘管當時他認同章氏的《浙東學術》説,但也出於謹慎,不敢採用此段材料支持自己的觀點,但認爲錢林"此語應有受",不至於憑空捏造。見錢穆《錢賓四先生全集·中國近三百年學術史》,臺北聯經出版事業公司,1998年,第534頁。當然,亦有若干學者認可此條材料并予以引用,如支偉成《清代樸學大師列傳》的章學誠傳,即採《文獻徵存録》之説。支偉成《清代樸學大師列傳·凡例》,見周駿富輯《清代傳記叢刊》第12册,明文書局,1985年,第12—425頁。

學師承記》的《邵晉涵傳》:"邵晉涵,字與桐,號二雲,餘姚人也。……君少從山陰劉文蔚豹君、童君二樹游,習聞蕺山、南雷之説,於明季黨禍緣起、奄寺亂政及唐魯二王本末,從容談論,往往出於正史之外。自君謝世,而南江之文獻亡矣。"[①]因錢林將章學誠傳略附録在《邵晉涵傳》内敘述,門人弟子在抄録時不察,遂將邵晉涵傳略文字衍入章學誠傳而致誤[②]。

此外,《徵存録》的章學誠傳還存有不少謬誤處,如誤將其姓"章"寫成"張";稱章學誠"以明經終";謂其熟悉於明史;謂章學誠去世後南江文獻亡,事實上"南江"是指邵晉涵[③]。《清國史》章學誠傳採用《徵存録》記載時,雖已對不少訛誤加以甄别,但仍無可避免襲用錯誤材料而不察。《清史稿》章學誠傳承襲自《清國史》,亦不詳加考辨,僅作文字上的删削與潤色,將"言明季黨禍緣起、奄寺亂政及唐魯二王本末"改爲"熟於明季朝政始末,往往出於正史外",沿襲訛誤而不知,遂生出後來的諸多爭議。

三 清代以來學界對章學誠入文苑傳的爭議

"文苑傳"爲中國歷代正史中的傳統類傳之一,主要爲歷朝活躍於文壇,且具有代表性的文學家所作之文人類傳。"文苑傳"初見於南朝宋范曄的《後漢書》,隨後爲南朝梁蕭子顯的《齊書》所承襲。至此以往,歷朝正史編纂多有"文苑傳"的設立,儘管名稱稍有出入,但其内涵基本沿襲不改。[④] 清代國史正式修纂儒林與文苑傳,乃從阮元開始,但最初僅成《儒林傳》而無《文苑傳》,往後國史館又陸續增補[⑤]。阮元在清嘉慶十五年(1810)擔任國史館總纂,期間曾

① (清)江藩《漢學師承記》卷六《邵晉涵》,清嘉慶十七年刻本。

② 有關此問題的深入考辨,詳見余英時《論戴震與章學誠·外篇》第四章《章實齋與童二樹——一條史料的辯證》,第283—289頁。

③ 《文獻徵存録》多取材於《漢學師承記》,支偉成認爲在"辭采達雅"上江書不如《徵存録》,"惟儒林與文苑部分雜陳,反不如《師承記》之秩然就理;且每卷各自起訖,雖復以類相從,究莫若明分門目,轉易清晰也"。觀《徵存録》將章學誠傳置入《邵晉涵》傳中敘述而發生的衍文問題,支偉成説確爲有見。見支偉成《清代樸學大師列傳·凡例》,第23頁。

④ 二十五史中有十七部設立"文苑傳",其中題名"文苑"者共9家,分别是《後漢書》、《魏書》、《晉書》、《北齊書》、《北史》、《舊唐書》、《宋史》、《明史》及《清史稿》;題名"文學"者共6家,分别是《南齊書》、《梁書》、《陳書》、《隋書》、《南史》、《遼史》;題名"藝文"者則有2家,分别是《新唐書》與《金史》。

⑤ 據夏孫桐説法,清代國史儒林傳與文苑傳至少經過七八次的修纂與改訂:"藝風所記《儒林》、《文苑》兩傳,第一次阮文達之稿,有《儒林》而無《文苑》;第二次戴文端所進呈,兩傳始備。第三次道光甲辰另行删併,即坊間所刻之本;第四次光緒中藝風所撰,未及進呈;第五次光緒癸卯國史館據藝風稿重添,欲進呈而未果。及清史館開,兩傳仍歸藝風經手,即所自撰舊稿增删,改名《儒學》、《文學》,此第六次也。又經馬通伯覆輯,大致與繆稿無大異,略有增入之人,仍名《儒林》、《文苑》,此第七次也。馬稿又經柯鳳孫覆閲,僅改作序文,其中無甚變動,而其稿失去儒林一册,至付印時倉猝又取繆稿,但改用阮文達原序。傳中亦稍更動。此第八次也……"夏孫桐《清史列傳儒學傳文苑傳序》,見繆荃孫《清史列傳儒學傳》,上海圖書館藏抄本。此段材料之識讀,利用戚學民教授的成果。見戚學民《漢學主流中的莊氏學術:試析〈清史稿·儒林傳〉對常州學術的記載》,《中華文史論叢》2011年第4期,總第104期,第54頁。

與臧庸、焦循等多位學友書信往還,商討撰寫體例以及兩傳所應收録對象等問題①。在清人眼中,進入儒林傳的榮譽往往高於文苑傳,故時人都十分在意被收入何傳②。誰該入儒林傳,誰又該入文苑傳,兩傳編纂者顯然必須經過慎重考量,并確立一個可行的録取標準。焦循在其《國史儒林文苑傳議》中向阮元提出編纂《儒林傳》與《文苑傳》的七條原則,其中第四條《鑒别》就專門討論兩傳録取學人標準的問題:

儒林、文苑兩傳既分,則各隸者不宜訛雜,蓋經生非不嫻辭賦,文士或亦有經訓,是必權其重輕,如量而授。③

清代學人而兼文人的情況往往勝於前代④,這也導致有關學人該入選儒林或文苑的界定模糊。故焦循提出"權其輕重,如量而授"的衡量標準,主要即針對那些學與文兼備的學人而發。據此標準考察有關學人,若其"學實冠乎文",如黄宗羲、毛奇齡與全祖望等,則入儒林傳;若該學人"文究優於學",如朱彝尊、姜宸英、汪琬等,則入文苑傳。至於同樣博學的錢大昕與袁枚,焦循認爲前者"所博者在學",入儒林傳;而袁枚"所博者在文",入文苑傳。以此標準推之其他學與文兼優者,如馬驌、沈彤、陳祖範、應撝謙、孔廣森、朱筠、金榜、武億、王鳴盛、江聲、任大椿、張惠言、汪中諸人,他們也因"學實冠乎文",可被列入儒林傳中。

有關儒林與文苑傳的界定,從阮元始直至《清史稿》兩傳的編纂,向來都不甚容易確定,因一些入儒林傳的學人,往往可改入文苑傳,反之亦然。最典型例子爲汪中的身份定位,認可者如焦循認爲他屬於學與文兼備;反對者如章學誠則認爲漢學家對汪氏過譽,曾撰《述學駁文》批評其文"聰明有餘,真識不足,觸隅皆悟,大體茫然"。國史館在修訂《儒林傳》過程中,本擬將汪中列入《文苑

---

① 有關阮元以及清代國史館纂修《儒林傳》的相關内容,可參見繆荃孫《國史儒林文苑兩傳始末》,見《藝風堂文漫存(乙丁稿)》卷三,《近代中國史料叢刊》第九十五輯,臺北文海出版社,1973年,第16—18頁;王章濤《阮元年譜》,黄山書社,2003年,第527頁;馬延炜《清國史館儒林傳纂修活動考述》,《故宫學術季刊》(臺北)第25卷,第3期,2008年春。

② 據方苞記載,姜宸英自少年起就"常恐爲文苑傳中人"。(清)方苞《記姜西溟遺言》,見《方苞集·集外文》卷六,上海古籍出版社,1983年,第705頁。汪中之子汪喜孫亦深恐其父入文苑傳,與袁枚、蔣士銓諸文人同列,曾寄信王念孫,請其致信阮元,將父親汪中由文苑傳改入儒林傳。

③ (清)焦循《國史儒林文苑傳議》,見《雕菰集》卷十二,清道光嶺南節署刻本。據王章濤考察,汪喜孫《汪氏學行記》卷三存録《焦里堂與阮督部論儒林傳書》一篇,即第四條《鑒别》的内容,但文字有所刪削,且文中雙行夾注皆已剔除。見王章濤《阮元年譜》,第527—528頁。

④ 龔鵬程就曾指出:"(乾隆年間)除了一批專業經學家之外,還有許多著名文人喜歡談經學,他們或用著與專業經學家相同的考證方法及寫作形式,或以不同的表述方式,來發表他們對經學的見解。這些人爲數衆多,但歷來多不爲研究經學史、清代學術史、文學史的人所注意。……以乾隆年間的文人喜歡説經,上推下考,説明整個文人治經的傳統。這個傳統,起於古文家之治經明道、科舉時文之爲經義。馴致文人大多以治經爲慣技,研練揣摩經義,殆成夙習,故亦多有説經之篇。然其耳目心量則不同於專業經師,治經手段亦與經師不甚相同。他們往往也看不起專業經師,謂其固蔽,故之論每欲平章漢宋,自出心裁……"龔鵬程《乾隆年間的文人經説》,見彭林編《清代經學與文化》,北京大學出版社,2005年,第213頁。

傳》,因汪中子汪喜孫多處奔走,最終仍將其列入《儒林傳》。故焦循所謂的學與文兼備者,似乎亦難以遽定,且會引起諸多爭議[①]。然考察焦循所述,其判斷入儒林傳或文苑傳的標準,似乎更大程度上是取决於入傳者在漢學考據上的成就。如顧炎武、王蘭生的音韻樂律;胡煦、惠棟的《易》學;萬斯大、顧棟高的《春秋》學;胡渭、閻若璩的《尚書》學;張爾岐、邵晉涵的《儀禮》與《爾雅》;王懋竑的服膺朱子[②]、萬斯同的《明史》;方苞、齊召南、周永年、陸錫熊的校輯諸書;戴震、江永、錢塘等的聲音訓詁與名物象數。這些學人因在經學考據上有所貢獻,焦循遂認爲他們都可入儒林傳,反映出當時獨重經學考證而菲薄義理與辭章之風。阮元離館後,戴衢亨任總裁,對阮元的《儒林傳》稿進行改動,將毛奇齡、沈國模、談泰、桂馥、錢澄之、方中通、朱鶴齡、臧庸、閻循觀、汪紱、金榜、王鳴盛、丁傑、任大椿、孔廣森、張惠言、孔興燮等學人從《儒林傳》中剔除。阮元對此不以爲然,遂將戴衢亨所删除諸人收録進其《揅經室續集》中,題爲《集傳録存》。值得注意的是曾被焦循評爲“學實冠乎文”,且被阮元表彰爲漢學先驅的毛奇齡,不僅從《儒林傳》中被删除,且還被挪至《文苑傳》中。從中可知,當時編纂儒林與文苑傳,某人該入某傳,主要還是取决於編纂者的價值取向、撰述體例及當時的學術氛圍等複雜因素。

章學誠的文史校讎之學,重在發明文史,且激烈抨擊漢學考據流弊,其學遂不爲時流認可[③]。同時,章學誠之名在清代亦未能顯著。焦循雖曾將《文史通義》列入其《讀書三十二贊》中,并予以好評,然其《贊》卻誤記章學誠的字“實齋”爲“石齋”,顯然對章氏並不熟悉。又如錢林與章學誠雖屬同時代人,然其所編纂《文獻徵存録》中的章學誠傳,或誤記姓氏、或錯引材料,存有多處訛誤。另外,唐仲冕於嘉慶十一年(1806)刻章學誠撰於乾隆五十七年(1792)的《紀年經緯考》,亦誤題章學誠之姓爲“張”。其後丁仁《八千卷樓書目》卷九史部收録唐刻本《紀年經緯考》五卷,亦延續唐氏之誤,作者署名張學誠。章學誠生前不被時流認可,加之身後名聲不著,或許是他在儒林與文苑兩傳均無一席之地的重要原因。

故阮元之後,國史館陸續增補儒林與文苑傳,章氏也是遲至清晚期才被收

---

① 姚門弟子均認爲姚鼐學與文兼備,可入《儒林傳》。然姚鼐去世後,國史館將其列入《文苑傳》,引發姚門弟子的不滿,他們或致書史館極力爭取,或在書信中展開討論。陳用光曾要求當時在國史館任職的陳壽祺把其師姚鼐列入《儒林傳》,而陳壽祺認爲桐城派相對注重文辭、輕經史,對姚鼐評價不高,遂拒絶陳用光要求。(清)陳壽祺《與陳石士書》,見《左海文集》卷四,《續修四庫全書》第1496册,第179頁。

② 王懋竑雖表彰朱熹與理學,但因用精湛的考據功力撰寫《朱子年譜》,考訂精核,有別於他人講理學的浮游剿襲,故受到焦循肯定。反之,像清初理學大師孫奇逢與李顒,因無考據上的成就,焦循遂認爲他們“説經説理無甚過人”,只能被列入隱逸傳。

③ 章學誠:“學誠從事於文史校讎,蓋將有所發明;然辯論之間,頗乖時人好惡,故不欲多爲人知……”《上錢辛楣宫詹書》,見《章氏遺書》卷二十九,商務印書館,1936年,第102頁。對於章學誠此信,錢穆晚年曾提出批評:“(章學誠)未免門户之見,好啓爭詆。今《潛研堂集》中不見有復書,是竹汀固不以實齋爲知音也。”錢穆《錢竹汀學述》,見《錢賓四先生全集・中國學術思想史論叢(八)》,臺北聯經出版事業公司,1998年,第396頁。

入《文苑傳》,並爲後來的《清史稿》所承襲。這種狀況延續至二十世紀二十年代,因胡適的大力提倡,章學誠重新"被發現",其學術思想才逐漸昌明於世[①]。此後章學誠學術思想風靡民國學界,受到極力推崇。以此時學界的眼光再回視把章氏列入《文苑傳》的《清史稿》,民國學界對此遂有不同的見解產生。傅振倫曾批評《清史稿》將章學誠列入《文苑傳》,屬於"分銓不當",認爲章氏應該被列入《儒林傳》[②];或謂章學誠傳略過於簡略,應爲其"補撰翔實之傳,以彰著一代之學人"等[③]。金毓黻亦批評《清史稿》列民國學界公認的史學家章學誠入《文苑傳》之無當,曾建議於儒林與文苑外,另立史學傳[④]。然《清史稿》以史學家入《文苑傳》是有淵源與依據的,譚宗浚《擬續修儒林文苑傳條例》曾云:"儒林須著作有關於經學,或述程朱奥義,或闡鄭孔傳箋者,方行採録。至文苑傳,則博洽多聞、淹通史學者爲上,而工詩古文詞者次之,亦史例也。"[⑤]蓋古代文史不分家,古之良史,如司馬遷、班固等,必然也是一代文豪,此爲史家入文苑之由。故金氏雖批評史學家入《文苑傳》之無當,但也意識到《文苑傳》史例的問題,承認《清史稿》之安排仍有其合理處。

有關《清史稿》文苑傳的學人收録標準,吴士鑒在其《陳纂修體例》中曾言:

> "文苑傳"亦以阮文達公所修國史館"文苑傳"爲依據,其近年所增益詳加審查,確定棄取,更采諸《碑傳集》諸書,名家文集亦隨時檢查,方志有體要者更互證之。"文苑"除國初諸大家外,其餘以有著述卓然可傳者爲限,或詩家、或古文家、或駢文家、或金石家、或校勘之學家、或文選學家,必須學有專長,方可列入此傳。[⑥]

據吴士鑒所指,《清史稿》收録人物的重要基準,是必須"有著述卓然可傳者爲限"。值得注意的是除了一般的古文家、駢文家外,清代的金石家、校勘學家也可被列入"文苑傳"。然觀《清史稿·文苑傳》序言,有"兹爲《文苑傳》,但取詩文有名能自成家者,彙爲一編,以著有清一代文學之盛"一句,而考察《文苑傳》

---

① 參見徐雁平《胡適與整理國故考論:以中國文學史研究爲中心》,安徽教育出版社,2003年,第339—357頁。該書第六章對章學誠在二十世紀二十年代的"被發現"作出深入考論。

② 傅振倫《清史稿評論(上)》,見《史學年報》1931年第1卷第3期,第244頁。

③ 民國初期對章學誠生平的研究,最早於1920年有日本學者内藤湖南所撰一萬餘字的《章實齋先生年譜》,見《支那學》第一卷第三號(1920年11月)與第一卷第四號(1920年12月)。而受内藤氏影響,胡適亦於1922年出版《章實齋先生年譜》,後經姚名達增補,胡《譜》在1930年再版時達七萬餘字。兩者相較,莫怪乎金毓黻會批評《清史稿》的章學誠傳"不足以盡其平生",要爲章學誠"補撰翔實之傳"。

④ 金毓黻:"愚意應以儒、文、史三者分科,於儒林、文苑之外,別立史學一傳,以收治史之士,庶有當乎? 否則治史之士,入儒林入文苑,俱有不宜,將有徘徊中道無所適從之嘆。"見《讀〈清史稿〉劄記》,第50頁。

⑤ (清)譚宗浚《擬續修儒林文苑傳條例》,見《希古堂集·甲集》卷一,光緒刻本。此條材料由學友陳曙雯提供。

⑥ 朱師轍《清史述聞》,第151頁。

所收録學人,又似乎不僅限於“詩文有名能自成家者”①。這意味着《文苑傳》不僅限於序中所言,只收入“詩文有名能自成家者”,反之不符合《儒林傳》録取標準,但又“學有專長”的學人,如萬斯同、趙翼以及提倡文史之學的章學誠等人,均可被收入《文苑傳》中②。

故在此録取標準下,《清國史》與《清史稿》兩書,均將章學誠列入《文苑傳》,差異處僅在於所附録的學人。《清國史》在章學誠傳下附録吴蘭庭與葉維庚二人,而《清史稿》章學誠傳僅保留吴蘭庭,删掉葉維庚,增加章宗源與姚振宗。類似的編排,主要出於編纂者對於傳主學術成就定位的不同。《清史稿》之編排,重在突出章學誠在其目録學成就,以及對古今學術考鏡源流的貢獻上。章宗源,字逢之,山陰人,乾隆五十一年(1786)舉人。章氏曾積十餘年精力,採獲經史群籍傳注,輯録唐宋以來亡佚古書,撰《隋書經籍志考證》,書脱稿後不久被仇家所焚,僅存史部5卷。姚振宗,字海槎、金生,會稽人。姚氏著《漢藝文志考證》、《隋經籍志考證》,能訂章宗源之失,《清史稿》評其“目録之學,卓然大宗。論者謂足紹二章之傳”③。章宗源與姚振宗皆精於目録學,故被附録在章學誠傳之下。而吴蘭庭得以保留,蓋因其“稽古讀書,多所纂述。凡地理、職官、沿革、建置,鈎稽探索,盡得其條貫,爲章學誠及嘉定錢大昕所推重”④之故。反之,生平事迹及學術活動與章學誠無直接淵源的葉維庚則被删除。就此點而言,《清史稿》對章學誠與附録學人的安排頗爲合理,傳主與附傳者之間的學術淵源與聯繫得以貫徹且顯得更爲緊密⑤。

結　語

從本文對《清國史》與《清史稿》章學誠傳的史源考辨與版本對勘,可知清史館諸賢在修改《文苑傳》時,主要偏重在對全篇文字的修飾與删削,並未對史

---

① 金毓黻曾批評《清史稿·文苑傳》的序文“最爲拙劣,不知出何氏手筆”。見《讀〈清史稿〉劄記》,第50—51頁。李誠推測序文的篡改者爲《清史稿》關外本的刊行者金梁:“另據馬通伯文集所載文苑傳序,顯與《清史稿》文苑傳序大不相同,也就證明後來的經手人篡改了。柯劭忞乃史學專家,必不至此。金梁掌校印刻《清史稿》,多所更革,這大概是他幹的。”李誠《桐城派文人在清史館》,見《江淮文史》2008年第6期,第78頁。

② 儘管《清史稿》對儒林與文苑傳收録學人的標準有其體例可尋,同時亦存有不合理且可議處。孟森曾對此標準作出批評:“《儒林》一傳,言清代學風之弊,以辭章爲文苑,考據即爲儒林。考據中專究文字學者,明明文苑耳,而亦與尊德性,飭躬行者並驅爭先,且形容以身教人者爲迂腐,爲空疏,人心風俗,於是大壞。此亦非《清史稿》作俑,舊國史館《儒林傳》已立此例,蓋爲乾嘉以來學風所劫制,不自知其捨本逐末,而卒爲世道之憂也。此皆其可議者也。”見孟森《明清史講義》下册,中華書局,1981年,第367頁。

③ 趙爾巽等《清史稿》,第13398頁。

④ (清)國史館《清史列傳》,王鍾翰點校,中華書局,1987年,第5946頁。

⑤ 金毓黻:“學誠傳附章宗源姚振宗二氏,頗得體,以二氏與學誠之學相近也。”見金毓黻《讀〈清史稿〉劄記》,第51頁。

料之考辨予以足夠重視,遂致章學誠傳以及《文苑傳》中出現不少訛誤[①]。當初清史館成立,入館修史人員衆多。按照當時的入館標準,聘請總纂、協修,不應該以名位、虚聲爲高下,反之要以"有學術、文章、能通史例者爲上選,而以有文采兼能潛心撰述者爲次"[②]。但實際上,《清史稿》主要撰稿者皆爲文人與官宦,其中文人又以桐城古文派爲主。他們雖頗有文采,然於史例卻有所不足。如《文苑傳》的修改者馬其昶,爲桐城派殿軍人物,然據其學生李誠回憶,其師在"清史館中,以文著名,但據人説,史例稍疏"[③]。又如清史館曾請李景濂撰《文苑傳》中的吴汝綸傳,但過於冗長,"衆謂其有違史例,遂告退"[④]。故馮爾康曾批評道:"《清史稿》的著作者中有一些桐城派古文家,作古文尚可,史法則不通,對時間、地點、人物、情節等作史要素理解不深,用力不勤。他們雖是史書的撰稿人,但卻不是史家。"[⑤]但亦有能撰各志的專門人才,但卻文采不足,以至於必須有能文者分纂[⑥]。朱師轍也無奈承認史才確實不易得,但史書又不能不修,認爲最理想的狀况是尋一二能通史例者,讓他們發凡起例,指導衆人,那麽經過數年的訓練,儘管是文章之士也可逐漸明了撰述義例[⑦]。但是清史館成立十餘年,人員流動頗大,這種理想狀態似乎也無法達到。

另外,值得注意的是從《清國史》到民國初年的《清史稿》,兩書都將章學誠列入"文苑傳",而不是近代學界所認知的"儒林傳"。有關現象,一方面涉及傳統"儒林"與"文苑"對學人録取標準的問題與爭議;另一方面也反映出《文苑傳》對史學家的收入標準以及清代學界對章學誠身份的認知,與民國以來學界對章學誠學術成就的定位是有所出入的。

附記:本文之撰寫得到曹虹教授與徐雁平教授的指導意見,在此謹申謝忱。

(作者單位:南京大學文學院)

① 張舜徽也對《清史稿》的《儒林傳》與《文苑傳》之疏漏感到不滿:"《清史稿·儒林》、《文苑傳》,舛誤漏略處至多,擬取《碑傳集》、《續碑傳集》、《碑傳集補》及有關文集、筆記校訂之,如有多暇,可從事改作也。"張舜徽《清史稿儒林文苑傳》,見《愛晚廬隨筆》,華中師範大學出版社,2005年,第15頁。

② 朱師轍《清史述聞》,第28頁。

③ 李誠《桐城派文人在清史館》,第77頁。

④ 朱師轍《清史述聞》,第45頁。

⑤ 馮爾康《清史史料學》,第52頁。

⑥ 朱師轍《清史述聞》,第29頁。

⑦ 朱師轍《清史述聞》,第32頁。

古典文獻研究（第十八輯下卷）
Journal of the Institute for Chinese Classics Studies
Nanjing University
Volume 18, No.2 2015

沈文倬先生關於漢時“《士禮》”稱名説辨正

楊　傑

流傳於世的儒家經典《儀禮》一書，在漢時曾被稱名爲《士禮》。該稱名，一見於《史記・儒林列傳》：“諸學者多言《禮》，而魯高堂生最本。《禮》固自孔子時而其經不具，及至秦焚書，書散亡益多，於今獨有《士禮》，高堂生能言之。”[①]再見於《漢書・藝文志》：“及周之衰，諸侯將逾法度，惡其害己，皆滅去其籍，自孔子時而不具，至秦大壞。漢興，魯高堂生傳《士禮》十七篇。”又見於《漢書・儒林傳》：“漢興，魯高堂生傳《士禮》十七篇。”[②]此皆漢人用例，以漢證漢，則其時《儀禮》有“《士禮》”之稱當無疑問。然而沈文倬先生於《從漢初今文經的形成説到兩漢今文〈禮〉的傳授》[③]一文中提出：西漢《儀禮》本無“《士禮》”之名，東漢“《士禮》”之稱源於劉向之誤用。

沈先生的這個主張[④]，涉及對《史》、《漢》等重要歷史文獻相關記載的正確

---

① (漢)司馬遷撰，(宋)裴駰集解，(唐)司馬貞索隱，張守節正義《史記》，中華書局，2014 年，第 3797 頁。

② (漢)班固撰，(唐)顔師古注《漢書》，中華書局，1962 年，第 1710、3614 頁。

③ 載尹達等主編《紀念顧頡剛學術論文集》(上)，巴蜀書社，1990 年，第 83—116 頁；又載沈文倬《宗周禮樂文明考論》，浙江大學出版社，1999 年，第 194—243 頁。

④ 沈氏之先，清代曾有江永、武億等學者對《儀禮》在漢時是否有“《士禮》”之稱提出質疑，其主要論據可以歸納爲三個方面：一是指《漢書・儒林傳》無“士”字；二是據《後漢書・儒林傳》、賈公彦《序周禮廢興》、孔穎達《禮記正義》等文獻引述《漢書・藝文志》、《儒林傳》所載高堂生傳《禮》事皆無“士”字，認爲《漢書》“士禮”之“士”爲後世衍文；三是釋《史記》“於今獨有士禮，高堂生能言之”爲“司馬特謂生能言者士禮，以於七篇中獨能發明其義，餘篇不過傳守而已”，從而認爲《史記》雖言“士禮”，但“未嘗以十七篇盡目爲士禮”。(江永《群經補義》卷三《儀禮》，清乾隆書業堂刻本；武億《三禮義證》卷七《儀禮》，清道光二十三年刻本。)今按，上述論據均不能成立，理由如下：稽核今見北宋景祐本(商務印書館影印百衲本《二十四史》本)以及南宋慶元元年刻本《漢書》，其《儒林傳》皆有“士”字，所謂無“士”字者蓋劣本，不可據以爲證；“古人引書，原不必規規然求合”(俞樾《古書疑義舉例》)，《後漢書》、《序周禮廢興》和《禮記正義》等後世文獻對於《漢書》所載高堂生傳《禮》事的引述，並屬意引(除“士”字外還存在其他無礙内容旨意的文字删節與改動)，故不足據以論《漢書》；言高堂生對所傳《禮》有能言、不能言之區分，已與常理有乖，又將“能言”、“不能言”的區分標準界定爲闡釋、訓解經文的創新程度，則屬解經層面，顯與《史記》於此論《禮經》之流傳不能相容。

解讀和準確性考察，涉及對劉向、鄭玄等文獻學家、經學家以及"後世禮家"之研究成果的是非評斷，還涉及最早進入儒家經典體系的禮學文獻《儀禮》一書在漢代的重新出現及其來源問題，不可不慎。然而筆者經過審慎思考認爲，沈先生的這個觀點還有待商榷，其闡發和推證過程中摻雜了一些曲解和臆測，有必要予以廓清。爲免下文引據複沓，先將沈作中核心觀點的論述原文引録如下，其餘相關論述則隨本文論證之需再略作徵引於後。

> 禮典是按爵位尊卑來分别的。因政治變革而被廢棄的都屬大夫以上的禮典；士禮，接近民間，與民風土俗聯繫較多，又不存在僭上的問題，不可能也不必要禁止其舉行，在秦火中没有受到影響。今存《禮經》十七篇中，士禮占七篇，即《士冠禮》、《士昏禮》、《士相見》、《士喪禮》上下篇（下篇題《既夕》）、《士虞禮》、《特牲饋食》。《喪服》雖説"自天子達於庶人"（《孟子·滕文公上》），但天子絶旁期，大夫無緦服，只有士具備五服，它基本屬於士一級的。還有《鄉飲酒禮》、《鄉射禮》兩篇，當時稱之爲"鄉禮"，是鄉大夫、州長等地方官在民間推選"處士賢者"，並會民習射，以觀其能。雖屬大夫禮而其事接近士庶，等級並不森嚴，與士禮相仿佛。《史記·儒林列傳》云："故漢興然後諸儒始得修其經藝，講習大射、鄉飲之禮。"大射當作鄉射，劉、項戰爭剛結束，鄉禮隨即恢復。據以推證，冠、昏、喪、祭等則士禮與庶人之禮差别不大，關係尤爲密切，在民間從未間斷。司馬遷所説"於今獨有士禮"，既是指仍在民間實行的八個禮典和喪服，同時也是指被保留下來的十篇六國文字書本，並且它隨着"書同文字"的實施，不言而喻，已在民間改寫爲漢隸書本了。就禮典言只有八個，就書本言卻有十篇，他在士禮下没有標明篇數是毫不足怪的。但後來據以演述的記載不知何所據而加上篇數？班固説"《士禮》十七篇"是從劉向那裏抄來的。荀悦《漢紀》（卷二十五）云："劉向典校經傳，考集異同，云[①]禮始於魯高堂生傳《士禮》十八篇，多不備。"班的十七和劉的十八以及王充的"見在十六篇"（見《短謝》篇），不過是上下篇分合所引起的差異，不必深究。十七篇明明包括天子禮一篇、諸侯禮四篇、大夫禮兩篇（"鄉禮"兩篇除外），禮典處處講究爵位等級，豈容以卑統尊而總稱之爲"士禮"！由於劉向對禮學不太在行，在典校經傳處理今文經師所傳之本時，没有弄明白"獨有士禮"的相對意義，冒用《史記》所稱"士禮"之名，導致後世禮家以訛傳訛，説漢初《禮經》又名《士禮》，這後果是很嚴重的。《禮記·奔喪》孔疏引鄭玄《六藝論》云："漢興，高堂生得《禮》十七篇。"改傳爲得，使司馬遷所説"高堂生能言之"的事得到落實，只有從民間取得了漢隸經本，才能據以講説傳授。但他同樣没能分辨被保留下來的只有士禮這一部分，可能受劉氏的影響，對高堂生取得七篇天子諸侯大夫禮的事仍然説不清楚，可見鄭玄對漢初

① 筆者按："云"原屬上讀，誤，徑改。

今文《禮》的形成也失於深考。[1]

根據沈先生的論述,兹將其主要觀點及理據加以覼縷,並略陳鄙意如次。

其一,沈説《史記》"士禮"非書名的大前提——"禮"的雙重内涵中,自始至終以禮典爲主體,禮文爲輔助;"《禮經》成書以後,凡提到'禮',在理解上固然包括禮典、禮書二者在内"。

沈説的一個最大特點在於他指出了此處"士禮"具有雙重内涵。在上述引文之前,沈氏專門有一段文字對"禮"的雙重内涵進行了細緻闡述,可以看作是其解讀《史記》"士禮"文亦具雙重内涵的大前提。他説:

> "禮"與《詩》、《書》不同,《詩》、《書》是文字記録的書本,而"禮"是人們實行禮典的具體儀式。天子、諸侯、卿、大夫、士經常舉行各種禮典,他們必須自幼學習,成人後又長期實行,十分熟悉,在當時不需要記録成文。春秋以後,周王朝日漸衰落,諸侯國都出現權力下移的傾向,相應地在制度上發生僭上的現象,舊制度被新執政者所破壞,造成"禮崩樂壞"的局面,某些統治者爲了防止它的湮滅,才有必要撰作書本,以利保存。大約在魯哀公到魯共公這一百多年中,自孺悲受哀公命從孔子學士喪禮開始,孔子弟子或後學相繼論次,陸續寫成《禮經》書本若干篇。司馬遷所説"本禮固自孔子時而其經不具",就是各種禮典在孔子時還没有寫成書本的意思。《禮經》成書以後,凡提到"禮"時,在理解上固然包括禮典、禮書二者在内;但禮典給人的印象較爲深刻,大家心中仍然以它爲主體。[2]

在這段文字中,沈先生不僅闡述了"禮"的特殊性,即"禮"具有禮典、禮書雙重内涵,而且勾畫了"禮"之内涵的階段性特點。他明顯的將"禮"分爲無文本階段、成文階段和成書以後三個階段,並且認爲:在無文本階段,"禮"當然僅有也僅指禮典;在成書以後的階段,則"凡提到'禮',在理解上固然包括禮典、禮書二者在内"。關於"禮"之總體發展脈絡,筆者贊同沈先生的這種劃分,但對於幾個時間節點和細節解釋,則不能完全認同。

一是春秋以前都處於無文本階段,未成文的原因是貴族們"經常舉行","自幼學習","長期實行",故而"十分熟悉","不需要記録成文"。説因爲熟悉就不需要成文,這恐怕很難讓人接受,在西周那樣一個龜甲、典册等書寫材料十分珍貴的年代,是否訴諸文字,關鍵應取決於記録對象的重要程度。周禮是周人取代殷商以後在周初幾代先王的努力下創設的一整套等級制度,既包括國家層面的設官分職,也包括整個貴族階級的行爲規範,涉及政治、外交、軍事、娛樂、生活等諸多領域,在統治人民、保障國家運行、維護社會秩序等方面起着非常重要的作用,對於這樣的政治創舉及其成果,周人自己怎麽可能不將其書之於典册呢?很難想象,以"禮樂文明"爲其最大特色並著稱於世的西周,

---

① 沈文倬《宗周禮樂文明考論》,浙江大學出版社,1999年,第214—216頁。
② 沈文倬《宗周禮樂文明考論》,第214頁。

會對"禮"没有文字性的訴求,不僅有,而且應當是頗具規模,所謂"經禮三百,曲禮三千",正是對西周之禮典、禮文繁盛狀況的貼切描述。① 楊天宇先生也表達過類似的觀點,認爲:"以情理推之,周統治既然如此重視禮,那麽他們把所製定的禮用文字記載下來,以便貴族及其子弟們去學習和實踐,也是理所當然的事";《論語·八佾》記孔子言夏、殷之禮"文獻不足",言"周監於二代,郁郁乎文哉",以及《莊子·天運》記老子曰"夫六經,先王之陳迹也",都説明三代之禮在當時多少是有文字記載的;而《孟子·萬章下》和《漢書》《禮樂志》、《藝文志》所記述的"及周之衰",諸侯"惡其害己,皆滅去其籍"的狀況(詳下文),正説明周禮原本是有"籍"的,"這些記載周禮的'籍',便是後來《儀禮》的源。"②兩相參詳,楊先生的觀點顯然更加公允通達,論述也更爲充分有力。認爲西周已具有成文禮,不僅更加合乎情理,而且能夠於先秦文獻中得到諸多印證。

二是關於禮的成文時間和原因,認爲是春秋以後,王綱解紐,權力下移,僭越現象時有發生,某些統治者爲防止"禮"的湮滅,産生了撰作禮文的動機。這恐怕恰恰與東周時期禮文留存的實際狀況相反。我們首先援引幾條材料。

《孟子·萬章下》:"北宫錡問曰:'周室班爵禄也,如之何?'孟子曰:'其詳不可得聞也,諸侯惡其害己也,而皆去其籍。'"③

《漢書·禮樂志》:"及其衰也,諸侯逾越法度,惡禮制之害己,去其篇籍。"④

《漢書·藝文志》:"帝王質文,世有損益,至周曲爲之防,事爲之制,故曰:'禮經三百,威儀三千。'及周之衰,諸侯將逾法度,惡其害己,皆滅去其籍。"⑤

可見,春秋時期不僅不是周禮始被形諸文字之際,而是諸侯"惡其害己,皆滅去其籍"之時。諸侯爲什麽會"惡其害己"呢?因爲周王朝的禮樂文明或者説禮儀制度的最大特點便是具有鮮明的等級性,它不僅要求"禮不下庶人",而且在貴族内部也具有森嚴的等級規定,自天子到諸侯到卿大夫到士,其行禮儀節、度數都各有其矩,不得違越。西周末期,王室衰微,諸侯力政,快速崛起的諸侯時有僭行天子禮的行爲發生,他們自然不想爲後世留下詬病的話柄,於是理所

① 《禮記·禮器》:"經禮三百,曲禮三千。"鄭注:"經禮,謂《周禮》也。《周禮》六篇,其官有三百六十。曲,猶事也。事禮,謂今《禮》也。禮篇多亡,本數未聞,其中事儀三千。"(鄭玄注、孔穎達等正義,吕友仁整理《禮記正義》,上海古籍出版社,2008年,第986頁。)是知鄭玄亦以此語形容禮文之盛。

② 楊天宇《儀禮譯注·前言》,上海古籍出版社,2004年,第4—5頁。

③ (漢)趙岐注,(宋)僞孫奭疏,廖名春等整理《孟子注疏》,北京大學出版社,1999年,第271頁。

④ (漢)班固撰,(唐)顔師古注《漢書》,第1029頁。

⑤ (漢)班固撰,(唐)顔師古注《漢書》,第1710頁。

當然的想要去銷毁周代禮之舊籍。不止於此,周禮所秉持的絶對等級觀念,將最高統治者也納於整個體系當中,即使居處層級最高端的天子,也必須嚴格遵循其所當行之度、所當守之分,不得任意升降違棄,從這個角度上講,"天子與公、侯、伯、子、男一也,而非絶世之貴"①。這樣的制度,與强勢諸侯所主張的獨霸天下的寡頭政治思想具有天然的衝突,嚴重妨害了他們推行霸政的合理性,他們故而"惡其害己",急於要"滅去其籍",從而爲霸政的實施掃清障礙。在此禮崩樂壞、天下逐鹿、弱肉强食的背景之下,早已失去了往日至高無上之權威的周王室,面對越來越多强勢諸侯國的頤指氣使和公然挑釁,自保尚且不暇,何談撰作禮書,防其湮滅?沈先生所説的"某些統治者",既不可能是意欲靠武力獨霸的强勢諸侯國君,也不可能是苟延殘喘的周天子,實在是理想主義中的一種美好願景。果若有此類統治者,還是"某些",主張"克己復禮"的孔夫子,何至於游説列國十餘載而處處碰壁,形如喪家之犬?清代學者徐乾學亦有類似沈先生的觀點,云"禮失而有制",沈先生的高足陳戍國先生評價説:"徐氏看到了'禮失而有制'的一面,但還應看到'禮進而有制'的一面。從社會的發展變化觀察禮制的形成,何必禮失纔有制呢?"②甚是。

三是其將《史記》"本禮固自孔子時而其經不具"理解爲"各種禮典在孔子時還没有寫成書本"(其將"本禮"成詞,亦誤,説詳下),並據以認爲孔子手頭無文本,弟子後學方形成文本。筆者認爲,對於"固自孔子時而其經不具"的理解,必須結合下半句"及至秦焚書,書散亡益多"進行。若照沈先生的理解,則前半句分明還在説《禮經》之成文尚未完成,後半句就突而轉言《禮經》的散亡了,既顯得跳躍,而且下半句"散亡益多"之"益"在上半句找不到對應,無可附麗,太史公行文斷不至乖戾如此。從文法上講,沈先生的理解也不甚妥帖。若作"在孔子時還没有寫成"解,則《史記》當言"於孔子時"而非"自孔子時"。又,可以説"自某某,某書完成",而不能説"自某某,某書尚未完成",只能是"自某某,某書開始殘闕"。所以"自孔子時而其經不具"的"不具",應當是開始不完備、開始殘闕了,而不是尚未完成。要之,司馬遷在這裏並没有涉及《禮經》的作者、成書時間等這個頗爲複雜的問題,只是在叙説《禮經》文本的散失情況,全句貫通起來意思是:《禮》固然是從孔子那個時候開始經文就不完備了,到了秦朝焚滅典籍,《禮經》的散失就更加嚴重了。③ 這樣文從字順,字字落實,意義曉暢,也符合史實。至於沈先生根據其誤解進一步推認孔子手頭無文本,則恐怕更有失偏頗。關於孔子是否編定《禮經》的問題,楊天宇先生有精闢切實

---

① (清)顧炎武著,黄汝成集釋,欒保群、吕宗力校點《日知録集釋(全校本)》,上海古籍出版社,2006年,上册第433頁。

② 陳戍國《先秦禮制研究》,湖南教育出版社,1991年,第26頁。

③ 《二十四史全注全譯》今譯作:"《禮》本來從孔子時起經書就不完整,到了秦朝焚書,經書散失的篇目更多。"(許嘉璐主編,安平秋分史主編《二十四史全注全譯·史記》,漢語大詞典出版社,2004年,第1451頁。)吾説不孤。

的論述可參[1],兹不贅言。

四是認爲《禮經》成書以後,文獻凡提到“禮”,理解上固然包括禮典、禮書雙重内涵,且以禮典爲主,並以《史記》“本禮”成詞。在禮成文以後的階段,要注意到“禮”的雙重内涵,這自然是很好的意識,但沈先生作“凡是”的説法,則有些絶對了,其又必以禮典爲主,也顯得過於强調禮典而忽視禮文了。我們就近取《史記·儒林列傳》“諸學者多言禮而魯高堂生最本禮固自孔子時而其經不具”中的兩個“禮”爲例言之。“諸學者多言禮”,説的是漢初很多學者都講論先秦傳下來的《禮》(既包括對禮文的研討,也包括對禮文所記禮典的研討),這個“禮”並不是指泛泛的禮典,也不是禮容,更不是漢朝新定制之禮[2],而是專指從先秦傳下來的與孔子有密切關係的被稱爲“經”的《禮》。所以,準確的説,此“禮”僅具禮文這一重内涵,而且特指禮文中的《禮經》[3],必須加書名號,否則反而會引起歧義。(《禮經》所傳達的禮典内涵雖然存在,但必須緊密依着於禮文而得以表達,不能獨立存在。)通行的中華書局《史記》整理本也正作這樣的處理。關於第二個“禮”,傳統的句讀方式是:“諸學者多言《禮》,而魯高堂生最本。《禮》固自孔子時而其經不具”。沈先生則認爲,“本字與禮字連文”,且“禮”不加書名號。沈先生的這種句讀方式,正是對其“凡是”原則的落實:《史記》撰作於《禮經》成書以後,其中的“禮”固然包括禮典、禮書雙重内涵,且以禮典爲主,故而“禮”字不能加書名號,將“本禮”連讀,由“本”對“禮”構成限定、修飾作用,“本禮”一詞意謂文本性的禮,亦即“《禮經》書本”。沈先生此説後來被不少禮學研究專家採納[4],影響可謂不小。但筆者認爲此種解讀存在幾個疑點:1. 將“本禮”成詞,未見他例。2. 傳統的讀法將“最本”成詞,是説魯人高堂生的講論“最接近本原”,最得根本,達意明確完整;且此種“人名+最(副詞)+形容詞”的表述方式可以在漢代文獻中找到頗多類似用例,比如“后倉最明”(《漢書·藝文志》),“夏侯始昌最明”(《漢書·儒林傳》)等等。若要將“最本”割裂,“本”屬下讀,則上半句作“魯高堂生最”,以副詞“最”直接人名絶句,既不合語法,達意也明顯不備,似待補足。3. “禮固自孔子時”之“禮”,原本就指《禮經》(漢時亦稱《禮》),既與前“多言《禮》”之“禮”用法統一,也與後半句“其經不具”之“經”照應,並不需要非得兜個圈兒,説“禮”是雙重涵義,然後再用“本”加以限定,變成“本禮”二字成詞方才表示《禮經》書本。沈先生之所以要

---

① 楊天宇《儀禮譯注·前言》,第5—10頁。

② 據洪業先生研究,《史記·儒林傳》體現了漢初禮學蓋有三途。“一曰,有漢朝廷之儀節;此叔孫通參雜古禮與秦儀之論著也。一曰,魯人頌貌威儀之禮容;此徐氏父子門徒之所以爲禮官大夫者也。一曰,在孔子時已不具,迨秦火而益殘之《禮經》;此高堂生之所能言,徐襄之所不能通,徐延之所頗能而未善之《士禮》也。”(洪業《儀禮引得序》,載洪業等編纂《周易等十種引得》,上海古籍出版社,1986年,《儀禮引得》第xv—xii頁)此説在學術界已獲得廣泛認同。

③ 先秦諸子多有論禮之文,此《史記·儒林列傳》所述特指儒家一派《禮經》的傳承。

④ 如周何《禮學概論》(三民書局股份有限公司,1998年,第76頁)、彭林《周禮注疏·校點前言》(上海古籍出版社,2010年,第1頁)、丁進《禮學文獻的重現與兩漢禮學的演變》(《學術月刊》2012年第6期,第127頁)等。

繞這個圈兒,而且還特别加以强調,就是因爲其先在的"凡是"觀念作祟,"《禮經》成書以後,凡提到'禮'時,在理解上固然包括禮典、禮書二者在内;但禮典給人的印象較爲深刻,大家心中仍然以它爲主體"。其實《禮經》成書以後的情况並没有這麽複雜,"禮"雖然具備了雙重内涵,但仍然可以相互獨立使用,而且自"禮"成文,儒者探討三代禮典必須依靠禮文的記載,這種禮文所表達的禮典義是附着於文字傳達的,跟不論成文之前還是成文之後的那種獨立的禮典義項是有區别的,不需要將這種禮典義在《禮經》成書以後特别予以凸顯和獨立。沈先生的"凡是"説顯然過於絶對了,而成文以後"禮"的禮典内涵也被過於凸顯了,這兩點先在的觀念和大前提,不僅使此處"禮"的理解誤兜"本禮"之圈,而且爲後面"士禮"的誤解埋下了伏筆。

其二,沈説《史記》"士禮"指八個禮典和十篇禮文的核心依據——在禮典的實行方面,士禮没有受到秦火的影響,在民間從未間斷(鄉禮則漢興隨即恢復);在禮文的保存方面,《禮經》中的七篇士禮、兩篇"鄉禮"和《喪服》共十篇被保留下來。

將上文所述的前提觀念投射到《史記》"於今獨有士禮"之"士禮"上來,沈先生自然得出:此"士禮"具有雙重内涵,指士的禮典和士的禮文,且以前者爲重。如此,"於今獨有士禮"這句話也表達了兩層意思:士禮禮典到了西漢仍然在現實層面存在(禮典的存在當然强調在現實層面,這也正是沈先生的核心觀念和突出獨創),同時士禮禮文也得以留存。我們不禁要問,這的確是太史公所要表達的原意么?歷史果真如此么?如果這兩層意思的確與歷史事實相符——也就是説將"士禮"作禮典、禮文雙重内涵理解且倚重前者時,司馬遷之叙述内容爲真——倒是可以在很大程度上説明沈先生之解的可行。那麽反過來,士禮禮典和士禮禮文確實於西漢尚存,也就成了沈説能夠成立的一個小前提①。

然而,這顯然與我們通常的認識不符。衆所周知,西周的禮樂文明自春秋末期就開始在現實中崩壞坍塌,到了以暴政、嚴法著稱的秦朝,更將其視爲堅决抵制和毁滅的對象,焚書坑儒尚且不憚爲之,哪裏會去施行儒家那套温文爾雅、動輒獻酢揖讓的"禮"呢?對於禮典、《禮經》在秦朝必然被禁、焚這一基本觀點,沈先生其實是認同的,而且還有一段不錯的證明,他説:"大家知道,《詩》、《書》、'禮'、'樂'是儒生專門修習的科目,是不分主次的;'禮'傳自齊、魯,而秦朝又别創禮儀(見《史記·封禪書》、《禮書》、《漢書·禮樂志》),從制度上看兩者是對立的;因此,無論怎麽説也不可將把它置于焚禁之外。《論衡·短謝》云:'秦燔《五經》,坑殺儒士。'説《五經》一起焚毁,惟見此文。上文已論定《易經》的六國文字書本也在焚禁之列,那末王充此説雖出後世傳聞,倒頗能

① 大體而言,這是一個必要但不充分的前提。如果絶對嚴格起來講,把司馬遷的記述也有發生疏忽、不盡合乎歷史真實的可能性考慮進去,這甚至是一個既不充分也不必要的條件。此處首先認爲司馬遷的記述即爲歷史的真實寫照,沈先生顯然亦是作此考慮。

反映焚書真相。由此可證《禮經》的搜繳銷毁是無可置疑的。”[①]前一句側重於通過對歷史背景的分析推斷現實層面禮典的必然被禁，後一句則着重於通過《論衡》的記載證明文本記録層面《禮經》的被焚，可謂精準而要言不煩。但是沈先生同時還有一個補充，即堅持認爲雖然秦火中“禮”是焚禁的對象，但整個“禮”體系中唯獨士這一階層的“禮”（既包括禮典也包括禮文）卻能夠倖免，得以留存至漢。這個觀點的表達對應於上述引文中自首句“禮典是按爵位尊卑來分别的”直到“在民間照常舉行，從未間斷過”，它傳達了兩方面内容：一是對士禮得以倖免這個論斷的論證，二是圈定了一個共計 10 篇的留存篇目。

先看其論證，主要有兩點：1. 士禮“接近民間”，與民俗較多關聯，且“不存在僭上的問題”，故而“不可能也不必要禁止其舉行”；2. 根據《史記·儒林列傳》文認爲“劉、項戰爭剛結束，鄉禮隨即恢復”，並據以推證士禮“在民間照常舉行，從未間斷過”。筆者認爲，這兩點論證皆難以成立。

關於第 1 點，士作爲貴族階級的最低層，的確較爲接近庶人，但他畢竟是貴族，與庶人之間具有根本的階級性質的區分。根據周禮的規定，“禮不下庶人”，只有貴族才具備行禮的權力，庶人是無所謂行禮可言的（既没地位，也没財力），如此則士之禮根本無從保全。至於所謂“與民俗較多關聯”，那更多是説禮的起源和創制階段（且僅限於昏、喪等幾種類型，而非禮的全部），一旦經過了以周公爲代表的西周領導集團的改造，“禮”與“俗”便不可同日而語了，相對於“俗”，“禮”的儀式感、規約性大大增强，而德性原則和君子内涵的注入，使它立即從民之“俗”中超拔出來，成爲貴族進行身份認同的標志，及其優越性體現的重要方式。儒家强調等差，明言“禮不下庶人”，都體現了周禮系統中貴族之禮與庶民之俗的相分離。所以，在“禮”的保存方面，“俗”早已無能爲力了。説士禮“不存在僭上的問題，不可能也不必要禁止其舉行”，恐亦難取信於人。秦朝焚書坑儒，爲的是通過思想文化的控制，維護其專制統治，一切與其主流思想（法家思想）相違礙的思想和行爲，尤其是那些喜歡“非議朝廷”的儒生和與法家有着天然鴻溝的儒家思想，勢必成爲其清繳的重點。正如沈先生所説，秦朝雖然也創設禮儀，但從制度上看是與儒家之“禮”對立的，所以對於儒禮及其記録，秦朝勢必要禁要焚。既然要焚禁，那當然是對包括了天子至士的整個儒禮體系及其意識、觀念的焚禁，難道秦人禁禮的時候還會僅僅揪出某些階層進行肅清，或是單獨剔除某個階層（即便是最低層）不予追究？難道秦人焚書的時候還會翻開看看，如果只有士禮便放他一馬不丢進火堆了？顯然不可能。再者，士這個階層雖然在貴族中地位最低，但他同時也數量最大，年齡最輕，無疑是貴族集團的主體和生力軍，是文化傳承的砥柱，是國家復興的希望，有哪個政權會愚蠢到對這樣的階層掉以輕心、網開一面？何况是這專制到極點的“暴秦”！

關於第 2 點，沈先生對《史記·儒林列傳》中“漢興然後諸儒始得修其經藝，講習大射、鄉飲之禮”這句話的理解，或許存在偏差，這集中體現在他誤解

① 沈文倬《宗周禮樂文明考論》，第 214 頁。

了"講習"的含義並且冒然將"大射"改爲"鄉射"。他説:"《大射》爲'諸侯與其群臣射,以觀其禮'。民間講之,如《史記·孔子世家》'而諸儒亦講禮鄉飲、大射於孔子冢',講而不習猶可;如使之習,則扮演諸侯大夫,既多不便,衣飾器皿,措辦尤難。故民間習禮,必用二'鄉射'而决不用大射。史家重文詞,嫌於犯複,擅改鄉射爲大射。"[①]筆者認爲,"講"自是偏重口頭的討論,而"習"則意義寬泛,研習、練習、學習、演習都可稱爲"習",該字的本意"鳥數飛",强調的就是通過反覆多次的重複以達到熟悉、通曉的一種過程,形式可以多樣,並不一定非要"扮演",即便是"扮演",也並不一定必須所有禮器服飾齊備,較難獲得的器具臨時找個替代品完全没有問題,演練的目的在於强化行禮者對儀式、儀程的諳熟,激發其對儀式中精神、内涵的體悟,所謂的"衣飾器皿,措辦尤難",又有何礙?當年孔子"去曹適宋,與弟子習禮大樹下"(《孔子世家》),顛沛流離之中難道也是禮器齊備方才"習"之的麽?周時,射禮有大射、鄉射、賓射、燕射之分,大射雖由諸侯主辦,但大夫、士皆需參與其中,平素固當勤於習練,以免正式行禮時出錯。漢以後,這些禮典大多已經退出歷史的舞台,而《史記》所載的諸儒仍不時重加講練、修習,則多是漢儒出於對先秦儒家禮樂文明的崇仰與懷念,所自發的一種行爲,而非爲求正式場合準確行禮的演練,更不能説明先秦儒禮在漢代現實中仍然保留。所以筆者認爲,《儒林列傳》篇中的"大射、鄉飲"並不存在誤字(《孔子世家》的"鄉飲、大射"正可提供本校之證),其言"講習"也完全不能等同於禮的實行,更非沈先生所謂"隨即恢復"(恢復意味着制度保障下的經常性、規約性的進行),説史家爲避"犯複"而"擅改鄉射爲大射",則對太史公的學識未免太過小覷。綜上,説秦火中"禮"遭禁焚而唯士禮獨存,是不合乎歷史情理的。

再來看沈先生所圈定的留存篇目,總共10篇,可分爲3類,除了嚴格意義上的"士禮"7篇外,還包括"基本上屬於士一級"的《喪服》1篇和"與士禮相仿佛"的"鄉禮"2篇。《喪服》篇,涉及階層頗廣,正如沈先生所形容,"自天子達於庶人",故而常被禮家稱爲"通禮"。沈先生將之納入留存篇目的理由是"天子絶旁期,大夫無緦服,只有士具備五服",故而"它基本上屬於士一級"。但是按照上引沈先生所做的分析,士禮因"接近民間"、"不存在僭上"方得以保全,而"大夫以上的禮典"則當屬"因政治變革而被廢棄"之列,那麽這篇涵蓋了大夫、諸侯乃至天子喪服制度的禮文——關鍵在於該文已涉及大夫以上禮,而無關乎大夫以上五服之制是否齊全——豈不必然也早被焚禁了?再説兩篇"鄉禮",沈先生的理由是"雖屬大夫禮而其事接近士庶,等級並不森嚴,與士禮相仿佛"。這又讓我們不禁聯想起沈先生所言"禮典是按照爵位尊卑來分别的","禮典處處講究爵位等級,豈容以卑統尊而總稱之爲'士禮'"云云[②],此處怎又"等級並不森嚴"了呢?同樣是禮典之爵位等級的劃分,怎麽所遵循的標準忽

① 沈文倬《宗周禮樂文明考論》,第215頁注①。

② 沈文倬《宗周禮樂文明考論》,第214、216頁。

緊忽鬆呢？所以，沈先生給出的將“士禮”7 篇以外的這 3 篇納入留存篇目的理由，明顯與别處所論存在牴牾，讓人感覺牽强和生疑。此外，沈先生還强調，“就禮典言只有八個，就書本言卻有十篇”，正是“士禮”之禮典、禮文雙重内涵數量上的不一致，所以太史公“在士禮下没有標明篇數是毫不足怪的”。但從我們上面對沈先生篇目圈定的分析，“十篇”之記數是不是顯得有些隨意了呢？

其三，沈説《史記》“士禮”非書名帶來的一系列問題——劉向不懂禮，誤解《史》文，冒用“士禮”之名；班固、荀悦等失於裁斷，以訛傳訛；“《史記》、《漢書》記述《禮經》今文學的形成過程，疏漏缺略，前後刺謬，破難董理”，鄭玄亦非好學深思之士，“對漢初今文《禮》的形成也失於深考”；七篇大夫以上《禮》，是高堂生首創“推致”之法，“默誦記録”而來。

《史記》之“士禮”，雖然沈先生不認爲是書名，但從東漢文獻往往稱高堂生傳“士禮”十六、十七或十八篇來看，東漢學者顯然是普遍將其當作書名的。對此沈先生復又提出：後來據《史記》進行演述的記載在“士禮”後加上篇數，是一種“不知何所據”的行爲，這種行爲，很可能始於劉向，因爲“劉向對禮學不太在行，在典校經傳處理今文經師所傳之本時，没有弄明白‘獨有士禮’的相對意義，冒用《史記》所稱‘士禮’之名”，其結果是，“導致後世禮家以訛傳訛，説漢初《禮經》又名《士禮》”。

我們知道，劉向作爲西漢繼董仲舒、司馬遷之後最偉大的學者，不僅是一位傑出的文獻學、目録學家，而且也是一位具有深厚經學素養的儒者，甚至在當世便被譽爲“通儒”。他家世顯赫，是漢高祖劉邦之弟楚元王劉交的四世孫，自幼便在儒學熏陶下成長；青年時代，他待詔金馬門，參與了極爲廣博的郎官經學活動，爲日後成爲知聞博洽的一代通儒奠定了基礎；甘露三年，他奉宣帝之詔“受《穀梁》，講論《五經》於石渠”；晚年，他編撰《新序》、《説苑》，於儒家經傳文獻廣徵博引；史家更稱其“專積思於經術，晝誦書傳，夜觀星象，或不寐達旦”①。很難想象，這樣一位具有堅實的經學背景的“通儒”，會“對禮學不太在行”，到了連《禮經》十七篇之大體内容都不知曉的程度。我們還可以舉出更切實的例子。劉向對於《士禮》書名和篇數的著録，不僅不是“不知何所據”的“冒用”，而是有他作爲一位皇家文獻學家最爲優越和得天獨厚的條件做基礎，那就是他親自領導並參與了對於皇室藏書的全面整理，並且在其中“領校中五經秘書”(《漢書・劉向傳》)。在整理《禮經》過程中，他廣羅衆本，加以比堪，得出《禮古經》與高堂生所傳“文相似”而“多三十九篇”(《漢書・藝文志》)；對於《禮經》十七篇的篇次，他不滿足於已有的大、小戴排序，創造了一種更爲優質的排列方式②，並得到了後世禮家的廣泛認可③。這兩個細節都足以説明，劉向對

① 徐興無《劉向評傳(附劉歆)》，南京大學出版社，2005 年。

② 賈公彦《儀禮疏》將之總結爲“尊卑吉凶，次第倫叙”，意謂劉向《别録》本篇次遵循的原則是先吉禮後凶禮，吉禮之中又按照自卑至尊(先士次大夫次諸侯次天子)的順序排列。

③ 漢末鄭玄注《禮經》，即取用劉向篇次，後世治《禮》者皆以鄭學爲宗，不舍其注本，形成所謂“禮是鄭學”的局面。

高堂生所傳《禮》之篇數、篇目、内容、等級十分諳熟，對於《禮經》十七篇各篇主旨及其關聯皆有研究，且頗具心得，絶不可謂不懂《禮》、不在行。懂《禮》知《禮》，而將《禮經》稱之爲《士禮》，一方面説明漢時學界對《禮經》確有《士禮》之稱，另一方面也説明《士禮》之稱必有一定的理據，得到了包括劉向在内的當時學者的認可和沿用。沈先生説"十七篇明明包括天子禮一篇、諸侯禮四篇、大夫禮兩篇，禮典處處講究爵位等級，豈容以卑統尊而總稱之爲'士禮'"，或失褊狹。對於《儀禮》稱名《士禮》的合理性，前修時彦已經提出了包括首篇説[①]、首三篇説[②]、首九篇説[③]、首二字説[④]、士通事説[⑤]、以士爲主説[⑥]、綜合説[⑦]等在内的多種解説，雖尚未達成共識，但對該問題的解決提供了諸多有益的探索。時移世易，時空乖隔，今之不知，未必古之不是。"多聞闕疑，慎言其餘"，此誠古之良訓。沈指《史記》"士禮"非書名，不僅帶來了劉向不懂《禮》、誤用冒用的後果，對於班固、荀悦等人，也要扣上以訛傳訛、失於裁斷、襲劉向之誤的帽子，這未免城門失火，殃及池魚。在那個罷黜百家、獨尊儒術的時代，學者集體性的蹈襲前人明顯之誤，實在是説不過去。

此外，沈説《史記》"士禮"非全書名，僅指其中"士之禮"10 篇，這就意味着司馬遷只説了今本 17 篇中的這 10 篇是高堂生自先秦傳下來的，另外 7 篇的來源問題，司馬遷並没有提及。其實照沈説來看，不僅司馬遷没有提及，整個終漢一世的學者、禮家都没有提及，無怪乎沈先生要説："《史記》、《漢書》記述《禮經》今文學的形成過程，疏漏缺略，前後剌謬，頗難董理。"[⑧]沈先生同時抓住《六藝論》中"高堂生得《禮》十七篇"之"得"，指責鄭玄"同樣没能分辨被保留下來的只有士禮這一部分"，並分析其原因是"可能受劉氏的影響，對高堂生取得七篇天子諸侯大夫禮的事仍然説不清楚"，"對漢初今文《禮》的形成也失於深考"。繼文獻大家劉向、史學名家馬班之後，經學大師、禮學專家鄭玄終於也

---

① 首篇説由朱熹首倡，其《儀禮經傳通解》卷首《篇第目録(序題)》云："其所謂《士禮》者，特略舉首篇以名之。"(朱熹撰，朱傑人、嚴佐之、劉永翔主編《朱子全書》第 2 册，上海古籍出版社，安徽教育出版社，2002 年，第 29 頁。)該説在清代得到全祖望、戴震、俞正燮、皮錫瑞等學者的廣泛認同。

② 黄侃《禮學略説》："漢世十七篇以《士冠》、《士昏》、《士相見》等冠首，故全書冢其稱曰《士禮》。"(《國立中英大學文藝叢刊》1936 年第 2 期，第 28 頁)又張舜徽《漢書藝文志通釋》："此書首三篇篇題，皆冠以'士'字，故漢人即名之曰《士禮》。"(華中師範大學出版社，2004 年，第 209 頁)

③ (清)黄以周《禮書通故》："十七篇之次，以大戴所傳最得其真。其書以《冠》、《昏》、《相見》、《士喪》、《既夕》、《士虞》、《特牲》、《鄉飲》、《鄉射》九篇居首，故曰'士禮'。"(黄以周撰，王文錦點校《禮書通故》，中華書局，2007 年，第 8 頁。)(清)胡玉縉《儀禮疑義跋(乙亥)》(胡玉縉撰，王欣夫輯《許廎學林》，中華書局，1958 年，第 318 頁)、錢玄《三禮通論》(南京師範大學出版社，1996 年，第 3—4 頁)亦持此説。

④ 楊天宇《儀禮譯注・前言》，第 17 頁。

⑤ (清)林伯桐《脩本堂稿》卷五《儀禮名義説》，載《叢書集成三編》第 58 册，第 22—23 頁，新文豐出版公司，1997 年。(清)曾釗《面城樓集鈔》卷一《儀禮名義説》，清光緒十二年刻學海堂叢刻本。

⑥ (清)曹元弼著，周洪校點《禮經學》，北京大學出版社，2012 年，第 268 頁。劉德漢《三禮概述》，載李曰剛等著《三禮研究論集》，黎明文化事業股份有限公司，1981 年，第 25—38 頁。吕友仁《禮記講讀・〈禮記〉導讀》，華東師範大學出版社，2009 年，第 1 頁。

⑦ 楊志剛《中國禮儀制度研究》，華東師範大學出版社，2001 年，第 115—116 頁。

⑧ 沈文倬《宗周禮樂文明考論》，第 213 頁。

没能倖免於難！平心而論，沈先生説鄭玄對高堂生另外7篇的來歷説不清楚，對今文《禮》的形成失於深考，實在是一種厚誣，因爲没有絲毫證據顯示鄭玄不認爲這17篇都是高堂生自先秦一起傳下來的，前提就不存在，鄭玄何須另作解釋？倒是有證據顯示，鄭玄亦曾將《禮經》十七篇稱爲《士禮》。《尚書大傳·多士》：“士三雉，三分其廣以二爲内，五分内以一爲高，有室無房堂。”鄭玄注云：“今《士禮》有房，此云無房堂也。”①此處《大傳》言先秦時期士階層的宫室之制爲有室無房堂，而關於先秦之士禮，莫詳於《禮經》，從其《士冠》、《士昏》、《士喪》、《既夕》、《士虞》、《特牲》諸篇來看，士之寢、廟皆有房堂②，與《大傳》所説不同。鄭玄諳熟《三禮》，以禮名家，在注解《大傳》此文時很自然地要將《禮經》所言先秦士制與之進行比較，尤其是當比較結果是二書所言存在巨大差異時，鄭玄必定出注，其言“今《士禮》有房，此云無房堂也”，就是對他發現了這個差異的表達(或許是鄭玄没有想明白爲何二書所説不一致，故而没有作出解釋，屬態度審慎的存異之法)，其中的“士禮”就是《禮經》在漢時的又名。又，鄭玄箋《詩》注《周禮》、《禮記》，引述《禮經》常以“今《禮》”稱之，此處添有“士”字作“今《士禮》”，亦指《禮經》無疑。朱維錚先生整理本亦於此二字施以書名號③，吾説不孤。

爲彌縫己説，沈先生對其所謂另外七篇别有來源的問題提出了一種假設，並經過一番論證最後得出：“經過上述各方面推證，可作出這樣的結論：高堂生在惠帝解除挾書律後，爲了講授《禮經》，從民間取得七篇士禮、兩篇‘鄉禮’和一篇《喪服》的漢隸書本，又創立了‘推士禮以致天子之法’，默誦記録了《燕》、《大射》、《覲》、《聘》、《公食》、《少牢》、《有司》七篇天子諸侯大夫禮，匯輯、寫定《禮經》今文17篇。”④加以凝練就是，七篇大夫以上《禮》，是高堂生首創“推致”之法，“默誦記録”而來。然而筆者認爲，這種觀點同樣經不起推敲，其假設、論證以及結論諸環節存在較多疑點。1. 沈先生説“根據史書記載，高堂生外别無其他傳人可考”，故而“只能”作出是高堂生“默誦記録”及“推致”這樣的假設。但需要質疑的是，所謂高堂生“推致”、“默誦記録”七篇之事，同樣於史

---

① (漢)伏勝撰，鄭玄注，(清)陳壽祺輯校《尚書大傳》卷三，《四部叢刊》景清刻《左海文集》本。《尚書大傳》及其鄭注約於宋時已有殘泐，後即全本亡佚，清代學者多有輯佚。其中，陳壽祺輯本堪稱内容與體例具佳的後出轉精之作，可以成爲我們今天研究《尚書大傳》及其鄭注的文本基礎。本文即以陳壽祺輯本作爲稽核《尚書大傳》引文的憑據。

② 如《士冠》“陳服于房中西墉下”，是三套冠服皆陳放在房中；首加緇布冠畢，“冠者興，賓揖之適房，服玄端、爵韠”，是賓在堂上爲冠者戴上緇布冠之後，冠者要回到房中换上相應的玄端服；次加皮弁，三加爵弁，冠者皆需回到房中换上相應的服飾。冠禮行於廟，是知士之廟有房堂。又如《士喪》“徹衣者執衣如襚以適房”，是有司要將死者的親友向死者所贈的衣服放到房中；“陳襲事于房中”，是襲尸所用的衣物要陳放在房中；“厥明，陳衣于房”，是第二天小斂所用的衣物要陳放在房中；“主人髺髮袒，衆主人免于房，婦人髽于室，士舉，男女奉尸，侇于堂，幠用夷衾”，是小斂時主人和衆主人都在房中用麻束髮髻，袒露左臂，去冠而戴免，士抬着尸，主人們和婦人們捧着尸的頭部和足部，將尸從室内移出陳放在堂上，並用夷衾覆蓋尸體。喪禮行於寢，是知士之寢亦有房堂。

③ 朱維錚主編《中國經學史基本叢書》，上海書店出版社，2012年，第一册第40頁。

④ 沈文倬《宗周禮樂文明考論》，第218頁。

無徵。2. 説高堂生運用甚至首創"推致"之法,與《漢書·儒林傳》所載后倉從事"推致"之事或形成扞格。沈先生所謂后倉未見全經,無從推究,《儒林傳》所言爲班固誤記等等,皆不能成立,因爲"推致"是據已知推求未知,據部分求其餘,后倉未見全經和所持非皆士禮,都不妨礙其"推致"之法的使用。3. "推致"和"默誦記録"是兩個不同的概念,前者强調推理,是根據已知探求未知,而後者則是憑藉記憶對曾經已知的再現。如果這 7 篇僅僅是高堂生"默誦記録"出來的,那高堂生仍然只是《禮經》的傳承者;但如果還摻雜了"推致"的成分在其中的話,那就意味着高堂生對這重出的《禮經》而言,不僅僅是傳承者,同時還是撰作者,而這重出的《禮經》,嚴格意義上已不是先秦的《禮經》,而是儼然可以稱爲"高堂生新本《禮經》"了。從沈先生的行文來看,他似乎對這兩個概念缺乏明確的區分,對其"推致"説所造成的後果——無形中毀滅了漢代今文《禮經》的正統身份——也缺乏清晰的認識。4. 在漢儒眼中,只有與孔子具有直接密切關係的先秦儒家文獻方可被稱之爲"經"。如果説今文《禮》中有七篇並非傳自先秦,而是由高堂生自己"推致"出來,那麽漢儒怎麽可能同意將其與另外正統的十篇並列且一起尊稱爲"經"呢? 今文《禮》十七篇既然被統稱"經",則必是篇篇淵源有自於先秦,豈容區區一介漢儒自爲之作所可雜厠其間? 5. 劉向校理藏書時,曾將今文《禮》與後出的古文《禮》進行過細緻的比堪,並將比堪結果表述爲:"《禮古經》者,出於魯淹中及孔子,與十七篇文相似,多三十九篇。"(《漢書·藝文志》)今文《禮》17 篇皆與相應的古文《禮》17 篇"文相似",一方面説明今文《禮》17 篇具有相同的特質,劉向亦將其作爲一個整體看待,這在很大程度上表明此 17 篇應當具有同一來源;另一方面,此 17 篇今文《禮》能夠與先秦古文《禮》高度吻合,再次説明此 17 篇當是傳承於先秦,淵源有自,絶非漢儒抱守殘卷加以"推致"所能達到。要之,沈先生對七篇大夫以上《禮》别有來源的具體解釋很難成立,而實際上其所謂七篇别有來源需要解釋這個問題從根本上説就是一個僞問題,而這個僞命題的出現,正根源於沈先生對《史記》"士禮"非書名的誤讀。

最後讓我們回到《史記》原文上來,《儒林列傳》中的這段文字應當標點作:"諸學者多言《禮》,而魯高堂生最本。《禮》固自孔子時而其經不具,及至秦焚書,書散亡益多,於今獨有《士禮》,高堂生能言之。"整段文字連續講述了《禮經》流傳中散失殘闕的三個重要階段,由"自孔子時"的"其經(固)不具",到"及至秦焚書"的"書散亡益多",再到"於今"的"獨有《士禮》",其中"孔子時"、"秦"、"今"三個時間節點非常清晰,被分别冠以"自"、"及至"和"於"等介詞或連詞,更顯一脈相承。在這個過程中,文本的狀態由"其經不具"到"書散亡益多"到最後的"獨有士禮",這"獨有士禮"之"士禮",當然是順承前面的"經"、"書"而來,理應與"經"、"書"一致,都是指文本,絶没有道理突然轉而變成强調禮典或禮典加文本了;又下文緊接着説"而魯徐生善爲容",由此轉入容禮一派情形的叙述,司馬遷還特意用了一個"而"字表現叙述對象的轉换,可見太史公行文的縝密,更可證轉换之前的一以貫之。整段文字的意思是:《禮》固然是從孔子那個時候開始經文就不完備了,到了秦朝焚滅典籍,《禮經》的散失就更加嚴重了,到如今就只剩下《士禮》了,高堂生能夠講解它。如此作解,相對於沈先生創立新説以及前前後後的一系列鋪墊、彌縫所造成的治絲益棼,一切都顯得照應自如、渾然天成。没有了司馬遷對於7篇之來源“未交代清楚”,没有了劉向“加上篇數,頗失《史記》原意,又把問題攪亂”,没有了“《史記》、《漢書》記述《禮經》今文學的形成過程,疏漏缺略,前後剌謬,頗難董理”,没有了“後世禮家以訛傳訛”,没有了鄭玄“對漢初今文《禮》的形成也失于深考”等等,這許許多多的糾結與困境頓時消弭,多麽的簡單、直白而又順理成章!所以我們完全有理由相信:《史記》“士禮”二字必當讀作書名,包括司馬遷、劉向、班固、鄭玄等在内的一批學者都曾以《士禮》稱《禮經》十七篇,漢代《儀禮》確有《士禮》之名是不可否認的歷史事實。

(作者單位:南京大學文學院)

古典文獻研究(第十八輯下卷)
Journal of the Institute for Chinese Classics Studies
Nanjing University
Volume 18, No.2 2015

從“注”體興起看王弼《周易注》的注釋特色

劉雅萌

一 “注”體的興起

《漢書・藝文志・六藝略》著録的解經之書,大致有“傳”、“記”、“説”、“解”、“訓”、“故”、“章句”等多種體式,其中並無“注”體。其餘諸《略》亦只偶見“論”、“説”而不見“注”。劉師培在《讀書隨筆》“秦漢説經書種類不同”條中分析了“傳”、“記”、“説”、“微”、“章句”等秦漢間解經舊式各自的特點,並認爲“後人概以經注目之,失其旨矣”。① 則至少在秦漢時期,不同解經體式間的分界還是相當清晰的。但至《隋書・經籍志》著録東漢魏晉的書目中,已有大量題爲“某人注”的著作出現於經、史、子、集各類典籍。如“《周易》九卷,後漢大司農鄭玄注”、“《老子道德經》二卷,王弼注”、“《戰國策》,高誘撰注”、“《楚辭》十二卷並目録,後漢校書郎王逸注”等等。史志所録之書雖難免混入後人的僞托,卻仍可見“注”的使用範圍之廣以及在漢魏間的流行之勢。

最初“注”有狹義與廣義兩種用法。狹義上,“注”指有别於“傳”、“章句”等其他體例的解經形式,即注家或其書明確題名爲“注”者,《隋志》與《經典釋文序録》等書著録爲“注”的部分,大致可視爲此類。而廣義上,“注”則可作爲注釋體式的統稱。《後漢書・馬融傳》言:“(融)嘗欲訓《左氏春秋》,及見賈逵、鄭衆注,乃曰:‘賈君精而不博,鄭君博而不精。既精既博,吾何加焉!’但著《三傳異同説》。”②《隋志》著録賈逵有關《左傳》的著作爲“《春秋左氏長經》,漢侍中賈逵章句”以及《春秋左傳解詁》、《春秋釋訓》、《春秋左氏經傳朱墨列》,並無“注”體;又《後漢書・鄭衆傳》云鄭衆從父受《左氏春秋》,所作爲《春秋難記條例》。③ 則《馬融傳》稱“賈逵、鄭衆注”,其實爲“解詁”、“章句”、“條例”等體式

① (清)劉師培《讀書隨筆》,《儀徵劉申叔遺書》,萬國仕點校,廣陵書社,2014年,第5616頁。

② (南朝宋)范曄《後漢書》卷六十上,(唐)李賢等注,中華書局,1965年,第1972頁。

③ 《後漢書》卷三十六,第1224頁。

的統稱。從《後漢書》及《隋志》中的相關表述來看,“注”在某些情況下,可以理解爲動詞,類似於《爾雅》中言“釋”,故可作爲諸多解經形式的泛稱。而《經典釋文序録》中“某某《注》某卷”的行文,則明顯是將“注”視爲一個名詞。顧炎武《日知録》“十三經注疏”條曰:“其先儒釋經之書,或曰‘傳’,或曰‘箋’,或曰‘解’,或曰‘學’,今通謂之‘注’。”[①]王鳴盛《蛾術編》亦云:“兩漢、魏、晉諸儒釋經,曰‘注’、曰‘傳’、曰‘箋’、曰‘解’、曰‘學’,名稱不一。後南北朝、唐、宋人作疏,遂統名爲‘注疏’,則‘注’該衆名。”[②]則《隋志》著録尚分别“注”體與其他解經形式,而其時解經已可統稱爲“注”,由此亦可見“注”體在漢魏六朝隋唐間地位的提升。

從注解的對象看,最初“注”作爲一種注解體式的地位並不高,帶有“不經”與民間之學的意味。爲子、史、集部之書作解而稱爲“注”的比例高於經部。[③]從《隋志》可見,經的注解體例尚較爲多樣,除“注”之外,“傳”、“章句”、“解詁”等體式仍很常見,而子、史、集部,凡爲一書作注解,則大多稱“注”,而非《漢志》中所見的傳統體式。以侯康《補後漢書藝文志》爲例,其著録解五經之作共122部[④],其中稱“注”者,僅18部。爲子、史部作解的著作本身並不多,爲《孟子》、《太玄》、《法言》、《老子》、《淮南子》、《吕氏春秋》、《史記》、《漢書》、《漢紀》、《戰國策》、《漢官》、《列女傳》諸書作解之作僅30部,其中稱“注”者已有21部。而在經部之内,侯康著録爲《孝經》、《論語》、《爾雅》及讖緯作“注”之作共37部,稱“注”者爲24部,其作“注”比例亦明顯高於正式在太學中傳授的五經。

同時,就經注自身的運用範圍而言,“注”具有較强的古學色彩。作“注”者集中在漢魏之際以通古學著稱的博學通儒上,如馬融、鄭玄、王肅等。其所“注”之經亦集中在費氏《易》、《古文尚書》、《毛詩》、《周官禮》、《春秋左氏傳》等未列入東漢十四家博士經學的古學上。[⑤]而其他立學官之學,如京氏《易》、歐陽《尚書》之類仍多爲“章句”,如習京氏《易》的樊英作《易章句》[⑥],習歐陽《尚書》者,如朱普、桓榮、牟長、張奂等人,亦作《尚書章句》。[⑦]《詩》類,除《毛詩》外,其餘立學官三家《詩》則多作“章句”,如伏恭《齊詩章句》、薛漢《韓詩章句》

① (清)顧炎武《日知録》,黄汝成集釋,上海古籍出版社,2006年,第1027頁。

② (清)王鳴盛《蛾術編》,上海書店出版社,2012年,第7頁。

③ 對一書進行注解的體例源於經,對比《漢書·藝文志》“六藝略”與“諸子略”等其他諸略的著録即可知。漢魏之際,子、史、集部之書多爲獨立著作,對其作注解的形式是受解經的影響。此處所言“注”但指區别與“傳”、“記”、“章句”等名狹義的體式。

④ 包括解《易》、《書》、三家《詩》、三《禮》、《春秋》及三《傳》之作。

⑤ 《後漢書》卷七十九《儒林傳》載光武所立十四博士爲:“《易》有施、孟、梁丘、京氏,《尚書》歐陽、大小夏侯,《詩》齊、魯、韓,《禮》大小戴,《春秋》嚴、顔,凡十四博士,太常差次總領焉。”第2545頁。此後東漢一直沿用,未作增删。

⑥ 《後漢書》卷八十二上《方術列傳》:“樊英字季齊……受業三輔,習京氏《易》,兼明五經,又善風角、星筭、河洛《七緯》、推步災異……英著《易章句》,世名樊氏學,以圖讖教授。”第2724頁。

⑦ (清)錢大昭《補後漢書藝文志》補朱普《歐陽章句》、牟卿《尚書章句》、桓榮《歐陽章句》、桓郁《歐陽章句》、牟長《尚書章句》、張奂《尚書章句》等。《二十五史補編》,第2096頁。

等。[①] 當然,"章句"與"注"並非是分判今、古學的機械標準。古學爲了用事,有時亦會採用作"章句"的方式,如劉歆治《左傳》,而《左傳》之"章句義理備焉"[②]。但古學側重於作"注"的傾向卻是顯而易見的。反過來説,"注"在漢末的流行也與古學的興盛有一定關聯。

那麼,漢末通儒們爲何選擇規格較低、解釋内容又較爲簡單基礎的"注"作爲解經的方式,"注"較之於"傳"與"章句"有哪些獨特性,這些獨特性又與當時盛行的古學風氣存在怎樣的應和,"注"體自身又哪些發展與演變,似乎都是需要思考的問題。"注"雖只是一種訓詁體式,但其興起的特定時間及其施用的特定對象,卻爲研究漢魏之際學術風氣的轉變,提供了一個形式上的切入點。

二 繼承與突破:從傳、訓詁、章句到注

西漢經師之説見於《漢書·藝文志》的體式有多種,其體迥異或微殊,各隨著者之意,並無嚴格的劃分與規定。戴君仁曾概括言:"這些著作可歸納爲故、傳、説、記、章句五種,大别之,則是解故和章句兩種。"[③]進而認爲"故"和"傳"當是一類,"説"和"記"當與"章句"同類。則作爲漢初治經之法的"傳"或"訓故"與作爲宣帝後博士教授之法的"章句",基本上代表了漢代説經的兩種不同的取向與風格。錢穆甚至將治訓故還是治章句,視爲區分東漢古學與今學的標準之一。[④] "注"在漢末出現時,"傳"與"章句"都已相對成熟。"注"體在發展完善的過程中,自然會受到時代流行體式的影響,從而形成了自己的特點。

(一) 經傳分離與依經作注

體式上,"注"最顯著的特點是依經作注,即注文依附於經文。

《説文解字》言:"注,灌也。"[⑤]則"注"字本有水灌於物中之義,如賈公彦《儀禮注疏》"鄭氏注"下疏曰:"注者,注義於經下,若水之注物。"[⑥]孔穎達《毛詩正義》在"周南關雎詁訓傳第一,毛詩國風,鄭氏箋"句下的一段解説亦很明白:

> 注者,著也,言爲之解説,使其義著明也。漢初,爲傳訓者,皆與經别行,三《傳》之文不與經連,故石經書《公羊傳》皆無經文。《藝文志》云:"《毛詩》經二十九卷,《毛詩故訓傳》三十卷。"是毛爲詁訓亦與經别也。及

---

① (清)錢大昭《補後漢書藝文志》,《二十五史補編》,第 2096 頁。

② (清)班固《漢書》卷三十六《楚元王傳》:"及歆治《左氏》,引傳文以解經,轉相發明,由是章句義理備焉。"中華書局,1962 年,第 1967 頁。

③ 戴君仁《經疏的衍成》,《梅園論學續集》,藝文出版社,1974 年,第 97 頁。

④ 錢穆先生認爲:"好古學者,常治訓詁,不爲章句,如謝曼卿爲《毛詩訓》;衛宏爲《詩序》,及從學杜林,又爲《尚書》作《訓旨》;袁宏《紀》稱馬融'學不師受,皆爲之訓詁';此皆古學也。然則東京所謂'古學'者,其實乃西漢初期經師之遺風,其視宣帝以後,乃若有古今之分;此僅在其治經之爲章句與訓詁,不謂其所治經文之有古今也。"錢穆《兩漢今古文平議》,商務印書館,2001 年,第 238—239 頁。

⑤ (漢)許慎撰,(清)段玉裁注《説文解字注》,上海古籍出版社,1981 年,第 555 頁。

⑥ (漢)鄭玄注,(唐)賈公彦疏《儀禮正義》,阮元校刻《十三經注疏》,中華書局,1980 年,第 945 頁。

> 馬融爲《周禮》之注，乃云："欲省學者兩讀，故具載本文。"然則後漢以來，始就經爲注，未審此詩引經附傳是誰爲之。其鄭之《箋》當元在《經》、《傳》之下矣。其《毛詩》經二十九卷，不知並何卷也。①

其特別舉出馬融爲《周禮》作注"欲省學者兩讀"之事，似是將"就經爲注"形式的初創歸源於馬融的《周禮注》，並從此形成慣例。當然，馬融爲了方便讀者閱讀，所作的更多是形式上的變革，即將原本可能與"經"别行之"注"附於經文之下，而並非謂"注"體爲馬融所創。

在"具載本文"一點上，"注"與"章句"相似。早期經傳别行，章句則是"具文飾説"，附經而行。《漢書・夏侯建傳》："自師事勝及歐陽高，左右采獲。又從五經諸儒問與《尚書》相出入者，牽引以次章句，具文飾説。"②錢穆對此的解釋爲"具文者，具備原文而一一説之"③。由於是就經文而作，注解融入字句之中，所釋多爲細節上的問題，故"具載本文"的"章句"與"注"不可避免地會較與經别行的"傳"更爲具體、精微、言之有據。所以面對大夏侯"章句小儒，破碎大道"的斥責，小夏侯亦可以"爲學疏略"進行反駁。

"注"與"章句"在形式上聯繫緊密，而"注"較之"章句"又靈活很多。現存較完整的兩漢章句，如東漢的趙岐《孟子章句》與王逸《楚辭章句》。二者與"注"體的興起幾乎同時，雖有"章句"之名，但形式上已極似"注"體。《隋書・經籍志》即直接著録爲"注"。以《孟子章句》爲例，除去每章末的"章指"外，其餘隨文釋義之處幾乎與當時"注"體無别。僞孫奭《孟子注疏》去其"章指"而徑題曰"趙氏注"，錢大昕《十駕齋養新録》云：

> 趙岐注《孟子》，每章之末，括其大旨，間作韻語，謂之《章指》，《文選注》所引趙岐《孟子章指》是也。南宋後，僞《正義》出，托名孫奭所撰，盡刪《章指》正文，仍剽掠其語，散入《正義》。明國子監刊《十三經》，承用此本，世遂不復見趙氏元本矣。④

則《孟子章句》之體在後世的理解中極似"注"與"章指"的合體。趙岐於《孟子題辭》中自言："於是乃述已所聞，證以經傳，爲之章句，具載本文，章别其旨，分爲上下，凡十四卷。"⑤其中"證以經傳"、"具載本文"，亦俱是作"注"之法。又如《梁惠王上》："王曰：'叟不遠千里而來，亦將有利於吾國乎？'"句下趙岐曰："曰，辭也。叟，長老之稱也。猶父也。孟子去齊，老而之魏，故王尊禮之曰父。不遠千里之路而來至此，亦將有可以爲寡人興利除害乎？"⑥對比《淮南子・原道》"包裹天地，稟授無形"句下高誘注曰："稟，給也。授，予也。無形，

---

① （漢）毛亨傳，（漢）鄭玄注，（唐）孔穎達等正義《毛詩正義》，阮元校刻《十三經注疏》，第269頁。
② 《漢書》卷七十五《眭兩夏侯京翼李傳》，第3159頁。
③ 錢穆《兩漢經學今古文平議》，第225頁。
④ （清）錢大昕《十駕齋養新録》，上海書店出版社，1983年，第52頁。
⑤ （清）焦循撰《孟子正義・孟子題辭》，中華書局，1987年，第26頁。
⑥ （清）焦循撰《孟子正義》，第35頁。

萬物之未形者,皆生於道,故曰禀授無形也。"[①]其訓詁字句、疏通大意的方式基本相似。惟《章句》較《注》更爲細緻,且《章句》更重解句,即便淺近明白的句子,亦幾乎句句解釋文意;而《注》則在更重訓詁,解句相對隨意,若句意無難解之處,則只作訓詁,甚至整句付之闕如。

解句在王逸《楚辭章句》中表現得更加明顯。《楚辭》有篇無章,故《楚辭章句》中並無所謂的"章指"來"括其大旨",故其解句處甚詳。

> 《離騷經章句》:豈余身之憚殃兮,王逸曰:"憚,難也。殃,咎也。一無'身'字。"恐皇輿之敗績。王逸曰:"皇,君也,輿,君之所乘,以喻國也。績,功也。言我欲諫爭者,非難身之被殃咎也,但恐君國傾危,以敗先王之功。"忽奔走以先後兮,及前王之踵武。王逸曰:"踵,繼也。武,跡也。《詩》曰:履帝武敏歆。言己急欲奔走先後,以輔翼君者,冀及先王之德,繼續其跡而廣其基也。奔走先後,四輔之職也。"[②]

可見王逸《章句》每句作訓詁,並於每兩小短句後以"言"字爲起始,疏通解釋全句之意。其解釋方法及繁簡程度與"注"相似,故《隋志》録爲"注"亦非無理。而有些短句如"忽奔走以先後兮",其訓詁可省,但解句卻不可省,則是其"章句"體式的典型標識之一。

吕思勉據《説文解字》解"章"、"句"二字之意,認爲"古所謂章句者,實後世畫段點句之類"[③]。則"章句"形式最初似僅作分章斷句之用。[④]《漢書·儒林傳》言:"丁寬……景帝時,寬爲梁孝王將軍,距吴、楚,號丁將軍。作《易説》三萬言,訓故舉大誼而已,今小章句是也。"[⑤]可見,在博士經學尚未大興之時,所謂"小章句"亦不過"訓故舉大誼"的簡潔形式。此也正是東漢趙岐與王逸的《章句》代表的形式。至博士立學官,"舉大誼"的"小章句"已無法滿足經師論難應敵、成一家之言的要求,經師在解經時不斷增加内容,形成了不同的師法、家法,以至有"説五字之文,至於二三萬言"的繁瑣章句。[⑥]如此繁冗的"章句"弊端明顯,雖在後世不斷遭到删削,如《後漢書·伏恭傳》言"父黯章句繁多,恭乃省减浮辭,定爲二十萬言"[⑦],然而其删减的不過是"浮辭",章句的基本樣式以及貫穿其中的思維模式卻很難發生改變。《孟子章句》及《楚辭章句》並非解經章句,其受到師法、家法的拘束較博士解經章句要小很多,故其訓詁字句、考釋名物典章、串講文意都相對簡明。但即便如此,二者仍保留較爲模式化的"章指"、"解句"等"章句"體的典型特徵。雖作爲"訓詁舉大誼"的"小章句",

① 何寧集釋《淮南子集釋》卷一《原道訓》,中華書局,1998年,第2頁。

② (宋)洪興祖撰《楚辭補注》卷一《離騷經章句》,中華書局,1983年,第8—9頁。

③ 吕思勉《章句論》,商務印書館,1934年,第3頁。

④ 《禮記·學記》:"比年入學,中年考校。一年視離經辨志。"鄭玄注:"離經,斷句絶也。"孔穎達正義:"離經,謂離析經理,使章句斷絶也。"見(漢)鄭玄注,(唐)孔穎達等正義《禮記正義》,阮元校刻《十三經注疏》,第1521頁。可見分章斷句是學經入門的重要方式。

⑤ 《漢書》卷八十八《儒林傳》,第3598頁。

⑥ 《漢書》卷三十《藝文志》,第1723頁。

⑦ 《後漢書》卷七十九下《儒林列傳》,第2571頁。

《孟子章句》的“章指”及《楚辭章句》的“解句”皆緊扣經文並趨於清簡，但藉此不難想見，博士章句之學鼎盛之時，經師正是借助“章指”等形式，不斷衍説經義、師説，乃至建構出自己的理論體系。

在某種意義上，《孟子章句》與《楚辭章句》這兩個“非經”的章句，從一個側面展現出東漢後期“章句”體的轉變趨勢，及其與新興“注”體之間的混合、趨同的發展方向。“注”體繼承了“章句”隨文釋義的形式，並吸收了“小章句”訓詁字句及簡單解句的釋經方法，拋棄了機械繁冗的“章指”，從而“注”既保留了“章句”緊扣經文作解的精細，又可以靈活並有選擇性的訓字釋義，避免了“章句”的繁瑣。更重要的是，解經作“注”不必句句作解、章章歸旨，舊有師法、家法對經文每句、每章大義的强制規定亦隨之掃除，其所改變的正是章句之學僵化、封閉、狹隘自守的思維方式，代之以博通的學風。故“注”體首先在古學、諸子學中得到充分的運用與發展。

而“傳”在注解形式上卻是獨立於經文。從上引《毛詩正義》孔疏一段可知，《毛傳》在《漢志》的記載中還是與經文相離，但鄭《箋》作於《經》、《傳》之下，則説明鄭玄作《箋》時所用的《毛詩》已是經傳相連的本子。孔穎達雖未審合經傳者是何人，但可見時間大致是在東漢。樊波成在考證嚴遵《老子指歸》當爲《老子章句》時，曾提到經傳的體式。其特别舉出馬王堆《五行傳》分附於《五行》經文某章之後、東漢元和二年(85)草隸磚所載《公羊傳・隱公元年》爲就經附傳的形式①、西漢成帝時期的武威漢簡《喪服傳》甲本將傳附於各句之後三個出土文獻之例，證明“‘傳’這一體式，從先秦時代的單行或經傳分離，到西漢初年的附在各章之後，再到西漢晚年的就經爲傳，應該是可以成立的歷史演變”②。這個判斷應當存疑。首先，“以傳附經”與“就經作傳”是本質上不同的概念，前者漢人只是做了編輯排版的工作，而後者則是確立一種作傳體例。不能因武威漢簡中《喪服傳》傳文附於經文各句之後，就認爲《喪服傳》本是“就經作傳”。再者，所舉出土文獻只是個案，其典範性值得懷疑。相反，東漢熹平石經作爲官方校刻的影響力極大的經學定本，仍保持經傳分離的體式，這恰恰説明，直至東漢末人們廣泛接受與認同的最規範的樣式還是經傳分離。

但即便如此，出土文獻的實證也可説明西漢時已存在經傳相合的樣式，合經傳不必待漢末馬融、鄭玄之輩來完成。而更合理的解釋是，經傳相連的樣式可能出現較早，但只是爲閲讀便利而重新編排的文本，並不是規範的樣式，這也可能是《毛詩》、費氏《易》等民間傳本很早出現經傳結合的原因。而其真正

---

① 草隸磚之例，初爲陳直《漢書新證・藝文志》中所用之例。陳直在“《春秋》古經十二篇，經十一卷”下加按語曰：“清代學者説三《傳》，皆言在晉以前，經與傳分。以余考之，有分有連，經與傳分者，熹平石經，正始石經是也。經與傳連者，元和公羊草隸磚是也。此磚一九二五年，西安西南鄉出土，第一行云：‘元年春王正月。元年者何，君之始年也，’第一句是《春秋》經，以下皆録公羊傳文，可證分連無定式。”見陳直《漢書新證》，天津人民出版社，1979 年，第 228—229 頁。陳先生的結論是合理的，但需要説明的是，“經傳分連無定式”並不代表“經傳分”與“經傳連”兩種形式在漢代具有相同的施用範圍與普及程度。

② 樊波成《老子指歸校箋》，上海古籍出版社，2013 年，第 40 頁。

被士人接受並使用,還是與馬融、鄭玄等人就經作注、分傳入經的做法有很大關係。而這一系列的過程都發生在非官方博士經學的民間系統中,從某種程度上也説明"傳"與"注"在古學的興起中都扮演了重要的角色。

(二)訓詁大義與繁瑣章句

在内容上,"注"的關注點着重在訓詁字句、考釋典章名物等方面。

現存漢魏間較完整的"注",如鄭玄三《禮》注、高誘《淮南子》注都是以解釋字詞、名物、典章爲主,而對經義的解釋則趨於簡明。正如劉勰《文心雕龍·論説》所言:"毛公之訓《詩》,安國之傳《書》,鄭君之釋《禮》,王弼之解《易》,要約明暢,可爲式矣。"[①]"注"在精神上遠承漢初經師"傳"與"訓詁"之法。

"注"並非東漢橫空出世的全新體式,其與舊的注解形式如"訓"、"解"之間聯繫緊密。史傳中,除稱某人作"注"外,亦有"訓注"連稱,如《魏略》言董遇爲《老子》作"訓注"[②],《後漢書》言何休"注訓《孝經》、《論語》、風角七分"[③]。《三國志》言虞翻爲《老子》、《論語》、《國語》"訓注"[④]。也即"訓"與"注"爲較相近的體式。又"注"與"解"同出而義近。《後漢書》言鄭玄爲《古文尚書》作"注解",稱:"扶風杜林傳《古文尚書》,林同郡賈逵爲之作訓,馬融作傳,鄭玄注解,由是《古文尚書》遂顯於世。"[⑤]高誘爲《淮南子》、《吕氏春秋》作注,其於《淮南子叙目》中言:"自誘之少,從故侍中、同縣盧君受其句讀,誦舉大義……乃深思先師之訓,參以經傳道家之言,比方其事,爲之注解,悉載本文,並舉音讀。"[⑥]又於《吕氏春秋序》中亦言:"誘正《孟子》章句,作《淮南》、《孝經》解畢訖,家有此書,尋繹案省,大出諸子之右……故復依先師舊訓,輒乃爲之解焉,以述古儒之旨。"[⑦]"訓"、"解"皆爲《漢書·藝文志》所録舊體。且賈逵爲《古文尚書》作"訓",此後鄭玄又爲之"注";高誘先從盧植學句讀、舉大義,後又依先師舊訓作注解,則可見"注"、"解"與"訓"之間存在承襲的關係,也即"注"是在"訓"、"解"等舊的注解體式的基礎上,逐漸發展形成的。《説文解字》言:"訓,説教也。"徐鍇曰:"訓者,順其意以訓之也。"[⑧]則"訓"意在解釋古文字意,使其通順可解。"解"常與"故"連用稱"解故",《漢書·藝文志》録《尚書》"大、小夏侯《解故》,二十九篇",並言:"《書》者,古之號令,號令於衆,其言不立具,則聽受施行者弗曉。古文讀應《爾雅》,故解古今語而可知也。"[⑨]則"解故"亦在於疏通古今文

① (南朝梁)劉勰《文心雕龍注》,范文瀾注,人民文學出版社,1958年,第328頁。

② 《三國志》卷十三《魏志·鍾繇華歆王朗傳》裴松之注引《魏略》言:"遇善治《老子》,爲作訓注,又善《左氏傳》,更爲作朱墨别異。"中華書局,1982年,第420頁。

③ 《後漢書》卷七十九下《儒林列傳》:"休坐廢錮,乃作《春秋公羊解詁》,覃思不窺門,十有七年。又注訓《孝經》、《論語》、風角七分,皆經緯典謨,不與守文同説。"第2583頁。

④ 《三國志》卷五十七《吴書·虞陸張駱陸吾朱傳》:"(虞翻)講學不倦門徒常數百人。又爲《老子》、《論語》、《國語》訓注,皆傳於世。"第1321—1322頁。

⑤ 《後漢書》卷七十九上《儒林列傳》,第2566頁。

⑥ 何寧集釋《淮南子集釋·叙目》,第6頁。

⑦ 許維遹集釋《吕氏春秋集釋·吕氏春秋序》,中華書局,2009年,第3頁。

⑧ (南唐)徐鍇撰《説文解字繫傳》,中華書局,1987年,第44頁。

⑨ 《漢書》卷三十《藝文志》,第1707頁。

意。《後漢書·鄭興傳》言:"(興)晚善《左氏傳》,遂積精深思,通達其旨,同學者皆師之。天鳳中,將門人從劉歆講正大義,歆美興才,使撰條例、章句、傳詁。"[①]可知漢代解經最初的工作即是發凡起例、分章斷句與訓詁字句,從整體體例到字句細節對經典進行梳理。"注"與"訓"、"解"聯繫緊密,則其體式初起時,亦應以訓詁字句爲務,作"注"爲解釋古書最基礎的工作之一。

"傳"、"訓"、"詁"三者在早期是三種不同的解經方式。如《漢書·藝文志》載《詩》即有《齊后氏故》、《孫氏故》與《齊后氏傳》、《孫氏傳》之别。"訓"、"詁"見於《爾雅》,《釋詁》、《釋訓》二篇是將"訓"、"詁"視爲並列的兩個詞,分别使用並加以解釋。孔穎達《毛詩正義》言:"詁者古也,古今異言,通之使人知也;訓者道也,道物之貌,以告人也。"則"詁"强調以今言釋古語,"訓"側重描述事物之形狀,而"傳"則是"傳道其義也",注重闡發大義。至《毛詩詁訓傳》將"詁"、"訓"、"傳"合爲一體,雖三者在《毛詩詁訓傳》中還是分列的存在[②],但"詁訓傳"的出現打通了三種不同體式間可能的聯繫,並在某種程度上開始融合,正如馬瑞辰所言:"訓故不可以該傳,而傳可以統訓故,故標其總目爲《詁訓傳》,而分篇則但言《傳》而已。"[③]則廣義的"傳"逐漸吸收涵蓋了"訓"、"詁"的特點與内容。以至何休注《公羊傳》時直言"傳謂訓詁"[④],陳澧云:"'傳謂訓詁',此可見漢人所謂傳者,訓詁解經也。"[⑤]則在漢人的觀念中,"傳"、"訓"、"詁"三種解經體式已有了一定程度的趨同。"注"與作爲解經舊式的"訓"有相承襲的關係,而在解釋方法與精神上受到了已融合了"訓詁"在内的"傳"的影響。

孔穎達《尚書正義》在"承詔爲五十九篇作傳"句下作疏曰:

> 安國時爲武帝博士,孔君考正古文之日,帝之所知,亦既定訖,當以聞於帝,帝令注解,故云"爲五十九篇作傳"。以注者多言曰"傳","傳"者,傳通故也。以傳名出自丘明。賓牟賈對孔子曰"史失其傳"。又《喪服》儒者皆云子夏作《傳》,是"傳"名久矣。但大率秦漢之際,多名爲傳,於後儒者以其傳多,或有改之别云"注解"者,仍有同者,以當時之意耳。説者爲例云:"前漢稱傳,於後皆稱注。"誤矣。何者?馬融、王肅亦稱注名爲"傳","傳"何有例乎?以聖道弘深,當須詳悉,於是研覈精審,覃静思慮以求其理,冀免乖違。既顧察經文,又取證於外。故須廣博推考群經六籍,又捃拾采摭群書之言,以此文證造立訓解,爲之作傳。……案孔君此傳辭旨不多,是"約文"也。要文無不解,是"申義"也。其義既申,故云敷暢其義之

① 《後漢書》卷三十六《鄭范陳賈張列傳》,第1217頁。

② (清)馬瑞辰《毛詩傳箋通釋·毛詩詁訓傳名義考》言:"毛公傳《詩》多古文,其釋《詩》實兼詁、訓、傳三體,故名其書爲《詁訓傳》。嘗即《關雎》一詩言之:如'窈窕,幽閒也','淑,善;逑,匹也'之類,詁之體也。'關關,和聲也'之類,訓之體也。若'夫婦有别則父子親,父子親則君臣敬,君臣經則朝廷正,朝廷正則王化成',則傳之體也。"第5頁。

③ (清)馬瑞辰《毛詩傳箋通釋·毛詩詁訓傳名義考》,第5頁。

④ (漢)何休注,(唐)徐彦疏《春秋公羊傳注疏·定公元年》"主人習其讀而問其傳"句下注曰:"讀謂經,傳謂訓詁。"阮元校刻《十三經注疏》,第116頁。

⑤ (清)陳澧《東塾讀書記》卷十,鍾旭元、魏達純點校,上海古籍出版社,2012年,第175頁。

旨趣耳。考其此注,不但言少,《書》之爲言多須詁訓,而孔君爲例,一訓之後,重訓者少,此亦約文也。[①]

首先,孔疏此段論及“傳”與“注”的區别與聯繫。“傳”與“注”一脈相承,並無本質上的不同,以致於有經師只簡單地作了時間上的劃分,所謂“前漢稱傳,於後皆稱注”。此可在劉知幾的《史通》中得到證實,《史通·補注》云:“昔《詩》、《書》既成,而毛、孔立《傳》,傳之時義,以訓詁爲主。亦猶《春秋》之《傳》配《經》而行也。降及中古,始名‘傳’曰‘注’,蓋傳者轉也,轉授於無窮。注者,流也,流通而靡絶,惟此二名其歸一揆。”[②]是視“傳”與“注”爲一體之二名。孔穎達雖不同意此説法,但亦僅舉馬融、王肅之作亦稱“傳”反駁,並未於内容或體式上作具體的闡釋。這在某種程度上説明,漢末之“傳”已幾近於“注”,只是名稱有别,其實可能已有混同。

其次,孔疏借《尚書》孔安國《傳》表明了作“傳”的方法,爲“廣博推考群經六籍,又捃拾采摭群書之言,以此文證造立訓解,爲之作傳”,即引書與訓詁[③],而這兩種常見的方式在“注”中都得以繼承與體現。進而孔穎達指出“傳”的意義在於“直約省文,令得申盡其義”,其核心即是“約文”與“申義”。而“一訓之下,重訓者少”,則正是與“一經説至百餘萬言”的章句迥異之處。劉歆《讓太常博士書》言:“因陋就寡,分文析字,煩言碎辭,學者罷老且不能究其一藝,信口説而背傳記,是末師而非往古。至於國家將有大事,若立辟雍、封禪、巡狩之儀,則幽冥而莫知其原。”[④]則較之於“傳”、“注”的“博考群籍”,“章句”則是“固守一藝”;而不知辟雍、封禪等“禮儀之原”,則説明典章名物的查考亦非其所長。

“章句”的意義在於“應敵”和“碎義逃難”,而其本質則是“利禄之路”。[⑤]《後漢書·徐防傳》載和帝永元年間,徐防上書認爲博士弟子考試“宜從其家章句,開五十難以試之。解釋多者爲上第,引文明者爲高説;若不依先師,義有相伐,皆正以爲非”[⑥]。則“章句”中包含的師法家法在諸生心中不過是課試的標準答案,而作爲博士的各家經師也只是表面恪守師法家法,而實際上也並不見得將其視爲嚴格的學術概念。東漢許多博學通儒不齒章句之學,轉而爲作傳、作訓詁。如《後漢書·桓譚傳》:“(譚)博學多通,遍習五經,皆詁訓大義,不爲

① (漢)孔安國傳,(唐)孔穎達等正義《尚書正義》,阮元校刻《十三經注疏》,第116頁。

② (唐)劉知幾著,(清)浦起龍通釋《史通通釋》,王煦華整理,上海古籍出版社,2009年,第121—122頁。

③ 漢人注疏引書以爲證,是東漢學者之例,蓋起於古文經學大興之際。考《毛詩故訓傳》、《老子河上公章句》,均未見引書之例。此孔安國《傳》爲僞,前人證之已詳,此略之。

④ 《漢書》卷三十六《楚元王傳》,第1970頁。

⑤ 《漢書》卷三十《藝文志》言:“後世經傳既已乖離,博學者又不思多聞闕疑之義,而務碎義逃難,便辭巧説,破壞形體;説五字之文,至於二三萬言。後進彌以馳逐,故幼童而守一藝,白首而後能言;安其所習,毁所不見,終以自蔽。此學者之大患也。”第1723頁。

⑥ 《後漢書》卷四十四《鄧張徐張胡列傳》,第1500—1501頁。

章句。能文章,尤好古學,數從劉歆、楊雄辯析疑異。"[1]《班固傳》:"(固)遂博貫載籍,九流百家之言,無不窮究。所學無常師,不爲章句,舉大義而已。"[2]此種例子不勝枚舉。

"注"在漢末的出現,在注解内容、精神上與"訓詁"、"傳"相呼應,實際上是對博士章句之學體式的突破。而其選擇作注的經本又多爲古學之本,古學之本因未進入博士教授系統,故其中本就没有所謂師法、家法的束縛。五經中作注頻率最高的爲三《禮》,東漢治禮學章句名家不多,《後漢書》載著名的只有橋玄"從同郡戴德學,著《禮記章句》四十九篇,號曰'橋君學'。"[3]所治亦僅《禮記》。清儒陳澧在《東塾讀書記》中有言:"孔冲遠云:'《禮》是鄭學。'考兩《漢書》《儒林傳》,以《易》、《書》、《詩》、《春秋》名家者多,而禮家獨少。《釋文·序録》漢儒自鄭君外,注《周禮》及《儀禮·喪服》者,惟馬融;注《禮記》者,惟盧植。鄭君盡注三《禮》,發揮旁通,遂使三《禮》之書,合爲一家之學,故直斷之曰'禮是鄭學'也。"[4]可見馬融、鄭玄等通儒用力最勤的三《禮》注,所選擇的恰恰是五經中漢儒家法師法最弱的一經。而對於家法森嚴、幾番學官之爭重鎮的《春秋》之學,則多棄之不注。[5] 這種對所注經本的選擇,與其將之理解爲巧合,不如説是融匯古今學的博通之士對章句之學的回避與反撥。

(三)獨立撰述與家學傳承

在解經目的上,"注"爲個人著作,具有較强的思想獨立性。

"傳"與"章句"都被用來教授弟子。虞萬里認爲"傳"是"契合師弟子輾轉相傳、逐漸增益的傳體形式"[6]。在這一點上,"章句"在某種程度上説是由"傳"在傳授過程中不斷增添而來。"章句"作爲與博士學官聯繫緊密的解經體式,只有某學被確立爲學官,有了傳授的需要時,經師才會爲之作"章句"以方便講授,如同後代的授課講義一般。當然,後來一些學問並未立爲學官,但傳其學者出於對所注文本的推崇或爲了講授的需要,亦仿照博士家法製作章句。如《老子》,《後漢書·耿弇傳》稱耿弇之父耿況"以明經爲郎,與王莽從弟伋共學《老子》于安丘先生"[7],則《老子》亦爲師徒相授之學,而此"安丘先生"即《經典釋文序録》所稱"毋丘望之",其作即《老子章句》。又東漢有以律法傳家者,

① 《後漢書》卷二十八上,第955頁。

② 《後漢書》卷四十上,第1330頁。

③ 《後漢書》卷五十一《李陳龐陳橋列傳》,第1695頁。

④ (清)陳澧著《東塾讀書記》,第253頁。

⑤ 《後漢書》卷六十上《馬融傳》言:"融嘗欲訓《左氏春秋》,及見賈逵、鄭衆注,乃曰:'賈君精而不博,鄭君博而不精。既精既博,吾何加焉!'但著《三傳異同説》。"(第1972頁)《世説新語》:"鄭玄欲注《春秋傳》,尚未成時,行與服子慎遇宿客舍,先未相識,服在外車上,與人説已注《傳》意,玄聽之良久,多與己同,玄就車與語曰:'吾久欲注,尚未了,聽君向言,多與吾同,今當盡以所注與君。'遂爲服氏《注》。"見(南朝宋)劉義慶撰,(南朝梁)劉孝標注《世説新語箋疏》,余嘉錫箋疏,中華書局,2007年,第227頁。此雖僅爲一則逸事,但卻從一個角度反映出後人對鄭玄遍注五經卻不及《春秋》的一種刻意地解釋。

⑥ 虞萬里《〈孔子詩論〉應當定名爲〈孔子詩傳〉論》,《中國經學》第五輯。

⑦ 《後漢書》卷十九,第703頁。

如郭弘習《小杜律》,其子郭躬傳父業,並教授弟子。[①]《隋志》亦載諸家所作“律章句”。

簡言之,“傳”與“章句”由於師生教學的需要,尤其是“章句”還包含師法、家法,在輾轉承襲中不斷地被解讀、發揮、增删,始終處於一種動態的生成過程。與此相較,“注”的個體性與獨立性較强一些。孔穎達《禮記正義》“曲禮上第一”文下疏曰:

> 然鄭亦附盧、馬之本而爲之注。注者,即解書之名。但釋義之人多稱爲“傳”。傳,謂傳述爲義。或親承聖旨,或師儒相傳,故云“傳”。今謂之注者,謙也。不敢傳授,直注己意而已。若然,則“傳”之與“注”各出己情,皇氏以爲:“自漢以前爲傳,自漢以後爲注。”然王肅在鄭之後,何以亦謂之傳?其義非也。[②]

則其認爲鄭玄爲《禮記》作注只在於“直注己意”而自謙不敢言傳授,故稱“注”不稱“傳”。而孔穎達在《毛詩正義》中言及鄭玄作“箋”而不作“注”的原因時云:

> 鄭以毛學審備,遵暢厥旨,所以表明毛意,記識其事,故特稱爲“箋”。餘經無所遵奉,故謂之“注”。[③]

鄭玄於《毛詩》稱“箋”的原因是《毛傳》在前,作箋只是爲了發明《毛傳》之義,而其餘諸經皆稱注,則是前面“無所遵奉”,意爲不强調注所本自何家之説。作“箋”者與經文間隔了一個作“傳”者的中介,而作注則是直接面對經文。又《毛詩正義》引鄭玄《六藝論》稱,“注《詩》宗毛爲主,其義若隱略,則更表明,如有不同,即下己意”[④]。則鄭玄雖宗《毛傳》,但也不盡隨其義,有不同之處,也要表明自己的意思。更何況那些本就“無所遵奉”題作“注”的諸篇。如此可見,“注”既無須向下傳授,也不必向上有所遵奉,作注對象直是經文本身,並不受某家某派傳記或章句的限制,其自主性必然更强。而這種獨立性與自主性,使得原本在經中根深蒂固的師法、家法被有意無意地被淡化和排擠出去。

綜上所述,“注”體在東漢興起,一方面承接了“章句”依經而作、具載本文的特點,較之於“傳”更爲精密,緊扣經文,而免於疏闊之弊。另一方面抛棄了“章句”體僵化的“章指”形式,在注解的具體内容與精神實質上又與“傳”及“訓詁”相呼應,考釋典章、訓詁大義,突破了博士章句之學“碎義逃難”的小儒之道,亦不至流於繁瑣狹隘。同時,選擇古學經本,不用於傳授教學、追名逐利,作注時可以直面經文而不受先師舊説的局限,又使注者獲得了更大的詮釋經

---

① 《後漢書》卷四十六《郭陳列傳》:“父弘,習《小杜律》。……躬少傳父業,講授徒衆常數百人。……郭氏自弘後,數世皆傳法律。”第1543—1546頁。

② (漢)鄭玄注,(唐)孔穎達等正義《禮記正義》,阮元校刻《十三經注疏》,第1229頁。

③④ (漢)毛亨傳,(漢)鄭玄箋,(唐)孔穎達等正義《毛詩正義》,阮元校刻《十三經注疏》,第269頁。

典的自由。依附經文而可直面經文,一縮一放之間,"注"體融合了"傳"與"章句"二者的優點,而最長於此體的鄭玄則充分利用了"注"體形式上的優勢,兼通古今學,爲一時學者所尊奉。"注"這種體式恰適應了漢魏之際融匯古今學的學術風氣與潮流,故在漢魏的學術大變革中迅速地發展起來。

三 王弼《周易注》與新的闡釋空間

"注"集"傳"與"章句"之長,體式上已較博士經學進了一步,但其在東漢用於解經之初,仍没有完全擺脱博士章句之學的影響。鄭玄雖博通古今文,但其"注"繁瑣,《後漢書·鄭玄傳》言其:"質於辭訓,通人頗譏其繁。"①其注繁瑣程度,幾似章句。

而高誘《淮南子》注中仍存先師之説,如:

> 《天文篇》"方諸見月則津而爲水"句下高誘注曰:"方諸陰燧,大蛤也。熟摩令熱,月盛時以向月下,則水生,以銅盤受之,下水數滴。先師説然也。"②

> 《覽冥篇》"於是女媧鍊五色石以補蒼天"句下高誘注曰:"女媧陰帝,佐虙戲治者也。三皇時,天不足西北,故補之。師説如此。"③

> 《泛論篇》"故人有厚德,無問其小節,而有大譽,無疵其小故。夫牛蹏之涔,不能生鱣鮪"句下高誘注曰:"涔,雨水也,滿牛蹏迹中,言其小也,故不能生鱣鮪也。鱣,大魚,長丈餘,細鱗黄首,白身短頭,口在腹下。鮪,大魚,亦長丈餘,仲春二月從河西上,得過龍門便爲龍。先師説云也。"④

雖只是具體的典故名物訓詁,並無關乎大義,但高誘仍謹録先師之説,可見對師説的尊崇。直至三國時吴國士燮爲《左氏春秋》作注,其言亦是"皆有師説"⑤。可見,"注"體雖已無所謂有所"遵奉",但在經學的體制下,章句之學家法、師法的觀念仍在其中打下了深深的烙印。

在這種情況下,"注"與删減後的"章句"以及附經而行的"傳"有了某種程度上的混同。這使得後人對這一時期解經體式的認知存在偏差,也是《隋書經籍志》、《經典釋文序録》等著録同一著作時名稱略有差異的可能原因。另一方

① 《後漢書》卷三十五《張曹鄭列傳》,第1212頁。

② 何寧集釋《淮南子集釋》卷三《天文訓》,第172頁。

③ 何寧集釋《淮南子集釋》卷六《覽冥訓》,第479頁。

④ 何寧集釋《淮南子集釋》卷十三《泛論訓》,第963頁。

⑤ 《三國志》卷四十九《吴書·劉繇太史慈士燮傳匡》載燮師事潁川劉子奇,治《左氏春秋》,爲之注解。袁徽與荀彧書曰:"(士府君)玩習書傳,《春秋左氏傳》尤簡練精微,吾數以咨問《傳》中諸疑,皆有師説。"第1191頁。

面,也是"注"體尚未成熟和不穩定的表現。而真正使"注"這種體式擺脱傳統師法家法的束縛,爲"注"體以及漢末幾近衰頹的經學拓展開新的解釋空間的,當推王弼的《周易注》。

王弼《周易注》選擇了費氏《易》本作注,客觀上已是對漢代孟、京《易》師法、家法的掃落,而在具體解經方法上,王弼更是通過以傳解經、闡發義理的方式,進一步清除了漢代經學的殘留,並發揮了傳統"訓"法訓釋經義的特點,取捨衆説,拓展了"注"的解釋空間。

首先,王弼《注》是對《彖》、《象》的充分運用與發揮。以《彖》、《象》、《文言》解經,歷來被視作費氏《易》的師法,後世凡言及以"十翼"解《易》者,都將其歸入費氏《易》的統緒。這也是歷代學者認爲王弼遠宗費直的證據之一。而費氏易學包括其所謂"注"或"章句",不過是借其經本以述己學的東漢古學家們的建構。故而,與其將以《彖》、《象》解經視爲王弼對費直古法的繼承,不如理解爲王弼在古學風氣的影響下以自己方式對古法的復原。

以傳解經爲古學習用之法,劉歆治《左傳》而引傳文以解經,實已開其先河。王弼本《乾》卦所保留的古法已是《彖》、《象》合經的狀態。王弼在此基礎上進一步分《小象》附爻,即如孔穎達《周易正義》中所言:"夫子所作《象》辭,元在六爻經辭之後,以自卑退,不敢干亂先聖正經之辭。及至輔嗣之意,以爲'象'者本釋經文,宜相附近,其義易了,故分爻之《象》辭,各附其當爻下言之,猶如元凱注《左傳》分經之年與傳相附。"[①]王弼這種使《彖》、《象》緊貼經文的方式,使得《易傳》的意義得到了最大限度的申發。

而採用這種方式的結果,一方面,王弼作《注》可以盡可能精要簡潔,《易傳》之意已明處,便簡省不注。如《乾·初九》"潛龍勿用"是《易》的第一句爻辭,從李鼎祚的《周易集解》和孔穎達《周易正義》疏中所引的漢儒以及後來南朝諸儒的旁徵博引的闡釋中,可見諸儒對此爻的用力之勤。而王弼之《注》只有"《文言》備矣"四字[②],其以傳釋經的清簡之風可見一斑。又王弼認爲《彖》是"統論一卦之體,明其所由之主"者[③],以其釋卦辭最詳,因而六十四卦中王弼不注卦辭者,有三十四卦之多。另外,王弼也繼承了傳體"約文申義"的訓解精髓,一訓之下,重訓者少。如於《大過》卦下已注明"音相過之過"[④],而在《小過》卦下便盡可闕如。這在很大程度上避免了鄭玄注經的繁瑣之譏。另一方面,王弼重視發揮《易傳》之義也表明了一種對解《易》古法復歸的姿態。《彖》、《象》、《文言》等《易傳》以闡發義理爲主,相較於靈活多變的卦爻辭,其意義的指向性相對明確,將《易傳》與經文相連,有《傳》作爲解經時參照,很大程度上限制了漢儒所謂卦氣、陰陽災異、乾坤升降、納甲爻辰等附益之説的發揮,使得博士經學中不合經義、出於己意的妄言不掃自退。從這點來説,王弼雖好發玄

---

① 《周易正義》,阮元校刻《十三經注疏》,第18頁。

② 《周易正義》,阮元校刻《十三經注疏》,第13頁。

③ (魏)王弼《周易略例·明彖》,樓宇烈《王弼集校釋》,中華書局,1980年,第591頁。

④ 《周易正義》,阮元校刻《十三經注疏》,第41頁。

言,思想受到道家的影響,但在本質上仍是一個儒家。對《易傳》的重視和運用,恰恰表明其以自己的方式,回歸儒家傳統聖人之學的意願與努力。

其次,王弼《注》體現出鮮明的重義理傾向,並發揮了早期“訓”法釋經義的本色。前文已言,“注”與早期的“訓”有相通之處,本是以訓詁字句爲主要任務,現存鄭玄、高誘等諸家注都體現了這一特點。而王弼卻發揮訓釋之體闡發義理的功能,此其實亦是對先秦“訓”法本義的復歸。黄侃認爲:“詁者故也,即本來之謂;訓者順也,即引伸之謂。”[①]則大略可知,“訓詁”統而言之,爲疏通經文本身之義;析而言之,“詁”重字的本義,“訓”重該字在具體經文的比興中所體現的經義。《彖》、《象》二傳解經最得此“訓”法釋經之義,如《彖傳》訓釋卦名所謂“師,衆也”[②],“比,輔也”[③],“離,麗也”[④],“咸,感也”[⑤],俱是就該字在經文中所象一卦之義言之,而非解釋“師”、“比”、“離”、“咸”之字的本義。王弼在此卦名義解釋處全用《彖傳》,而不作過多生發,正是沿襲此法。

故王弼《注》中對除一些關涉義理的字句釋音、釋義外,很少泥於具體文字、名物、典章的考訂。如《咸·九五》:“咸其脢,无悔。”王弼注“脢”曰:“‘脢’者,心之上口之下,進不能大感,退亦不爲无志,其志淺末,故‘无悔’而已。”孔疏引諸家説與之對比曰:

> “脢者,心之上口之下”者,子夏《易傳》曰:“在脊曰脢。”馬融云:“脢,背也。”鄭玄云:“脢,脊肉也。”王肅云:“脢在背而夾脊。”《説文》云:“脢,背肉也。”雖諸説不同,大體皆在心上。輔嗣以四爲心神,上爲輔頰。五在上四之間,故直云“心之上口之下”也,明其淺於心神,厚於言語。[⑥]

此則清晰地表明,王弼之前子夏、馬融、鄭玄、王肅諸儒解“脢”,皆用如《説文》所釋之“脢”的本義[⑦],此是用“詁”之法。而王弼之注則着眼於《咸》卦“九五”之爻在一卦中的具體位置,“心之上口之下”並不在於解釋“脢”字的含義,而旨在説明經文“无悔”,而闡發“其志淺末”之義理。此正是對“訓”法精神的繼承與發揮。

又如《蠱·彖》:“‘先甲三日,後甲三日’,終則有始,天行也。”王弼注“甲”曰:“甲,創制之令也。創制不可責之以就,故先之三日,後之三日,使令洽而後乃誅也。”[⑧]是取“甲”作“新命令”言。而鄭玄及諸儒與王弼所解不同,孔疏引

---

① 此言爲武酉山《追悼黄季剛先生》一文中撮集的黄侃講訓詁學要語。見章太炎主編《制言》半月刊第五期,1935 年刊。

② 《周易正義》,阮元校刻《十三經注疏》,第 25 頁。

③ 《周易正義》,阮元校刻《十三經注疏》,第 26 頁。

④ 《周易正義》,阮元校刻《十三經注疏》,第 43 頁。

⑤ 《周易正義》,阮元校刻《十三經注疏》,第 46 頁。

⑥ 《周易正義》,阮元校刻《十三經注疏》,第 47 頁。

⑦ 此處言“本義”,並非文字學意義上的字本義,《説文解字》所釋之字亦是經文之義,但其所言之義,可通用諸經,是爲“詁”。而“訓”所謂“引申”或“兼言之比興”,則是經師在訓釋經文時根據具體文意而進行的闡釋與發揮。

⑧ 《周易正義》,阮元校刻《十三經注疏》,第 35 頁。

述曰:

> 其褚氏、何氏、周氏等並同鄭義,以爲“甲”者造作新令之日,甲前三日,取改過自新,故用辛也。甲後三日,取丁寧之義,故用丁也。[①]

則鄭玄並南朝諸儒所解“甲”俱爲其作天干的本義,將“甲”視爲一個時間概念。又以十日天干推算,“甲”前三日爲“辛”,“甲”後三日爲“丁”,再以同音附會“辛”爲“新”,取改過自新之義,“丁”爲“丁寧”。此强依本義,附會字音的解法未免有些牽强。而王弼解“甲”爲“創制之令”則是甲在天干意義上的引申。孔疏釋之曰:“‘甲者創制之令’者,甲爲十日之首,創造之令爲在諸令之首,故以創造之令謂之甲。故漢時謂令之重者爲之‘甲令’,則此義也。”則此解既明言新創之令,又表明在新令施行的先後三日皆須殷勤叮嚀百姓,使其徹底知曉新令,而不可急切用刑罰,而此正與《蠱·象》所言“天行”大義相吻合。可見王弼並不拘泥於字之本義,所釋“甲”字爲其在經文具體語境中之義,此可見王弼注對“訓”法的運用。

而王弼所作音訓亦緊扣經義展開。如其注《大過》卦名曰:“音相過之過。”孔疏解之道:“‘相過’者,謂相過越之甚也,非謂相過從之‘過’,故《象》云‘澤滅木’,是過越之甚也。四陽在中,二陰在外,以陽之過越之甚也。”[②]則王弼對“過”的釋音並非僅爲單純的訓詁,而是爲了强調“過”字“超越”的含義,表明於《大過》所示之衰難之時,陽爻可超越陰爻而拯救患難的大義。

這種重義理的傾向是對傳體“舉大義”精神的回應,使“注”不再僅僅局限於解釋文本字句等簡單、初級的工作,而具有可以負載更的内容與思想的功能。這種對“注”的變革對後世影響深遠,郭象的《莊子注》以及張湛的《列子注》皆沿此重義理之法。“注”在依附闡釋經文的同時,也獲得了相對獨立的地位,注者得以通過“注”對經典進行自我化的重構。

最後,王弼《注》融通先儒舊説,取衆義爲已所用。《三國志·魏書·鍾會傳》附《王弼傳》及裴松之注引何劭的《王弼傳》中都未明言王弼的師承,湯用彤《王弼之〈周易〉、〈論語〉新義》一文及蒙文通《經學抉原》中都依王弼家世與荆州的關係[③],而將王弼易學上溯王肅,推源宋忠。而牟潤孫《論魏晉以來之崇尚談辯及其影響》一文則認爲王弼之學自有王粲以來的家學淵源,不必祖述宋忠。[④] 朱伯崑《易學哲學史》中則舉王弼《注》采王肅、荀爽等人的説解之處,以證明王弼之學淵源有自,而與沿用互體説的宋忠《太玄注》不同。[⑤] 這些説法都有道理,但似乎在討論中似乎都忽視了一個事實,即王弼也同鄭玄一樣,對

① 《周易正義》,阮元校刻《十三經注疏》,第 35 頁。

② 《周易正義》,阮元校刻《十三經注疏》,第 41 頁。

③ 參見湯用彤《王弼之〈周易〉、〈論語〉新義》,《魏晉玄學論稿》,生活·讀書·新知三聯書店,2009 年。蒙文通《經學抉原·南學北學第六》,上海世紀出版社,2006 年。

④ 牟潤孫《論魏晉以來之崇尚談辯及其影響》,《注史齋叢稿》(增訂本),中華書局,2009 年,第 168—169 頁。

⑤ 朱伯崑《易學哲學史》第一卷,華夏出版社,1995 年,第 275 頁。

待前代易學的成果採取一種開放與融匯的態度,本不必强調歸何宗、尊何派。而其與鄭玄稍異之處在於,鄭玄更重綜合,雜糅古今衆家後也消融了自己,而王弼則更多的是衆家爲我所用,在融通中建立自己的思想體系。

王弼《周易注》中已全無高誘《淮南子》注中所謂"先師説"、"先師云"的字樣。如朱伯崑指出王弼注《損·上九》言"尚夫剛德,爲物所歸,故曰得臣",是用王肅"剛陽居上,群下共臣,故曰得臣矣"之義。[①] 但王弼亦僅用其辭但並未用其義,更未引其言。王肅之解言"剛陽居上",是重《損》卦之象,而王弼言"剛德"、言"爲物所歸",所重在卦德,是重《損》卦之義。又如王弼注《賁》卦言"《坤》之上六,來居二位,柔來文剛之義也。……《乾》之九二,分居上位,分剛上而文柔之義也"[②]。實際是將《賁》卦視爲《泰》卦的變卦,暗用了荀爽陰陽升降之説。而《復》卦中對"七日來復"的解釋則直接承襲了《易緯》。許多研究者都將其歸爲王弼《注》中象數易學的殘留。但這也正是王弼融貫衆家之説的表現,沿用舊説卻以己意爲取捨,如以《易緯》"六日七分"説注《復》卦,鄭玄用以言卦氣,而王弼則爲此後闡發"反本"之義作鋪墊,所用雖一,但意義迥然。

又如引書,"注"中徵引群書以訓釋典章名物是東漢以來的常例。李秀華在《〈淮南子〉許高二注研究》中曾詳細統計高誘《淮南子》注引書近 30 種,且"其體例幾乎都是'某某曰'、'某某云',直接標明引自何書何人"[③]。而王弼《周易注》引書較少,即便有引用,也是"引詩斷章,不必與本義同"。如《睽·上九》王弼注曰:

> 以文明之極而觀至穢之物,睽之甚也。豕而負塗,穢莫過焉。至睽將合,至殊將通,恢詭譎怪,道將爲一。[④]

並未言所據何書,孔穎達《正義》發明其義曰:

> "恢詭譎怪,道將爲一"者,《莊子·内篇·齊物論》曰:"无物不然,无物不可,故爲舉莛與楹,厲與西施,恢詭譎怪,道通爲一。"郭象注云:"夫莛横而楹縱,厲醜而西施好,所謂齊者,豈必齊形狀同規矩哉?舉縱横、好醜、恢詭譎怪,各然其所然,各可其所可,即形雖萬殊,而性本得同,故曰:'道通爲一也。'"莊子所言以明齊物,故舉恢詭譎怪至異之物,道通爲一,得性則同。王輔嗣用此文而改"通"爲"將"字者,明物極則反,睽極則通,有似引詩斷章,不必與本義同也。[⑤]

《睽》卦上體爲"離"是文明之象,下體爲"兑"是水澤污穢之象,上九在文明之極而見最污穢之物,是"睽"的極點。但當睽道將盡時,卻物極而反,睽極則通。《莊子》尤其是郭象解讀話語中的《莊子》"道通爲一",是在齊物論的語境

① 朱伯崑《易學哲學史》第一卷,華夏出版社,1995 年,第 275 頁。
② 《周易正義》,阮元校刻《十三經注疏》,第 37 頁。
③ 李秀華《〈淮南子〉許高二注研究》,學苑出版社,2011 年,第 323 頁。
④⑤ 《周易正義》,阮元校刻《十三經注疏》,第 51 頁。

下談“道通”。萬物各適其性、各得其所,這其中的道是一種“自道”,即萬物雖然形狀有别,但在完成自身屬性的道上卻是同一的。而王弼强調的“道將爲一”則是物極而反,其“將爲一”的道是萬物間相感相應的“互通”。“道”是萬物呈現出一種陰陽調和,和而不同的狀態。孔穎達點明王弼《注》所言取自《莊子》,但只是如引詩時的斷章取義,不必與《莊子》本義相同。

此則正説明王弼無論是訓詁字句、考釋典章、徵引舊説,皆諸家之説備我一身,並爲自己的理論體系服務。這使得王弼的《周易注》在一定程度上擺脱了“注”體自身可能具有的瑣碎餖飣的局限。《周易注》所關注的重心並不在具體字句、典章、名物等知識層面的内容,其每一個注解都在於指向自身所有闡發的哲理。在此意義上,王弼《周易注》並非雜合衆家的百科全書,而是有内在理論體系的著作。

由此可見,王弼《周易注》對漢易象數之學師法、家法的掃落,並不在於一卦一象,其理論根基也並非建立在與漢儒易説的立異與論戰上,而是通過對《易傳》的復歸,用古本古傳,以另闢蹊徑的方法建立了自己的理論體系。這是其學術格局開闊的基礎。“注”體的特徵在王弼手上得以充分地發揮,經學擺脱了章句家法的束縛,拓展了新的義理解釋空間。

小　結

“注”在訓詁學上雖只是一種普通的注解體式,但隨東漢古學的盛行而興起,卻使其負載了特殊的意味。“注”從東漢末多用於注解子書或民間傳本經書的規格不高的體式,一躍成爲魏晉後解經體式的主流,正反映了漢魏間博士經學衰弱而古學、諸子學大興的轉變過程。“注”體在形式上沿“訓詁”之舊義,融合了“傳”與“章句”二者的長處,通過對“傳”的“訓詁明大義”精神的呼應,在一定程度上抑制了博士章句的隨意發揮,使得經學逐漸擺脱學官之學,實現對儒家原始狀態的復歸。王弼的《周易注》更是通過以傳解經、重“訓”輕“詁”的方式,發揮《彖》、《象》二傳訓釋卦名、卦體之義,使“注”不僅局限於訓詁名物、考據典章的細碎層面,而具有了同“傳”、“章句”一樣可承載義理的功能,大大拓展了“注”的闡釋空間。《周易注》以另起爐灶的方式,用新的經本、新的方法建構自身新的體系,徹底抛棄家法、師法,這既是復古也是創新。兩漢博士經學相沿襲的解經方式被打破,作注者不再需要通過先師作爲中介,而是直接面對經文。新的方法必然會促進思想的革新,開闊的解釋空間帶來了充分展現學識的自由,整個經學的世界都將以嶄新的面貌意味深長地展開。

(作者單位:南京大學文學院)

古典文獻研究(第十八輯下卷)
Journal of the Institute for Chinese Classics Studies
Nanjing University
Volume 18, No.2 2015

讀《隆闡法師碑》札記

于 溯

《隆闡法師碑》全題《大唐實際寺故寺主懷惲奉敕贈隆闡大法師碑銘并序》,碑今藏西安碑林博物館。碑文34行,滿行65字,行書,無題額。據2012年出版的《西安碑林名碑精粹》提供的信息,該碑"螭首龜趺,均已殘斷,殘存碑額上隱見一佛二菩薩像。碑殘高250 cm,寬88 cm,厚25 cm"。就書體而言,此碑極類《懷仁聖教序》;就形制而言,不題碑額而代之以造像的設計,亦類《懷仁聖教序》。隆闡大師法名懷惲,據碑文載,是善導弟子。此碑的製作,體現了唐代僧碑的一些常見特點,同時又有一些自身的謎團值得發覆,特分題札記,試做討論。

一 僧碑與塔銘不同

葉奕苞嘗謂:"唐時名寺住持僧,無不立碑。"①有唐近三百年,寺廟三五千餘②,名僧高德,理不在少,但就《金石録》、《寶刻叢編》、《全唐文》、《唐文拾遺》、《唐文續拾》、《全唐文補遺》、《全唐文補編》檢覈,所得僧碑不過157種(含有目無文66種)③,其中尚有一人多碑的情況,實際傳主僅152人。自然,這個數量無以描繪唐代僧碑的全貌,因爲一則尚有僧碑散見於其他文獻,比如北

① (清)葉奕苞《金石録補》卷一四《唐進法師塔銘》,《石刻史料新編》第一輯第12册,臺灣新文豐出版公司,1982年,第9056頁。

② 《大唐大慈恩寺三藏法師傳》所載《貞觀二十二年九月詔》提到時有"海内寺三千七百一十六所",《唐六典》則謂"諸州寺總五千三百五十八所",這當是開元時的情況。五千三百五十八之數,亦見於《舊唐書·職官制》祠部條"凡天下寺有定數"下夾注,説明玄宗以後唐帝國寺廟也基本穩定在這個"定數"上。(唐)慧立《大唐大慈恩寺三藏法師傳》卷七,T50,p.259a;《唐六典》卷四,中華書局,1992年,第125頁;《舊唐書》卷四三,中華書局,1975年,第1831頁。

③ 這些僧碑多題碑或(石)塔碑,因性質不同或内容側重,亦偶見有題神道碑、神異碑、遺行碑者。這裏的統計,就時代而言,只包括撰人與傳主同爲唐人的碑刻,如唐人所立《重建禪門第一祖菩提達摩大師碑》、《齊州章丘縣常白山醴泉寺誌公碑》等,均不計入。就地域而言,新羅僧碑亦不計入。

宋契嵩《傳法正宗記》中提到的韶州刺史韋據爲慧能所立碑,就不見載於歷代碑目[①];二則尚有從未被文獻記載、久已撲倒磨損消亡的碑石,無從統計。不過,這個數量肯定不會少於葉奕苞所見,所以他的話未免顯得過於誇張。事實上,葉奕苞應該是按金石學者的慣常做法,將僧碑與更爲常見的塔銘等同視之,才會有"無不立碑"的印象。葉昌熾《語石》卷四塔銘條云:

> 釋氏之葬,起塔而繫以銘,猶世法之有墓誌也。然不盡埋於土中,或建碑、或樹幢。其納諸壙者,或用横石,修一之、廣倍之;或方徑不逾尺。其通稱爲功德塔。大曆以後,智悟、如願之類,亦多從我法稱墓誌。思恒律師稱誌文。或稱方墳記。[②]

僧碑、幢、誌每被視爲塔銘之異體,這是因爲四者之中塔銘在數量上確實占絶對優勢。其實,從起源上講,塔銘倒是碑的異體。墓碑大行於漢末[③],是世俗世界喪葬文化的産物,僧人的喪葬觀本與俗世不同,但在操作層面亦不免爲流風所染,僧碑立於葬塔前,正是對墓碑立於墓前的模擬或曰移植。北碑名品《馬鳴寺故根法師墓碑》是現存僧碑時代較早者,就其内容形制看,正與俗世墓碑無二[④]。而塔銘則是墓碑與葬塔的混合物,比馬鳴寺根法師晚一年去世的北魏蘭倉令孫遼,因爲是佛教徒,故建塔刻銘以葬,無論死者身份還是選用石刻的物質形態,都體現了宗教與世俗文化的揉合[⑤]。經幢本就是塔之一種[⑥],加之形態似碑,乃有"八楞碑"之稱[⑦]。將传統上由碑承載的文字施諸石幢,同樣是内外葬俗的糅合。

魏晉南朝,官方多次禁碑,普遍禁止,遂成特供,碑進入等級化喪葬制度[⑧],也就此被引入了一條必在高規格上發展之路。這種高規格的物質表徵,是碑石的形制、雕刻工藝、文辭和書寫的水準等等;其非物質表徵,則是傳主的社會地位。嗣後,這兩種表徵又隨墓碑一起被引入"釋氏之葬"。保存在《藝文類聚》卷七六的王筠《開善寺寶志大師碑》、《國師草堂寺智者約法師碑》,蕭繹《莊嚴寺僧旻法師碑》、《光宅寺大僧正法師碑》,沈約《比丘尼僧敬法師碑》,王

---

① (宋)契嵩《傳法正宗記》卷六,T51,p.748,b27。

② (清)葉昌熾撰,柯昌泗評《語石 語石異同評》,中華書局,1994年,第264頁。

③ 參程章燦師《從碑石、碑頌、碑傳到碑文——論漢唐之間碑文體演變之大趨勢》,《唐研究》第十三卷,北京大學出版社,2007年,第419—436頁。

④ 據碑文,根法師逝於北魏正光四年(524)二月。拓本見《北京圖書館藏中國歷代石刻拓本彙編》第四册,中州古籍出版社,1989年,第132頁。

⑤ 《孫遼浮屠銘記》,見趙超《漢魏南北朝墓誌彙編》,天津古籍出版社,1992年,第147—148頁。按碑文云:"有子顯就、靈鳳、子冲等,追述亡考精誠之功,敬造浮屠一區,置於墓所,願令事與須彌等壽,理與日月齊明。"繫銘云:"咨余小子,末命將淪。構兹寶塔,綴此遺塵。崇功去劫,樹善來因。"可知浮屠蓋指塔云,或兼做佛、塔。

⑥ 參劉淑芬《滅罪與度亡——佛頂尊勝陀羅尼經幢之研究》,上海古籍出版社,2008年,第103—113頁。

⑦ 《語石 語石異同評》,第269頁。

⑧ 漢獻帝建安十年、晉武帝咸寧四年、晉元帝大興元年、晉安帝義熙中都曾下詔禁碑,參《宋書·禮志》二。

僧孺《棲霞寺雲法師碑銘》,徐陵《東陽雙林寺傅大士碑》,江總《明慶寺尚禪師碑銘》等等[①],可視爲南朝僧碑的代表,從撰者身份,就不難想見碑石主人身份之高崇。唐代的僧碑,同樣多出於顯宦名流乃至帝王之手[②]。而與僧碑不同,塔銘石幢徹底改變了碑的物質形態,也就摧毀了附麗於豐碑之上的體制高華的特徵,遂成爲可精可粗、上下通用的喪葬品,在適用範圍的廣泛性上,實則與墓誌更爲接近。

唐代的用碑制度,在《喪葬令》中有明文規定,根據學者對唐令的復原成果,這條令文的面貌是:

> 諸碑碣,其文須實録,不得濫有褒飾。五品已上立碑,螭首龜趺,趺上高不得過九尺。七品已上立碣,圭首方趺,趺上高四尺。若隱淪道素,孝義著聞,雖不仕亦立碣。[③]

可見碑是和資格緊緊聯繫在一起的,故柳宗元《兵部郎中楊君墓碣》云:

> 既葬,其子姪洎家老謀立石以表于墓。葬令曰:"凡五品以上爲碑,龜趺螭首。降五品爲碣,方趺圓首,其高四尺。"案郎中品第五,以其秩不克偕,降而從碣之制,其世系則紀于大墓。[④]

雖然政策的實際執行情况往往比政策本身複雜[⑤],但無論遵循之或者違背之,其實都是對碑的等級性的認可和利用。僧碑既是碑的一種,可以推測,在同樣以等級化爲特徵的唐帝國宗教管理制度中,它也是某種級别以上僧人可享有的特權。在上文統計的唐碑中,比丘尼碑僅1通,傳主爲唐中宗從姑法琬,這正透露出僧碑的等級性。由於這種等級性,唐代僧碑的數量不會很多;儘管不多,仍不宜與塔銘等混同視之,否則會遺漏"傳主可以擁有碑"這一重大信息。

二 立碑時間:冢墓碑性質的偏移

冢墓碑的建立應該是喪葬儀式的一個環節,因而相關規定載於《喪葬令》。然而,與世俗官僚立碑不同,唐代的僧碑不乏建造時間甚晚、乃至與喪葬程序完全脱節者。《隆闡法師碑》記載實際寺主懷惲以大足元年十月廿二日神遷,神龍元年贈謚隆闡大法師,但碑末附刻有一行建碑日期,乃是"天寶二年歲次癸未十二月景寅朔十一日景子",這個時間上距隆闡離世已經41年。這樣的後期追建碑刻,其性質其實又偏近於功德碑。事實上,唐代很多僧碑正是以記

① (唐)歐陽詢《藝文類聚》,中華書局,1982年,第1308—1310頁。
② 如玄宗有《一行禪師塔碑》,越王貞有《信行禪師碑》,見《寶刻叢編》卷七、卷八。
③ 仁井田陞《唐令拾遺》,三秦出版社,1989年,第766—767頁。
④ 《柳宗元集》卷九,中華書局,1979年,第211頁。
⑤ 按《封氏聞見記·碑碣》:"隋氏制,五品以上立碑,螭首龜趺,趺上不得過四尺,載在《喪葬令》。近代碑碣稍衆,有力之家多輦金帛以祈作者之諛,雖人子罔極之心,順情虚飾,遂成風俗。"見(唐)封演撰,趙貞信校注《封氏聞見記校注》卷六,中華書局,2005年,第58頁。

德碑、遺德碑、高德碑爲題,例如比《隆闡法師碑》更早的許敬宗所撰《大唐弘福寺故上座首律師高德頌》,是碑爲貞觀九年(635)去世的智首而建,從碑文内容風格看,仍與一般冢墓碑無異,但其刻石時間也已經是顯慶元年(656)了[①]。

僧人去世或者得到追謚後,作爲喪主的弟子没有立即爲之主持立碑,可能是受到了當時名望、財力等等因素的制約,而逝者的名望,寺院或宗教團體的實力,仍會在逝者逝後發生變動,這就使追建成爲可能[②]。但是,無論何種原因導致當時未建,也並不存在日後定爲補建的規定,高僧如玄奘者,也始終無一碑[③],使追建成爲必然的,還是樹碑的動機和意義。關於這一點,最好案例可能是持續百年以上的慧能碑建造工程。根據現有文獻記載可知,唐人至少爲慧能建了五塊碑:先天二年(713)慧能去世,刺史韋據爲之立碑,這是最嚴格意義上的冢墓碑。天寶初,王維應神會之請作《六祖能禅師碑》,按照此時神會的活動蹤迹,碑很可能在洛陽荷澤寺,總之此碑之建可以説在時地上都去慧能已遠[④]。到天寶十一載(752),兵部侍郎宋鼎又應神會請作《能大師碑》,據《宋高僧傳》的記載,這當是一塊影堂碑。影堂碑附於真影,一如塔碑之附於葬塔,或可視爲冢墓碑之别體[⑤]。按光緒《畿辅通志》卷一四七《金石略十》順德府邢臺縣《能大師碑》條以爲慧能寂於先天二年,已建塔曹溪,"又何以立碑于四十餘年之後?皆不可解考"[⑥]。實則這種不可考解的工程還没有結束,元和十一年(816),憲宗追謚慧能爲大鑒禪師,柳宗元爲作《曹溪第六祖賜謚大鑒禪師碑》。元和十四年(819),劉禹錫應道琳請再作《大唐曹溪第六祖大鑒禪師第二碑》[⑦]。這種建碑力度,即便在高官顯爵的政治人物,也是不可想象的。

---

① 《全唐文補遺》第七輯,三秦出版社,2005年,第8—10頁。

② 俗世墓碑,亦有此例,如西安碑林博物館藏《顔勤禮碑》,立碑乃在勤禮去世百年後,顔魯公門望盛時。

③ 關於玄奘的史料傳記,均未提及玄奘寂後有建碑事。劉軻《大唐三藏大遍觉法師塔铭并序》提到開成二年沙門具壽來求玄奘塔銘,帶給他的寫作參考僅是三藏遺文、傳記,可見此前確無碑文。劉淑芬《玄奘的最後十年(655—664)——兼論總章二年(669)改葬事》(《中華文史論叢》2009年第3期,第1—97頁。)提出玄奘無塔銘與高宗朝政治鬥爭有關,筆者不同意劉文的觀點和材料解讀,且即便玄奘若捲入政爭,充其量得不到賜碑,當不至私撰塔銘都被禁止。事實上,慈恩宗門下以碑銘爲葬者絶少,所見者多爲後人追建,這也可能與他們對世俗葬儀的排斥有關。相反,對於非墓碑性質如《慈恩寺碑》者,玄奘既積極索求,高宗亦不吝賜予。至於玄奘和高宗的矛盾,顯慶二年五月高宗敕"其所欲翻經、論,無者先翻,有者在後",已經透露出高宗對譯經遲遲無可展示性成果的不耐煩,慈恩宗没有得到國家的長期支持,還是因爲它過於學術化,缺乏潤色鴻業的功效罷了。但總之,玄奘寂後無碑,仍是一個值得關注的問題。

④ 此碑文作年,陳鐵民繫於天寶五、六載,説見《王維集校注》,中華書局,1997年,第839頁。

⑤ 《金石録》卷七:"《唐曹溪能大師碑》,宋泉撰,史惟則八分書,天寶十一載二月。"《寶刻叢編》卷六引《金石録》宋泉作宋鼎,是。又《宋高僧傳》卷八:"會於洛陽荷澤寺崇樹能之真堂,兵部侍郎宋鼎爲碑焉。"然《寶刻叢編》引《集古录目》謂此碑作於天寶七年,碑在鉅鹿郡開元寺,時地與《金石録》、《宋高僧傳》不同。而《寶刻類編》卷三著録此碑天寶十一載二月立,碑在邢,時同於《金石録》,地同於《集古録目》。

⑥ (清)黄彭年等《畿輔通志》,《石刻史料新編》第二輯第11册,第8479頁。

⑦ 柳碑見《柳宗元集》卷六,第149頁。劉碑見《劉夢得文集》卷三〇,《四部叢刊》本。按《寶刻叢編》卷六又有《唐曹溪能大師碑》,蔡有鄰書。蔡氏與王維同時,所書或即是王維碑。

建立這些碑石的動機,《畿辅通志》倒是一語點明:"欲以闡揚法教,指歸宗派。"碑既是品官享有的特殊待遇,自應是服務於逝者的,僧碑的情況則有不同,子不能繼承父的職官,徒卻必然要繼承師的事業,爲亡師謀求立碑,另有服務於生者乃至整個教門的考慮。教門隨時隨地有光大的需要,碑便隨時隨地得以建立。顯慶三年(658),道因於長安慧日寺圓寂,四年(659)歸靈蜀中,龍朔三年(663),弟子元凝等在慧日寺立《道因法師碑》,是法師雖去,仍要以碑的形式留在寺中助弟子弘法之例①。以碑弘法,可以算是僧人對世俗世界的這種喪葬器物的一種新利用。懷惲的弟子在四十餘年後爲其樹碑,做法此正如神會之於曹溪,元凝之於道因。《隆闡法師碑》的存在,是淨土教門在六世紀初期努力壯大的證據。

二　寫作策略:從血統到法統

中古貴族社會特重地望,因此對族出、世系的記載是冢墓碑極其重要的一項內容。前引柳宗元《唐故兵部郎中楊君墓碣》有"以其秩不克偕,降而從碣之制,其世系則紀于大墓"之説,更可見相比等級更低的碣或墓誌等石刻,世系尤其是製碑時題中必有的一項。僧碑雖然引入了冢墓碑的全套寫作框架,但對於傳主的世系家族信息,往往交待得比世俗冢墓碑疏略。最疏略的如《不空和尚碑》:"和尚諱不空,西域人也。氏族不聞於中夏,故不書。"②又如李吉甫《杭州徑山寺大覺禪師碑》,只介紹了法欽俗姓朱,吴郡人,世系則一字不提。這種做法,有一定的理論根據,就是王維所説的"名是虛假,不生族姓之家;法無中邊,不居華夏之地。"(《六祖能禅師碑》)同時這也是由一些客觀因素導致的。一則由於免服役特權的吸引,大量寒門子弟出家爲僧,寒門無世譜,只能語焉不詳;二則由於童行制度,很多僧侣幼年即入寺院,自已對家族世系也未必瞭解很多。但更重要的一點是,貴族不斷修繕和傳承譜牒,因此在立碑時,作爲喪主的子嗣完全掌握家族的世系信息,並可以提供給撰碑者。而僧人去世後,作爲喪主的弟子恐怕無法掌握這類資料,這就導致僧碑往往語焉不詳。

這裏就涉及另外一個問題,即唐人撰寫僧碑時,主要的資料來源是什麽?除了傳主生前有可能留給弟子的口述資料外,或許碑文作者也能看到或者間接得到僧人的僧籍信息。唐代僧籍制度令文,今學者復原如下:

> 諸道士、女冠、僧尼,州縣三年一造籍,具言其出家年月、夏臘及德業,依式印之。其籍一本送祠部,一本送鴻臚,一本留於州縣。③

又《册府元龜》卷四七四《太和四年祠部奏文》:

---

① 碑文見《金石萃編》卷五四,碑今藏西安碑林博物館。

② 碑文見《金石萃編》卷一〇二,碑今藏西安碑林博物館。

③ 黄正建《天聖雜令復原唐令研究》,載《天一閣藏明鈔本天聖令校證　附唐令復原研究》,中華書局,2006 年,第 753 頁。

諸州府僧尼已得度者,勒本州府具法名、俗姓、鄉貫、户頭、所習經業及配住寺人數,開項分析,籍賬送本司,以明真僞。又將諸州府及京城應置方等受戒僧尼身死及還俗者,其告牒勒本寺綱維當日封送祠部,其餘諸州府,勒本州申送,以憑注毀。

可以看到法名、俗姓、鄉貫都是僧籍上的必有内容。僧籍亦有實物出土,可爲令文參證①。僧碑基本能保證提供逝者的俗姓,若不書鄉貫而書郡望,此亦唐人流俗,未必是撰文者得不到相關信息。至於世系並非籍帳所録,也就别無辦法了。

雖然僧碑不特重傳主世系,但是注重交待傳主的師承關係,實質上是有意識地將俗世重視的血統問題置换爲佛門重視的法統問題。故黄滔《龜洋靈感禪院東塔和尚碑》開篇便説:

三教之垂萬古也,咸以師弟子授。獨釋氏之師弟子,削姓以名别,爲父子之流葉。②

如裴休的《定慧禪師碑》,就乾脆對血統、法統作了混合處理:

圭峰禪師號宗密,姓何氏,果州西充縣人,釋迦如來三十九代法孫也。③

《隆闡法師碑》雖然記述了懷惲家世,但也僅用了 73 字,且内容疏漏不堪(詳見後文),介紹懷惲與善導的關係,卻用了近 400 字,也體現了這種寫作意圖。而唐代僧碑尤其有特色的,就是對血統到法統的過渡的處理。在《隆闡法師碑》中,這個過渡是通過對母親角色的引入完成的:

母常山夫人,樂姓。降胎之月,不味羶腥;載誕之辰,情欣禁戒。暨年登丱歲,特異諸童。或焚葉爲香,或聚沙爲塔。雖飛軒繡轂,未嘗留步;月宇香樓,怡然忘返。

碑誌例重父不重母,此碑正好相反。母親産前的特殊反應,預示着新生兒的佛緣宿因,因而孩子出生後的與衆不同、下一步的皈依佛門,乃自然而然,血統到法統的過渡就此完成。在唐代僧碑中,類似的處理方式頗不在少,如《全唐文》卷三二〇李華《故左溪大師碑》(天寶十三載):

母葛氏,夢天降靈瑞而娠左溪,心静體安,及於乳育,生九年矣,辭家入道。

《全唐文》卷六九四李紳《墨詔持經大德神異碑銘》(永貞元年):

母梅氏,奇孕而夢協靈祥,在娠而不茹葷血。既生能言,不爲戲弄。

① 參孟憲實《吐魯番新發現〈唐龍朔二年西州高昌縣思恩寺僧籍〉原本》,《文物》2007 年第2 期。
② (唐)黄滔《黄御史集》卷五,《四部叢刊》本。
③ 《金石萃編》卷一一四,《石刻史料新編》第一輯第 3 册,第 2066 頁。

未齓之歲,思求佛乘。

《全唐文》卷七一五韋處厚《興福寺内道場供奉大德大義禪師碑銘》(元和十三年):

> 母氏方娠,必絶葷而後食;合宿既誕,必擇乳而後飲。幼而出世,奇表秀物;童而落髮,異骨見頂。

《隆闡法師碑》雖然藉母親角色完成了從介紹血統到介紹法統的過渡,但對法統的處理,並没有實現世俗冢墓碑述世系那樣的譜系化效果。到玄宗朝,這種傳法譜系在僧碑中就常見起來了,如李華《故左溪大師碑》(天寶十三載):

> 如來諸大弟子皆菩薩,僧大迦葉之頭陀,舍利佛之智慧,羅睺羅之密行,須菩提之解空,由此四者,皆最上乘,同趣異名,分流合體。舍利佛先佛滅度,佛以心法付大迦葉。此後相承凡二十九世。至梁魏間,有菩薩僧菩提達摩禪師傳楞伽法,八世至東京聖善寺宏正禪師,今北宗是也。又達摩六世至大通禪師,大通又授大智禪師,降及長安山北寺融禪師,蓋北宗之一源也。又達摩五世至璨禪師,璨又授能禪師,今南宗是也。又達摩四世至信禪師,信又授融禪師住牛頭山,今徑山禪師承其後也。至梁陳間,有慧文禪師學龍樹法,授惠思大師,南嶽祖師是也。思傳智者大師,天台法門是也。智者傳灌頂大師,灌頂傳縉雲威大師,縉雲傳東陽威大師,左溪是也。又宏景禪師得天台法,居荆州當陽,傳真禪師,俗謂蘭若和尚是也。

而建立師徒單傳的譜系結構,正是禪宗所熱衷的"闡揚法教,指歸宗派"的手段,因此在禪門碑傳中,如父子世系一般的傳法脈絡處處可見,而且往往成爲一篇碑文中最重點的内容。這些僧人敏鋭地觀察到了碑所具有的公共展示功能,並巧妙地利用了這一點。在他們手裏,有着悠久傳統的墓碑變身而成爲爭奪正統的武器,當人們路過這樣一座僧碑時,讀到的是一段綫性的、簡潔明快的、唯我獨尊的佛教史。

三 《隆闡法師碑》本身的一些疑點

(一) 關於《隆闡法師碑》的著録

成書於明正統六年(1441)的宫廷藏書目録《文淵閣書目》中,記載辰字號(法帖)第一橱有"《隆闡大師碑銘》一部一册"。在《讀畫齋叢書》本《文淵閣書目》中,著録的《隆闡大師碑銘》下面注明"闕",這似乎説明内府曾收藏的此碑拓本,後又散失[①]。明内府的這份藏拓是何時所拓,是明代新藏還是接收自前朝内府的舊物,都不得而知。但無論如何,《文淵閣書目》是現在可以找到的對

① (明)楊士奇《文淵閣書目》卷三,《文淵閣四庫全書》本;又見於《文淵閣書目》卷一三,《讀畫齋叢書》本。按《讀畫齋叢書》本《文淵閣書目》各書名下有"完全"、"殘缺"、"闕"之注,乃嘉慶間鮑廷博據塾本補入,此塾本當是《文淵閣書目》編成以後出現的核查書目。

《隆闡法師碑》的最早的著録。並且,《隆闡法師碑》作爲法帖爲宫廷收藏,説明它的書法價值已經受到了高度重視。

到正德年間(1506—1521),都穆的《金薤琳琅》對《隆闡法師碑》作了録文。此後,明清比較重要的金石學者,包括趙崡(1564—1618)、郭宗昌(约1570—1652)、顧炎武(1613—1682)、葉奕苞(1629—1686)、王昶(1725—1806)、武億(1745—1799)、翁方綱(1733—1818)等人,都在他們的石學著作中對此碑作有題跋或考證,但也都比較簡略。李日華在《味水軒日記》中提到,萬曆四十年(1612)他在蘇州閶門購得"王右軍《實際寺碑》一本"[①],《隆闡法師碑》書體確實是王羲之一路,但題名、内容、結尾處處有唐代年號,李日華居然誤以爲此碑就是王羲之的作品,可見至少在購買前他對這塊碑的瞭解甚少。實際上,直到清末,葉昌熾在《語石》中還表示"世艷稱懷仁《聖教序》,不知《隆闡大師碑》彈丸舞劍,瀏離頓挫之妙,不在其下"[②]。可見《隆闡法師碑》儘管書法精妙,卻始終未成名石,金石學者圈外知者不多。這種狀况,當與它在明代之前的長期寂寂無聞有一定關係。對於這塊碑在文獻記載中的長期空白,王世貞(1526—1590)就表示過疑惑:

> 趙明誠《金石録》極詳備,而遺此,似不可曉。[③]

從王世貞的話裏也許可以讀出另一個信息,就是《隆闡法師碑》並不是一方像《曹全碑》、《張遷碑》那樣新出土或者長期撲倒於僻處又被"再發現"的石刻,否則它的失載也構不成問題。而如果考慮到這塊碑不僅不見於收録唐碑極豐的《金石録》,當然還有之前的《稽古録》和之後的《寶刻叢編》,總之逃過了宋代金石學家的眼睛;而且也逃過了酷愛二王的宋代皇帝和書法家們的眼睛,葉昌熾所説的"世艷稱懷仁《聖教序》,不知《隆闡大師碑》"現象其實從宋代就開始了,那麽王世貞的疑惑就尤其值得重視了。

在文獻失載的歲月裏,《隆闡法師碑》的實物在哪裏呢?惟有畢沅《關中金石記》和孫星衍《寰宇訪碑録》提到,宋初郭忠恕的《三體陰符經》就刻在《隆闡法師碑》碑陰[④]。有趣的是,《三體陰符經》見載於《稽古録》、《金石録》、《寶刻叢編》以及之後的幾乎所有重要碑録。也就是説,宋代金石學家只知有《三體陰符經》,而不知這塊石頭的另一面還刻着《隆闡法師碑》;都穆以來的明清學者知道有這兩塊碑,但不知道它們共享一方石頭。除非親自訪碑,金石學家對碑刻的瞭解往往來自於帖而不是原石,因此不知道碑陰的情况很正常,但是,歐陽修和趙明誠畢竟看到了《三體陰符經》的拓本,拓石的人難道没有注意到碑後面的情况嗎?宋以來去拓《三體陰符經》的人,都没有見到它的另一面嗎?

---

① (明)李日華《味水軒日記》卷四,上還遠東出版社,1996年,第232頁。

② 《語石 語石異同評》,第23頁。

③ (明)王世貞《弇州山人四部續稿》卷一六七,《文淵閣四庫全書》本。

④ (清)畢沅《關中金石記》卷五,《石刻史料新編》第二輯第14册,第10685頁。(清)孫星衍《寰宇訪碑録》卷六,《石刻史料新編》第一輯第26册,第19926頁。

更有意思的是,現在陳列在碑林博物館的《隆闡法師碑》,和龜趺之首的方向是一致的,也就是說,如果此碑碑身從未經過調轉重裝,那麽龜趺已經暴露了《三體陰符經》一面是碑陰,當人們看到《三體陰符經》的時候,應該自然明白碑的另一面還有文字。

(二)關於懷惲的家族與世系

懷惲的家族背景,碑文是這樣介紹的:

> 法師諱懷惲,俗張姓,南陽人也。遠祖因宦,播遷京兆。廿一代祖安,晉丞相,襲爵鴻臚公。高祖融,字[守?]黄門郎,遷太子庶子。祖英,唐解褐太常太祝,襲爵天平公,尋轉吴王祭酒,握蘭奏位,清陪雅列。法師聰敏爲其性相,慈善資其風骨。母常山夫人,樂姓。降胎之月,不味羶腥;載誕之辰,情欣禁戒。

内中對懷惲祖先的介紹,幾乎不知所云:廿一代祖,則晉無丞相張安者,鴻臚非勳非爵,既不能稱公,也無從世襲;高祖,則張融吴郡張氏,與南陽張無涉;祖,則《魏書》、《隋書》均無天平縣,據《舊唐書·地理志》,唐有二天平縣,但時代都在德宗以後①,所以這裏的天平公究竟是何物,亦不得而知。更不可思議的是世系寫到祖父一輩就截止了,父親一字不提,接着就是懷惲的母親。又母有封號曰常山夫人,這個封號是得自懷惲的父親?抑或懷惲的兄弟?無論是誰,總是榮耀人物,爲何避而不書?

碑文又曰:

> 高宗天皇大帝乘乾撫運,出震披圖,虚己求賢,明敭待士。總章元載,夢覩法師,倏降綸言,遠令虔辟。於是臨丹檻,邇青蒲,廣獻真誠,特蒙褒贊。帝乃親授朱紱,令處鳳池之榮;師乃固請緇衣,願托鶿林之地。奉敕於西明剃落,善來忽唱,惡業疑銷,既掛三衣,俄陪四衆。

據後面的碑文介紹,懷惲於大足元年(701)神遷,春秋六十有二,則當生於貞觀十四年(640),也就是説,到29歲的時候,懷惲始由高宗"夢覩"得以進京爲官,繼而自求出家。"夢覩"也是僧碑、僧傳的常見内容,《宋高僧傳》卷二《善無畏傳》:

> 開元初,玄宗夢與真僧相見,姿狀非常。躬御丹青,寫之殿壁。及畏至此,與夢合符。②

又卷二一《唐朔方靈武下院無漏傳》:

> 釋無漏,姓金氏,新羅國王第三子也……肅宗訓兵靈武,帝屢夢有金色人念寶勝佛於御前,翌日,以夢中事問左右,或對曰:"有沙門行迹不群,居于北山。兼恒誦此佛號。"肅宗乃宣徵,不起。命朔方副元帥中書令郭

① 《舊唐書》卷三八《地理志一》,中華書局,1975年,第1430、1443頁。

② (宋)釋贊寧《宋高僧傳》,T50,p0715a。

子儀親往諭之,漏乃爰來。帝視之曰:"真夢中人也。"[①]

此類情節,其實直接導源於始見袁宏《後漢紀》的漢明帝夢金人説[②],這既是佛教傳入中國的最著名傳説,也是政教關係的最初隱喻,施諸碑石,最能展現"不依國主,則法事難立"的興教策略。而漢明帝夢金人事,又頗類《史記·殷本紀》所載武丁夢傅説事:

> 武丁夜夢得聖人,名曰説。以夢所見視群臣百吏,皆非也。於是迺使百工營求之野,得説於傅險中。是時説爲胥靡,築於傅險。見於武丁,武丁曰是也。[③]

《隆闡法師碑》的情節,更像是糅合了夢佛夢賢兩事,這種過於文學的手法使人懷疑其中有什麽歷史信息被遮掩了,尤其可疑的是,前文明明介紹懷惲"遠祖因宦,播遷京兆"。若他就在長安,此處爲什麽又説"遠令虔辟"?

碑文的最後,又有一處透露出懷惲家族的信息:

> 奉神龍元年敕:實際寺主懷惲,示居三界,遠離六塵,等心境於虚空,混榮枯於物我。棟梁紺宇,領袖緇徒,包杖錫之規模,躡乘杯之懿躅。雖已歸寂滅,無待於褒揚;然寵洽友于,無忘於縟禮。可贈隆闡大法師,主者施行。

這裏"寵洽友于"四個字,明確告訴讀者懷惲之得到謚號,是在朝的兄弟爭取的結果,這樣看來,懷惲母親常山夫人的封號,也應該因這位兄弟而得。按《全唐文》卷三〇五開元二十三年徐安貞《唐元覽法師碑》開篇便云:"師姓褚氏,名覽,兄無量舒公也。"同樣有一位顯宦兄弟,《隆闡法師碑》爲何把這個信息處理得如此隱晦?

對碑文中這些令人困惑的信息,我現在只有一個不成熟的猜測:懷惲很可能是流人之子,所以他犯罪的父親未被提及。若懷惲少時與高宗相識,其父很可能與其祖父一樣,供職於某王府,因捲入初唐紛繁的皇子爭鬥而遭到流放。考慮到碑石的嚴肅性和公共性,高宗和懷惲的關係當不會全出捏造,但懷惲得以回京的真正原因應該是總章元年的改元大赦[④]。無論如何,懷惲在29歲以後才出家,又直接被分配在西明寺這樣的高級寺院,這些都透露出他身世的不同尋常。

---

① T50,p0846b。

② (晉)袁宏《後漢紀》卷一〇:"初,帝夢見金人長大,項有日月光,以問群臣。或曰:'西方有神,其名曰佛,其形長大。陛下所夢,得無是乎?'於是遣使天竺,而問其道術,遂於中國而圖其形象焉。"《兩漢紀》,中華書局,2002年,第187頁。

③ 《史記》卷三,中華書局,1982年,第102頁。

④ 《册府元龜》卷八四《總章元年三月庚寅詔》:"……可大赦天下,改乾封二年爲總章元年,大辟罪以下皆赦除之。"

（三）關於碑文的作者

自都穆以來，金石學者對此碑關注的焦點都是作者和書者問題[①]。這是因爲在碑題“大唐實際寺故寺主懷惲奉敕贈隆闡大法師碑銘并序”下，還刻着“懷惲及書”四個字。是碑立於懷惲卒後四十餘年，碑文對懷惲的卒、謚情况也交待得很清楚，因此無論是懷惲撰或書，都不可能。都穆指出，碑文末尾提到了懷惲弟子思莊，故碑當出於莊手，這個説法得到了後來學者比較一致的認可。按碑文云：

> 弟子大温國寺主思莊等，並攀號積慮，哀慕居懷。嗟覆護而無時，仰音顔而靡日。猶恐居諸易遠，淑善湮沈。敬想清徽，勒兹玄琬。

這裏只能讀出時爲寺主的思莊是此次立碑事的主持者[②]，看不出思莊同時是碑文作者的信息。其實碑文中有“悲夫！烈烈歲陰，蒼蒼天色，乾兮何負？殲我惟良，業也何孤？喪兹賢哲”句，既然説“業也何孤”，則作者法號當爲某業，應該是懷惲的另一個徒弟。至於“懷惲及書”的問題，今人馬子雲、施安昌《碑帖鑒定》認爲“及書二字不通，書法又劣，决非唐人之字，僞造無疑”[③]。從拓本上看，這個推斷是可能的，不過若是僞造，“懷惲及書”四個字應該都是僞造，否則懷惲二字放在題下，也是説不通的。

碑文附

大唐實際寺故寺主懷惲奉敕贈隆闡大法師碑銘并序

懷惲及書

昔吾師因地求真，衆魔紛娆，果到成佛，龍天捧圍。自作鎮靈山，法躬靡易，告滅雙樹，示迹倫凡，微言不傳，慧燭潛照。屆夫歲邁千秋，時淹五濁，欲海騰沸，邪山紛糾。於是釋防東逝，爰稱兆應；漢夢西通，方崇像法。或青眸接軫，競扇玄風；或白足相趍，爭開佛日。至欲繼前賢之令軌，爲後進之康衢，照燭重昏，慈舟苦派。人能弘道，斯之謂歟？法師諱懷惲，俗張姓，南陽人也。遠祖因官，播遷京兆。廿一代祖安，晉丞相，襲爵鴻臚公。高祖融，字黄門郎，遷太子庶子。祖英，唐解褐太常太祝，襲爵天平公，尋轉吴王祭酒，握蘭奏位，清陪雅列。法師聰敏爲其性相，慈善資其風骨。母常山夫人，樂姓。降胎之月，不味羶腥；載誕之辰，情欣禁戒。曁年登丱歲，特異諸童。或焚葉爲香，或聚沙爲塔。雖飛軒繡轂，未嘗留步；月宇香樓，怡然忘返。高宗天皇大帝乘乾撫運，出震披圖，虚己求賢，明敭待士。總章元載，夢覩法師，倏降綸言，遠令虔辟。於是臨丹檻，邇青蒲，廣獻真誠，特蒙褒贊。帝乃親授朱紱，令處鳳池之榮；師乃固請緇衣，願托鷲林之地。奉敕於西明剃落，善來忽唱，惡業疑銷，既掛三

① 相關討論參《金石萃編》卷八六。
② 實際寺景龍元年改爲温國寺，見（宋）宋敏求《長安志》卷九，《經訓堂叢書》本。
③ 馬子雲、施安昌《碑帖鑒定》，廣西師範大學出版社，1993年，第321頁。

衣,俄陪四衆。翹勤遽積,思五分而非遥;精苦逾深,想三祇而未遠。時有親證三昧大德善導闍梨,慈樹森疏,悲花照灼。情袪多漏,擁藤井於蓮台;叡化無涯,驅鐵圍於寶國。既聞盛烈,雅締師資,祈解脱規,發菩提願,一承妙旨,十有餘齡,秘偈真乘,親蒙付屬。自惟薄祜,師資早喪,想遺烈而崩心,顧餘恩而雨面。爰思宅兆,式建墳塋,遂於鳳城南神和原崇靈塔也。其地,前終峰之南鎮,後帝城之北里。哥鍾沸出,移上界於陰門;泉流激灑,北連河於陽面。仍於塔側,廣構伽藍,莫不堂殿崢嶸,遠模忉利,樓臺岌業,直寫祇園。神木靈草,凌歲寒而獨秀;葉暗花明,逾嚴霜而靡萃。豈直風高氣爽,聲聞進道之場;故亦臨水面山,菩薩全真之地。又於寺院造大窣堵波塔,周迴二百步,直上一十三級。或瞻星揆務,或候日裁規,得天帝芳蹤,有龍王之秘迹。重重佛事,窮鷲嶺之分身;種種莊嚴,盡崐丘之異寶。但以至誠多感,能事冥資,故能遠降宸衷,令齎舍利,計千餘粒,加以七珍函笥,隨此勝緣,百寶幡花,令興供養。則天大聖皇后承九玄之眷命,躡三聖之休期,猶尚志想金園,情欣勝躅。或頻臨淨刹,傾海國之名珍;或屢訪炎凉,捨河宫之秘寶。法師誡盈而散,並入檀舡。法師業行高遠,利益繁多,故得名振九重,芳盈四部。奉永昌元年敕,徵法師爲寺主。於是綱紀僧徒,規模釋族。緇門濟濟,戒德峻而彌堅;紺宇詵詵,常住豐而更實。猶是才稱物寶,道爲時尊。知與不知,仰醍醐於句偈;識與不識,詢法乳於波瀾。法師以慈誘内懷,敷揚外積,冀傳聖旨,用酬來望,每講《觀經》、《賢護》、《弥陁》等經各數十遍。夫我域者,扇激風火,嬰抱結漏。系諸生[滅],止無常之短期;研乎事真,攀不亟之虚朕。若不乘佛願力,托質淨方,則恐淪溺長往,清昇永隔。於是言論之際,懇勸時衆,四儀之中,一心專念阿弥陁佛,願乘此勝因,祈生淨域。又以般若神咒,能令速證菩提;弥陀佛名,亦望横超惡趣。諸餘妙典,雖並積心臺;於此勝緣,頗偏游智府。嘗誦《大般若咒》向盈卅万,又誦《弥陀真偈》十万餘遍,理復使精真厥想,念雖微而必就;二三于行,功唐捐而靡得。豈直諸佛現前,神人捧錫而已矣! 師爲諸重擔,攝爾群生,舉洪灼於耶山,掉寶航於見海。悲夫娑婆國中,人多弊惡。雖復珍臺寶界,因勝侶而歸心;至欲逸翥遐征,藉良緣而克進。敢憑此義,爰發誠心。於是廣勸有緣,奉爲九重萬乘,四生六趣,造淨土堂一所。莫不虬棟凌虚,虹梁架迴,丹楹絶日,青璅延風,無春而反井舒花,不瞑而重檐積霧。於是神螭戾趾,遠鎮瓊階;寶鳳來儀,還陪桂户。彫甍畫拱之異,窮造化之規模;圓璫方鏡之奇,極人天之巧妙。又於堂内造阿弥陁佛及觀音勢至,又造織成像并餘功德,並相好奇特,顔容湛粹。山豪演妙,若照三千;海目擒華,如觀百億。或因繒命采,有慈氏之全身;或散扎馳芳,得憂填之逸思。何獨如來自在,疑降上界之魔;故亦菩薩熙怡,似救下方之苦。夫以宅生者心心勞則生喪;栖神者志志擾則神亡。然菩薩以濟物捐軀,上善以遺形徇節。法師情存拯救,式奉殷繁,汲引雖日忘懷,形質焉能靡累? 於是忽嬰風瘵,病與時侵,靈藥弗痊,胚器俄逝。豈夫八林齊白,我佛稱於寂滅;梁木其壞,吾師等於死生。以大足元年十月廿二日神遷,春秋六十有二。臨終之際,正念無虧,顔色怡悦,似有瞻矚,北首面西,奄然而化。悲夫! 烈烈歲陰,蒼蒼天色。乾兮何負?殲我惟良。業也何孤?喪兹賢哲。豈直悲盈四部,嗟鹿苑之荒凉;抑亦哀悼兩宫,痛蜂臺之闃寂。猶是俯迴天眷,載紆仙豪;遠降恩波,爰加制贈。奉神龍元年敕:實際寺主懷惲,示居三界,遠離六塵,等心境於虚空,混榮枯於物我。棟梁紺宇,領袖緇徒,包杖錫之規模,躡乘杯之懿躅。雖已歸寂滅,無待於褒揚;然寵洽友于,無忘於縟禮。可贈隆闡大法師,主者施行。上人以至德聿修,良因累著,故得天降成烈,用贊芳規。追遠慎終,生榮死贈,足可光輝淨刹,歷塵芥而長存;旌賁玄門,共河山而永久。弟子大温國寺主思莊等並攀號積慮,哀慕居懷。嗟覆護而無時,仰音顔而靡日。猶恐居諸易遠,淑善湮沈,敬想清徽,勒兹玄琬。詞曰:

娑婆種覺,賢劫能人。三祇殄妄,五分祈真。即相離相,非身是身。猶施慧椳,廣濟迷津。其一

十方化備,雙林滅度。三界空虚,四生哀慕。正教既隱,微言遽斁。式啓先哲,用資後悟。其二

芳猷廣被,至烈弥殷。青眸演聖,白足成真。遠導蓊芥,遐宣墨塵。玄門不絶,代有其人。其三

猗歟令德,遠嗣前英。聲高四部,譽重三明。慈周有識,智契無生。法雲葉落,道樹滋榮。其四

豈圖宿殃,師資遽亡。乾兮何負,殲我惟良。徒嗟授几,空念傳香。非夫勝緣,孰答恩光。其五

邈矣垌野,慈顔壙側。敬發誠心,爰憑淨域。真容湛粹,樓臺巋嶷。希此善根,遠酬明德。其六

天寶二年歲次癸未十二月景寅朔十一日景子建

附記:本文曾提交“中國中古佛教研究的新資料與新方法”國際學術研討會(2014,南京),時承日本明治大學氣賀澤保規教授、日本國際佛教學大學院大學落合慶典教授提出寶貴意見;又承友人江蘇第二師範學院鄧瑋光副教授提供《隆闡法師碑》實物照片,特致感謝。

(作者單位:南京大學文學院)

古典文獻研究（第十八輯下卷）
Journal of the Institute for Chinese Classics Studies
Nanjing University
Volume 18, No.2 2015

朝鮮時代儒者丁若鏞《詩經講義》識論*

付星星

一 引 言

朝鮮時代儒者丁若鏞(1762—1836)，字美庸，號茶山，京畿道廣州郡人，朝鮮时代後期著名的文學家、思想家。正祖七年(1783)，進士及第，官至兵曹参議、刑曹參議。丁若鏞爲官清廉，獲得正祖的信任與庇護，在正祖朝度過了九年平静的仕宦生活。在正祖逝世的第二年(純祖元年，1801)，丁若鏞受到天主教教案的牽連，先後被流放到慶尚道長寅、全羅道康津地區。純祖十八年(1818)返回故鄉，潛心著述。丁若鏞著作繁富，内容涵蓋政治、經濟、地理、醫學、文學等諸多領域，後人將其著作彙編爲《與猶堂全書》。

丁若鏞《詩經講義序》自述其成書經過云：

> 乾隆辛亥之秋九月，試射内苑，臣鏞以不中，罰直于北營，在耀金門外。既而内降《詩經》條問八百餘章，令臣條對，限四十日。臣乞展限二十日，蒙允。既條陳，御批烜赫，天奬隆重，條條評品，悉逾涯涘。時有遭離，不獲入閣躬受，唯泛引百家一段爲李學士明淵所誦，玆用弁卷以當序引。嗚呼！真游既邈，臣之流落如此，撫卷銜恩，不禁涕洟之交也。嘉慶戊辰春，臣謹書。①

正祖命丁若鏞完成條對是以其學術上的見解卓識來彌補射藝技能的缺憾，可見正祖對丁若鏞的愛惜之情，亦可見君臣對於《詩經》的極爲重視與熟稔。純祖元年(1801)，丁若鏞遭罪貶謫他鄉，人生經歷了巨大的波折，從正祖朝的朝堂重臣轉變爲純祖朝流放在野的貶謫之臣。他“撫卷銜恩，不禁涕洟之交也”，

---

* 本文爲 2014 年國家社會科學基金一般項目“朝鮮半島《詩經》學史研究”(項目編號：14BZW025)階段性成果。貴州大學引進人才科研項目“朝鮮時代《詩經》學研究”(項目編號：貴大人基合字〔2013〕012號〔人文社科〕)階段性成果。本論文受貴州大學—孔學堂中華傳統文化研究院經費資助。

① 丁若鏞《詩經講義》，《韓國經學資料集成》第 79 册，成均館大學出版部，1995 年，第 3—4 頁。

開始着手條對的修改與删定工作,於純祖八年(1808)完成條對的修訂工作,并在各條對前冠以正祖的問題,命名爲《詩經講義》。《詩經講義》成書於丁若鏞"流落"之際,與回答正祖條問之時相隔十八年之久。

《詩經講義》由正祖"御問"與丁若鏞的"條對"組成。著述體例是,先標出正祖條問所繫之《詩經》篇名,再以"御問"開始,并頂格列出正祖的問題,同一詩篇的正祖多個問題,僅首條標注"御問",其他的以頂格書寫加以標示。丁若鏞的條對以"臣對曰"低一格書寫。《詩經講義》所涉及的詩篇:國風一百三十九篇,《雅》九十四篇,《頌》三十四篇①。本文以《詩經講義》爲主論述丁若鏞的《詩經》學思想。

丁若鏞的《詩經》學成就主要體現在《詩經講義》一書中,該書由正祖的《詩經》條問與丁若鏞的條對組成,是君臣之間討論《詩經》的學術論點彙編。《詩經講義》中的君臣問答,透視了這一歷史時期,朝鮮官方學術對《詩經》的主流傾向,具體表現爲研究視角從宗朱熹之説向發掘並承繼漢代《詩經》學的轉移。同時,君臣以書面問答探析《詩經》諸問題,也涵括了君臣關於政治教化、學術精神、考據方法、文學體悟等諸多層面的態度與旨趣。

二　皇權政治與漢代《詩經》學的承繼

朝鮮時代後期的《詩經》研究,開始打破此前朱熹《詩集傳》獨尊的局面,呈現出漢學與宋學並興的研究態勢。正祖是朝鮮時期的有爲之君,在條問之中,反映出强烈的政治訴求。丁若鏞深諳正祖之意,條對諸問時,比較注意採納漢代《詩經》學的觀點,注重闡發詩教傳統,對於《詩序》的存廢之爭,《詩經》的美刺傳統以及作爲諫書的《詩經》等問題都有比較深入的探討。

(一) 對《詩序》的遵從與質疑

《毛詩》在西漢末期立爲官學,後經東漢大儒鄭玄箋注,唐代孔穎達疏,逐漸成爲《詩經》研究的主要尊奉對象。宋代疑古思潮興起,自歐陽修、王質、鄭樵以降,至朱熹都先後對《毛詩序》(下簡稱《詩序》)發起了猛烈的攻擊。朱子學自高麗末年傳入朝鮮半島,在朝鮮李氏王朝成爲官方正統學説,故研究《詩經》者大都奉朱熹《詩集傳》爲圭臬,對《詩序》持否定態度者甚多。《詩集傳》、《詩序》在詩旨的界定、詩意的闡釋等方面,存在很多差異,這種差異也引起了正祖的關注,如《邶風・柏舟》,正祖提問云:

> 《孔叢子》所引"匹夫"之"夫",有斷之以"婦"字之誤,則固爲婦人之詩矣。雖婦人之詩,何以必知其爲莊姜之詩歟?《列女傳》以此詩爲衛宣夫

---

① 按:丁若鏞《詩經講義》中没有進行條對的詩篇,國風有二十三篇:《鄘風・鶉之奔奔》、《相鼠》;《衛風・芄蘭》;《鄭風・有女同車》、《蘀兮》、《丰》、《野有蔓草》;《齊風・東方之日》、《盧令》、《幣笱》;《唐風・椒聊》、《杕杜》、《羔裘》、《有杕之杜》;《秦風・終南》、《晨風》;《陳風・東門之池》、《東門之楊》、《防有鵲巢》、《株林》、《澤被》,《檜風・素冠》、《隰有萇楚》。《小雅》有八篇:《吉日》、《黄鳥》、《我行其野》、《谷風》、《無將大車》、《信南山》、《菀柳》、《瓠業》。《大雅》有三篇:《下武》、《泂酌》、《韓奕》。《頌》有六篇:《維天之命》、《維清》、《有瞽》、《潛》、《載見》、《絲衣》。

人之詩,而《集傳》不取,何歟? 東儒云:"若以爲莊姜詩,則'薄言往訴',於事實不襯。"此說何如?①

正祖以《孔叢子》、《列女傳》、《詩集傳》都將《柏舟》詩定爲婦人所作,不同的是《列女傳》認爲是衛宣夫人之詩②,《詩集傳》以爲是莊姜之詩③。正祖所云"東儒"指的是是朝鮮學者金昌翕(1653—1722,字子益,號三淵),據金鍾正《詩傳劄録》所引金昌翕詩說云:"《柏舟》,以爲莊姜之詩,則薄言往訴,於事實不襯切矣。"④正祖以此爲據指出《詩集傳》以莊姜解釋《柏舟》不妥,理由是莊姜貴爲東宫太子之妹⑤,不太可能有"薄言往訴"的輕率舉動,此與禮法身份不相稱。丁若鏞回答曰:

《孔叢子》"匹夫"之"夫",恐非誤字。此詩之第三章純是"執志不易"之意,何必以"執志"二字讓之於《鄘·柏舟》,而斷之爲"婦"字之誤乎? 後儒妄矣! 且衛宣夫人及莊姜皆婦人也,不可當匹夫之目,而亦其事實有異於執志不易,則《小序》之云"仁人不遇",恐非誤解。至若康叔諫三监之説出於贋書,本不足辨。《集傳》之必以爲莊姜之詩者,恐以此章下接《緑衣》,而衛宣夫人之事又在莊桓州吁之後,則不當在《邶風》之首也。然東儒之説不爲無見,且"靡我無酒"、"以敖以游"等句亦似非婦人之語矣。⑥

丁若鏞首先指出《孔叢子》"匹夫"之"夫"不是誤字,從而否定《詩集傳》、《列女傳》將此詩定爲女性之詩,繼而引入《詩序》"言仁而不遇也。衛頃公之時,仁人不遇,小人在側"⑦的解釋。至於正祖所問《詩集傳》爲何不取《列女傳》的解釋,丁若鏞從《衛風》詩篇的時間叙述角度來解釋,認爲衛宣姜的事情在州吁之後,不能放在《邶風》之首,這是很有見地的觀點。

再如《王風·丘中有麻》,正祖條問云:

《大車》,大夫只治其私邑,故刑禁之效未能遍於一國歟?⑧

正祖以《詩集傳》對《丘中有麻》、《大車》的解釋而提問。《丘中有麻》,《詩集傳》云:"婦人望其所與私者而不來,故疑丘中有麻之處,復有與之私而留之者,今安得施施然而來乎?"⑨《大車》,《詩集傳》云:"周衰,大夫猶有能以刑政治其私

① 丁若鏞《詩經講義》,第73—74頁。

② 張敬《列女傳今注今譯》,臺灣商務印書館,1994年,第135—136頁。

③ 朱熹《詩集傳》云:"今考其辭氣卑順柔弱,且居變風之首,而與下篇相類,豈亦莊姜之詩也歟?"上海古籍出版社,1980年,第15頁。

④ 金鍾正《詩傳劄録》,《韓國經學資料集成》第71册,第682頁。

⑤ 《衛風·碩人》這樣描述莊姜的身份,云:"齊侯之子,衛侯之妻,東宫之妹,刑侯之姨,譚公維私。"朱熹《詩集傳》,第36頁。

⑥ 丁若鏞《詩經講義》,第74頁。

⑦ (唐)孔穎達《毛詩正義》,北京大學出版社,1999年,第113頁。

⑧ 丁若鏞《詩經講義》,第144頁。

⑨ (宋)朱熹《詩集傳》,第47頁。

邑者,故淫奔者畏而歌之如此。”[①]正祖根據《詩集傳》來理解《丘中有麻》詩,他認爲《大車》之大夫治理私邑,禁止淫奔,但是效果卻只局限於一邑,未能覆蓋全國,而《丘中有麻》詩描寫的則是大夫私邑以外的淫奔情形。對此,丁若鏞答云:

> 《小序》以此爲思賢之詩。蓋謂賢者退處丘園之中,藝桑麻、樹禾麥而不爲經世之務也。麻中會淫,甘爲犬彘之行者,不過爲甿隸之賤,安得字之曰“子嗟”、“子國”,如學士大夫之爲哉? 其非淫詩矣。[②]

此詩,《詩序》與《詩集傳》相異。《詩序》云:“思賢也。莊王不明,賢人放逐,國人思之,而作是詩也。”[③]毛傳曰:“留,大夫氏。子嗟,子也。”丁若鏞贊同《詩序》的解釋。他對《詩集傳》的否定主要是通過界定詩中所涉及的“子嗟”、“子國”之“子”在身份上應當是屬於鄭國的士大夫,而遵守禮法的士大夫是不太可能在桑麻之地與人野合的。

此外丁若鏞對於《鄭風·風雨》[④]、《秦風·無衣》[⑤]、《豳風·伐柯》[⑥]、《小雅》總論條中[⑦]也贊同《詩序》的解釋。

丁若鏞雖然時常贊同《詩序》之釋義,但是並不迷信《詩序》,有時也對《詩序》的解釋表示辯駁,如《鄭風·狡童》,正祖根據《詩集傳》的解釋懷疑《詩序》云:

> 《詩序》以《狡童》爲刺忽,而觀於《山有扶蘇》乃有“狡童”之文,則“狡童”豈非戲所私者歟? 此似可以辨《詩序》之謬,未知如何?[⑧]

丁若鏞答云:

> 上下四篇《小序》皆以爲刺忽。然鄭忽辭婚,恭而有禮,謹而有守,君

---

① (宋)朱熹《詩集傳》,第46頁。

② 丁若鏞《詩經講義》,第144—145頁。

③ (唐)孔穎達《毛詩正義》,第270頁。

④ 正祖問曰:“(《鄭風·風雨》)《序》以此爲亂世思君子之詩,恐似非誤,而朱子斷以爲淫詩,何也?”丁若鏞答云:“有志之士,每風雨瀟灑,星月晦冥,獨夜無眠,愁思撩乱,慷慨有憂世慕古之志,思與賢豪之士,開懷縱談,以舒暢其壹鬱,此風人之意也。若徒於此時此境,懷燕婉之樂,而墊昏冥之行,豈所謂‘思無邪’哉?《左傳》鄭六卿之餞宣子,子游賦《風雨》,子旗賦《有女同車》,子柳賦《蘀兮》,宣子喜曰:‘鄭其庶乎。’若使三詩也而爲淫奔之詞,則鄭其殆乎,不當曰庶乎也。”丁若鏞《詩經講義》,第157頁。

⑤ 正祖問曰:“(《秦風·無衣》)呼天子爲‘子’,倨慢甚矣。變‘七’言‘六’,未必謙也,只是協韻耳。《集傳》云‘不敢當侯伯之命’,何歟?”丁若鏞答曰:“謂天子曰‘子’,無是理也。舊《序》云:‘晉大夫請命乎天子之使,而作是詩。’不可違也。”《詩經講義》,第183頁。

⑥ 正祖問曰:“(《豳風·伐柯》)此詩二章終始以婚姻爲言,何歟?”丁若鏞云:“《小序》恐有理。蓋周公之居東,人不知而不慍,未嘗自獻其身,如處子在室,只待媒妁之言,故曰:‘匪媒不得’。及成王之迎歸,有若醮牢之共饗,宗祀之相助,故曰‘籩豆有踐’也。”丁若鏞《詩經講義》,第225頁。

⑦ 丁若鏞云:“詩之有變,以其政事之變也。政事變,故詩之體裁、聲律亦不能無變,而其出於性情之正,則一也,故曰雅也。然則變雅者,正中之變也。”丁若鏞《詩經講義》,第230頁。

⑧ 丁若鏞《詩經講義》,第155頁。

子之論,宜與而不宜貶。若以不得齊援,而罪其愚樸,則是駔儈之言,非義理之揆也。特以《有女同車》有"孟姜"、"洵美"之語,故序詩者因以標題也。然孟姜未嘗至鄭,則鄭人何以知其"洵美"?何以得云"德音"?又何云"同車"、"同行"乎?此《序》説之誤也。雖然,《伊訓》之云頑童,《麥秀》之云狡童,皆非男女相悦之詞。則狡童、狂童未必爲淫詩之斷。案:臣謂此等處闕疑爲善也。①

丁若鏞贊同正祖對《狡童》詩的理解,否定《詩序》以"刺忽"解釋《狡童》,其補充的證據有兩條:一是鄭忽以禮辭齊國婚姻,應該贊譽不該諷刺。二是指出《詩序》以"刺忽"釋《鄭風·有女同車》、《山有扶蘇》、《蘀兮》、《狡童》②四詩的不妥,并舉《有女同車》爲例來駁《詩序》。《有女同車》,《詩序》云:"刺忽也。鄭人刺忽不昏于齊。太子忽嘗有功于齊,齊侯請妻之。齊女賢而不取,卒以無大國之助,至於見逐,故國人刺之。"③《詩序》以《有女同車》中的"孟姜"爲齊女,丁若鏞云:"孟姜未嘗至鄭,則鄭人何以知其'洵美'?何以得云'德音'?又何云'同車'、'同行'乎?"對《詩序》加以否定。《狡童》詩,丁若鏞在否定《詩序》的態度上與正祖一致,但是他否定《詩集傳》的解釋,認爲不能以詩中有"狡童"二字就簡單地斷定該詩爲淫奔之詩。對此丁若鏞认爲更合理的學术態度是以闕疑處之,反映出他比較謹慎的治學風格。

此外,丁若鏞在《齊風·著》④、《唐風·山有樞》⑤等詩的解釋上也均否定《詩序》之説。

可見,在《詩序》之説的存廢問題上,丁若鏞不侷限於《詩序》、《詩集傳》的學術權威與正祖的政治權威,依據具體詩篇情况進行獨立思考,自由取捨,其不以存廢論《詩序》的研究態度也是合理的。

(二)美刺傳統的異域傳承

《詩序》界定《詩經》的社會功能是:"故正得失,動天地,感鬼神,莫近于詩。先王以是經夫婦,成孝敬、厚人倫,美教化,移風俗。"⑥又云:"上以風化下,下以風刺上。主文而譎諫,言之者無罪,聞之者足以戒。"⑦《詩序》以此爲理論依

---

① 丁若鏞《詩經講義》,第155—156頁。

② 《鄭風·有女同車》,《詩序》云:"刺忽也。鄭人刺忽之不昏于齊。"《毛詩正義》,第296頁。《山有扶蘇》,《詩序》云:"刺忽也。所美非美然。"《毛詩正義》,第299頁。《蘀兮》,《詩序》云:"刺忽也。君弱臣强,不倡而和也。"《毛詩正義》,第303頁。《狡童》,《詩序》云:"刺忽也。不能與賢人圖事,權臣擅命也。"《毛詩正義》,第304頁。

③ (唐)孔穎達《毛詩正義》,第296—297頁。

④ 丁若鏞云:"(《齊風·著》)此詩之爲刺不親迎,本是《序》説,臣則未見其必然也。"丁若鏞《詩經講義》,第166頁。

⑤ 正祖問曰:"《山有樞》是答《蟋蟀》非過於佚樂者,若以爲真欲怠荒者,恐近於高叟之固,未知如何?"丁若鏞答云:"《孔叢子》曰:'於《蟋蟀》見陶唐儉德之盛。'班孟堅曰:'《蟋蟀》、《山樞》之詩,思奢儉之中,念死生之慮。'古人評訂皆如是也。至若舊《序》之説,全不成理,不可遵也。"丁若鏞《詩經講義》,第179頁。

⑥ (唐)孔穎達《毛詩正義》,第11—12頁。

⑦ (唐)孔穎達《毛詩正義》,第16頁。

據,以美刺論《詩》。作爲儒家知識人的丁若鏞受《詩序》的影響,亦常以美刺論《詩》,透露出他對形而上的學問知識向政治領域轉化的學術關注。

如正祖以《詩集傳》釋爲"淫詩"的詩篇是否可以被之管弦提問[1],丁若鏞答云:

> 鄭、衛之訟,前人之述備矣。然臣以爲《樂記》以鄭、衛爲亂世之音,桑間濮上爲亡國之音。今《桑中》載於衛詩,惡得與鄭、衛有亂世亡國之别?即《桑中》之非"桑間"明甚。子曰"鄭聲淫",又曰"放鄭聲",何言鄭而不言衛乎?既放之,又何以列于國風乎?即鄭、衛之詩之非鄭、衛之音,又明甚。又《史記·樂書》及應劭《風俗通》皆桑間與鄭分而言之,可按而知也。大抵君臣也、夫婦也、朋友也,以義而合,事情相類,故君臣、朋友之間,托辭於男女者,詩家之本法也。故自《離騷》、漢、魏而下,皆慕效風詩。此體甚多。……夫善則美之,惡則刺之,此《詩》之所以作也。美之則勸,刺之則懲,此詩之所以采,而太史之所以被之管弦也。今若舍"美刺"二字而求《詩》之所以爲《詩》,則不幾於舍"褒貶"二字而求《春秋》之所以爲《春秋》也乎?世有刺淫之詩,而無淫詩被之管絃,靡不可也。[2]

丁若鏞在表達《詩經》無淫詩之觀點的同時,還對《詩序》之"美刺"功用進行闡揚。他認爲"美刺"之於《詩經》如"褒貶"之於《春秋》,并將"美刺"作爲《詩經》編集、被之管弦的最高目的。丁若鏞以"君臣、朋友之間,托辭於男女",來轉換鄭、衛詩中以男女之情爲書寫對象的解釋視角,認爲這些詩在男女之情的背後都寄寓了君臣、朋友關係的理性思考。

丁若鏞對"美刺"的闡揚主要表現在對《詩序》的解釋與維護上。如《周南·卷耳》,正祖認爲依據朱熹的解釋[3],此詩是對后妃登高乘馬的寫照,而這與后妃的身份德行不符,并就此提出條問。[4] 丁若鏞條對曰:

> 乘馬、登山,誠非婦人之事。太姒有静淑之德,宜無是也。《序》説之言"求賢審官",必有所據。……求賢審官,誠爲后妃之德,而國之所以廢興存亡,以是也。《詩》之爲戒,不其淵矣乎![5]

《詩序》釋《卷耳》云:"后妃之志也,又當輔佐君子,求賢審官,知臣下之勤勞。

---

① 正祖問曰:"然鄭、衛之淫詩只當存之,以觀民風之而已,似不合被之絃歌矣。乃猶領在樂官,以時存肄者,何歟?若不登之樂歌,則懲創鑑戒之意猶爲未切而然歟?"丁若鏞《詩經講義》,第15頁。

② 丁若鏞《詩經講義》,第16—18頁。

③ 朱熹云:"后妃以君子不在而思念之,故賦此詩,托言方采卷耳,未滿頃筐,而心適念其君子,故不能復采,而寘之大道之旁也。"《詩集傳》,第4頁。

④ 正祖問曰:"《卷耳》從朱子説,作后妃思文王之詩,則'陟彼崔嵬,我馬虺隤',是后妃之登高望遠也。或曰婦人乘馬登山之毋亦有未可者歟?或曰僕馬疲頓,爲文王之驅馳歷險,此説何如?焦氏《易林》云:'玄黄、虺隤,行者勞疲,役夫憔悴,逾時不歸。'以僕夫疲頓爲行役者之辭,厥惟久矣。"丁若鏞《詩經講義》,第28頁。

⑤ 丁若鏞《詩經講義》,第28—30頁。

内有進賢之志,而無險詖私謁之心,朝夕思念,至於憂勤也。”[①]表彰的是后妃輔佐君王,爲君王求賢審官的政治功德,屬於“美”的範疇。丁若鏞贊同《詩序》的解釋,其條對是對《詩序》的進一步闡釋。

《詩經》歌頌后妃美好德行,但很少與國家之政治直接聯繫,需要藉助《詩序》、《毛傳》等解釋才能發現其微言大義。但是,《詩經》中有很多關於后妃不德給國家帶來災害的沉痛書寫。幽王之妻褒姒即是一例。褒姒迷惑幽王,致使幽王荒廢國政、拋棄賢人,終致命喪犬戎,西周滅亡[②]。丁若鏞重視后妃之德,并將其重要性提升到“國之所以廢興存亡”的高度,他對頌美之詩的極力表彰包含了對國家政治命運的深切關注,對社稷興衰存廢的深層憂思。

丁若鏞也非常重視《詩經》中具有諷刺意義的詩篇。如《鄘風·君子偕老》,《詩序》云:“刺衛夫人也。夫人淫亂,失事君子之道,故陳人君之德,服飾之盛,宜與君子偕老也。”[③]丁若鏞云:

> 此所謂刺詩也。其辭婉,其旨微,其聲韻清切激揚,千載之下,尚令人嗟咄而嫉惡之,此詩人之妙也。臣又謂此詩之遍舉服飾容貌之盛,有三個意思:一芬芳馥郁,自以爲美,而識者瞪之,其淫穢塞鼻也。一宣公既死,誰適爲容,既寡而治,明徵其淫也。一只舉外貌之盛,而毫不舉德行,則其極口贊揚,乃所以極口譏刺也。反覆玩味,作文之妙,幾可見矣。[④]

此詩,丁若鏞也以《詩序》爲基調進行闡釋。丁若鏞以美刺釋詩,把《詩經》作爲頌美與諷刺的諫書,通過條對傳達自己對國家政治的關注,激發並調動君王對正言若反的諷諫作品的感受力,使其《詩經》闡釋帶上了濃郁的政教色彩。

(三) 作爲諫書的《詩經》學

《詩經》在兩漢之際屬於倫理道德之書,常被廟堂之士作爲進諫的主要文本依據,如《漢書·儒林傳》載:

> 王式……爲昌邑王師。昭帝崩,昌邑王嗣立,以行淫亂廢,昌邑群臣皆下獄誅。唯中尉王吉、郎中令龔遂以數諫減死論。式繫獄當死,治事使者責問曰:“師何以亡諫書?”式對曰:“臣以《詩》三百篇朝夕授王,至於忠臣孝子之篇,未嘗不爲王反覆誦之也;至於危亡失道之君,未嘗不流涕爲王深陳之也。臣以三百五篇諫,是以亡諫書。”使者以聞,亦得減死論。[⑤]

丁若镛也將《詩經》作爲諫書,具體表現在其《詩經》條對對國君德行的關注與

① (唐)孔穎達《毛詩正義》,第36頁。

② 《詩經》中有多篇諷刺褒姒的詩作,如《小雅·正月》云:“赫赫宗周,褒姒滅之。終其永懷,又窘陰雨。其車既載,乃棄爾輔。”《小雅·十月之交》云:“皇父卿士,番維司徒,家伯冢宰。仲允膳夫,聚子内史,蹶維趣馬。楀維師氏,豔妻煽方處。”《大雅·瞻卬》:“哲夫成城,哲婦傾城。懿厥哲婦,爲梟爲鴟。婦有長舌,爲厲之階。亂匪降自天,生自婦人。”

③ (唐)孔穎達《毛詩正義》,第182—183頁。

④ 丁若鏞《詩經講義》,第115—116頁。此條,正祖問曰:“此詩三章,辭皆甚婉,若非‘子之不淑’一句,則幾無以見其爲譏刺矣,稱道其衣服容貌之盛者,爲譏刺歟?”丁若鏞《詩經講義》,第115頁。

⑤ (漢)班固《漢書》,中華書局,1962年,第3610頁。

規諫。如《小雅·苕之華》,《詩序》云:"大夫閔時也。幽王之時,西戎、東夷交侵中國,師旅併起,因之以饑饉。君子閔周室之將亡,傷己逢之,故作是詩也。"[①]此詩末章云:"牂羊墳首,三星在罶。人可以食,鮮可以飽。""三星在罶",《詩集傳》云:"罶中無魚而水靜,但見三星之光而已。"[②]正祖以"三星在罶"發問[③],他認爲竭澤而漁固然是導致罶中無魚的直接原因,但衰亂之世氣運衰薄更是罶中無魚的根本原因。對此,丁若鏞云:

> 於物魚躍,則岐周之旺氣可見;三星在罶,則衰周之末運可驗。此先儒所謂氣數之説也。臣則以爲,天地之間本無氣數,盛衰興亡,唯德所召。致中和,天地位焉,萬物育焉。德之所孚,草木、鳥獸、魚鼈咸若感應之。理捷於影響,豈可歸之於氣數乎?誠使衰周之君奮發振作,德化洋溢,則天地萬物其不同歸於位育之化乎?伏願聖上深留意焉![④]

正祖以氣運之盛衰來論定物産之盛衰,認爲衰世之人只能以無可奈何的消極態度處之。丁若鏞反對正祖的悲觀主義論調,主張氣運之盛衰關鍵在於君王是否以"德"施政,强調國君奮發振作、以德化育萬物對於國家命運的重要作用。一句"伏願聖上深留意焉",凝結的是丁若鏞對國家社稷的關懷,對正祖的政治期待。

再如《小雅·節南山》,此詩"刺王用尹氏以致亂"[⑤]。正祖將政亂國衰的原因歸結於尹氏不親自爲政,任用小人,而致大亂[⑥]。正祖將國家衰亂歸咎於大臣。就《節南山》所刺對象,丁若鏞的回答與正祖針鋒相對,他認爲國君不修君道才是導致政治上出現"時維婦寺"[⑦],妻黨盛行,國家衰敗的根本原因。他説:

> 臣於此篇知君道之不可自逸也。"弗躬不親"、"不自爲政",雖指司尹而言,其實未敢言斥王躬而第督過於師尹也。元首起哉,股肱喜哉,君道奮發,而後臣道熙載,未有自暇自逸而庶績其凝者也。"弗躬弗親",則婦寺用事,小人乘間,百度愆乖,民莫之信。詩人憂愛之誠,專在上躬,豈區區師尹之足彈哉?故卒章直書其名曰:"家父作誦,以究王訩。"斯可驗也。[⑧]

丁若鏞此條明確言及國君所踐行的爲君之道與國家命運休戚相關。丁若鏞認

---

① (唐)孔穎達《毛詩正義》,第945頁。

② (宋)朱熹《詩集傳》,第174頁。

③ 正祖問曰:"'三星在罶',罶中無魚,以竭澤而漁故歟?非必竭澤而漁,叔季運氣衰薄,天地之産自然不富歟?"丁若鏞《詩經講義》,第363頁。

④ 丁若鏞《詩經講義》,第364頁。

⑤ (宋)朱熹《詩集傳》,第127頁。

⑥ 正祖问曰:"前章既言'弗躬不親',此又言'不自爲政',若使尹氏躬自爲政,則庶免病國,而惟其所任用者小人,故致此大亂也歟?"丁若鏞《詩經講義》,第290頁。

⑦ 《詩經·大雅·瞻卬》,(唐)孔穎達《毛詩正義》,第1259頁。

⑧ 丁若鏞《詩經講義》,第290—291頁。

爲《節南山》表面是刺大夫尹氏,其實質是對國君褻瀆朝政、"不自爲政"、"弗躬不親"的諷諫,並以此條對來勸諫君王"永言配命,自求多福"①。

三 復歸"思無邪"與批判"淫詩説"

丁若鏞在一些詩篇的詩旨上贊同并採取朱熹《詩集傳》與《朱子語類》的觀點。兹舉兩例。

《鄭風·女曰雞鳴》,此詩是"叙一家弋人(獵鳥者)夫婦向晨問答有關家常生活之詩"②。《朱子語類》云:"《女曰雞鳴》一詩,意思亦好。讀之,真個有不知手之舞足之蹈者。"③正祖針對《朱子語類》而發問曰:

> 《女曰鷄鳴》是鄭詩中開眼處,然朱子以爲使人手舞足蹈,何歟?④

丁若鏞答云:

> 此詩敬而不矯,和而不流,勤而不野,儉而不薄,數回諷誦,志氣和暢,朱子之言不爲過矣。⑤

丁若鏞從夫婦感情敬和,生活事務勤儉,以及此詩給讀者帶來的和悦暢達的審美體驗上來疏解詩意。他從推導朱熹所言之緣由并結合自己的讀詩經驗與感受來分析《詩》,其對此詩的理解也是合理的。

再如《小雅·菁菁者莪》,《詩序》云:"樂育材也。君子能長育人材,則天下喜樂之矣。"⑥《詩集傳》云:"此亦燕飲賓客之詩。"⑦《詩集傳》與《詩序》的解釋相異。丁若鏞説:

> 此詩之爲樂育人材,本之舊説,而後来遂爲教育之詩,與《青衿》並行。……然《左傳》邾穆公来朝,季平子賦《采菽》,穆公賦《菁菁者莪》,則只是賓主燕樂之意。朱子之不取教育之義者,恐得之矣。⑧

丁若鏞贊同《詩集傳》以此詩爲燕飲之詩,並舉《左傳》穆公賦《菁菁者莪》所包含的燕飲之意作爲證據。此外,丁若鏞於《周南·樛木》⑨、《大雅·卷阿》⑩等

---

① 《詩經·大雅·文王》,(唐)孔穎達《毛詩正義》,第964頁。

② 陳子展《詩經直解》,第255頁。

③ (宋)朱熹《朱子語類》卷八十,《朱子全書》第17册,上海古籍出版社,2002年,第2759頁。

④ 丁若鏞《詩經講義》,第153頁。

⑤ (唐)孔穎達《毛詩正義》,第153—154頁。

⑥ (唐)孔穎達《毛詩正義》,第628頁。

⑦ (宋)朱熹《詩集傳》,第113—114頁。

⑧ 丁若鏞《詩經講義》,第260—261頁。此條,正祖問曰:"《菁菁者莪》只是興之,不取義者,而後世以爲樂育英才之義,豈朱子前説嘗作比義者如此歟? 韓昌黎亦嘗引之以喻人材之盛,是本於舊説歟?"丁若鏞《詩經講義》,第260頁。

⑨ 丁若鏞認爲《詩集傳》對《樛木》詩的解釋是可取的。《周南·樛木》,正祖問云:"樂只,樂易也。《集傳》云'衆妾樂其德而稱願',則是可樂哉,君子也。語意有賓主之别?"丁若鏞答曰:"此與'豈弟君子'、'假樂君子'同爲樂易之君子也。樂易之人,人亦樂之,則《集傳》之義不相妨也。"第31頁。

⑩ 丁若鏞曰:"《集傳》之義淵永有味,不必疑也。"丁若鏞《詩經講義》,第415頁。

詩的詩旨也贊同《詩集傳》的解釋。

《詩集傳》釋《詩》以義理見長，而在訓詁上多襲用《毛傳》、《鄭箋》的既有成果，在訓詁方面的發明不多，但也有時有新見。丁若鏞對《詩集傳》所提出的訓詁釋義也加以採納。

如《邶風·旄丘》末章"瑣兮尾兮，流離之子"之"流離"，《毛傳》云："流離，鳥也，少好長丑，始而愉樂，終以微弱。"《鄭箋》釋《毛傳》云："衛之諸臣，初有小善，終無成功，似流離也。"①《詩集傳》與《毛傳》、《鄭箋》的解釋相異，其云："流離，飄散也。"②丁若鏞贊同《詩集傳》的訓詁云："'流離'之亦恐從《集傳》說爲得。"③

再如《王風·揚之水》末章"不流束蒲"之"蒲"，《毛傳》釋爲"草也"④，《鄭箋》釋爲"蒲柳"⑤。《毛傳》與《鄭箋》相異，《詩集傳》取《鄭箋》的解釋。丁若鏞贊同《詩集傳》的選擇，他說："楚荊，荊木也。薪亦匪斧不克，則木也。蒲若草也，則與薪楚異類，且非不流之物。《集傳》之取鄭，恐得之矣。"⑥

丁若鏞贊同《詩集傳》的釋義，但不唯《詩集傳》是尊，也時有批駁，最明顯之處便是反對朱子"淫詩"說。如《鄭風·叔于田》，《詩集傳》云："或疑此亦民間男女相悦之詞也。"⑦丁若鏞云：

> 《鄭風》無淫詩，其有男女之説者，皆刺淫之詩也。"詩三百，一言以蔽之。曰思無邪。"則詩三百，一言以蔽之，曰賢人君子之作也。狹邪奸醜之徒，相悦相贈之詞，豈可以被之管絃，奏之房中，奏之鄉黨哉？無是理也。《詩》之美刺，《春秋》之褒貶也。故曰"《詩》亡而春秋作"。若云淫詩可列聖經，則弑逆之臣可作《春秋》乎？奚但《叔于田》二篇耳，即《風雨》、《褰裳》無一而可淫也。⑧

丁若鏞認爲《詩經》具有美刺的政治功能，因此《鄭風》中的男女之辭係刺淫之詩，並從三個方面否定"淫詩"說：首先，孔子以"思無邪"評價《詩經》；其次，《詩經》的作者是賢人君子，不可能作淫詩；第三，《詩經》被之管弦，奏之房中，具有教化的功效，而不能奏淫詩以廣教化。

再如《邶風·靜女》，《詩集傳》定爲淫詩云："此淫奔期會之詩也。"⑨丁若鏞否定《詩集傳》云：

---

① (唐)孔穎達《毛詩正義》，第158頁。

② (宋)朱熹《詩集傳》，第23頁。

③ 丁若鏞《詩經講義》，第99頁。

④⑤ (唐)孔穎達《毛詩正義》，第259頁。

⑥ 丁若鏞《詩經講義》，第141頁。此條，正祖問曰："蒲，毛氏以爲草，鄭氏以爲蒲柳，《集傳》取鄭不取毛何歟？"丁若鏞《詩經講義》，第141頁。

⑦ (宋)朱熹《詩集傳》，第48頁。

⑧ 丁若鏞《詩經講義》，第148—149頁。此條，正祖問曰："謂此亦男女相悦之詩，而大旨以爲愛共叔段之詩。蓋以次篇是指共叔段，同是叔于田，不應一爲男女相悦，一爲愛共叔段，故與次篇則不可作男女相悦之詩歟？"丁若鏞《詩經講義》，第148頁。

⑨ (宋)朱熹《詩集傳》，第26頁。

此詩之出爲"淫詩",蓋以"俟我於城隅",有若期會於幽僻之處也。然按《周禮》"城隅",《注》:"城隅,角桴思也。"……后夫人女史之官,亦或俯伏於内殿之桴思也。大抵既曰静女而謂之淫奔,誠不可解也。①

丁若鏞認爲《詩集傳》斷此詩爲"淫詩"的關鍵點是將"俟我於城隅"之"城隅"釋爲"幽僻之處"②。鄭玄注《周禮・考工記・匠人》"城隅之制九雉"云:"城隅,謂角浮思也。"③"浮思,亦作'罘罳'、'罘思',在此是指古代設在宫墻四角的屏障,上有孔,形似網,用以守望和防禦"④,丁若鏞依據鄭玄的注認爲"城隅"非《詩集傳》所釋之期會幽僻之地,從而否定了《詩集傳》的解釋。此外丁若鏞在《衛風・木瓜》、《王風・大車》、《鄭風・將仲子》、《山有扶蘇》、《褰裳》、《風雨》、《子衿》、《出其東門》等詩中屢申《詩》無"淫詩"的觀念,如下表所示:

詩　篇	朱熹《詩集傳》	丁若鏞《詩經講義》
《衛風・木瓜》	疑亦男女相贈答之辭,如《静女》類。(第48頁)	朱子答吕子約書亦從舊説,以爲齊桓存衛之事,恐非男女相悦之詩也。(第137頁)
《王風・大車》	婦人望其所與私者而不來。(第55頁)	若以此詩爲淫詩則恐不當。(第144頁)
《鄭風・將仲子》	莆田鄭氏曰:"此淫奔者之辭。"(第56頁)	此乃刺淫之詩,非淫者所自作。(第147頁)
《山有扶蘇》	淫女戲其所私者。(第61頁)	此詩必非淫詩,舊説頗有味也。(第154頁)
《褰裳》	淫女語其所私者。(第62頁)	此恐賢者之居異國者辭。(第156頁)
《風雨》	淫奔之女,言當此之時,見其所期之人而心悦之也。(第63頁)	有志之士,每風雨瀟灑,星月晦冥,獨夜無眠,愁思撩乱,慷慨有憂世慕古之志,思與賢豪之士,開懷縱談,以舒暢其壹鬱,此風人之意也。若徒於此時此境,懷燕婉之樂,而墊昏冥之行,豈所謂"思無邪"哉?《左傳》鄭六卿之餞宣子,子游賦《風雨》,子旗賦《有女同車》,子柳賦《蘀兮》,宣子喜曰:"鄭其庶乎。"若使三詩也,而爲淫奔之詞,則鄭其殆乎,不當曰庶乎也。(第157頁)
《子衿》	此亦淫奔之詩。(第63頁)	古來不以爲淫詩也。(第159頁)
《出其東門》	人見淫奔之女而作此詩。(第64頁)	恐非淫奔之詩也。(第162頁)

① 丁若鏞《詩經講義》,第109頁。
② (宋)朱熹《詩集傳》,第26頁。
③ (唐)賈公彦《周禮注疏》,北京大學出版社,1999年,第1154頁。
④ 楊天宇《周禮譯注》,上海古籍出版社,2004年,第670頁。

四　在學術與政治之間

丁若鏞堅信道統高於治統,學術尊於政治,在《詩經》條對中並不畏懼正祖的君主權威,對正祖詩説作大膽的揚棄,在學術與政治之間自由暢談。丁若鏞時有贊同正祖詩説者,如《邶風・二子乘舟》,正祖問曰:

> "養"字從水爲瀁,養養即瀁瀁也。水之滉瀁,如人心之憂傷,摇摇靡所止泊也。此義何如?[①]

丁若鏞直接以"聖論至當矣"[②]來表示完全贊同正祖的解釋。再如《小雅・皇皇者華》,正祖問曰:

> 《皇華》、《鹿鳴》是一時之詩,何者鹿鳴之"示我周行",欲己之得助於賢也;《皇華》之"周爰咨諏",欲臣之求助於賢也,其辭意如出一人之口,豈非其驗歟?[③]

丁若鏞答云:"二詩之精神命脈專在求助二字,今奉聖訓,不勝服膺矣。"[④]丁若鏞在正祖的提問中提煉出《鹿鳴》詩"示我周行"與《皇皇者華》"周爰咨諏"的共同之處在於求賢,其回答傳達出對正祖讀詩體驗的肯定。

丁若鏞還對正祖不能確定的釋義加以肯定,如《大雅・棫樸》,正祖條對曰:

> 雲漢長竟天,盖以爲周王年壽之久,如雲漢之長也。雲漢長,故章于千年,壽久,故能作人,似非無取義者,未知如何?[⑤]

正祖所提問的詩句是《棫樸》詩之第四章:"倬彼雲漢,爲章于天。周王壽考,遐不作人。"正祖認爲用長可比於天的雲漢來形容周王長壽,周王長壽故能"作人"[⑥]。丁若鏞對正祖的釋義加以肯定,其答云:"詩之取興苟得本意,無不精密如此,聖喻至當矣。"[⑦]此外,丁若鏞於《小雅・斯干》[⑧]、《大雅・假樂》[⑨]等詩中對正祖的解釋也均表示贊同。

丁若鏞還否定正祖詩説。如《小雅・ 六月》"整居焦獲"之"整",正祖

---

①② 丁若鏞《詩經講義》,第 112 頁。

③④ 丁若鏞《詩經講義》,第 235 頁。

⑤⑦ 丁若鏞《詩經講義》,第 379 頁。

⑥ (唐)孔穎達《疏》云:"變舊造新之辭,故云變化紂之惡俗,近如新作人也。"孔穎達《毛詩正義》,第 1000 頁。

⑧ 《小雅・斯干》,正祖條問曰:"'載弄之璋',固是尚其德,而亦能執圭秉璋,是男子有位者之事而然歟?"丁若鏞答曰:"聖喻至當矣。"丁若鏞《詩經講義》,第 286 頁。

⑨ 《大雅・假樂》,正祖問曰:"次章宜君宜王,與《斯干》之室家君王同意。'不愆不忘,率由舊章',是言子孫之爲天子諸侯者。三章、末章復爲頌祝於今王,而朱子以此二章爲皆稱願其子孫之辭,何歟?"丁若鏞《詩經講義》,第 406—407 頁。丁若鏞對曰:"聖旨至當矣。《左傳》魯文公受享於晉,賦《嘉樂》。文三年,又齊侯、鄭伯如晉,晉侯兼享之,賦《嘉樂》。襄廿六,並無戒子孫之意,即舊注亦以第三章以下爲頌祝今王之辭也。"丁若鏞《詩經講義》,第 407 頁。

問曰：

"玁狁匪茹，整居焦獲"之"整"字可疑，此詩方專言我師軍容之盛，而却於彼寇之兵以整齊稱之，何歟？[①]

正祖認爲詩人以"整"來形容敵師軍容整齊强大，不妥。丁若鏞答曰：

"整居"恐非軍容之整齊也，蓋焦獲乃中國之地，非玁狁所得居，而今乃整居于是，則其蛇豕食國之計。可知既整居于是，而又復内侵，故所以十乘之先啓，急欲驅除也。[②]

丁若鏞認爲"整"不是對敵軍軍容整齊的形容，此處"整"字是爲了突出玁狁占據中國之地的貪婪之勢。丁若鏞從《詩經》文本出發得出來的解釋也是正確的。

再如《大雅・雲漢》，正祖問曰：

舊説以爲美宣王。然今觀其詩，蓋仍叔代述憫旱之意，以爲雩禱之詞，如後世祈雨祭文也。遇災修省，何暇爲頌美之辭，如安樂無事之時耶？[③]

正祖認爲《雲漢》乃遇災修省，祈雨之辭，並無頌美之意。丁若鏞對此答曰：

有刺詩而若頌美者，《偕老》之刺宣姜，是也；有美詩而若箴警者，《雲漢》之美宣王是也。帝王之美不在乎車服之盛，鍾鼓之樂，遇灾修省，側身恐懼，莫非頌美之事，則篇中雖無贊揚之語，不害其爲美王之詩也。[④]

《雲漢》記叙宣王祈雨，所包涵的求雨目的原不涉對宣王心憂旱情、關心社稷蒼生的贊頌，"大命近止，無棄爾成！何求爲我，以戾庶正"[⑤]是對宣王勸告大臣無棄國事，竭力精誠以定庶正的宣言。丁若鏞從文辭修辭的角度感知詩篇文辭美刺之意，透過《雲漢》祈雨的表面，體察宣王的王者仁心，從而確定此詩是頌美宣王之詩。

丁若鏞釋詩，不主一家一説，故常有捨弃諸家釋義，自創新説的情况。如《大雅・皇矣》"監觀四方，求民之莫。維此二國，其政不獲"之"二國"，《毛傳》與《詩集傳》等都釋爲"夏、商"[⑥]，《鄭箋》釋爲"謂今殷紂及崇侯也"[⑦]，正祖認爲"二國"應爲商、周[⑧]。丁若鏞與諸家不同，其云：

---

① 丁若鏞《詩經講義》，第266頁。

② 丁若鏞《詩經講義》，第266—267頁。

③④ 丁若鏞《詩經講義》，第428頁。

⑤ 《詩經・大雅・雲漢》，(唐)孔穎達《毛詩正義》，第1204頁。

⑥ (唐)孔穎達《毛詩正義》，第1018頁。朱熹《詩集傳》，第214頁。

⑦ (唐)孔穎達《毛詩正義》，第1018頁。

⑧ 正祖問曰："'惟此二國'，《集傳》曰：'夏、商也。'商政之不獲，宜上天之究度。而若夏則遠矣，或曰'二國'，商與周也。商之與周，其政不相得，故四方之國必審擇其可與者，而皆無如周德。《書》所謂'惟爾多方'，罔堪顧之者也，乃始眷顧于西，而以岐山與宅，此説似爲得之，未知如何？"丁若鏞《詩經講義》，第382頁。

"二國"之解凡有三説:《毛傳》以爲夏、商,《鄭箋》以爲殷、崇,或説以爲商、周,臣以爲俱未穩當。夏之亡久矣,於周無當。《毛説》非也。殷、崇之並稱,雖有《正義》之分疏,終是不倫,鄭説非也。至於殷、周之説,尤恐誤解,何則?四國,四方之國,而西顧亦四方之一也,然則將使一個西周既列於彼二國之中,又列於此四國之中,無是理也。且從《集傳》以首章爲太王之事,則太王之時曷嘗有商、周之不相得乎?此又説不成也。臣謂"二國",密與崇也。按《史記》西伯得專征之命,越二年,伐密須,又三年,伐崇侯。虎而作豐邑,自岐下而徙。蓋伐密、伐崇,即文王作都興王之本,故此篇全叙是事。而首章先舉與宅之命,中間二章特叙王季之德,以爲毓慶之本也。據《左傳》楚人滅江,秦伯爲之降服,大夫諫公曰:"吾自懼也。"君子引此《詩》曰:"其秦穆之謂矣。"此以楚與江爲二國,而非以秦與楚或秦與江爲二國也。二國之非商、周,此亦可見矣。或曰首二章爲太王之事,則"二國"不當爲密、崇。臣曰:第三章明言"帝作邦作對,自太伯王季",自太伯之"自"字當著眼看,夫既曰"自太伯王季",則首二章之未嘗言太王可知也。又按《天作》之詩曰:"彼岨矣,岐有夷之行。"此承文王康之而言,非承太王荒之而言,若然此篇之第二章正徵爲文王之事也。故舊注亦以爲文王之事。又《漢書·郊祀志》曰:"乃眷西顧,此維與宅。"言天以文王之都爲據,此居則此篇之首章又明徵爲文王之事也,夫首二章既爲文王之事,則二國者,密也崇也。①

可見,丁若鏞不贊同《毛傳》、《鄭箋》與正祖的解釋,他認爲"二國"應爲"密也崇也"。丁若鏞的分析邏輯縝密,可爲一家之言。

《詩經講義》還呈現了正祖君臣追求學問精神的共同祈向,兹以名物制度考據爲例。如《衛風·淇奥》"寬兮綽兮,猗重較兮"之"重較",《毛傳》云:"卿士之車。"②正祖問曰:

"重較"爲卿士之車,朱子用毛、鄭説,而我東先儒以爲未然。其説曰:"重者,厚重也;較者,博大也。"以其重厚博大,故雖戲謔而不至於輕佻。今以卿士車插於其間,脈理不貫,"猗"字亦無安頓,此説何如?③

正祖認爲朝鮮學者以厚重博大,不至於輕佻釋"重較",要優於《毛傳》的解釋。丁若鏞回答云:

"較"訓博大,未知何據。較之音角,本取車上角立之意,若訓博大不當音角。今"綽"、"較"、"謔"、"虐"四韻相叶,其爲車上角立之較,無疑也。但其云"卿士之車"者,非也。蓋古者車皆立乘,立則憑較,俯則憑軾,較在軾上,望之若重,故曰"重較",此自天子達於卿士同然也。二章之"充耳琇

① 丁若鏞《詩經講義》,第382—385頁。
② (唐)孔穎達《毛詩正義》,第219頁。
③ 丁若鏞《詩經講義》,第127—128頁。

瑩,會弁如星",言其在朝之德容也。此章之"寬兮綽兮,猗重較兮"言其登車之德容也。猗者,瞻望嗟歎之辭,恐不必別立異解也。[1]

丁若鏞否定朝鮮學者的解釋,理由是"較"音"角",不可訓爲"博大"。丁若鏞也否定《毛傳》以"卿士之車"籠統地解釋"重較",理由是"重較"是天子與卿士車共同的特徵,不可以卿士的等級來稱此車。丁若鏞認爲"較"爲"車上角立之較",明確"較"與車有關。丁若鏞根據古代"車皆立乘"的乘車習慣云:"立則憑較,俯則憑軾。"意思是乘車需要依靠"較"與"軾",由於"較在軾上",觀察登車之人憑依"軾"與"較"則是"望之若重"。因此丁若鏞認爲"猗重較兮"是對登車之人憑依"軾"與"較"的狀態的描寫。

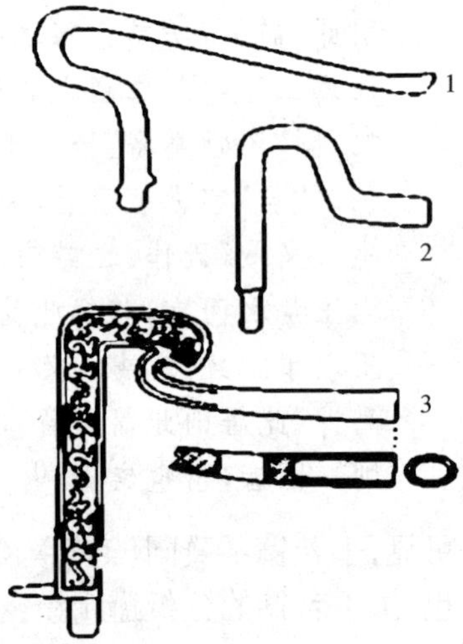

但是現代學者揚之水根據出土文獻確定"重較"爲一物,揚之水云:"陝西隴縣邊家莊五號春秋墓、山西臨猗程村春秋車馬坑出土的車,車與四面除後邊留出一個車門外,四周都有縱橫交錯的矮欄,車與左右外緣,卻又各做出一道高扶手,邊家莊車的扶手並且煨出一個彎曲的弧,這便是重較。重較也可以作成活動的銅把手,即《說文》所說'車上曲鉤'者……較的樣子,正如曲鉤。直的一端有銎接木,可以插在車欄的短柱上,接木處有骨釘子橫固於銅銎。"[2]右圖爲揚之水先生在《駟馬車中的詩思》中所附的"銅較"圖,分別由 1.浚縣辛存出土 2.淮陽馬鞍冢出土 3.侯馬上馬兒出土。下圖爲揚之水先生所附的裝重較的車圖,在上者爲隴縣邊家莊春秋墓出土,在下者爲臨猗程村春秋車馬坑出土:

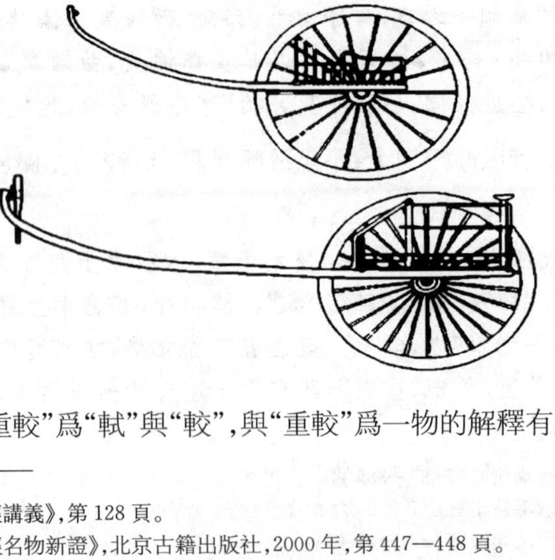

丁若鏞以"重較"爲"軾"與"較",與"重較"爲一物的解釋有差異,但是其將

---

① 丁若鏞《詩經講義》,第 128 頁。

② 揚之水《詩經名物新證》,北京古籍出版社,2000 年,第 447—448 頁。

“猗重較兮”作爲乘車的狀態卻是不誤的,並且結合“猗重較兮”所在的詩章“寬兮綽兮,猗重較兮。善戲謔兮,不爲虐兮”,認爲“猗重較兮”是對乘車之人德容的描寫,這與此詩第二章“有匪君子,充耳琇瑩,會弁如星。有匪君子,終不可諼兮”所形容的君子在朝之德容相呼應。這樣的思路與揚之水不謀而合,如揚之水云:“伏軾以示謹敬,超乘以見英武,而《淇奧》之‘猗重較兮’,上承‘寬兮綽兮’,下啓‘善戲謔兮,不爲虐兮’,正由嚴肅敬謹、温純深粹之外,别見一番神姿高朗的雅人深致。重較裝飾了車,也裝飾了人,但必要有詩中這實在卻空靈的一‘猗’,一切才都活起來,物與人才因此而有了永久的生命。”[①]

再如《大雅·文王有聲》云:“鎬京辟廱,自西自東,自南自北,無不思服,皇王烝哉。”“辟廱”,《詩集傳》云:“辟,璧通。廱,澤也。辟廱,天子之學,大射行禮之處也。水旋丘如璧,以節觀者,故曰辟廱。”[②]辟廱,是天子的學宫。正祖認爲治理國家只要有財貨與糧食,就可以讓天下的百姓臣服,爲何還需要在辟廱講學、行禮呢[③]? 丁若鏞答曰:

> 辟雍之禮、大賚之政,皆足以服天下,則其先其後有不必論也。曾子於《祭儀篇》引此爲孝道之極致,荀子於《王霸篇》引此爲官人之大效,《孝經》引此詩以爲孝悌之極致。孝者,太廟之事也;悌者,太學之事也。又劉向《説苑》曰:“聖王修禮文,設庠序,天子辟雍,諸侯泮宫,所以行德化也。”引此《詩》以證之,則先儒之説皆以辟雍之禮,爲可以服天下也。[④]

丁若鏞梳理古籍對《文王有聲》詩的徵引,證明古代存在“辟廱”之禮,并以此證明辟廱之禮可以化治天下。丁若鏞運用古籍記載推證出辟廱是古代社會重要的禮制,但是没有具體考據辟廱之禮的具體形制與内容。現代學者楊寬先生在《西周大學(辟廱)的特點及其起源》中指出“辟廱”的三個特點,“第一個特點,建設在郊區,四周有水池環繞,中間高地建有廳堂式的草屋,附近有廣大的園林。園林中有鳥獸集居,水池中有魚鳥集居。……第二個特點,西周大學不僅是貴族子弟學習之處,同時是貴族成員集體行禮、集會、聚餐、練武、奏樂之處,兼有禮堂、會議室、俱樂部、運動場和學校的性質,實際上就是貴族公共活動的場所。……第三個特點,西周大學的教學内容以禮樂和射爲主”[⑤]。可知,辟廱兼具教育、宴饗、軍事、禮儀等功用,因此實行辟廱之禮是周王以禮治國的重要憑藉。

丁若鏞還在《詩經》條對中發明並補充正祖關於詩篇的文學性闡發,體現了君臣在文學修養上的同一趣味與歸宿。如《齊風·雞鳴》,是“妻催夫早起的

---

① 揚之水《詩經名物新證》,第448頁。

② 《大雅·靈台》,朱熹《詩集傳》,第187頁。

③ 正祖問曰:“《武成》曰:‘散鹿臺之財,發鉅橋之粟,大賚于四海而萬姓悦服。’則天下之心服於此已見,何待辟雍之講學、行禮,而後始皆心服歟?”丁若鏞《詩經講義》,第394—395頁。

④ 丁若鏞《詩經講義》,第395頁。

⑤ 楊寬《先秦史十講》,復旦大學出版社,2006年,第234—242頁。

詩"[1],正祖問曰:

> 蠅聲蟲飛,夏夜也。我東先儒言夏夜苦短,而能自早興爲尤難。夏夜苦短,故尤恐其或晚歟?[2]

丁若鏞答云:

> 夏夜之義,誠有味也。[3]

《雞鳴》詩中并未明確言及發生時間,正祖根據詩篇中"蒼蠅之聲"、"蟲飛薨薨"昆蟲活躍的景象,認爲此詩描述的是夏季的情景,認爲短暫的夏夜更能凸顯夙興夜寐的警戒意義。丁若鏞以"有味"贊賞正祖的解釋,認爲正祖强調夏夜的時間背景,於詩旨無齟齬之處,倒是給詩篇增添了更多的意藴。

結　語

丁若鏞《詩經講義》是朝鮮時代後期重要的《詩經》學著作,該書不爲君問臣對這種著述體例所限,而是發揮了君臣學術對話之長,呈現出不同凡俗的學術成就。朝鮮時代,程朱理學被奉爲官學正統,在《詩經》研究領域,以尊朱熹《詩集傳》爲圭臬。在朱熹《詩經》學觀點的籠罩下,對於《詩序》,多數學者持反對態度,因正祖所問内容的啓發,丁若鏞能堅持比較自由的學術態度,重新釐定《詩序》的學術價值,自覺繼承闡揚《詩序》中藴涵的美刺傳統,並從國君踐行君道、修行君德對於國家盛衰的重要性方面更爲理性地賦予了《詩經》以諫書的功能。同時,丁若鏞主張道統高於政統,學術高於政治,并不畏懼正祖的君主權威,在條對中敢於直陳己見,在學術與政治之間自由馳騁,體現出以道抗勢的儒者風範。對於部分問答,丁若鏞在學術探討中寄寓政治期待,在一些詩旨、訓詁、名物制度考證、文學闡释方面又呈現出追求真理的學術精神,故《詩經講義》呈現了丁若鏞作爲儒者、大臣雙重身份下《詩經》學的態度與成就。

(作者單位:貴州大學人文學院)

---

① 程俊英《詩經譯注》,中華書局,1985年,第168頁。

② 丁若鏞《詩經講義》,第164頁。

③ 丁若鏞《詩經講義》,第165頁。

古典文獻研究（第十八輯下卷）
Journal of the Institute for Chinese Classics Studies
Nanjing University
Volume 18, No.2 2015

《鮑廷博年譜》訂補*

馬培潔

劉尚恒先生的《鮑廷博年譜》，是目前鮑廷博研究中最爲厚重的研究成果之一，該書詳盡具體地記述了譜主訪求圖書的經過，四庫獻書的事蹟，校刻書籍的貢獻，以及與藏書家、學術名流的應酬交往情況，爲瞭解清代學術發展，書林藏書掌故及古籍版刻流傳提供了翔實可信的研究資料，是一部非常出色的年譜。筆者在充分吸收和借鑒劉先生研究成果的基礎上，通過文獻的仔細爬梳，對關涉鮑廷博生平行迹的諸多問題，又有研究所得，故嘗試對此《年譜》訂補一二，以就教於方家。

一 《年譜》訂正

（一）沈侍御蘆士非沈德潛

《年譜》乾隆四十五年條，鮑廷博《履齋四明吟稿》跋亦提及"沈蘆士"，云："邵二雲（晉涵）以《南湖集》見寄，云在沈蘆士先生處。沈，不知何處人，當往覓之。"[①]《年譜》乾隆四十六年條，《南湖集》有劉先生按語云："'沈侍御蘆士'不詳，疑或爲沈德潛（確士）。"[②]

根據《清代人物生卒年表》[③]，沈德潛生於康熙十二年，卒於乾隆三十四年，字確士、歸愚、峴山，江蘇長洲人。乾隆四十五年、四十六年沈德潛早已亡故，因而此人非沈德潛。至於沈氏究竟爲何人，仍需進一步查考。

（二）《湛淵靜語》非據吴焯藏本刊刻

《年譜》乾隆四十八年條，談及《湛淵靜語》時，劉先生有按語云："是書鮑氏據吴氏瓶花齋藏本付梓。"[④]

---

* 本文係中央高校基本科研項目（項目編號：31920140017）階段性成果。

① 劉尚恒《鮑廷博年譜》，黄山書社，2010 年，第 103 頁。

② 劉尚恒《鮑廷博年譜》，第 112 頁。

③ 江慶柏編著《清代人物生卒年表》，人民文學出版社，2005 年，第 368 頁。

④ 劉尚恒《鮑廷博年譜》，第 119 頁。

劉氏云據瓶花齋藏本,實則不然。《知不足齋叢書總目》稿本中交代此書刊刻底本爲"何義門抄本,有跋",故據何焯藏本刊刻。劉先生蓋因書末跋語之落款"康熙壬辰八月既望,焯記"①,誤以爲是吴焯。

(三)《慶元黨禁》鮑廷博跋質疑

《年譜》乾隆五十一年條,劉先生言及《慶元黨禁》一書時,曾謂鮑廷博跋云:"文公(朱熹)夢奠語蔡沈曰:'道理只是恁地,但須做些堅苦工夫,能甘其苦於禁盛行之時,而不少堅忍於禁已解之日,豈不甚可惜也。'嘗謂慶元黨禍不幸,如大愚西山身死於謫,雖曰天不憖遺,然全其節,以立千萬世守道者之標準,未爲無所賴也。文公卒於慶元之庚申,學禁弛於嘉泰之辛酉天也。文公在天下出處,惟公是視而士節益光明矣。西山臨終别文公,有書曰:'天下不患無人才,但師道不立,爲可憂。'噫,師道之立,非人才扶植之也。長堤屹然,衆流歸順,無復東奔西决之憂,善人之多,良以此也。至此益信善類真是爲天下福,師儒真足爲善類主,而慶元之學禁,爲人心禍真酷且深也。余既以其首末遺帖並刻,因併取侯氏之説,以俟後之君子。"②此跋下有劉氏按語云:"是書《叢書》本鮑跋末未有署年,而影印鮑氏家藏《知不足齋叢書》本,則跋文未署鮑廷博名。"③

劉氏按語所云不知爲何。筆者對此段文字是否爲鮑廷博跋語存在質疑。首先,這段文字完全見載於文淵閣《四庫全書》本,《慶元黨禁》久已散佚,幸有四庫館臣從《永樂大典》中輯出,始得見其面貌。鮑刻本所據之底本已在《知不足齋叢書總目》稿本中明確交代爲《永樂大典》本,鮑氏據館臣輯録本之傳抄本刊刻,《四庫全書》本與《知不足齋叢書》本同出一源,顯而易見。既然《四庫全書》本已有此段文字,則必非鮑氏所撰明矣,斷無館臣所據爲鮑氏之本,並將鮑氏跋語抄入《四庫全書》之理。筆者進一步將四庫本與鮑刻本校對了部分内容,發現兩本有一些異文,至於是館臣在抄入《四庫全書》時改動了輯録之本,還是鮑廷博在刊刻時對傳抄本又作了進一步校改所致,仍需進一步考察。其次,宋佚名《兩朝綱目備要》卷七有"文公夢奠語蔡沈曰……而慶元之學禁爲人心禍真酷且深也"一段文字④,只是無"余既以其首末遺帖並刻,因並取侯氏之説,以俟後之君子"二十三字,亦可爲證。再次,通觀《知不足齋叢書》長篇大字鮑廷博跋語,除《斜川集》一書,《吴麗煌寄示〈斜川集〉志喜》一詩無題款外,其餘跋文涉及年月、籍貫、知不足齋、寶繪堂、貞復堂、鮑廷博、通介叟、得閑居士等内容,有的一條題款幾者俱全,最簡略的有"知不足齋記"、"鮑廷博謹識"等,

① (清)鮑廷博輯刻《知不足齋叢書》第3册,中華書局,1999年,第763頁。

② 劉尚恒《鮑廷博年譜》,第138—139頁。

③ 劉尚恒《鮑廷博年譜》,第139頁。按:劉先生此處所云之"《叢書》本"指何本,云此本"未有署年",是否指有鮑廷博署名?而"影印鮑氏家藏《知不足齋叢書》本",應指中華書局影印本,云此本"未署鮑廷博名",是否指有署年呢?但筆者翻閱中華書局本,此跋既無署名,亦無署年,不知劉氏之言所據爲何?

④ (宋)佚名《兩朝綱目備要》卷七,文淵閣《四庫全書》本。

各種題款方式均表明與鮑廷博有關，而此段文字末無題款，與鮑氏撰跋體例不符。《知不足齋序跋題記集録》及《鮑廷博題跋集》亦收録此條[①]。但其爲鮑廷博所撰的真實性，令人深爲質疑。

（四）《江淮異人録》非據伍光忠本刊刻

乾隆五十二年條，劉先生按語云："據黄丕烈《士禮居藏書題跋記》卷四《江淮異人録》不分卷，鮑刻入《叢書》者乃據明嘉靖伍氏本刊入，非以鮑據宋本校正者。"[②]

劉先生對黄丕烈跋的解讀有誤。《士禮居藏書題跋記》卷四云："鮑校伍氏刊本，余亦見之，所據以入《叢書》者，非此校本也。"[③]又鮑廷博跋云："是録明嘉靖中伍光忠本，稍經潤色，尚未失真。近刻首列明皇游月宫事，展卷即知其僞矣。喜得善本，特梓以存其舊云。"[④]可知鮑氏所刻非伍光忠本，而是據其所云之善本付梓，鮑刻本有三條校勘記爲"伍刻作某某"，説明伍光忠本爲鮑氏採用的校本。但此善本具體爲何本，鮑廷博未予交代，《知不足齋叢書總目》稿本只言刊刻底本爲"足本"。黄丕烈又云"續校鮑刻《叢書》本，非即初次所校。渌飲跋云："喜得善本，特梓以存其舊。蓋又一本矣，妙處多與顧本合，稍有異同，殊瑣屑也。"[⑤]黄氏認爲鮑氏所刻非其手校之明嘉靖伍光忠本，所據之善本多與顧氏秀野草堂本合，而顧本正是黄丕烈認爲的"觸處多妙處"的善本[⑥]，故此善本應與顧氏秀野草堂本同出一源。鮑廷博對《江淮異人録》的刊刻，可謂費盡心思，他對各種版本的優劣了如指掌，認爲近刻卷首有竄入他書的内容，伍光忠本也經人改動，已非原貌，但非失真，故未將手校之明嘉靖伍光忠本刻入《叢書》，而是千方百計覓得一善本，精心校勘後方才入刻。《知不足齋序跋題記集録》按語亦沿劉氏之誤[⑦]。

（五）《侯鯖録》之底本非《稗海》本

《年譜》嘉慶十八年條，劉先生録《皕宋樓藏書志》卷六十三鮑廷博跋，有按語云："《侯鯖録》八卷，鮑氏於嘉慶八年刻入《知不足齋叢書》第二十二集。《四庫全書》據内府藏本録入《子部・小説家類》。二者均出商氏《稗海》本。鮑氏讀盧校二卷本後，感其優於商氏本而自已卻無能爲力再行付梓公世，心有遺憾。"[⑧]

劉氏按語有誤。《知不足齋叢書》本嘉慶八年（1803）鮑廷博跋云："《侯鯖

---

① 季秋華輯《知不足齋序跋題記集録》，國家圖書館出版社，2010年，第38頁。周生傑、季秋華輯《鮑廷博題跋集》，浙江古籍出版社，2012年，第57頁。

② 劉尚恒《鮑廷博年譜》，第143頁。

③ （清）黄丕烈著，潘祖蔭輯，周少川點校《士禮居藏書題跋記》卷四，書目文獻出版社，1989年，第163頁。

④ （清）鮑廷博輯刻《知不足齋叢書》第4册，第557頁。

⑤ （清）黄丕烈著，屠友祥校注《蕘圃藏書題識》，上海遠東出版社，1999年，第466頁。

⑥ （清）黄丕烈著，屠友祥校注《蕘圃藏書題識》，第465頁。

⑦ 季秋華輯《知不足齋序跋題記集録》，第204頁。

⑧ 劉尚恒《鮑廷博年譜》，第243頁。

録》,近惟《稗海》本行於世,誤書脱簡,殊不耐觀。予家塾藏有三本:一芸川書院本,不知刊於何時,脱誤與《稗海》略同,似即商本所祖也;一明天啓間海虞三槐堂坊刻,密行細字,頗具雅致,而繆戾時復不免;一舊抄本,分上、下卷,較諸本爲勝,惟删削'辨傳奇鶯鶯事'一卷耳。暇日參合校訂,又時檢他書,證其異同,雖不敢信爲善本,以較商刻則徑庭矣,刊以質諸藏書家。"①鮑跋對行世的《稗海》本提出嚴厲的批評,其以芸窗書院本、明海虞三槐堂坊刻本和舊抄本參合校訂後刻入《叢書》。《知不足齋叢書總目》稿本交代刊刻底本爲舊抄本,以明刻本校。故鮑刻本之底本絶非《稗海》本。

劉先生所云之盧校二卷本,《皕宋樓藏書志》卷六十三有載,《日本藏宋人文集善本鈎沉》所載之鮑以文、盧文弨手校手識舊抄本即爲此本,現藏於日本静嘉堂文庫,有乾隆四十六年盧氏手跋云:"此書分上下兩卷,而明商氏梓於《稗海》中者,則爲八卷,與趙希弁《讀書附志》所載卷數合。蓋在當時,外間或有二本,傳者不同,而以《志》相校,則此本爲勝。商本第五卷全載王性之辨《會真記》事,而演其事爲鼓子詞十二章,全類俳優,此書不載,蓋本不當載也。"②盧氏云王性之辨《會真記》事此本不載,與鮑刻本跋文所述"一舊抄本,分上、下卷,較諸本爲勝,惟删削'辨傳奇鶯鶯事'一卷"相合。③可證《知不足齋叢書》本鮑跋所云之舊抄本,爲鮑氏校勘中使用的其中一個校本,劉先生所謂鮑廷博據《稗海》本刊刻此書後,於晚年才得見此本的觀點有誤。而且劉先生將此本中未署年的鮑廷博跋繫於嘉慶十八年(1813)條下,亦誤,此跋撰寫時間必在嘉慶八年(1803)鮑氏刊刻《侯鯖録》之前。《知不足齋序跋題記集録》按語亦沿劉氏之誤。④

(六)繫年有誤

1.《年譜》乾隆四十五年條,劉先生根據《拜經樓詩集》卷三《雨夜與緑(渌)飲自落星庵至武原》,云:"是年某月,鮑廷博與吴騫雨夜自落星庵至武原,吴騫有詩記其事。"⑤但未交代此詩繫年之依據。

此條繫年有誤。鮑廷博與吴騫至武原之事,明崇禎三年馬元調刊本《容齋隨筆》十六卷、《續筆》十六卷、《三筆》十六卷、《四筆》十六卷、《五筆》十卷有吴騫跋云:"乾隆辛丑春日,偕鮑君以文游武原,有書估謁予舟次,携鈔本容齋五筆求售,有朱筆評校,蓋陳宋齋先生筆也,因酧以直得之。復從鮑君借所藏何義門先生評校本,用藍筆點次。鮑本末復有筠溪煦一跋,不具録。壬寅冬日,兔床吴騫記。"⑥可知此事發生於乾隆四十六年(1781),而非上一年。

2.《年譜》乾隆六十年條,劉先生根據《善本書室藏書志》,將鮑廷博據明

①③ (清)鮑廷博輯刻《知不足齋叢書》第8册,第116頁。
② 嚴紹璗編著《日本藏宋人文集善本鈎沉》,杭州大學出版社,1996年,第225—226頁。
④ 季秋華輯《知不足齋序跋題記集録》,第137—138頁。
⑤ 劉尚恒《鮑廷博年譜》,第104頁。
⑥ 傅增湘《藏園群書經眼録》卷八,中華書局,2009年,第585頁。

正統刻本校清康熙吴調元刻本《林和靖先生詩集》繫於此年,並云:"跋文未署年,姑置於此。"①

其實,劉先生據《善本書室藏書志》所録鮑廷博跋中誤入了部分丁丙之語,此書現存於南京圖書館,筆者曾寓目,有三條鮑廷博跋,題跋末題款分别爲"己亥正月四日燈下記";"壬寅十一月初十日,得閑居士擬作";"丁卯十月十九日,嘉禾舟中記",即乾隆四十四年(1779),乾隆四十七年(1782),嘉慶十二年(1807),故將此條繫年於乾隆六十年不當。

(七)《花韻軒咏物詩存》版本補正

劉先生論及鮑廷博著述時,根據各種書目的著録,云《花韻軒咏物詩存》"只有國家圖書館、中山大學圖書館、安徽省圖書館三家有抄本,且均列爲善本書,故世人難得一見,評介也就無從説起"②。

據筆者調查,此説不確。此詩抄除上述三館收藏外,上海圖書館、南京圖書館亦有收藏。五館藏本筆者均已寓目,具體版本情況,筆者已另撰文予以探討,揭示八千卷樓本《花韻軒咏物詩存》的重要文獻價值。

(八)乾隆皇帝禦題《武經總要》

《年譜》乾隆三十九年條,劉先生言及《武經總要》時,有按語云:"乾隆弘曆爲是書作的題詩,遍查《御製詩餘》、《御製文二集》以及今人顧志興《浙江藏書史》、任繼愈主編的《中國藏書樓》、傅璇琮、謝灼華主編的《中國藏書通史》均未得,函請范鳳書、鄭偉章先生亦無所告。"③

其實,《浙江採集遺書總録》載有此御製詩,玆録如下:

題宋仁宗《武經總要》六韻知不足齋

論兵千載如聚訟,真是徒工紙上談。居重馭輕自不易,困民養卒則何堪。

若云愛物斯誠有,以曰知軍或未諳。龐籍汰多意猶韙,韓琦救後慮惟覃。

第觀卌卷稱綜古,詎足武經爲指南。旗籍緑營維内外,慎遵祖制萬方戡。

乾隆甲午御筆④

此外,《年譜》亦偶有小誤,如卷首注釋23云"鮑廷博《山房筆記跋》"⑤,此書書名應爲《山房隨筆》;《年譜》清雍正六年條的世系圖中,將鮑廷博曾祖名誤

① 劉尚恒《鮑廷博年譜》,第172頁。
② 劉尚恒《鮑廷博年譜》,卷首第17頁。
③ 劉尚恒《鮑廷博年譜》,第63頁。
④ (清)沈初等著,杜澤遜、何燦點校《浙江採集遺書總録》,上海古籍出版社,2010年,第756頁。
⑤ 劉尚恒《鮑廷博年譜》,第21頁。

作"鮑永順"[①],其實據《亦有生齋續集》卷六所載,爲"鮑光順"[②]。

二 《年譜》補遺

筆者在研究鮑廷博與《知不足齋叢書》的過程中,收集了較爲豐富的文獻資料,玆按年份,大致仿劉先生所編年譜體例,略作簡譜,以補《鮑廷博年譜》、《鮑廷博年譜補遺》[③]、《〈鮑廷博年譜〉再補遺》[④]未載,希冀對鮑廷博生平行迹的進一步瞭解有所助益。

乾隆四年(1739)己未　　十二歲

七月,鮑廷博爲《北窗炙輠録》撰跋,此書後來刻入《讀畫齋叢書》丁集[⑤]。

乾隆五年(1740)庚申　　十三歲

九月二十三日,録完《徐公文集》第三册[⑥]。

十一月初三,重勘《徐公文集》第三册[⑧]。

乾隆十九年(1754)甲戌　　二十七歲

鮑廷博與魏之琇結識。

> 予幼而孤貧,長益落度,以手業自給幾二十年矣。居恒好爲韻語以自娱,無意於人之知也。甲戌歲獲交以文,以文工詩而富於書,每商略前人,與予見多合,而尤愛予詩。(《嶺雲詩抄》魏之琇自序)[⑨]

乾隆二十四年(1759)己卯　　三十二歲

七月二十七日,鮑廷博從樊榭山房借《郭天錫日記》,八月初一日抄畢,與汪洽田同校於知不足齋[⑩]。

乾隆二十五年(1760)庚辰　　三十三歲

鮑廷博從汪氏振綺堂傳抄《二妙集》九卷,用《全金詩》校勘,據《河汾諸老集》補詩八首[⑪]。

---

① 劉尚恒《鮑廷博年譜》,第6頁。

② (清)趙懷玉《亦有生齋續集》卷六,清道光十二年刻本。

③ 劉尚恒《〈鮑廷博年譜〉補遺》,《歷史文獻》第十六輯,上海古籍出版社,2012年,第481—526頁。

④ 劉尚恒《〈鮑廷博年譜〉再補遺》,《歷史文獻》第十八輯,上海古籍出版社,2014年,第544—576頁。

⑤ (宋)施德操《北窗炙輠録》二卷,南京圖書館藏清嘉慶四年刻本。

⑥⑧ 周生傑、季秋華輯《鮑廷博題跋集》,第143頁。

⑨ (清)魏之琇《嶺雲詩抄》一卷,南京圖書館藏清乾隆二十一年鮑氏知不足齋刻本。

⑩ (元)郭畀撰,(清)勞權輯《郭天錫日記》不分卷《附録》一卷,南京圖書館藏清勞權抄本。

⑪ 丙寅生《中國文物研究所藏知不足齋抄校本〈二妙集〉》,《文物天地》1999年第5期,第17—19頁。

七月初一重録《郭天錫日記》,將舊時抄本贈予古滄齋主人[①]。

七月十六日,鮑廷博借盧文弨從江蔭歸來所携之《徐霞客游記》校勘[③]。

七月十七日,鮑廷博與鄭竺、吴穎芳遇雨[④]。

乾隆二十六年(1761)辛巳　　三十四歲

春,郁禮等幫助鮑廷博抄録《南宋群賢小集》二十四卷[⑤]。

乾隆二十八年(1763)癸未　　三十六歲

八月初八,鮑廷博校《清波雜志》[⑥]。

十一月,鮑廷博校補《野穀詩稿》[⑦]。

乾隆二十九年(1764)甲申　　三十七歲

八月十七日,用龍泓館本重勘《清波雜志》。是日收盧文弨書信[⑧]。

翟晴江還所借之宋元人集,又向鮑廷博借《洪盤洲集》、《雲麓漫抄》和《四朝聞見録》[⑨]。

乾隆三十年(1765)乙酉　　三十八歲

二月初七,皇上閱視海塘,鮑廷博第四次得見聖顔,内心喜悦[⑩]。

乾隆三十三年(1768)戊子　　四十一歲

六月,丁傳在鮑廷博之貞復堂校勘《徐公文集》[⑪]。

鮑廷博爲《真迹日録》中草書九帖撰跋[⑫]。

乾隆三十四年(1769)己丑　　四十二歲

二月二十六日,鮑廷博用梁溪侯氏刻本校勘《虚齋樂府》[⑬]。

四月,鮑廷博傳録趙氏小山堂本《蘭雪集》,二十七日録完,五月二十日校勘[⑭]。

六月,鮑廷博影寫錢唐汪氏刻本《寶峰集》,七月八日抄畢並校勘[⑮]。

---

① (元)郭畀撰,(清)勞權輯《郭天錫日記》不分卷《附録》一卷,南京圖書館藏清勞權抄本。

③④ (元)歐陽玄《圭齋文集》十六卷,上海圖書館藏清抄本。

⑤ 周生傑、季秋華輯《鮑廷博題跋集》,第57—258頁。

⑥⑧⑨ 王文進著,柳向春標點《文禄堂訪書記》卷三,上海古籍出版社,2007年,第209頁。

⑦ 李盛鐸著,張玉範整理《木犀軒藏書題記及書録》,北京大學出版社,1985年,第303頁。

⑩ (金)劉祁《歸潛志》十四卷《附録》一卷,南京圖書館藏清抄本。

⑪ 周生傑、季秋華輯《鮑廷博題跋集》,第143頁。

⑫ 周生傑、季秋華輯《鮑廷博題跋集》,第199頁。

⑬ (宋)趙以夫《虚齋樂府》二卷,南京圖書館藏明抄本。

⑭ 何滿紅《羅振常抄本〈蘭雪集〉述略》,《晉圖學刊》2009年第6期,第87頁。

⑮ 杜澤遜撰《四庫存目標注》,上海古籍出版社,2007年,第2545頁。

六月,鮑廷博傳抄汪氏振綺堂本《拱和詩集》,七月十一日校勘[1]。

乾隆三十五年(1770)庚寅　　四十三歲

三月二十五日,鮑廷博在貞復堂以《新安文獻志》校《方虚谷桐江集》之《晦庵集抄序》。

三月二十六日,鮑廷博校勘《方虚谷桐江集》,是日晚與沈藍圃、孫澄宇、顧偉光、奚鐵生、吴嘉玉同集於桐嘯軒[2]。

乾隆三十六年(1771)辛卯　　四十四歲

四月,鮑廷博於書肆購藏《昆侖河源匯考》。

> 乾隆辛四月,吾友鮑渌飲得抄本一册於書肆,余假歸東軒,屬友人抄爲一册[3]。

九月二十三日,鮑廷博收藏清抄本《續宋編年資治通鑑》[4]。

乾隆三十七年(1772)壬辰　　四十五歲

二月初三,鮑廷博抄畢《傳世樓書目》[5]。

乾隆三十八年(1773)癸巳　　四十六歲

十月,鮑廷博校勘清抄本《寓簡》十卷。鮑士恭復校[6]。

十月十四日,鮑廷博與何琪、陳燦暢談[7]。

十月十六日,鮑廷博從吴葆良借明崇禎年間刻本校《寓簡》[8]。

乾隆三十九年(1774)甲午　　四十七歲

鮑廷博爲《知不足齋叢書》後印本《石墨鐫華》撰跋[9]。

鮑廷博出示收藏的文天祥手劄,與張燕昌、朱方衡等共觀。

> 文丞相空坑兵敗後手劄世有二本,以一峰所跋毛氏者爲真,見鄭善夫《少穀集》。今爲吾友鮑君以文鑒藏,珍如拱璧。乾隆甲午九秋,鮑君出示燕昌,與祖香、朱方衡同觀,因少穀跋已不復存,爲抄録如右,鄭跋末語疑有誤字,當求善本是正也,鹽邑張燕昌用方于魯墨敬書。[10]

---

① 王文進著,柳向春標點《文禄堂訪書記》卷五,上海古籍出版社,2007年,第349頁。

② (元)方回《方虚谷桐江集》四卷,南京圖書館藏清抄本。

③ (清)汪璐輯《藏書題識》,上海古籍出版社,2009年,第45頁。

④ 杜澤遜撰《四庫存目標注》,第505頁。

⑤ 王重民《中國善本書提要補編》,北京圖書館出版社,1991年,第124頁。

⑥⑦⑧ (宋)沈作喆《寓簡》十卷,國家圖書館藏清抄本。

⑨ (明)趙崡《石墨鐫華》八卷,南京圖書館藏《知不足齋叢書》後印本第三集。

⑩ (清)胡敬《胡氏書畫考三種・西清劄記》卷四,清嘉慶刻本。

乾隆四十年(1775)乙未　　四十八歲

十一月二十三日，張燕昌於鮑廷博知不足齋觀宋刻本李雁湖注《王荆文公詩》。

乾隆乙未冬十一月二十三日，余於杭城好友鮑以文知不足齋，鐙下得觀李雁湖注《王荆文公詩》宋槧不全本①。

鮑廷博携元倪雲林書畫合璧卷，與金嘉炎賞玩。

乾隆乙未穀雨前三日小雨，乍晴，蕭齋清寂，正試龍井新茗，適吾友鮑子携倪高士畫卷見示，展玩一過，覺蒼潤之氣溢於紙墨之外，筆劄亦極古雅冲澹，真可寶也。用志時日漫題於後，竹泉居士金嘉炎識②。

乾隆四十一年(1776)丙申　　四十九歲

二月二十一日，鮑廷博用瓶花齋本校勘《清波別志》③。

乾隆四十四年(1779)己亥　　五十二歲

正月四日，鮑廷博爲《林和靖先生詩集》撰寫題識④。

乾隆四十六年(1781)辛丑　　五十四歲

三月，鮑廷博傳抄王蓮涇龍池山房本《吴下冢墓遺文》，四月校勘⑤。

乾隆四十七年(1782)壬寅　　五十五歲

十一月初十，鮑廷博讀《林和靖先生詩集》，擬作《賦雪》一首⑥。

乾隆五十五年(1790)庚戌　　六十三歲

鮑廷博借抄沈叔埏藏《東堂集》十卷⑦。

四月初十，鮑廷博重校《洪龜父集》二卷，改正五字，並作題識⑧。

四月初十，重校《西渡集》⑨。

---

① (清)吴慶坻《蕉廊脞録》卷五，民國《求恕齋叢書》本。

② (清)龐元濟《虚齋名畫録》卷二，清宣統烏程龐氏上海刻本。

③ 王文進著，柳向春標點《文禄堂訪書記》卷三，第209—210頁。

④⑥ (宋)林逋《林和靖先生詩集》四卷、《省心録》一卷、《林集詩話》一卷，南京圖書館藏清康熙四十七年吴調元刻本。

⑤ (明)都穆《吴下冢墓遺文》三卷，《四庫存目叢書》史部第278册據北京圖書館藏清鮑廷博知不足齋抄本影印。

⑦ 周生傑、季秋華輯《鮑廷博題跋集》，第146頁。

⑧ 王文進著，柳向春標點《文禄堂訪書記》卷四，第416頁。

⑨ 周生傑、季秋華輯《鮑廷博題跋集》，第250頁。

乾隆五十六年(1791)辛亥　　六十四歲

二月初一,鮑廷博校勘《東堂集》[①]。

乾隆六十年(1795)乙卯　　六十八歲

八月初四,鮑廷博用閣本校勘《洪龜父集》,補詩四首,並作題識[②]。

八月初四,鮑廷博至西湖文瀾閣,用《四庫全書》本校正《泠然齋詩集》,補録《金陵雜咏》一首,校正十餘字[③]。

八月初四,用閣本校正《西渡集》,補詩四首[④]。

嘉慶三年(1798)戊午　　七十一歲

鮑廷博重抄《西渡集》,並校跋[⑤]。

五月初四,鮑廷博重抄並校《待清軒遺稿》[⑥]。

嘉慶五年(1800)庚申　　七十三歲

四月,趙輯寧抄贈《郭天錫日記》,鮑廷博校並跋[⑦]。

鮑廷博校並跋《雪杖山人詩集》[⑧]。

嘉慶六年(1801)辛酉　　七十四歲

八月二十六日,鮑廷博校《彝齋文編》並作題識[⑨]。

嘉慶十年(1805)乙丑　　七十八歲

鮑廷博據刻本補寫傳抄的《永樂大典》本《元朝秘史》[⑩]。

嘉慶十一年(1806)丙寅　　七十九歲

十二月二十五日,鮑廷博爲《蜕庵詩》撰跋[⑪]。

---

① 繆荃孫著,黄明、楊同甫標點《藝風藏書記》卷六,上海古籍出版社,2007年,第418頁。

② 繆荃孫著,黄明、楊同甫標點《藝風藏書記》卷六,第416頁。

③ 王文進著,柳向春標點《文禄堂訪書記》卷四,第311頁。

④ 周生傑、季秋華輯《鮑廷博題跋集》,第250頁。

⑤ 嚴紹璗編著《日本藏宋人文集善本鈎沉》,杭州大學出版社,1996年,第105頁。

⑥ 王文進著,柳向春標點《文禄堂訪書記》卷四,第318頁。

⑦ (元)郭畀撰《郭天錫日記》一卷,國家圖書館藏清嘉慶四年趙之玉抄本。

⑧ 按:此條蔡文晉《鮑廷博年譜初稿(下)》(《"國立中央圖書館"館刊》1995年第1期,第176頁。)據北京人文科學研究所藏知不足齋烏絲欄抄校本,置於嘉慶六年條下。筆者據清嘉慶五年鄭師尚刻本,鮑氏跋題款"時嘉慶五年冬日,歙州後學鮑廷博謹志",繫於嘉慶五年條下。

⑨ (宋)趙孟堅撰《彝齋文編》四卷、《補遺》一卷,上海圖書館藏清抄本。

⑩ 《致伯希和》,陳垣著,陳樂素、陳智超編校《陳垣史學論著選》,上海人民出版社,1981年,第620頁。

⑪ (元)張翥《蜕庵詩》四卷,南京圖書館藏清嘉慶八年鮑正言抄本。

嘉慶十二年(1807)丁卯　　八十歲

十月十九日,鮑廷博爲《林和靖先生詩集》撰寫題識,感慨當年未借顧抱冲家所見宋刻本校勘此書[①]。

嘉慶十三年(1808)戊辰　　八十一歲

鮑廷博傳抄《遯庵先生集》六卷、《菊軒先生集》五卷,並題識[②]。

六月,傳抄《青村遺稿》一卷[③]。

嘉慶十四年(1809)己巳　　八十二歲

鮑正言抄録《紫岩于先生詩選》三卷,鮑廷博閲[④]。

嘉慶十五年(1810)庚午　　八十三歲

鮑廷博爲《讀畫齋偶輯》撰序[⑤]。

正月二十二日,鮑廷博翻檢《劍南稿》,附録四首詩於《泠然齋詩集》後。懷念方薰,潸然淚下[⑥]。

嘉慶十七年(1812)壬申　　八十五歲

鮑廷博爲《清溪嚴氏家譜》作序[⑦]。

鮑廷博從鮑從善抄本校補《剡源戴先生文集》卷四《唐畫西域圖記》脱文二百六十餘字[⑧]。

七月,鮑廷博據《惠山集》,爲《履素齋稿》補録詩歌[⑨]。

九月十八日,鮑廷博據《申齋集》爲《蜕庵詩》作補録[⑩]。

嘉慶十八年(1813)癸酉　　八十六歲

鮑廷博造訪千墨庵,與貝墉商量刊刻《知不足齋叢書》之事,並贈《斜川集》。

---

① (宋)林逋撰《林和靖先生詩集》四卷、《省心録》一卷、《林集詩話》一卷,南京圖書館藏清康熙四十七年吴調元刻本。

② 王文進著,柳向春標點《文禄堂訪書記》卷五,第 381 頁。

③ 周生傑、季秋華輯《鮑廷博題跋集》,第 252 頁。

④ (宋)于石撰,(元)吴師道選《紫岩于先生詩選》三卷,上海圖書館藏清嘉慶十四年鮑正言抄本。

⑤ (清)顧修等編《讀畫齋偶輯》不分卷,附《讀畫齋題畫詩》十九卷,南京圖書館藏清讀畫齋刻本。

⑥ 王文進著,柳向春標點《文禄堂訪書記》卷四,第 311 頁。

⑦ 按:俞尚曦《桐鄉現存若干譜牒資料管窺(上)》(《桐鄉檔案雜志》2008 年第 4 期)云:"嘉慶十八年修的《嚴氏家譜》,著名藏書家、知不足齋主人,時寓烏鎮東郊楊樹浜的鮑廷博爲之作序,他在序中言及'予僑寓兹十一有年',末署'嘉慶十七年孟夏歙西通介老人序,時年八十有五'。"因上海圖書館藏有《清溪嚴氏家譜》,筆者曾專程去查閲,惜此譜殘缺,不能出庫,未能得見,故此處據俞先生文中之語繫年。

⑧ 沈津《元代别集》,《文獻》1991 年第 2 期,第 185—186 頁。

⑨ (元)鄧文原《履素齋稿》二卷,國家圖書館藏稿本。

⑩ (元)張翥《蜕庵詩》四卷,上海圖書館藏清鮑氏知不足齋抄本。

《斜川集》兩册,長塘鮑丈淥飲家藏本,曾校正數字,並補録《題郭熙平遠》三詩、遺事一則於後。嘉慶癸酉仲夏,鮑丈過余千墨庵中商刻《叢書》,出此持贈,今於甲戌仲冬重裝展讀,丈已歸道山四月矣,不勝黯然。參茶居士貝墉志[①]。

嘉慶十九年(1815)甲戌　八十八歲

四月,鮑廷博爲費登墀、費廷琮、費廷熙編《吴江費氏族譜》作序[②]。

作爲後生晚輩,筆者在研讀劉尚恒先生耗費多年心血編撰而成的《鮑廷博年譜》時,可謂獲益無窮。此次撰文,略作訂補,非爲吹毛求疵,旨在推動鮑廷博及其相關研究的不斷深入。

(作者單位:西北民族大學文學院)

① (宋)蘇過《斜川集》六卷、附録二卷,訂誤一卷,上海圖書館藏清乾隆五十三年趙懷玉亦有生齋刻本。

② (清)費登墀、費廷琮、費廷熙編撰《吴江費氏族譜》十卷,南京圖書館藏清光緒十三年抄本。

古典文獻研究(第十八輯下卷)
Journal of the Institute for Chinese Classics Studies
Nanjing University
Volume 18, No.2 2015

李馥的生卒年問題

——基於方志等相關記載遞嬗關係的考察

張徐芳

李馥,福建福清人,清代著名的詩人、藏書家,室名居業堂。① 其生卒年,迄今異説並存,較有影響的説法有"生於康熙元年,卒於乾隆十年"或"生於康熙五年,卒於乾隆十四年"。前者以《(道光)重纂福建通志》爲代表,後者以方寶川先生爲代表。方寶川先生訂正了前説關於李馥生年的訛誤,同時又受其壽年八十四説的影響,對李馥卒年作出新的推斷。由於《(道光)重纂福建通志》相關纂述缺乏可靠的依據,因此,方寶川先生對李馥卒年的推定仍難以徵信。本文試圖通過對李馥生卒年各説來源及方志等相關記載前後遞嬗關係的考察,説明方志作爲史實依據存在的局限性,從而正本清源,爲進一步廓清李馥生平研究中存在的問題提供參考。

一 方志等相關記載的遞嬗關係

李馥的生卒年,正史未載,方志迻録,輾轉相承、遞生訛誤。爲彰察源流,兹將各志所載相關内容按時代先後照録如下(李日爃資料所涉其子李馥生平部分,有助於問題的考察,亦一并録出):

---

① (清)李光地撰,陳汝楫等校《安溪先生解義三種》(清康熙六十一年〔1722〕刻本)内封題署"居業堂藏板",卷首刊刻者李馥序末題署"族子玉融馥書於江寧藩署"。李馥有《居業堂詩稿》[按,《居業堂詩稿》編年分卷,目前僅見清稿本二,一藏福建師範大學圖書館(以下簡稱"師大本"),一藏福建省圖書館(以下簡稱"省館本"),均收録不全,全書起自康熙甲申年(1704),迄於雍正乙卯年(1735),其中尚缺康熙丁亥年(1707)、雍正己酉(1729)年,且康熙癸巳年(1713)詩作有 21 頁殘缺不全,仍非完帙。(參方寶川《李馥及其〈居業堂詩稿〉考論》,《居業堂詩稿》,江蘇古籍出版社,2000 年。按:《居業堂詩稿》2000 年由江蘇古籍出版社影印出版時附此文於卷首,文末題署寫成年代爲 1999 年,此文後收入《福建師範大學學報》(哲學社會科學版)2000 年第 3 期,文字略有改動。)]行世,師大本康熙甲申年(1704)卷端鈐"鹿山李馥"朱文長方印、雍正戊申年(1728)卷端鈐"居業堂"朱文長方印、省館本"壬子年"卷末題署"福清李馥著",據此可知,居業堂應爲福清(别稱玉融,今屬福建)李馥室名。郭柏蒼《烏石山志》(〔清〕郭柏蒼、劉永松纂,清光緒間〔1875—1908〕刻本)卷三"寺觀・翠巖寺"條引録郭柏蒼《翠岩廢寺記》稱,"其居宅爲敬業堂,在福州黄巷","敬業堂"疑誤記。

李馥汝嘉,歷任浙江巡撫,乾隆甲子重宴鹿鳴。

《(乾隆)福清縣志》[①]卷九《選舉志·國朝·鄉舉》"康熙二十三年甲子邱坦榜"條

誥封奉政大夫李日燦字爾敬,浙江巡撫馥父。

《(乾隆)福清縣志》[②]卷五"名宦位次·國朝"條

封奉政大夫累贈資政大夫馥父李日燦見《義行傳》。

《(乾隆)福清縣志》[③]卷十"恩典·國朝"條

李日燦,字爾敬,西李人。性任俠,樂于施予。邑文廟學宫圮,日燦捐貲修葺,殿廡門墻,閎崇焕發。啓聖祠、明倫堂一時並舉。復新名宦、鄉賢祠,建興賢、仰聖坊,費三千有奇。又,省中第一樓東有文昌閣,地久爲民所侵,日燦贖還,建雕墻峻宇,遂爲會城壯觀。康熙壬午,邑紳士僉請列憲,崇祀鄉賢祠,後以次子馥貴,累贈資政大夫。三子,國學生郁,居家孝養備至。郁子九人,長若泌,童年登科;次若采,登進士;三亨;四若庚;五大廉,俱登科,五桂齊芳,爲一時稱盛云。

《(乾隆)福清縣志》[④]卷十五《人物志·義行》"國朝"條

李日燦,字爾敬,福清人,以孝聞。自奉儉素,而樂于施予。福清文廟圮,日燦捐貲,於康熙己卯年經始,明年告成。殿廡門墻,閎崇焕發,視舊制有加。凡名宦、鄉賢諸祠,皆增葺完好,費三千金有奇。又,省會第一樓東有文昌閣,地久廢,爲居民所侵,日燦贖還,建雕欄峻宇,遂爲會城壯觀。子郁,字汝迪,福清太學生。日燦嘗患痔疾,瘡痛,便急不下,郁口吮之。事嫡母陳、生母劉孝養備至。兄一,詒,蚤世,撫孤姪如子,庭無間言。

《(乾隆)福建通志》[⑤]卷四十九《孝義》一"國朝"條

(康熙)三十八年,邑人李日燦修廟學。

《(乾隆)福州府志》[⑥]卷十一《學校》"福清縣學"條

鄉賢祠在廟前西,祀……國朝……贈奉政大夫李日燦……

《(乾隆)福州府志》[⑦]卷十一《學校》"崇聖祠"條

李馥,字汝嘉,福清人,康熙甲子舉人,任工部員外,轉刑部郎中。以治九門提督陶和器獄有聲,出守重慶。郡經流寇亂後,田賦無考,馥履畝

①②③④ (清)饒安鼎修、(清)林昂、李修卿纂《(乾隆)福清縣志》,清乾隆十二年(1747)刻本。
⑤ 文淵閣《四庫全書》本。
⑥⑦ (清)魯曾煜撰,清乾隆十九年(1754)刻本。

清丈,侵占弊息。遷河東運使,調蘇松常鎮道,晉江蘇按察。制府擒治奸民,株連百餘人,馥察其冤濫者,盡白釋之。轉安徽布政,巡撫浙江。時亢旱,請截漕二十萬,民不知饑。又,漕米例用白糧,馥疏請兼用紅白,民便之。以失糾屬員去任。馥家素封,義所得爲必勇爲之。在官以廉慎稱,家遂中落。歸田二十年,借屋以棲,怡然自樂,與士大夫文酒還往。年八十餘,重宴鹿鳴,又數年卒。

《(乾隆)福州府志》①卷五十七《人物九·列傳》"福清·國朝"條

李日燦,字爾敬,福清人。自奉儉素,而樂于施予。福清文廟傾圮,日燦捐修,視舊制有加。又,第一樓東有文昌閣,久廢,爲居民所侵,日燦贖建,雕欄峻宇,遂爲會城壯觀。子郁,字汝迪,事嫡母陳、生母劉孝養備至。兄蚤世,撫孤姪如子,庭無間言。《福建通志》

《(乾隆)福州府志》②卷六十二《人物十四·孝義》"國朝"條

李馥,字汝嘉,福清人。康熙甲子舉人,任工部員外,轉刑部郎中。以治九門提督陶和器獄有聲,出守重慶。郡經流寇亂後,田賦無考,馥履畝清丈,侵占弊息。遷河東運使,調蘇松常鎮道,晉江蘇按察。制府擒治奸民,株連百餘人,馥察其冤濫者,盡白釋之。轉安徽布政,巡撫浙江。時亢旱,請截漕二十萬,民不知饑。又,漕米例用白糧,馥疏請兼收紅白,民便之。以失糾屬員去任。馥家素封,義所得爲必勇爲之。在官以廉慎稱,家遂中落。歸田二十年,借屋以棲,怡然自樂,與士大夫文酒還往。年八十餘,重宴鹿鳴,又數年卒。府志

《(乾隆)福建續志》③卷四十二《人物二·國朝》

李馥,字汝嘉,福清人,康熙甲子舉人,由刑部郎中出守重慶,郡經流寇亂後,田賦無考,馥履畝清文,侵占弊息,累遷江蘇按察使,制府擒治奸民,株連百餘人,馥察其冤濫者,盡白釋之,擢浙江巡撫,時亢旱,請截漕二十萬,民不知饑。又,漕米例用白糧,馥疏請兼用紅白,民便之。在官以廉慎稱,歸田二十年,借屋以棲,與士大夫文酒往還,年八十餘卒。

《(嘉慶)大清一統志》④卷四百二十六《福州府·人物》"本朝"條

李馥,字汝嘉,號鹿山。康熙甲子舉人,官工部員外,轉刑部郎中。以治九門提督陶和器獄有聲,出知重慶。府地經流寇亂後,田賦無考,馥履畝清丈,侵占弊息。遷河東運使,調蘇松常鎮道,晉江蘇按察使。制府擒

①② (清)魯曾煜撰,清乾隆十九年(1754)刻本。

③ (清)楊廷璋等修,(清)沈廷芳、吴嗣富纂,乾隆三十三年(1768)刻本。

④ (清)穆彰阿撰,《四部叢刊》續編景舊鈔本。按:《大清一統志》屬地理總志,爲方便比對,附列於此。

治奸民,株連百餘人,馥察其冤濫者,白釋之。轉安徽布政使,巡撫浙江。時亢旱,請截漕二十萬,民不知饑。又,漕米例用白糧,馥疏請兼收紅白,民便之。以失糾屬員去任。馥家素饒裕,見義勇爲。居官廉慎,家中落,歸田二十年,賃屋以居。與福州知府顧焯倡平遠詩社,文酒還往,怡然自樂。好藏書,多善本。重宴鹿鳴,年八十四卒。

《(道光)重纂福建通志》①卷二百二十六《人物・國朝福州府列傳・福清縣》

乾隆甲子,鹿山年八十四,重宴鹿鳴。……因記而列於《竹間十日話》,時丙申秋日。

《烏石山志》②卷三"寺觀・翠巖寺"條引録郭柏蒼《翠岩廢寺記》

李馥,字汝嘉,福清人,郁之弟也。郁五子科甲。康熙甲子舉人,歷官浙江巡撫,爲人和厚謙謹,所至有賢聲,家居藏書甚富,乾隆甲子重宴鹿鳴,年八十四,有《李鹿山集》。

《竹間十日話》③卷一

李馥,字汝嘉,號鹿山,福清人。兄郁,五子科甲。馥康熙甲子舉人,官工部員外郎,轉刑部郎中。以治九門提督陶和器獄有聲,出知重慶。府地經流寇亂後,田賦無考,馥履畝清丈,侵占弊息。遷河東運使,調蘇松常鎮道,晉江寧按察使。制府擒治奸民,株連百餘人,馥察其冤濫者,白釋之。轉安徽布政使,巡撫浙江。時亢旱,請截漕二十萬,民不知饑。又,漕米例用白糧,馥疏請兼收紅白,民便之,以失糾屬員去任。家素饒裕,見義勇爲。居家廉慎,家中落,歸田二十年,賃屋以居。與福州知府顧焯倡平遠詩社,文酒往還,怡然自樂。好藏書,多善本。重宴鹿鳴,年八十四卒。有《李鹿山集》。《道光舊志》、《竹間十日話》

《(民國)福建通志》④之《福建列傳》卷三十五"清四"

以上爲各志所載主要情實,愈後愈詳。其中既有後來方志採摭資料較前詳備,亦有纂輯過程中次第衍生原因。爲方便叙述,兹將各關涉方志等纂輯、刊行時間及李馥生平行實(尤以李馥生卒年及壽年爲考察要點)載録情形製表説明如下:

---

① (清)孫爾準等修,(清)陳壽祺纂、(清)程祖洛等續修,(清)魏敬中續纂,清同治十年(1871)正誼書院刻本。

② (清)郭柏蒼、劉永松纂,清光緒間(1875—1908)刻本。

③ (清)郭柏蒼輯,清光緒十二年(1886)郭氏刻本。按:本條附此,以便比對。

④ (民國)李厚基等修,(民國)陳衍等纂,民國二十二年(1933)刻本。

	責任者	纂輯時間	增輯内容時間起訖	首次刊行	版本承遞關係	載録李馥生平行實情況	備　注
《(乾隆)福清縣志》	(清)饒安鼎修,(清)林昂、李修卿纂	清乾隆十二年(1747)春正月始、當年秋八月完竣①	康熙十一年(壬子,1672)至乾隆十二年(癸丑,1747)②	清乾隆十二年(1747)刻本③	原刊本	未叙生卒年,僅提"乾隆甲子(1744)重宴鹿鳴"。	
					清同治六年(1867)補修本④	未叙生卒年,僅提"乾隆甲子(1744)重宴鹿鳴"。	清同治六年潘文鳳序:"原版(按,指乾隆刻版)……殘缺霉爛過半,所存全板亦多字畫漫漶不可識","凡全補者叁百壹拾餘板,修補者叁拾餘板,蓋雖仍舊而實無異於更新也"。
					清光緒二十四年(1898)據清乾隆十二年(1747)原刻重刻本⑤	未叙生卒年,僅提"乾隆甲子(1744)重宴鹿鳴"。	"就原本重刊"⑥

① (清)饒安鼎修,(清)林昂、李修卿纂《(乾隆)福清縣志》(清乾隆十二年〔1747〕刻本)卷首附饒安鼎序。

②③ (清)饒安鼎修,(清)林昂、李修卿纂《(乾隆)福清縣志》(清乾隆十二年〔1747〕刻本)卷首附乾隆十二年(1747)李脩卿序。

④ (清)饒安鼎修,(清)林昂、李修卿纂《(乾隆)福清縣志》(清同治六年〔1867〕潘文鳳補版本)卷首附潘文鳳序。

⑤⑥ (清)饒安鼎修,(清)林昂、李修卿纂《(乾隆)福清縣志》(清光緒二十四年〔1898〕劉玉璋刻本)卷首附劉玉璋序。

續表

	責任者	纂輯時間	增輯内容時間起訖	首次刊行	版本承遞關係	載録李馥生平行實情況	備注
《(乾隆)福州府志》	(清)魯曾煜撰	乾隆十六年(1751)至乾隆十九年(1754)①	萬曆四十年(壬子,1612)至清乾隆十九年(1754)②	清乾隆十九年(1754)刻本		年八十餘,重宴鹿鳴,又數年卒。	
《大清一統志》	(清)王安國等撰	清康熙二十五年③至乾隆八年(1743)④	載止康熙時	清乾隆九年(1744)内府刻本		未載李馥事。	即《(康熙)大清一統志》,習稱"乾隆舊志"。
	(清)和珅撰	清乾隆二十九年(1764年)至乾隆五十年(1785)⑤	清雍正元年(1723)至清乾隆五十三年(1788)⑥	清乾隆五十四年(1789)正式呈上,寫入《四庫全書》⑦		未載李馥事。(時《福建通志》尚未成書。)⑧	即《(乾隆)大清一統志》
	(清)穆彰阿	清嘉慶十七年(1812)至道光二十二年(1842)⑨	開國初至清嘉慶二十五年(1820)⑩	未刊行,國史館儲有"進呈本"、"副本",民間亦有抄本流布。⑪		年八十餘卒。	即《(嘉慶)大清一統志》

① (清)魯曾煜《(乾隆)福州府志》(清乾隆十九年〔1754〕刻本)卷首附喀爾吉善序。

② (清)魯曾煜《(乾隆)福州府志》(清乾隆十九年〔1754〕刻本)卷首附《凡例》。

③⑦⑨⑪ 牛潤珍、張慧《〈大清一統志〉纂修考述》,《清史研究》2008年第1期。

④ (清)穆彰阿《(嘉慶)大清一統志》卷首附"凡例"。《(康熙)大清一統志》卷首乾隆九年(1744)《御製大清一統志序》:"聖祖仁皇帝特命纂輯全書……卷帙繁重,久而未成,世宗憲皇帝御極之初,重加編纂,閱今十有餘載,次第告竣";同書卷首附乾隆八年(1743)《進表》。按,牛潤珍、張慧《〈大清一統志〉纂修考述》作清乾隆五年(1740),當指修完,非正式頒行。

⑤⑥ 王大文《乾隆續修〈大清一統志〉研究三題》,《中國地方志》2015年第6期。

⑧ (清)和珅撰《欽定大清一統志》(文淵閣《四庫全書》本)卷首附乾隆二十九年十一月初一日奉上諭:"御史曹學閔奏……詳悉續修刊刻一摺,軍機大臣議覆,俟《方略》及《西域圖志》告成,再行編輯。第念《一統志》自纂修竣事以來,迄今又二十餘載……亟應重加纂輯以成全書。但前此修志之書必待移取各省通志而後從事,以致曠日持久,艱於集事。此時特就已成之書,酌加釐覈……"檢《欽定大清一統志》未載李馥事。另,(清)楊廷璋等修,(清)沈廷芳、吴嗣富纂《(乾隆)福建續志》(1989年江蘇廣陵古籍刻印社據乾隆三十三年〔1768〕刻本影印)卷首王杰"乾隆三十三年六月"序:"欽惟世宗憲皇帝(雍正)詔修《一統志》,暨直省各州增輯《通志》次第以進,而閩志之成較後於他行省。"合二觀之,《(乾隆)福建續志》成書延遲,《(乾隆)大清一統志》纂輯時未能採用。

⑩ (清)穆彰阿《(嘉慶)大清一統志》卷首附《御製大清一統志序》。

續表

	責任者	纂輯時間	增輯内容時間起訖	首次刊行	版本承遞關係	載録李馥生平行實情況	備　注
《福建通志》	(清)鄭開極、金鋐等纂	清康熙二十三年(甲子,1684)①		清康熙二十三年(甲子,1684)刻本②		未載李馥事。	名《(康熙)福建通志》
	(清)謝道承、郝玉麟等纂	清雍正七年(1729)至乾隆二年(1737)③		清乾隆二年(1737)刻本		載李日燦事,未載李馥事。④	名《(乾隆)福建通志》,習稱"乾隆正志"
	(清)楊廷璋等修,(清)沈廷芳、吴嗣富纂	乾隆二十九年(1764)至清乾隆三十年(1768)⑤		清乾隆三十三年(1768)刻本⑥		年八十餘,重宴鹿鳴,又數年卒。	名《(乾隆)福建續志》,稱"續志"
	(清)孫爾準等修,(清)陳壽祺纂,(清)程祖洛等續修,(清)魏敬中續纂	清道光九年(1829)至同治十年(1871)⑦		清同治十年(1871)刻本⑧		重宴鹿鳴,年八十四卒。	名《(道光)重纂福建通志》
	(民國)李厚基等修,(民國)陳衍等纂			民國十一年(1922)福州刻本⑨		重宴鹿鳴,年八十四卒。(徵採《道光舊志》、《竹間十日話》説)	名《(民國)福建通志》。

①② 《(康熙)福建通志》卷首附康熙甲子(二十三年,1684)丁蕙《福建通志叙》:"二十有三年於兹矣……爰命儒臣纂修《皇清會典》,復詔各直省纂修《通志》,用備採輯……大中丞金公祗遵昭令,敬共乃事……鄭陳二先生……燃藜校輯……凡幾閱月而書乃成。"金鋐《序》:"閱數月而稿成,又閱數月而刊竣。"

③ 文淵閣《四庫全書》本卷首附提要:"雍正七年(1729)承詔纂輯,乾隆二年(1737)書成。"

④ 按:李馥尚在世。如,沈德潛《送李鹿山大中丞歸里序》((清)沈德潛著;《沈德潛詩文集》,潘務正、李言校點,北京:人民文學出版社,2011年)述其"丁巳(乾隆二年,1737)夏將歸福州"。

⑤ (清)楊廷璋等修,(清)沈廷芳、吴嗣富纂《(乾隆)福建續志》卷首王杰"乾隆三十三年六月"序:"書成於甲申之秋,繕寫成編。……今是書之成迄今三載,尚未授諸剞劂。"

⑥ (清)楊廷璋等修,(清)沈廷芳、吴嗣富纂《(乾隆)福建續志》卷首鄂寧"乾隆戊子(三十三年,1768)秋九月"序:"適方伯有續志之刊,請序於余,輒書所見弁其簡端。"

⑦ (清)孙爾準等修,(清)陳壽祺纂,(清)程祖洛等續修,(清)魏敬中續纂《(道光)重纂福建通志》卷首附各序。

⑧ (清)孙爾準等修,(清)陳壽祺纂,(清)程祖洛等續修,(清)魏敬中續纂《(道光)重纂福建通志》卷首附王凱泰序。

⑨ 按,内封牌記:"壬戌(1922)開雕於福州。"

綜合以上,可得出各志輾轉相承關係如下:

(一)《(乾隆)福清縣志》採《(乾隆)福建通志》説。

《(乾隆)福建通志》最早載李日燦事,並爲後此十年成書的《(乾隆)福清縣志》所採納。《(乾隆)福清縣志》最早载李馥事。

(二)《(乾隆)福州府志》兼採《(乾隆)福建通志》、《(乾隆)福清縣志》説。

《(乾隆)福州府志》修纂時徵採較廣,卷首附《修志凡例》:"兹之編輯大抵以《三山》、《正德》二志爲本,参以《壬子志》暨新、舊《福建通志》,復爲討源正史,旁摭閩中紀載、古今群籍、故典舊聞,義取賅備。"①其中徵採方志雖僅提及"新、舊《福建通志》",但《(乾隆)福清縣志》作爲已刻閩中文獻,徵採時應不致遺漏。

此處所説"新、舊《福建通志》"分别指《(乾隆)福建通志》、《(康熙)福建通志》。新《福建通志》即《(乾隆)福建通志》,有二傳本,一爲乾隆二年(丁巳,1737)刻本;一爲《四庫全書》本,乾隆四十五年(1780)寫校完畢。② 乾隆十九年編竣的《(乾隆)福州府志》"李日燦"條末標注的《福建通志》當指乾隆二年刊本。

(三)《(乾隆)福州府志》成書後,首先爲《(乾隆)福建續志》所採納。

1.《(乾隆)福建續志》採用了《(乾隆)福州府志》,其中卷四十二《人物二·國朝》"李馥"條下明確注明來源於《府志》,即《(乾隆)福州府志》。《(乾隆)福建續志》幾乎全文照録《(乾隆)福州府志》,與原文僅一字之差。③

2.《(乾隆)福州府志》於清乾隆十九年(1754)成書並刊刻。此後,從清乾隆二十九年(1764)至乾隆四十九年(1784)纂輯完成的《(乾隆)大清一統志》雖曾有採集《福建通志》意向,但奉詔修纂以備甄採的《福建通志》即《(乾隆)福建續志》尚未成書。其最终完成距《(乾隆)大清一統志》始纂年乾隆二十九年(1764)遲滯一年,即乾隆三十年(1768)。

(四)《(嘉慶)大清一統志》、《(道光)重纂福建通志》各自採用《(乾隆)福建續志》。

《(嘉慶)大清一統志》纂自清嘉慶十七年(1812),至道光二十二年(1842)始完成,未刊行,當時流布不廣,僅國史館存"進呈本"、"録副本"及民間抄本。《(道光)重纂福建通志》輯自道光九年(1829),過程波折,清同治十年(1871)始刊行問世。二志不存在互採可能,而是各自採用《(乾隆)福建續志》。

《(嘉慶)大清一統志》約取《(乾隆)福建續志》李馥傳中記載,大旨未變。《(道光)重纂福建通志》卷首序稱:"粤自國朝雍正間世宗憲皇帝詔天下督撫修志書,於是各省通志次第告成,而《福建通志》於乾隆二年始纂輯成書,恭呈御

① (清)魯曾煜《(乾隆)福州府志》。按:"壬子志"下小字略。

② 文淵閣《四庫全書》本卷首附提要:"乾隆四十五年(1780)十一月恭校上。"

③ 按:《(乾隆)福建續志》"收"字,《(乾隆)福州府志》作"用"字。

覽,《四庫全書》著録焉。”[①]此《福建通志》即前述“乾隆正志”,爲《(道光)重纂福建通志》所採納,因此,可以説《(道光)重纂福建通志》同時參照了正志及續志,抄撮揉合,附會更甚[②],如將李馥壽年徑定爲八十四,其中記述基本爲《(民國)福建通志》所採納。

爲清楚各志遞相承續關係,繪簡明示意圖如下:

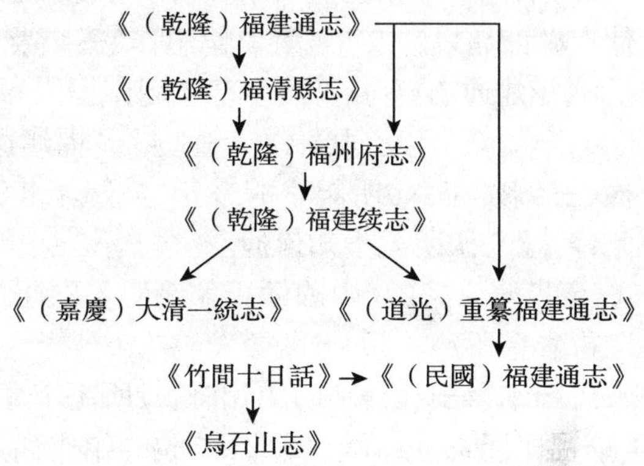

二　關於李馥生卒年誤説及壽年“八十四”説的影响

通過以上對方志所載李馥生平行實遞嬗關係的考察,可以看出,成書於乾隆二年的《(乾隆)福建通志》未記李馥事;成書於乾隆十二年的《(乾隆)福清縣志》記李馥事,僅提及“乾隆甲子(1744)重宴鹿鳴”。成書於乾隆十六年的《(乾隆)福州府志》已記及李馥去世事,但僅記作“年八十餘,重宴鹿鳴,又數年卒”,具體生卒年不明。成書於乾隆三十年的《(乾隆)福建續志》採用《(乾隆)福州府志》説,幾乎全文照録,與原文僅一字之差,也即仍然記作“年八十餘,重宴鹿

① (清)孙爾準等修,(清)陳壽祺纂,(清)程祖洛等續修,(清)魏敬中續纂《(道光)重纂福建通志》卷首附王凱泰序。

② 如其中所述“與福州知府顧焯倡平遠詩社”爲李馥早年事,被牽率割裂。此誤出自陳壽祺。其《左海文集》卷八《鰲峰里宅記》(《清代詩文集彙編》第499册,上海古籍出版社,2010年):“雍正乾隆間,林松址、藍公漪、郭約園藥郫、何北海、李鹿山諸老再修社事,亦有平遠臺派之目。”陳壽祺爲《(道光)重纂福建通志》主纂之一,修志时此條自然會吸收其《左海文集》中說法。按:(清)黄錫蕃《閩中書畫録》卷十“國朝”(民國三十二年〔1943〕合衆圖書館叢書本):“康熙癸未、甲申間嘗與福州郡守顧焯、都督李涵等四十人結詩社于平遠臺,刊有平遠集,一時稱戚[按,“盛”字之誤。]事馬[按,“焉”字之誤]。”(清)郭柏蒼在其《竹間十日話》中已爲訂正,並全文收進其參與纂修的《乌石山志》(清光緒間刻本),其中卷三“寺觀·翠巖寺”條:“康熙四十二三年間,福州郡守顧焯與侯官諸生林衡倡立騷壇,招都督李涵、太原王奕駒、太倉穆坤、長洲陸鴻典、襄平蘇世禧、延安白長庚、山陰鍾芝豫、雲間張恒、邵武楊應翰、福州陳祖虞、林曒、鄭爀新、林豫吉、林紹勳、林偉、林儀、郭人麟、朱任弘、鄭維忠、鄭郯、藍漣、陳祈廣、方京、李馥等四十馀人結社於九仙山平遠臺,即所謂平遠社也。”以上各條均將平遠臺社集定在“康熙四十二三年(癸未,1703;甲申,1704)”,李馥《寄林松址》詩曾述及“平遠聯同調,分題限夕陽”(李馥《居業堂詩稿》“辛卯,康熙五十年,1711”),回憶當年與林松址等社集光景。據此推測,社集時間在“辛卯,康熙五十年,1711”之前。李馥自述應十分可靠,也即“康熙四十二三年(癸未,1703;甲申,1704)”社集之説較妥。陳衍修志時雖採及郭柏蒼《竹間十日話》,惜未能甄别。

鳴,又數年卒"。此後的《(嘉慶)大清一統志》、《(道光)重纂福建通志》均採納前代志書所記,推測其壽年,《(道光)重纂福建通志》徑將李馥壽年定爲"八十四",並爲後來的《(民國)福建通志》等所採納。

以上各志所載李馥壽年由"年八十餘"到"年八十四卒",輾轉衍生,最後被坐實爲"生康熙元年壬寅,卒乾隆十年乙丑"(八十四歲)。

"生康熙元年壬寅,卒乾隆十年乙丑"説目前所知最早爲陸心源提及。清光緒五年(1879),他在翻閲唐以後文集、諸史傳記作《三續疑年録》,考訂古今名人生卒年歲時[①],對《福建通志》有關李馥生卒年記載提出質疑:"李鹿山八十四馥,生康熙元年壬寅,卒乾隆十年乙丑。《福建通志》"[②]《福建通志》清乾隆至光緒凡三次修纂,今檢《三續疑年録》所記李馥卒年"乾隆十年"後所成《福建通志》"道光本"未見此條,陸心源所説不知何據。[③]

1927年楊立誠、金步瀛合編的《中國藏書家考略》采納李馥"生於康熙元年,卒於乾隆十年"説,影響不絶。[④]

綜合以上分析,可歸納得出:《(乾隆)福州府志》所記李馥壽年爲後來各方志祖本,《(道光)重纂福建通志》爲壽年"八十四"説的始作俑者。

繼陸心源質疑李馥生卒年後,1999年方寶川先生在整理《居業堂詩稿》時根據李馥詩中自述對其生年再次提出疑問,駁正沿用已久的"康熙元年壬寅(1662)"舊説。方先生依據其中"壬子(雍正十年,1732)"年《生日》詩句"小陽十二我生辰,六十七年際盛春",推定爲"丙午(清康熙五年,1666),並具體到日期,應屬可信。

《居業堂詩稿》尚有多首可助推定其生年詩作[⑤],方先生限於作文體例未能多加援引,僅擇要兼取可表明生年及日期詩句舉證。今揀其集中"辛丑(康熙六十年,1721)"另兩條有關證據堅確其説:1. 詩句,"生身十二日,丙午小春天"(《生日述懷示兒》);2. 詩題,"余以十月十二生日,需齋徵士以詩將貺賦謝"及其中詩句"嬾説小春添甲子"。此二例較方先生所引更直接,兩相佐證,

① (清)陸心源《三續疑年録》卷首序,清光緒五年刻本。

② (清)陸心源《三續疑年録》卷九。

③ 按:《(道光)重纂福建通志》修纂過程波折,糾紛不斷,中經封存、删改。(參朱方芳、鄭雙習《〈鄭開極、謝道承、沈廷芳、陳壽祺〈福建通志〉〉,《福建史志》2006年第4期;張大禄編著《福州方志史略》,海風出版社,2007年)陸心源是否參考了其中某一删改稿,不得而知。

④ 當代如:1994年,高熔、張美珍《李馥及其藏書》(原載《福建圖書館學刊》1994年第3期,1996年收入辛希孟主編《中國圖書情報工作文庫》);林秋明先生自2004年起有系列地方報道多篇涉及,如《清廉有政聲　才情耀華章——清代浙江巡撫、詩人、收藏家邑人李馥身世及事迹考略》(《福清僑鄉報·玉融鄉音·特别報道》2005年3月29日);劉德城、劉煦贊纂,福建省文史研究館編《福建圖書館事業志》(方志出版社,2006年);劉大治《清代福州藏書家》(《閩都文化研究》2006年第1期)、《李馥及其"居業堂"藏書》(收入王長英、黄兆鄲編著《福建藏書家传略》,福建教育出版社,2007年);陳文新、王煒《細節背後的文學史觀——沈德潛三篇佚文的前後因緣之考察》注25(《文藝研究》2009年第3期)。各文均沿襲"壬寅(清康熙元年,1662)"舊説,並直接或間接提及參考楊立誠、金步瀛合編的《中國藏書家考略》。

⑤ 如:《乙未(康熙五十四年,1715)生日》"拊衷長太息,四十九年非";"辛丑(康熙六十年,1720)"《生日》(其一)"五十六年將老身"等。

援據更爲充分。

李馥生於“丙午(清康熙五年,1666)”之説 2000 年隨《居業堂詩稿》出版公布,但並未引起重視,迄今研究多沿用舊説。

方先生在清理李馥的生年問題時,結合新發現的李馥詩稿廓清了方志記載中存在的問題,糾正了誤説,但是李馥的詩稿——《居業堂詩稿》因非完秩,其中涉及年代最晚在雍正十年[①],根據友朋記述,李馥至少乾隆四年仍在世[②],因此,對於李馥此後的具體行蹤及卒年仍難以斷定。方先生已經考證出李馥生年在康熙五年,在推斷其卒年時,未能給出直接可信的依據,而是沿用方志舊説壽年“八十四”,下推八十四年,正好是乾隆十四年,從而成爲李馥卒年在“乾隆十四年”説的首倡者。

此説與江慶柏先生所主不謀而合。江慶柏先生在其 2005 年刊行的《清代人物生卒年表》中著録李馥生卒年、字號、籍貫項時所注出處有二:李馥《居業堂詩稿·生日》、道光《重纂福建通志》226。[③] 其中,李馥《居業堂詩稿·生日》文獻注録不嚴謹,且此《生日》詩僅能斷其生年,按其著録依據,卒年似應在道光《重纂福建通志》卷 226 内。據江先生在書末“引用文獻”中説明,地方志的版本依據《中國地方志聯合目録》,今檢《中國地方志聯合目録》所收《(道光)重纂福建通志》,標注版本爲清同治十年(1871)正誼書院刻本,而此本卷 226 所收李馥傳記並未言及其確切生卒年份,疑江先生亦據李馥生年康熙五年下推八十四而得出卒年在乾隆十四年,由此可見仍受壽年“八十四”説的影响。

三　新發現的“李馥”墓誌銘及對李馥卒年的重新認定

2004 年 4 月 26 日,《福清僑鄉報》記者林秋明先生報導《三山圓滿村:石雕群“水落石出”》,其中提到,在東埔村西里自然村的李氏祠堂裏,記者驚奇地發現一塊記載李馥生前事迹和身世的墓誌銘。墓誌銘長 74.5 厘米、高 55 厘米、厚 45 厘米。銘額有篆書“皇清誥封贈通奉大夫崇祀鄉賢鳳坡李公偕□□”字樣,正文用楷書刻寫,筆力蒼勁。可惜左邊有一部分已損壞,並稱,“據墓誌銘記載,石雕群的主人不叫李文,而叫李馥,爲文職官員,曾任浙江巡撫。”

林秋明先生未披露墓誌銘原文,但根據其中引述數處可以斷定,此墓誌銘墓主絶非李馥。現將其中疑點摘録如下:

> 該墓誌銘由賜進士出身的光禄大夫、曾任武英殿大學士兼工部尚書

---

① 方寶川《李馥及其〈居業堂詩稿〉考論》,《居業堂詩稿》卷首附。

② 沈德潛《送李鹿山大中丞歸里序》(〔清〕沈德潛《沈德潛詩文集》,潘務正、李言校點,第 1366 頁,“丁巳(乾隆二年,1737)夏,將歸福州”;薛雪《抱珠軒詩存》卷三《賦謝隴西公(李馥)来書相戒兼以奉懷》(〔清〕薛雪著,清乾隆間〔1736—1795〕掃葉村莊刻本)“芝宇三秋隔”。

③ 《清代人物生卒年表》,人民文學出版社,2005 年,第 268 頁。

的王項齡撰文,由賜進士出身的中大夫順天府丞錢以塏書寫,由賜進士出身的中大夫太僕□少卿黄叔琬題篆額。

從墓誌銘中可知,李馥曾任安徽布政使,出生於明天啓丙寅年 12 月 22 日,逝世時 93 歲。

首先,王項齡於雍正三年(1725)去世,年八十四[①],《清史稿》有傳。前述李馥至少乾隆四年仍在世,因此,王項齡所撰墓誌銘的墓主不可能爲李馥。

其次,認定李馥"出生于明天啓丙寅年 12 月 22 日,逝世时 93 歲",李馥生年已有確鑿證據,在清康熙五年;依據此處生年"明天啓丙寅(1626)",壽年 93 下推卒年,應爲康熙五十八年(1719),此時李馥尚在世。

再次,林秋明先生在 2005 - 3 - 29 追蹤報道中又引《中國藏書家考略》,酌定其生卒年爲"1662—1749","1749"與其系列報道中他篇矛盾。[②] 李馥卒年"1749"爲後來《李馥及其"居業堂"藏書》[③]所採用,並直接注明出自林秋明先生所說"李馥墓誌銘"。

綜合上述,此新發現的"李馥"墓誌銘墓主不可能爲李馥,也即依據此墓誌銘,仍不可能解決李馥的卒年問題。

如上所述,李馥的生年問題已被確鑿認定,而基於此説對其卒年的推定則仍未擺脱方志舊説的影響。

那麼,前述方志對李馥生平行實的其他記載又存在多大的可信度?以後來各志相關記述的祖本《(乾隆)福州府志》爲例,其中載録錯誤有二:1. 將出知重慶時昭雪沉冤事誤記爲江蘇按察使任上;2. 將遷河東運使任上截漕活民事誤爲巡撫浙江時。[④] 後於《(乾隆)福州府志》成書的《(嘉慶)大清一統志》、《(乾隆)福建續志》、《(道光)重纂福建通志》、《(民國)福建通志》輾轉相承,以訛傳訛,均未能更正,也即後來各志關於李馥生平行實的記載並未獲取更可信的資料。

方志在徵採地方信息資料方面有其得天獨厚的地域條件,不同時期新舊方志因纂修條件不同,前後遞修時彼此吸納的信息或多或少存在一定差異,這些差異往往成爲研判新舊方志史料價值的重要依據,但是,這些信息相距人物真實的原始信息究竟有多遠,仍有待斟別。换言之,不同信息徵採渠道的可靠性仍然是一個不容忽視的問題。歷史研究强調實證,在缺乏本人自述等一手資料的情况下,方志可以作爲考察人物生平的重要依據,但不是唯一的依據。

---

① 中國第一歷史檔案館《雍正朝漢文諭旨彙編》第一册,廣西師範大學出版社,1999 年,第 147 頁。王鍾翰點校《清史列傳》第七册,中華書局,1987 年。

② 林秋明先生自 2004 年起在《福清僑鄉報・玉融鄉音》有系列報道,如:《清廉有政聲 才情耀华章——清代浙江巡撫、詩人、收藏家邑人李馥身世及事迹考略》、《特别報道》(2005 年 3 月 29 日)等,可參酌。

③ 見王長英、黄兆鄆編著《福建藏書家傳略》,福建教育出版社,2007 年。

④ 按:二事均經方寶川先生訂正。參其《李馥及其〈居業堂詩稿〉考論》,《居業堂詩稿》卷首附。

綜合以上分析,李馥卒年“乾隆十年”存在的問題雖經陸心源首先指出,後經方寶川先生更正,但因缺乏可信的依據,目前似以謹慎對待爲宜,也即仍然存疑。

附記:本文承復旦大學圖書館眭駿、席永春,吉林大學圖書館王麗華、福建省圖書館劉繁、福建師範大學圖書館鄭輝等諸位師友惠予資料,謹此致謝。

(作者單位:厦門大學圖書館)

古典文獻研究（第十八輯下卷）
Journal of the Institute for Chinese Classics Studies
Nanjing University
Volume 18, No.2 2015

從《游歷圖記》看李丹麟的異域印象

朱文君

清光緒十七年(1891),廣東畫家李丹麟隨國使出洋,游歷了美、日和秘魯等國,後又自費游覽越南、柬埔寨及南洋諸島,歷時三年。“行蹤所至,舉凡山川人物,輒爲圖説以紀之”[①],得《華盛頓圖》、《日本富士山圖》、《南美窮人背子賣物圖》及《夏威夷童子海底拾銀圖》等共205幅,集成一書,名爲《游歷圖記》。

作爲第一位環球旅行並親手繪製圖記的中國畫家,李丹麟其人其書一直未得到學界的重視與研究。《游歷圖記》之圖像與文學的研究,可借鑒比較文學形象學的理論與方法。形象學所研究的,是在一國文學中對異國形象的塑造或描述。在形象學視野下,“文學中的異國形象不再被看成是單純對現實的複製式描寫,而被放在了‘自我’與‘他者’,‘本土’與‘異域’的互動關係中來進行研究”[②]。游記文學包括圖記,是形象學研究的重要對象,因爲“旅游不僅僅是在地理空間或在歷史時間中的位移,它還是在一種文化中,在注視者文化中的一種位移”[③]。

本文擬將《游歷圖記》置於近代域外游記的系統中考察其文獻與文化史價值,並從比較文學形象學的角度觀照《游歷圖記》,上溯至中國古代述奇志異的圖説傳統,分析李丹麟描繪的異域形象中所隱含的思想意識。

一 李丹麟與《游歷圖記》

《博羅縣志》載:

> 李丹麟(1840—1910),字仁藪,號星閣,清博羅下村人。1884年(光緒十年),以縣丞候補于福州,閩浙總督何璟委任丹麟辦理澎湖南路

① (清)李丹麟《游歷圖記》,哈佛燕京圖書館所藏清光緒三十一年(1905)廣州石經堂刻本,第4頁。

② 孟華主編《比較文學形象學》,北京大學出版社,2001年,第3頁。

③ (法)達尼埃爾-亨利·巴柔《從文化形象到集體想象物》,見孟華主編《比較文學形象學》,北京大學出版社,2001年,第147頁。

糧臺事務兼總查。璟降職後，丹麟請假返家。1891 年（光緒十七年），隨惠州知府楊霽之弟楊儒出使秘魯，被保舉任知縣。回國後，因母死返家。隨後游歷歐洲，途經安南、暹羅、南洋群島再至美洲。1900 年（清光緒二十六年），在福建謁選，任永定知縣，調任寧德知縣，均爲地方人民稱頌。晚年居住惠州鶴峰下，因收藏十二張古琴，就以十二琴樓爲樓名，自號羅浮琴客。丹麟擅長繪畫，在游歐洲、東南亞、美洲等地時繪其風土人物，作有圖記二卷。他的花鳥畫更好，美洲人以千金購其所畫的鷹珍重收藏。①

謝文勇編《廣東畫人録》中“李丹麟”條記載：

字星麟，又字星閣，别署羅浮琴客。歸善（今惠州）人。清光緒十九年（1893）充譯員出使美國。善畫花鳥、人物。《廣東名家書畫選集》刊載有他光緒二十二年（1896）秋於駐美國使館創作的《百旬圖卷》，構圖清新、造型準確、意態生動，筆致接近張穆，是傳世的珍貴傑作。著有《大雅堂詩集》，編有《游歷圖説》。②

祝基棠、黄松森主編的《惠州名人》中“李星閣”條云：

李星閣（1846—1916），名丹麟，字仁藪。惠陽縣縣城（今惠城區橋東）和平直街人，祖籍博羅汝湖霞村。晚清著名畫家。作畫題材廣泛，山水、人物、花鳥，無所不能，花鳥尤佳，《博羅縣志》載：“美洲人以千金購其畫鷹”。評論家認爲他是嶺南大畫家“林良後一人而已”。惠州名士江逢辰贊其作品“下筆如飛光，粗掣鐵索精毫芒，阿多羅漢尤擅長”。……人物畫特別是佛道人物，頗受讀者喜愛。

光緒十年（1884），以縣丞候補于福州，先任澎湖南路糧臺事務兼總查……光緒十七年（1891），由知府楊霽的推薦，隨其弟楊儒出使秘魯。先後到歐洲、安南、暹羅、南洋群島、日本及南美洲一帶，歷時 3 年。所到之處，游覽名勝古迹，用畫筆描繪當地風土人情，作《圖記》2 卷。參加比利時國際畫展時，獲雙龍拱珠金質獎牌一個。回國後，60 歲那年在福建謁選，任永定知縣。

除繪畫外，還嗜好彈琴，自號“羅浮琴客”……③

據李丹麟《游歷圖記》中《游列國論藝學失教》一篇自述：

光緒二十九年（1903）夏月，麟自欽差出使美、日、秘國大臣楊奏調駐美使署隨員。初由滬江上東渡啓輪，過高麗，至日本長崎及馬江、神户、横濱，過太平洋，出檀香山，至舊金山，到市卡咕（芝加哥），抵華盛頓。差滿三年，由西路出大吕宋（西班牙），至英、法、德、俄、賀蘭（荷蘭）、意大利諸

① 博羅縣地方志編纂委員會編《博羅縣志》，中華書局，2001 年，第 760 頁。
② 謝文勇編《廣東畫人録》，嶺南美術出版社，1985 年，第 76—77 頁。
③ 祝基棠、黄松森主編《惠州名人》，文心出版社，1999 年，第 45 頁。

國,及南洋新嘉波(新加坡)諸塢,游越南國諸埠,及金邊國(柬埔寨)、暹羅國(泰國),殆環球一轉也。

這段文字交代了李丹麟出國的原由與行程路綫。楊霽弟弟楊儒奉命出使秘魯,而丹麟即獲楊霽舉薦隨行。李丹麟此次環游歷經東亞、北美洲、南美洲、歐洲、東南亞,足迹遍及四大洲,在當時堪稱壯舉。

《游歷圖記》前有鄧驥英與勞毓慶兩人序。鄧驥英,字君展,三水(今廣東佛山市三水區)人。諸生。少從學于九江朱次琦先生。性落落不羈。工書,能爲竹木雕刻,喜收藏古錢。勞毓慶爲廣東人,生平事蹟不詳,光緒三十四年三月初五於藤縣縣署任職。

鄧驥英在序中這樣描述李丹麟和他的《游歷圖記》:"吾友李君星閣,志氣倜儻,好尚奇特,處則以琴棋書畫自娱,出則務窮上下數千年、縱横九萬里之變而後快……余觀其溯製造之源流,圖海邦之大略,且也雕題、鑿齒有象,斯呈牛鬼蛇神,揮毫欲活。"

勞毓慶則在序中詳細介紹了李丹麟的環球旅行的經過:"星閣司馬游家君門有年,善鼓琴,工詩畫。前隨楊子通侍郎出使美、日、秘古諸國,叙縣尹,官八閩,繼而自備資斧游歷日本、越南及南洋群島。行蹤所至,舉凡山川、人物,輒爲圖説以紀之,入手一編,儼如置身其間矣。"

由上述可見,李丹麟是個愛好琴棋書畫的傳統文人,有開放的眼光與强烈的好奇心。在清末中國,像李丹麟這樣藉繪畫宣介異國文化以開啓民智的畫家,似不多見。

《游歷圖記》爲光緒三十一年(1905)廣州石經堂影印。筆者認爲其篇目可分爲三部分:

第一部分爲游歷各國輿地圖、游歷所見人物圖。

"游歷各國輿地圖"有《入日本長崎圖》、《日本夏關圖》、《日本神户圖》、《日本神户看瀑圖》、《日本横濱圖》、《日本富士山圖一》、《富士山圖二》、《富士山圖三》、《出太平洋諸大島圖》、《夏威貽國(檀香山)圖》、《三藩市入口圖》、《三藩市圖一》、《三藩市圖二》、《三藩市看海狗山圖》、《三藩市華園圖》、《美國鐵路所過地段圖》、《火車穿山圖》、《華盛頓圖》、《入安南(越南)海防口洪基丁貴山圖》、《安南(越南)崐侖奴山圖》共二十幅。

李丹麟所繪地圖實爲帶標注的風光全景圖,與我們現今的"地圖"概念不同,時有"光緒十九年四月十六日午刻過此"等行紀標注在側。地圖有俯瞰視角,亦有平視,繁簡不一,最簡者如《入安南(越南)海防口洪基丁貴山圖》只有幾根令人看了不明所以的綫條。圖中多標示出炮臺所在,表明李丹麟關心各國軍事配置。或許是因爲李丹麟擅長畫花鳥、人物,而於西洋輿圖繪法不通,他畫的俯瞰圖都試圖將立體的景象平鋪在畫紙上,導致山水嚴重變形,比如《入日本長崎圖》:

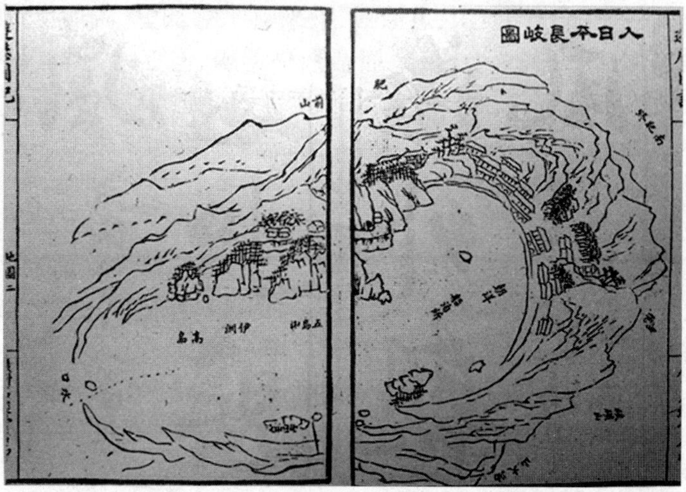

“游歷所見人物圖”是全書的主體部分，展示了李丹麟行蹤、見聞之廣與畫工之妙。“游歷所見人物圖”包含的國家和地區有堙陣國（即美洲土人，爲紅種是也）、日本、吕宋①、嗎撻、北魏國②、馬德國③、沙喇國④、葉阿波國、爪阿國（爪哇）、吉冷國⑤、中國臺灣及福建、暹羅（泰國）、晏貢大耳孔國⑥、嗎蘯國⑦、白頭

---

① 吕宋，即今菲律賓吕宋（Luzon）島，或主要指馬尼拉（Manila）及其附近一帶；或泛指菲律賓群島。又作小吕宋，以西班牙爲大吕宋。

② “北魏國，賀蘭（荷蘭）國屬三孖打囉（蘇門答臘）之西小島，中國稱其‘北魏國’。”根據荷屬東印度群島地圖，北魏國可能是蘇門答臘島以西的尼亞斯島（Pulau Nias）或西比路島（Taman Nasional Siberut）。

③ “馬德國民，又名武呀地，今屬賀蘭（荷蘭）國。”馬德國即 Madoera，印尼馬都拉島。

④ “沙喇國，南屬賀蘭（荷蘭），東北角有小壤屬英……又名大海島。”沙喇國或爲錫蘭國。1796 年東印度公司從荷蘭手中奪得該島的沿海地區，1802 年交由英國政府管理，1815 年英國廢黜了錫蘭的國王，將錫蘭全島置於英國統治之下，1948 年獨立，1972 年更改國名爲斯里蘭卡。

⑤ “吉冷國爲棕種人也”，“吉冷即新埠彭坑地方（土音阿冷疏雞），英國屬”。吉冷即吉蘭丹，古國名。故地在今馬來西亞馬來半島東北部吉蘭丹一帶。（南宋）趙汝適《諸蕃志》“三佛齊”條有“吉蘭丹”，爲三佛齊屬國。（元）汪大淵《島夷志略》有專條記述。《元史·外國列傳》作“吉蘭亦斛”。《明史·外國列傳》作“急蘭丹”。據史爲樂主編《中國歷史地名大辭典·上》1—7 畫，中國社會科學出版社，2005 年，第 900 頁。

⑥ “哲地國，又名‘大耳孔國’，與西藏毗連，又名‘晏奴’。”大耳孔國：推測爲僜人。僜人婦女從小穿耳，插小節竹筒擴大耳孔。婚後所戴的大銀筒，係用銀幣熔化後捶薄，卷成長約 6.5 釐米的圓筒，前端嵌直徑 4.5 釐米的銀片封口，片面精心刻畫花瓣或太陽紋，將銀筒稍小的尾端塞入耳孔，在耳後插銀條於筒口固定。有的婦女戴直徑 10 釐米的實心大銀環，有的戴有銀穗的小竹筒，因常年戴又大又重的耳飾，耳孔被墜得很大，有的垂於肩上，形成特殊的民族裝飾。過去，當地的藏人稱他們爲“那哄”，意爲“大耳孔”。據徐海榮主編《中國服飾大典》，華夏出版社，2000 年，第 244 頁。“（僜人）主要分布於我國西藏自治區察隅縣及非法的‘麥克馬洪綫’以南（印占）我國領土上，總人口約兩萬人。察隅河兩岸的古老居民。”據錢木爾·達瓦買提主編《中國少數民族文化大辭典·綜合卷》，民族出版社，1999 年，第 38 頁。

⑦ “嗎蘯國，印度毗連”，“嗎蘯國此種生於南洋，色半黑白，即西南印度之棕色種人也”。依地理位置和習俗推測可能是緬甸地區的人。然而之後又有“嗎蘯國，南洋新架波（新加坡）諸島，現歸英屬”和“嗎蘯國民，即阿非利加（Africa，非洲）之黑種人也”之説，難以確定具體在南亞、東南亞還是北非。

國①、荷蘭、夏威仁(夏威夷)國、也治國、巫來由②、猛加里(孟加拉)、印度、安南(越南)、白施國(印度屬)、金邊(柬埔寨)、巫燕國、佬查國③、蛇國、中國雲南、法國、烏吐國④、加里吉打⑤等地,以及像南洋、南美洲和泰西這樣泛稱的地區。《游歷圖記》中地名和民族名稱呼不統一,僅新加坡就有"星架波"、"星嘉波"、"新架波"、"新嘉波"四種音譯,所繪東南亞、南亞地區又繁雜,難以考證。

李丹麟有意識地畫下不同年齡、人種、社會階級、職業與性別的人並作比較,所繪人物的身份有酋長、古王、男子、女子(婦人)、孩子、古官、商民、窮民,其中又細分爲文雅男子、商家男人、富商婦人、富家女子、女工人、女教士、老農工,姿態上有射錢式、食餐式、賣食物式、抱子式、海底拾銀式、背子式、賣小物式、噴箭式、携子式、采物式、文雅式、行禮式、提槍式、打槍式、浴子式、吸煙式,服裝上有長衣式、禮服式、大服式,面貌上有穿鼻式、兩邊須式、獨下腮留須式,另將耳環、裙兜、屐鞋、花鞋、木鞋等放大作圖,觀察細緻入微,兼顧普遍與特殊、共性與個性。例如人物圖二十七有《嗎蘯女子粧式》與《嗎蘯國女人式》,附《裙兜式》、《嗎蘯屐鞋式》:

① "白頭國,晏貢暹羅界屬,又'大頭國'。皮肉多赤,回教。"(一)《通典》卷一八八扶南載,"貞觀中,又獻白頭國二人於洛陽。其國在扶南之西,在參半之西南。男女生皆素首,身又凝白。居山洞之中,四面岩嶮,故人莫至。與參半國相連"。《海國録》南洋記云,"柬埔寨雖另自一國,介在廣、暹二國之間,東貢廣南,西貢暹羅,稍有不遜,水陸各得並進而征之。番繫白頭無來由,裸體居多,以布幅圍下身,名曰水幔"。或謂唐代的白頭國應在柬埔寨至泰國一帶。《海國録》所載之白頭無來由似亦在此,或專指高棉人和馬來人。一説《海國録》的白頭無來由不等於唐代的白頭國。另見《御覽》卷七八六;《寰宇記》卷一七六;《册府》卷九五七;《新唐書》卷二二二下;《通志》卷一九八;《通考》卷三三一;《咸賓録》卷六;《四夷廣記》;《裔乘》卷二;《譯史》卷三;《續通志》卷六三八。(二)《海國録》小西洋記,"從麻喇甲、暹羅繞西沿山而至白頭番國,人即西域之狀,卷鬚環耳,衣西洋布,大領小袖,纏腰裹白頭,故以白頭呼之。國有二:東爲小白頭,西爲包社大白頭"。此處之白頭應泛指信仰伊斯蘭教的巴基斯坦人、伊朗人及阿拉伯人。另見《海録》卷上;《海關志》卷三〇;《清續通考》卷三三三。據陳佳榮、謝方、陸峻嶺編《古代南海地名匯釋》,中華書局,1986年,第290—291頁。綜上,及原文回教推測可能指馬來人。

② "巫來由國,一名'雪牙岳'","古巫來由,即印度棕種人也。在南洋星架波(新加坡)、馬路甲(馬六甲)、吉隆諸島,今爲英屬"。巫來由即馬來亞。《南洋論》、《清通典》卷九八、《清通考》卷二九七、《海關志》卷二四、《清史稿》卷五二八。即馬來人自稱 Malayu 的譯音,泛指東南亞各地的馬來人居住地及國家。又作"末羅瑜"、"木剌由"。據陳佳榮、謝方、陸峻嶺編《古代南海地名匯釋》,中華書局,1986年,第402頁。

③ "佬查國與越南毗連",可能爲老撾地區。

④ "烏吐國,英國管屬,與雲南毗連,又名'華城',即蜀漢孔明征孟獲之地。"黄承宗先生指出,關於七擒孟獲的地點,據《滇元紀略》稱:"七擒孟獲:一擒于白崖,今趙州定西嶺。一擒于鄧賧豪豬洞,今鄧川州。一擒於佛光寨,今浪穹縣巡檢司東二里。一擒于治渠山。一擒於愛甸,今順寧府地。一擒于怒江邊,今保山縣騰越州之間。一以火攻,擒於山谷,即怒江之蹯蛇谷。"因此推測應該是雲南邊境少數民族地區。

⑤ "加里吉打,英屬,信佛教,棕種人。"加里吉打可能指加爾各答。在恒河三角洲邊緣胡格利河左岸,印度最大城市和主要港口,西孟加拉邦首府。加爾各答一名的來源,有三種説法:一説出自當地一種用"卡達"(鍛燒貝殼)製"加利"(熟石灰)的行業;一説源自閃語"柯拉"(豬);一説出自孟加拉語"加利舍特拉"(女神加利的土地)。1596年始見記載。1690年英屬東印度公司在此設貿易點。1772年成爲英屬印度首府,次大陸行政中心和文化中心。1912年英屬印度首府從這裏遷往德里。

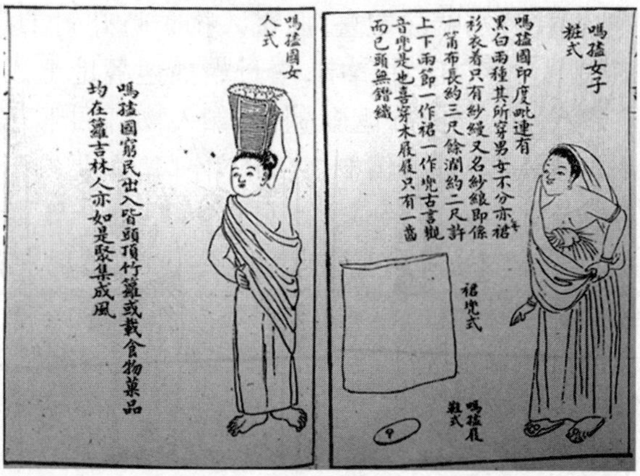

同一種人物和姿態，時而有正面圖後再繪背面圖，非常詳盡，比如《泰西兵總行禮式》：

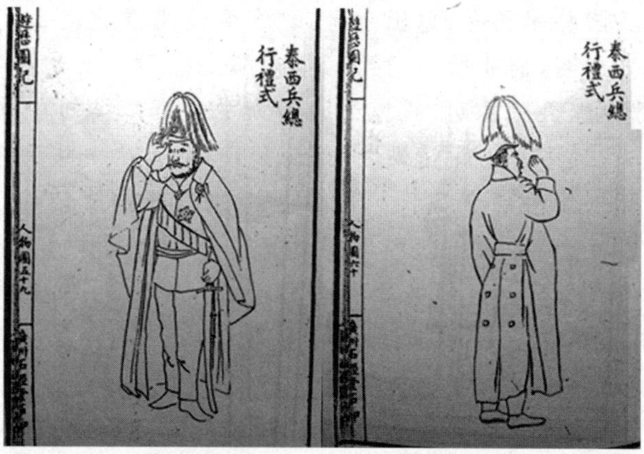

李丹麟純用綫條勾勒，所繪人物圖綫條樸拙，比例不甚協調，然而往往把握人物外貌與服飾的突出特點，簡約傳神。有些圖有標題加文字注釋，有些唯有標題，有些唯有文字注釋，有些甚至連圖畫標題都没有。如下圖，《吕宋古王式》只有標題，而《日本山民》有注釋：

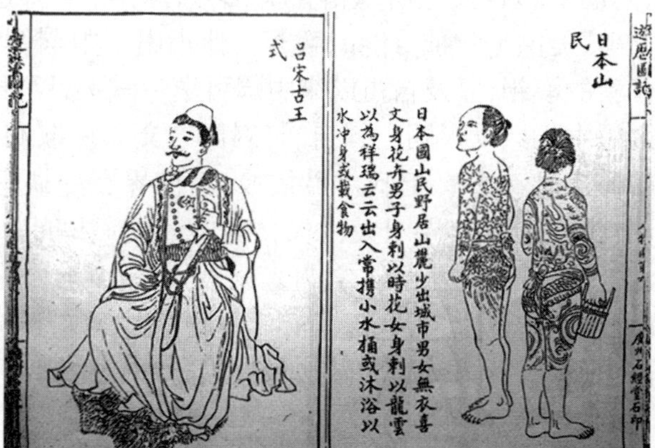

李丹麟在畫地圖時特別關注炮臺,而畫人物圖時亦對士兵裝束式樣有特別興趣,連作十四張圖。在文字注釋中,李丹麟描述各地土人風俗,尤其關注飲食與喪葬,不吝筆墨。有時亦作幽默調侃,如人物圖四十九之“越南東京女子式”:“女人各處粧式不同,好食檳榔,終日不停口,兼要白石灰同食,有引重者,每日食石灰約錢許。有好事者與之計算,食至四五十年,約千余斤白石灰到肚,可造大屋一所云云。”李丹麟還在考察風俗時看重“男女有别”,多以倫理道德規範衡量各地各族人民。

第二部分有《游列國論藝學失教》、《游美國費城機器論槍砲始造之原由》、《游越南銅柱詩》三篇文言散文。

李丹麟在《游列國論藝學失教》中先交代自已環球游歷的始末,然後發表長篇議論,感慨歐洲科技之發達,追溯中西科技發展史,反思中國科技落後的原因:

> 歐洲各國藝學精巧,愈出愈奇,竟有奪陰陽造化之工,出言思擬議之外者。言之中國,向非所習;始焉震驚,繼焉嗟歎。群謂歐人巧思非中國所及,嗚呼!豈天賦聰明,獨厚于西而薄於中耶?吾知中國當黄道下,文明之開最先,且中土山川清淑之氣,鍾毓最厚,人得之秀且靈,必較西國勝一籌焉。然則藝學一門,何以瞠乎在後?曰:此由秦漢以下,不講考工。朝廷既無藝學之科,下士孰務專門之學?此非中國人才不如西國也。特中國積習相沿,不如西國振興有志耳。設謂歐人心思獨勝,何以歐洲各國,其種族已蕃衍于虞舜時,歷二千餘年,至西曆紀元初,即中國西漢末,其狉獉之俗如故,其野蠻之性如故?自紀元又歷千年,至中國唐宋時,雖彼國文明漸啓,尚不聞有人焉製一奇器、創一奇技也歟?西史所載西人製造之精,祇萌芽於元明,至我朝而始盛,道咸至今乃其極盛之時。皆由彼國人自恥樸陋,力求進步,彼國家又崇尚技藝,鼓勵人才。歐洲數十國互相仿效,捷足爭先;中國適當侈然自足、頹然自廢之時,故以相形而見拙也。

李丹麟實際上是爲中國科技之落後辯護,將東西方科技發展置於歷史的維度横向對比,認爲中國科技之所以落後於西方,原因在於制度而不在於人才,爲“李約瑟之謎”提供了一種可能的解答。他指出了中國傳統“士農工商”社會對於科技創新的漠視,以及自古以來中國科舉考試不設科技門類的弊病。然而他在論證過程中仍然以天朝上國自居,對西方文明採取明褒暗貶的俯視姿態。而且其論據也没有史實記載作爲依據,對世界歷史缺乏客觀的認知。中國雖然是文明古國,卻是世界四大古代文明中最晚發軔的一支,較之古埃及、古巴比倫和古印度,根本稱不上“文明之開最先”。至於中華天賦最厚、鍾靈毓秀,更是没有理據的自説自話、陳言套語。爲尋找民族優越感、恢復民族自尊心而上溯歷史,這種翻老黄曆的做法也體現了近代中國人既自卑又自負的矛盾心態。

李丹麟得出的結論是清末盛行的“西學中源”説,即西學源於中國而勝於中國。"西學中源"説萌生於明清之際,康熙帝曾大力提倡,近代李鴻章、奕訢、曾國藩、馮桂芬、張之洞、薛福成、鄭觀應等人皆主張西學中源[①],重新闡釋夷夏之辨,宣導"禮失而求諸野",爲學習西方提供理論支持,同時維護民族認同與優越感。李丹麟的論證表達了典型的"西學中源"觀點:

> 其實中國製器先于西國遠甚,黄帝時已有用機激石之砲,故砲之字從石,後世易之以火藥。西人初不識砲,自元代某駙馬駐軍邊,方有英人投營充役,始見火砲,歸國以語人,而不識製造之法。後有黠者,因臼中舂硫磺出火,遂悟硫磺可製砲之理,此西人造砲之權輿也……夫火砲爲西人制敵最精之具,而實始於明代。若中國,則歷代已有用砲攻城,而謂中西製造孰先孰後乎?推之凡百製造,如渾天儀、銅壺滴漏,中國自古有之。"[②]
>
> 其六百八年,即明崇禎間,意人格力略(伽利略)精通天文學,始作望遠鏡,論地球自轉之理,教皇猶以爲惑衆,繫之獄,則舉國之不識天文可知矣!豈若中國之璇璣玉衡,已備于堯舜時乎?

李丹麟的推論從訓詁學、上古神話傳説和野史出發,包含科技史方面的明顯謬誤。張之洞在《勸學篇》中批判了這種知識性的錯誤和自欺欺人的觀念:"略知西法者,又概取經典所言而傅會之,以爲此皆中學所已有,如但詡借根方爲東來法,而不習算學,但矜火器爲元太宗征西域所遺,而不講製造槍炮,是自欺也。"[③]取西方現代科技附會於中國古史傳説,而不考察其本質區别,是近代持"西學中源觀"者的慣常錯誤。中國古代有"四大發明",然而既没有得到廣泛應用,也没有上升至理論高度,其根本原因仍在於科學精神與創新意識的缺失。

雖然李丹麟確實嘗試瞭解西方的科技發展並思考中西科技發展的不均衡現象,超前地探討了"李約瑟之謎"。但"西學中源"的觀念終究過於武斷,而且僅就科技的層面談中西對比,没有聯繫經濟、政治和思想文化方面的重要因素,更没有爲中國科技落後的困境提出解決之道,其結論必然是片面而無力的。

中國落後於西方的根本原因在思想文化層面,在人才與人心,李丹麟堅稱"此非中國人才不如西國也",其實是本末倒置。西方振興始於文藝復興,繼而有工業革命、光榮革命;先有啓蒙運動,始有法國大革命。西方的社會變革皆源於思想文化的地震,輻射至政治與經濟的地表,由形而上的"道"貫徹至形而下的"器"。西方思想的核心是個人主義與人文精神,而元明以來中國的根本

---

① 參考王揚宗《"西學中源"説和"中體西用"論在晚清的盛衰》,《故宫博物院院刊》2001 年第 5 期,總第 97 期,第 56—62 頁。

② 關於火藥炮彈傳入歐洲:公元 1260 年元世祖的軍隊在與叙利亞作戰中被擊潰,阿拉伯人繳獲了火箭、毒火罐、火炮、震天雷等火藥武器,從而掌握了火藥武器的製造和使用。阿拉伯人與歐洲的一些國家進行了長期的戰爭,戰爭中阿拉伯人使用了火藥兵器,例如阿拉伯人進攻西班牙的八沙城時就使用過火藥兵器。在與阿拉伯國家的戰爭中,歐洲人逐步掌握了製造火藥和火藥兵器的技術。

③ (清)張之洞《勸學篇》,廣西師範大學出版社,2008 年,第 130 頁。

弊病,在於專制社會對個人創造力的抑制,正如龔自珍所言:"當彼其世也,而才士與才民出,則百不才督之縛之,以致於戮之,名亦戮之,聲音笑貌亦戮之。"龔自珍於1941年已去世,而李丹麟於1940年始出生,晚生於龔約半世紀,而思想卻遠遠落後於龔,中國晚清人才之凋零與思想之衰蔽也由此可知了。

《游美國費城機器論槍砲始造之原由》記敘了李丹麟一行人"光緒乙未年十一月初四日,游歷於美國費城地方,觀製造機器船廠及戰船等式,謁見機器總辦大臣威林克蘭勃父子"。在參觀機器船廠時,李丹麟又生出憂國之思:"竊思我國天時地利,物產五洲各國首屈一指,惜乎百事俱廢,不思振作。"李丹麟繼而表達了自己對未來中國工商業發展的暢想:"外洋製造,無一不用機器之運動,賴乎火力,以煤火生力,以油火生力,皆不如以水生力,省人工且省經費,自然之利也。夫美國之有費城,猶中國之有揚子江也。若仿外洋新法,準設江邊機器磨坊等廠,再有鐵道運貨,以銷外洋,則數年之後,自成富國,國富兵强,不言可喻。查外洋各國,無一不講求商務,廣開貨埠,窮鄉僻壤,未幾年而成富饒者矣。美國大市,首重三區,東有紐約,西有金山,中有市卡咕(芝加哥)。我國欲興商務,在美易而在歐難。中國土貨,美國大行,衹須有人以領袖耳。"雖然是文人畫家的紙上談兵,但其中也不乏建設性的意見。

在《游越南銅柱詩》中,李丹麟抒發愛國之心與思鄉之情:"有漢馬伏波將軍銅柱界限,山崗有分茅草,中國之草葉向中國,越南之草葉向越南。噫！草猶如此,人何以堪。"又賦詩一首,祈願國運興盛,瞻望和平:"百粤同瞻望,三軍指日還。迢迢思漢際,千古息刀鐶。"可見李丹麟的傳統文人志趣。

第三部分包括《人化虎》、《雞鬼》、《老虎鬼》、《食人樹》、《燒癢樹》、《食獸樹》、《食蟲樹》、《地蟲食脚》、《食蠅樹》、《迷人樹》、《雲南瀘江蓆鬼》、《玉桂山神》、《蟒蛇食象》,主要講述游歷偏遠地區所耳聞目睹的奇聞軼事。《西貢炮臺》一篇叙述"二十五日閲法國西貢砲臺"時見識"留炭氣之無煙大砲",也是對西方先進科技的描述。有些篇章講述奇異動植物,如《食蟲樹》講豬籠草,《食蠅樹》講捕蠅草。有些篇章則帶有濃重的神秘色彩,如《老虎鬼》:

> 越南河陽地方,有一種鄉民好鬼術,名曰"老虎鬼"。其人性兇狂,好夜游,眼光青藍似虎,遠望則知其爲老虎鬼也。日在街道游行,見之者不論肉鋪牛房以及童稚,即密避之。若見之不避,且生疑懼,則肉物均變青藍色,皆棄之不敢食。倘童稚見之,其心不疑,則無患。疑,則是夜必生魂夢,似病非病,不數日必死。民間多受其央(殃)。

這些奇聞軼事多渲染詭異氛圍,摻雜怪力亂神之説。筆者認爲,綜上來看,《游歷圖記》各部分中,游歷所見人物圖最有研究價值。

二　《游歷圖記》與其他近代域外行紀之比較

在清人王錫祺所撰的《小方壺齋輿地叢鈔》及其補編、再補編所收録的1348種書中,只有十種爲圖説、圖記或圖考,列如下表:

作者(籍貫)	書　名	載《小方壺齋輿地叢鈔》卷數	内　容
滿洲 麟慶	《鴻雪因緣圖記》	第五帙	以圖文並茂的形式記述作者身世與經歷,多名勝游記。
永康 胡鳳丹	《航海圖說》	第九帙	繪圖記述乘海船自吴淞口抵天津,總計水程四千餘里。
滿洲 七十一	《番社采風圖考》	第九帙	考臺灣土著社番風俗。
永清 盛慶紱	《越南地輿圖說》	第十帙	分省、州、縣全面介紹越南地理、歷史。
曆城 蔡錫齡	《中亞細亞圖說略》	第十帙	中亞地理、外交形勢分析。
桐城 姚瑩	《英吉利地圖說》	第十一帙	介紹英國歷史、地理,"謹據夷酋顛林律比供及圖,證以諸書如此"。
丹徒 劉鶚	《三省黄河圖說》	《補編》第四帙	地理著作,含三省黄河地圖。
新建 夏獻綸	《臺灣地輿圖說》	《補編》第九帙	分縣介紹臺灣地理。
闕名	《粤西種人圖說》	《再補編》第八帙	介紹粤西土人性情、服飾、飲食喪葬風俗等。
安徽 吴其禎	《緬甸圖說》	《再補編》第十帙	介紹緬甸地理、歷史,涉及物産、文化等。

圖説體裁所占比例之低,反映了中國傳統輿地著作重文輕圖的特點。以上所列之書大多是地理著作,所附圖畫也多爲地圖,唯有《粤西種人圖説》内容近似《游歷圖記》,偏重描述土人外貌、性情、服飾與飲食喪葬風俗等。由於作者李丹麟具有畫家的特殊身份,如《游歷圖記》這般有作者大量親手繪圖的作品實爲鳳毛麟角。

欲探討《游歷圖記》文獻價值,還須將其置於近代域外游記系統的歷史語境中。鍾叔河主編的《走向世界叢書》(From East To West, Chinese Travelers Before 1911)專收1911年以前中國人訪問西方國家的載記,選取了有代表性的人物與著作,可以反映近代域外行紀的概貌。筆者根據《走向世界叢書》整理得出34種主要的近代域外游記的大致情況,以便與《游歷圖記》進行横向對比:

作　者	著　作	體　裁	行經地域	作者身份及域外旅行事由	内容特點
林鍼 1825—?	《西海紀游草》	駢體長文一篇,文言散文,五言排律一首	美國	厦門人,1847年"受外國花旗聘舌耕海外",1849年回國。	"測海窺蠡"。有《救回被誘潮人記》、《附記先祖妣皆孝事略》

續表

作　者	著　作	體　裁	行經地域	作者身份及域外旅行事由	内容特點
斌椿 1804—?	《乘槎筆記》(外二詩:《海國勝游草》、《天外歸帆草》)	文言日記體,附詩集	歐洲	漢軍正白旗人,經總税務司赫德(Robert Hart)延請辦理文案,1866年受清廷派遣,率同文館學生赴歐洲游歷。	記事抒情,偏重與海程、宴會,記述與英太子對話
志剛 ?	《初使泰西記》	文言日記體	歐洲、美國	旗人,總理各國事務衙門章京,1868—1870年期間參加蒲安臣(Anson Burlingama)使團出使歐美各國。	内容涉及社會政治
張德彝 1847—1918	《航海述奇》	文言日記體	歐洲、美國	漢軍鑲黄旗人,同文館畢業,同治五年(1866)隨斌椿、赫德游歷歐洲,任翻譯,1876年隨郭嵩燾使英任翻譯,1878年奉調隨崇厚赴俄談判。1901—1906出任英、意、比國外交大臣。先後8次出國,著有"八述奇"共70餘卷,内容涉及貿易情形、政治制度、工業技術文明和思想交流。	卷首繪地球圖。記述隨斌椿出國情形。
	《歐美環游記(再述奇)》	文言日記體	日本、歐、美		記述隨志剛出國情形。
	《隨使法國記(三述奇)》	文言日記體	歐洲(英、法)、美國		記述1871年隨崇厚赴法,目擊並記載巴黎公社起義。
	《隨使英俄記(四述奇)》(曾以《隨使日記》和《使還日記》書名刊行。)	文言日記體	歐洲(英、俄)		主要記録國外的日常生活、風土人情,很少涉及政治外交方面的情況,"敘瑣事不嫌累牘連篇"。
容閎 1828—1912	《西學東漸記(My Life in China and America)》	散文自傳體回憶録	美國	廣東香山人,1847—1854年赴美留學,耶魯大學畢業,後又組織幼童留美,並擔任駐美副使,歸國後參與維新變法,失敗後複流亡美國,以迄於終。	用英文寫作,記述個人經歷。

續表

作　者	著　作	體　裁	行經地域	作者身份及域外旅行事由	内容特點
祁兆熙 ？—1891	《游美洲日記》	文言日記體	美國	上海縣人，1874年護送第三批幼童出洋肄業美國。	記述護送與管教幼童赴美之過程與旅途見聞。
羅森 ？	《日本日記》	文言散文	日本	廣東商人，略通英文，友人奚禮爾(C. B. Hillier)請同往日本共議條約，1854年自香港隨美國柏利(Perry)艦隊到琉球及日本。	少記述歷史文化，多關注物產、貿易、市容。見證"黑船事件"。
何如璋 1838—1891	《使東述略》 《使東雜咏》	文言散文，附詩67首	日本	廣東大埔人，清朝第一任出使日本大臣，光緒三年(1877)出使日本。	自叙游歷日本"海陸之所經，耳目之所接，風土政俗"的情況。
張斯桂 1816—1888	《使東詩録》	附詩40首	日本	浙江寧波人，曾與美國傳教士丁韙良互爲師生。何如璋副使，出使日本。	守舊士大夫立場。
李筱圃 ？	《日本紀游》	文言日記體	日本	靠商界關係，自費到日本私人旅行。	反對維新。
傅雲龍 1840—1901	《游歷各國圖經》八十六卷，餘紀一十五卷。	圖，表，文言日記	日本、美國等(游歷六國，假道五國)	浙江德清人。被清廷派往日本、美國(附加拿大)、秘魯(附古巴)和巴西四國，於光緒十三年(1887)出發，先游日本，再游美洲，系統調查研究外國情況。	"圖經"介紹各國國紀、職官、外交、政事、文學、兵制、考工、河渠等方面的基本情況。"餘紀"寫游歷日程和見聞感想等。關注在日的漢文古籍、唐人寫經、金石文物等。

續表

作　者	著　作	體　裁	行經地域	作者身份及域外旅行事由	内容特點
黄慶澄 1840—1901	《東游日記》	文言日記體	日本	浙江平陽人,鑽研過西學。於光緒十九年(1893)由於沈秉成和汪鳳藻的資助往游日本。	全面介紹日本政治、經濟、社會情況,"諮其政俗得失,以上裨國家"。文中出現"倭游"字眼。
王韜 1828—1897	《漫游隨録》	文言日記體	由香港經東南亞、北非,至歐洲	江蘇長洲甫里人,因上書太平軍逃亡香港,同治六年(1867)應邀赴歐佐理雅各(James Legge)譯書。光緒五年(1879)受邀于日本友人出游日本,作壺觴之會,文字之飲。	介紹實學,興趣在於文化、風俗,愛好圖書,留心博物。"所望者中外輯和,西國之學術技藝大興於中土"。請精於繪事者爲圖八十幅,記附其後。
	《扶桑游記》	文言散文	日本		多寫文酒跌宕,歌筵妓席,記録詩詞酬唱,"紀其風土人情,山川景物之狀"。
黄遵憲 1848—1905	《日本雜事詩》	詩200首,文言注釋	日本,美國,"游歐洲,曆南洋"	廣東嘉應人,光緒三年(1877)以參贊隨何如璋、張斯桂出使日本,留日五年。光緒八年(1882)由駐日參贊調任美國三藩市總領事,"游東西洋十年,歷宦四十年"。光緒十六年(1890)隨薛福成赴英任參贊,後又任新加坡總領事。	記録日本國政風俗,至於山川風土服飾技藝之微,與《日本國志》相互參看。

續表

作者	著作	體裁	行經地域	作者身份及域外旅行事由	内容特點
郭嵩燾 1818—1891	《使西紀程》等光緒二年至五年(1876—1879)的日記約五十萬字	文言日記體	由香港經東南亞、北非,至歐洲	湖南湘陰人。1876年任出使英國大臣,後兼使法國,爲清朝駐使歐洲之始,系統考察西方文化歷史。	廣博精深。考察西方民主政治的歷史和現狀,介紹資産階級經濟理論和資本主義實際情況,宣揚西方科學觀念,對中西哲學思想和政治倫理觀念進行比較研究,向西方學習。
劉錫鴻	《英軺私記》《日爾曼紀事》	文言散文	歐洲	廣東番禺人。光緒二年(1876)任駐英副使,隨郭嵩燾往倫敦,光緒三年(1877)改使德國,游覽愛爾蘭。	議論秉承"以夏變夷"保守觀念
曾紀澤 1839—1890	《曾惠敏公日記》(《小方壺齋輿地叢鈔》收入一册,題作《出使英法日記》;《小方壺齋輿地叢鈔再補編》收入二卷,題作《使西日記》。)	文言日記體	歐洲	湖南湘鄉人,曾國藩之子,以自學通英文。1878—1886九年間出使英、法、俄國,曾與俄人談判改約,頗著聲名,卒謚"惠敏"。	文字簡省,記述個人經歷,注意考求"政事語言文字風俗之不同"。
李圭 1842—1903	《環游地球新録》	文言日記體	日本,美國,歐洲,途經東南亞、北非	江蘇江寧人。受寧波海關税務司好博遜(B. Hobson)聘司文牘事,1876年作爲中國工商業代表,參加美國費城萬國博覽會。	詳細記載會内情形與見聞,"亦欲敦有意,廣人才,冀收利國利民之效"。原本附有《地球圖説》,附地球圖一,會院全圖一,摹美國原本。

續表

作　者	著　作	體　裁	行經地域	作者身份及域外旅行事由	内容特點
黎庶昌 1837—1897	《西洋雜志》	文言雜記、游記,附有關書簡和三篇地志。	歐洲	貴州遵義人,1877—1881年隨使歐洲,光緒二年隨郭嵩燾出使英國,光緒三年隨劉錫鴻出使德國,光緒四年以參贊駐法,光緒六年調任駐西班牙參贊。	介紹國政民俗、風土人情、交通途徑,多記社會文化生活,含歐洲地形考略。
徐建寅 1845—1901	《歐游雜録》	文言日記體	歐洲	江蘇無錫人,技術專家。1879年奉派往歐洲考察兵工製造、機械、化學、採礦等企業的情形,游歷各國工廠,訂購鐵甲兵船。	系統考察歐洲近代科技與工業,不忘關心政治。附親手繪製機床夾具草圖一張。
戴鴻慈 ?—1910	《出使九國日記》	文言日記體	亞、美、歐、非四洲,曆十五國	廣東南海人,爲1905—1906清廷"預備立憲"派遣出洋考察政治的五大臣之一,與端方同訪美、俄、德、意、奥等國。	作爲考察報告和進呈各書的補充,較爲瑣細,關注財政經濟、文化教育,介紹西洋名勝與文藝。
載澤 1868—1930	《考察政治日記》	文言日記體	日本,美國,歐洲	清宗室王公,1905—1906清廷"預備立憲"派遣出洋考察政治的五大臣之一,與尚其亨、李盛鐸同訪英、法、比、日本等國。	記録"身履而目接者,與彼都人士言論之可甄存者"
薛福成 1838—1894	《出使英法義比四國日記》、《出使日記續刻》	文言日記體	歐洲	江蘇無錫人。光緒十六至二十年(1890—1894)任出使英、法、比、意四國大臣	介紹"瀛環之形勢,西學之源流,洋情之變幻,軍械之更新",涉及"君民共主之政"。

續表

作　者	著　作	體　裁	行經地域	作者身份及域外旅行事由	内容特點
康有爲 1858—1927	《歐洲十一國游記》(僅有第一編《海程道經記》、《義大利游記》,第二編《法蘭西游記》。)	文言日記體	歐洲十一國	廣東南海人,戊戌變法運動思想領袖,戊戌政變後流亡海外進行政治活動。光緒三十年(1904)往游歐洲	考察西方政治,尋求良藥醫中國之病。
梁啓超 1873—1929	《新大陸游記及其他》(附《汗漫録》。另有《梁卓如先生澳洲游記》,"隨行書記羅昌載筆"。)	文言散文,叙議結合	日本、東南亞、澳洲、北美	廣東新會人,康有爲的學生和助手,著名啓蒙思想家。戊戌政變後流亡日本,1903年往游北美,1900年游澳洲。	宣傳資本主義民主制度,介紹西方思想、經濟、政治、社會各方面情況,揭露西方社會弊病。"風景記述,悉予删去。"
錢單士釐 (女) 1856—1943	《癸卯旅行記》	文言日記體	日、朝	浙江蕭山人,清朝外交官錢恂之妻。錢恂駐日本,1899年起錢單士釐常往海外探視丈夫,1903年由日本經西伯利亞作歐俄之游,1909年夫婦回國。	80天旅行日記
	《歸潛記》	文言散文,叙議結合	歐洲(俄國、意大利)		興趣在文藝學術方面,觀察入微,議論中肯。記述意大利與古希臘藝文,以及關於中西文化交流史事之研究。

就體裁而言,近代域外游記大多採用文字,尤其是文言日記體的形式,在李丹麟以前尚未有圖記形式的域外游記。從行經地域的範圍來看,中國1911年以前除張德彝、黄遵憲、李圭、戴鴻慈、載澤和梁啓超外,也少有如李丹麟般足迹遍布四洲、行程環球一轉的旅行者。相對其他域外行紀,《游歷圖記》中欠缺李丹麟及其同行者與域外人士交流的内容,總體上李丹麟在評述異域時顯露的思想觀念在晚清游記作者中間是趨向保守的。然而不同於外交使節、譯員及其他身份的旅行者,李丹麟身爲"好尚奇特"的傳統文人和專業畫家,不關心政治外交、意識形態與宗教、文藝,其觀察視角與異國印象必然是獨特的、不可複製的。

鄧驥英在《游歷圖記》序中感歎,與《游歷圖記》相比較,"覺印黻昌之《澳門紀略》,上繪偏隅。麟見山之《鴻雪因緣》,徒詳中土,是編雖略舉所見,而按圖可索,已足震異驚奇"。

這裏所説的"麟見山之《鴻雪因緣》",指清代麟慶所撰、汪春泉等繪圖的《鴻雪因緣圖記》,全書共三集,每集分上、下兩卷,一事一圖,一圖一記,凡240圖、記240篇,爲作者記述身世與親歷見聞之作,被收入《小方壺齋輿地叢鈔》。

麟慶(1792—1846),姓完顔氏,字伯余,别字振祥,號見亭,清滿洲鑲黄旗人,性好山水,宦游大江南北,將自己所歷所聞所見一一詳加記録,復請當時著名畫家汪英福(春泉)、陳鑒(朗齋)、汪圻(惕齋)等,按題繪成游歷圖,以期使生平雪泥鴻爪之印痕藉以長久保留。是書以圖文相輔相成的形式,實録其所至所聞的各地山川、古迹、風土、民俗、河防、水利、鹽務等等,保存和反映了道光年間的社會風貌。

《鴻雪因緣圖記》所載240幅木刻插圖,内容涉及山水屋木、人物走獸、舟車橋梁,精美細緻,纖毫畢具。汪春泉是江蘇碭山人,精於繪畫,長期在麟慶家任幕客,麟慶每詳述舊游,汪春泉即創作一畫,第一集八十幅插圖均出自其手筆。第二集插圖爲陳朗齋、汪惕齋繪。畫作雖具有文學、歷史、繪畫、民俗、建築的研究價值,但始終是出於作者之外的畫家手筆,且都不是對景寫生的第一手資料,而是畫家根據作者講述虚擬而成,更何況只繪及國内名勝,"徒詳中土",未涉及域外,是以其價值遠不及李丹麟的《游歷圖記》。

鄧驥英又將《游歷圖記》與《澳門紀略》相提並論,又評價後者"上繪偏隅",是有其原因的。《澳門紀略》是專記澳門的地方志書,由印光任、張汝霖所編撰,於1751年完成,史料詳實,圖文並茂,是世界和中國歷史上第一部系統介紹澳門的古籍著作,被譽爲"安邊緯略"之書。印、張二人皆曾出任澳門海防軍民同知,"歷海島,訪民蕃,搜卷帙",搜集了大量澳門地方的第一手資料。《澳門紀略》介紹了澳門歷史、地理風貌、中西文化、風俗民情、民間技藝等,並附有插圖21幀和400多條中葡對照詞語。

《澳門紀略》共三篇,分上下兩卷:上卷分别爲《形勢篇》和《官守篇》。《形勢篇》主要介紹澳門及附近地方之地理、氣候與軍事布防等;《官守篇》則集中記述歷史沿革,明朝與清朝的管治、相關政令與歷史事件等。下卷爲《澳蕃篇》,主要詳述外蕃之貿易往來、宗教信仰和傳教士在中國之風俗習慣等。

《澳門紀略》中有《海防屬總圖》、《前山寨圖》、《青洲山圖》、《縣丞衙署圖》、《正面澳門圖》、《側面澳門圖》、《關部行台圖》、《税館圖》、《議事亭圖》、《娘媽角圖》和《虎門圖》,較李丹麟《游歷圖記》中的"游歷各國輿地圖"精細詳備得多。《游歷圖記》的精華部分爲"游歷所見人物圖",包羅萬象,而《澳門紀略》中的人物圖寥寥可數,但其畫風近似李丹麟且更爲精巧,亦描繪了中葡居民的穿戴服飾,從以下三幅即可見出:

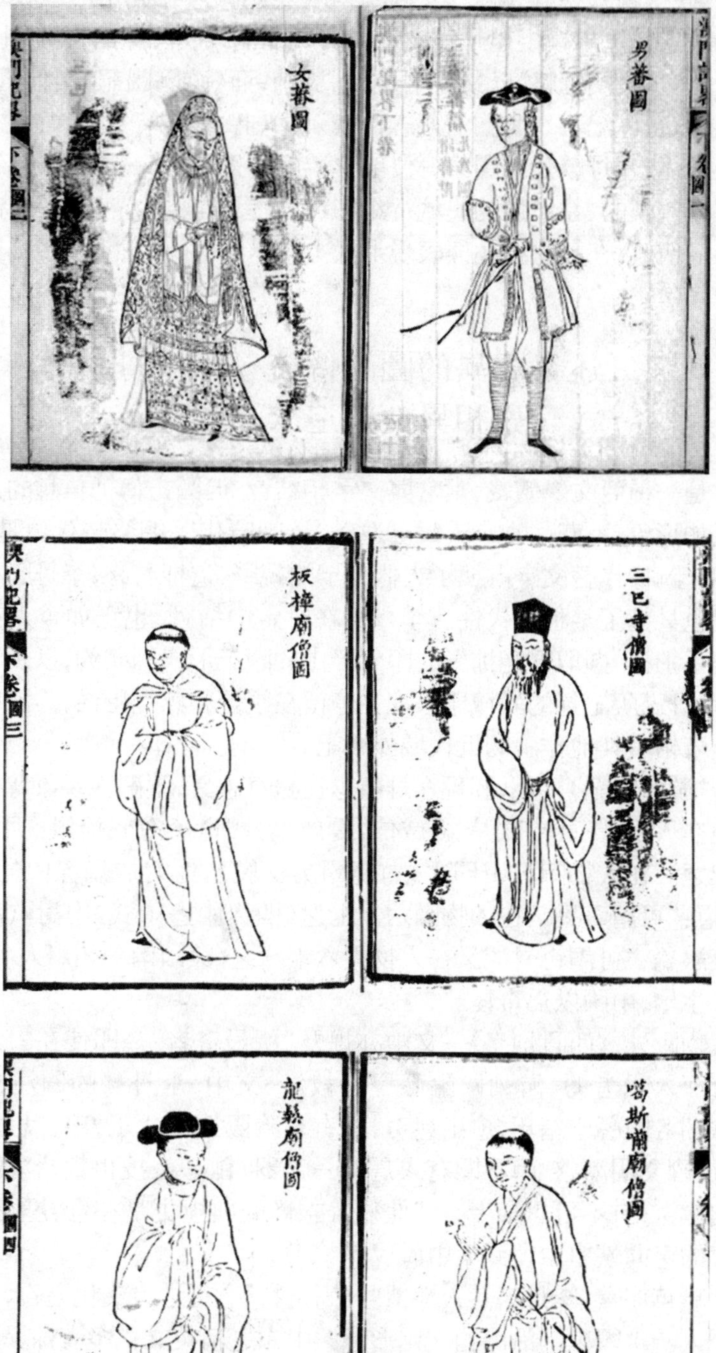
女番圖
男番圖
板樟廟僧圖
三巴寺僧圖
龍鬆廟僧圖
噶斯蘭廟僧圖

另有《硬轎圖》、《軟轎圖》、《女轎圖》和《洋船圖》,在此不一一枚舉。總的來看,無論是數量、規模上還是繪及地域的廣度上,《澳門紀略》都遠比不上《游歷圖記》,畢竟《澳門紀略》以文爲主,以圖爲輔,而《游歷圖記》則偏重圖畫,相較於世界之廣,專記小小澳門的方志自然只算"上繪偏隅"了。

綜上所述,李丹麟是中國第一位環球游歷的畫家,第一次以親手繪圖的形式留下了大規模的、系統性的異域行紀,其《游歷圖記》不僅具有獨特的歷史、藝術與民俗價值,在觀察視角與表現形式上更是獨樹一幟,應被視爲近代域外行紀中的異數。

三　述奇志異的圖説傳統——李丹麟的對相異性的追求溯源

圖畫是一種亞文學體裁,常常與文字相結合,但圖畫傳遞信息的方式往往比文字更加形象、直觀。當今人類已進入"讀圖時代",網絡時代更是追求"有圖有真相",圖像代替文字占據了人們閲讀的視野,這樣看來,李丹麟在晚清繪製的圖記也具備了某種現代性。李丹麟在行走中繪圖,也正如今人在旅途中用相機隨手拍攝,擷取浮光掠影的印象。由於圖記形式的制約,以及留駐時間之短暫,李丹麟所記録的異域印象往往停留在視覺和感覺層面,其深度遠不及第二部分表格中其他作者的近代域外游記。

縱觀《游歷圖記》,可以發現李丹麟志在獵奇志異,不關注現象背後的文化内涵。他在人物圖三十三中記夏威仁(夏威夷)國童子海底拾銀:"可謂奇也,故圖而記之。"在人物圖五十四之《白施國男女民》,他對於鳥葬中的"食屍之鳥"感歎道:"可謂奇異。"在人物圖六十七之《西人兩邊須式》中對歐洲人鬍鬚式樣發表議論:"可謂奇異。"又在人物圖六十八之《美國南美州婦人生鬚式》評論:"婦人生鬚,中國以爲奇怪。"

除人物圖外,《西貢炮臺》一文中亦提及"所最奇者"。即使在對中西科技發展進行深入思考的《游列國論藝學失教》一文中,李丹麟的關注點始終在"奇":"歐洲各國藝學精巧,愈出愈奇,竟有奪陰陽造化之工,出言思擬議之外者。""雖彼國文明漸啓,尚不聞有人焉製一奇器、創一奇技也歟?""數十年來,不更愈出愈奇,有不可思議者乎?"他獵奇志怪的興趣更是在《游歷圖記》第三部分搜集的奇聞軼事中得到集中體現。

據鄧驥英序言,李丹麟其人性情"好尚奇特"。從地方文化上看,李丹麟是廣東惠州人。中國東南沿海的文化形態與中原之精英文化多有殊異,尤其閩、粵兩省原本在傳統中華文化和方位律制中皆屬"南蠻"範疇,倚海洋交通與通商口岸之便利,歷史上與海外交流甚多,是以閩、粵之人心態較内地開放。從本文第二部分根據鍾叔河《走向世界叢書》整理的近代域外行紀列表來看,在域外游記作者中廣東人占了相當大的比重。因此開放求異的心態反映在《游歷圖記》中也就不足爲奇了。

李丹麟著述的志趣頗似晚清域外游記作家張德彝。張德彝八次出國,每次作一部以“述奇”爲名的日記體見聞録,共七十餘卷,二百餘萬言,合稱“八述奇”。張德彝在《隨使英俄記》自序中毫不諱言自己是“因奇志奇”①,而李丹麟創作圖記的動機正似張德彝述奇。

李丹麟與張德彝都是關注自身與他者文化之間差異的作者。達尼埃爾-亨利·巴柔(Daniel-Henri Pageaux)在《多元文化主義與文化間性:從形象學到媒介》一文中指出:“差異是任何文化或文化對話的基礎。在相互交往、對話的文化之間,差異和等級觀念、遠近距離觀念(常常是想象出來的,而不是真實存在的)不可分離。”②在與其他文化的比較中,文化通過差異而認識自身。法國學者達尼埃爾-亨利·巴柔指出:“一切形象都源於對自我與‘他者’,本土與‘異域’關係的自覺意識,即使這種意識是十分微弱的。”③雖然李丹麟與張德彝的思想水準不及同時代的其他域外游記作者,但對照表像之差異的努力還是體現出他們的自覺意識。

鄧驥英在《游歷圖記》序中建言:“倘以暇日,裒輯成書,安見《山海》一經不可後先同揆也?”他還在序言中稱贊圖記“且也雕題、鑿齒有象,斯呈牛鬼蛇神,揮毫欲活”,正是援引了《山海經》中的異獸之名。“雕題”語出《山海經·海内南經》:“伯慮國、離耳國、雕題國、北朐國皆在郁水南。郁水出湘陵南海。”④“鑿齒”源自《山海經·海外南經》:“羿與鑿齒戰于壽華之野,羿射殺之。在昆侖虚東。羿持弓矢,鑿齒持盾。一曰戈。”⑤這啓示了《游歷圖記》與中國先秦古籍《山海經》的内在聯繫。

《游歷圖記》延續了中國文學中以圖畫狀物紀行的傳統,這種圖説傳統可上溯到《山海經》。《山海經》一書介紹奇山異國,記載物産、水道,又描述大量山神祭禮、神話傳説,兼具真實與荒誕,既非志怪小説,又非史乘方志。據陶淵明《讀山海經》中“流觀山海圖”詩句可知,古山海經有圖,形式可能接近李丹麟《游歷圖記》。郭璞曾作《山海經圖贊》,清人畢沅也在《〈山海經〉古今本篇目考》中指出:“山海經有古圖,爲漢所傳,有梁張僧繇等圖。”可見《山海經》採用圖記形式,是圖説傳統的最早代表。

《七略别録佚文·數術略佚文》有劉歆上表,總結了《山海經》的内容與性質:“内别五方之山,外分八方之海,紀其珍寶奇物,異方之所生,水土草木禽獸昆蟲麟鳳之所止,禎祥之所隱;及四海之外,絶域之國,殊類之人。禹别九州,任土作貢,而益等類物善惡,著《山海經》。皆聖賢之遺事,古文之著明者也,其事質明有信。”與《游歷圖記》相似,《山海經》的特點也是以獵奇尚異的志趣關注異域:“朝士由是多奇《山海經》者,文學大儒多讀學以爲奇,可以考禎祥變怪

① 鍾叔河編《走向世界叢書》第九册,岳麓書社,2008年,第272頁。
② 樂黛雲、孟華主編《多元之美》,北京大學出版社,2009年,第131頁。
③ (法)達尼埃爾-亨利·巴柔《形象》,見孟華主編《比較文學形象學》,第155頁。
④ 陳成《山海經譯注》,上海古籍出版社,2012年,第234頁。
⑤ 陳成《山海經譯注》,第213頁。

之物,見遠國異人之謡俗。"[①]紙上得來終覺淺,絶知此事要躬行,李丹麟在行萬里路後,以畫圖方式"考禎祥變怪之物,見遠國異人之謡俗",正是對《山海經》圖説傳統的繼承與發揚。

對外部世界的好奇心,體現出李丹麟對相異性的獨特看法。讓-馬克·莫哈(Jean-Marc Moura)在評述維克多·謝閣蘭(Victor Segalen)關於異國情調的筆記時説:"異國情調者指的是那種樂於發現一個民族不同特性的人。他者的不可穿透性對他而言絲毫不是攫取的目標,而是快樂和豐富自我的源泉。"[②]李丹麟雖然並非謝閣蘭所定義的異國情調者,卻在描繪奇異對象的愉悦中體現出對相異性的强烈興趣。"相異性文學就是從距離中獲得快感的文學"[③],如果説《山海經》開啓了古代中國人好奇心的不竭之源,可視爲相異性文學的濫觴,那麽千年後開眼看世界的人們則爲中西之對立與反差而激動,寫出近代一系列述奇志異的域外游記,帶來了相異性文學的高潮,這也是對《山海經》的回眸。

晉代郭璞在《山海經》序中一語道破:"物不自異,待我而後異,異果在我,非物異也。"[④]形象之奇異,其根源在於注視的主體,而不是被注視的客體,郭璞的見解契合了比較文學形象學的基本觀點。

法國學者布吕奈爾(Pierre Brunel)這樣定義"形象":"形象是加入了文化的和情感的、客觀的和主觀的因素的個人的或集體的表現。"[⑤]達尼埃爾-亨利·巴柔認爲文學形象就是"在文學化,同時也是社會化的運作過程中對異國看法的總和"[⑥]。在形象學的意義上,形象並不是複製的而是想象的,是一種創造或再創造。作者對異國並非作客觀的觀察,而是根據自己的體悟來進行有意識或無意識的改造。

創作異國形象時,作者從現實中篩選出適用於描述的特點和成分,這種選擇藴含了豐富的社會與文化意義。比較文學意義上的形象"並非現實的複製品(或相似物);它是按照注視者文化中的模式、程式而重組、重寫的,這些模式和程式均先存於形象"[⑦]。李丹麟在《游歷圖記》形象的創作中,或許先在地受到中國傳統文化中《山海經》模式的影響。

達尼埃爾-亨利·巴柔指出:"形象是對一種文化現實的描述,通過這一描述,製作了(或贊成了,宣傳了)它的個人或群體揭示出和説明了他們置身于其

---

① (漢)劉向、劉歆撰,(清)姚振宗輯録,鄧駿捷校補《七略别録佚文·七略佚文》,上海古籍出版社,2008年,第77頁。

② (法)讓-馬克·莫哈《文學形象學與神話批評:兩種比較文學研究方法的交匯於分析》,見孟華主編《比較文學形象學》,第227頁。

③ (法)讓-馬克·莫哈《文學形象學與神話批評:兩種比較文學研究方法的交匯於分析》,見孟華主編《比較文學形象學》,第229頁。

④ 陳成《山海經譯注》,上海古籍出版社,2012年,第315頁。

⑤ (法)布吕奈爾《形象與人民心理學》,見孟華主編《比較文學形象學》,第113頁。

⑥ (法)達尼埃爾-亨利·巴柔《形象》,見孟華主編《比較文學形象學》,第154頁。

⑦ (法)達尼埃爾-亨利·巴柔《形象》,見孟華主編《比較文學形象學》,第157頁。

間的文化的和意識形態的空間。"[①]在《游歷圖記》中,我們不僅能辨識出李丹麟"好尚奇特"的個人風格,可以辨識出南粵開放文化與《山海經》圖説傳統的影響之痕迹。

對異國情調的濃厚興趣,與述異獵奇的圖説傳統相結合,在李丹麟筆下,相異性、神秘性與眼前異域之人的具象相交匯,想象由此被引向現實與神話的邊界。

四 喧鬧的土人與沉寂的泰西——單向注視中想象的雙重整合

社會集體想象物,即全社會對某一異國的集體闡釋。如孟華在《比較文學形象學論文翻譯、研究札記》中闡明的,"游記作者往往扮演了雙重角色:他們既是社會集體想象物的建構者和鼓吹者,又在一定程度上受到了集體想象的制約,因而他們筆下的異國形象也就成爲了集體想象的投射物"[②]。異國形象是社會集體想象物的一種特殊表現形態,李丹麟在《游歷圖記》中呈現的異國形象也是中國對異域的集體想象之投射。"一個作家筆下的形象,主要不是對異國社會(缺席的客體)的表現,而是對本國社會(在場的主體生活於其中)的表現。"[③]儘管李丹麟在《游歷圖記》中較少作價值判斷,盡可能平等、客觀,但他仍然無法超越集體無意識的樊籬。李丹麟《游歷圖記》之局限性,反映的是中國社會意識形態的潛在影響。

形象學理論中,"套話"(stereotype)是能集中體現異國形象中所包含的集體想象的語彙。"套話是形象的一個最小單位,它濃縮了一定時間内一個民族對異國的'總的看法'。"[④]套話被視作形象的一種基本形態,在達尼埃爾-亨利·巴柔看來,"作爲他者定義的載體,套話是對在任何歷史時期都希望有效的所謂集體知識的陳述"[⑤]。

達尼埃爾-亨利·巴柔還指出,"套話是以隱含的方式提出了一種恒定的等級標準,一種對世界和一切文化的真正的二分法","套話在描寫性詞彙和標準性詞彙間進行最典型的意識形態混淆。描寫性詞語(身體表語)混淆在標準性範疇内(某個民族、某種文化是劣等的)"[⑥]。短小而習見的"套話"中,往往包含著作者本人及其所屬社會群體對本民族和整個世界的認知。在符號學家

---

① (法)達尼埃爾-亨利·巴柔《從文化形象到集體想象物》,見孟華主編《比較文學形象學》,第121頁。

② 孟華主編《比較文學形象學》,第16頁。

③ 孟華主編《比較文學形象學》,第9頁。

④ 孟華主編《比較文學形象學》,第12頁。

⑤ (法)達尼埃爾-亨利·巴柔《從文化形象到集體想象物》,見孟華主編《比較文學形象學》,第126—127頁。

⑥ (法)達尼埃爾-亨利·巴柔《從文化形象到集體想象物》,見孟華主編《比較文學形象學》,第127—128頁。

看來,誤讀是産生套話的基礎,反之,我們可以從套話中辨認誤讀的痕迹。

“泰西”是清末域外紀行文字中頻繁出現的詞彙,泛指西方國家,一般指歐美各國。“泰西”在特定歷史時期已成爲一種套話,在晚清的中國知識分子心中唤起固定的西方印象。

李丹麟對南洋和南美洲的描述細緻到各個名不見經傳的小地方、少數民族,比如堙陣國、吕宋、嗎撻、北魏國、馬德國、沙喇國、葉阿波國等,對歐洲人卻籠統地以“泰西”或“西人”稱之,未詳加區分國别與民族,以共性籠罩個性,這表明“泰西”的内涵在李丹麟的意識中已經趨於固化。

縱觀《游歷圖記》,可以發現泰西發達國家的圖畫少,文字注釋亦少,而關於欠發達地區土著人民的圖畫和文字相對較多。一方面,晚清介紹西方各發達國家的游記衆多,但對於亞非拉地區土著居民的記載較少,李丹麟的《游歷圖記》彌補了這一空白。

但另一方面,正如徐君勉所説:“凡游野蠻地爲游記易,游文明地爲游記難。”梁啓超在《新大陸游記及其他》自序中總結:“中國前此游記,多紀風景之佳奇,或陳宫室之華麗,無關宏旨……但觀察文明複雜之社會,最難得其要領。”①李丹麟的圖記也不能免俗,記録的還是無關宏旨的佳奇風景、特異人物,對文明複雜之社會不得要領。在人物圖六十六他描繪泰西女工、在人物圖六十七他描繪泰西老農工,但對於西方工業文明、社會階級分層和男女平等情况一字不提;在人物圖七十五他摹寫天主教女教士和泰西教士,但對西方宗教文化也顯得不甚了了。思想上的鴻溝,最顯著地表現在地圖十八《華盛頓圖》:

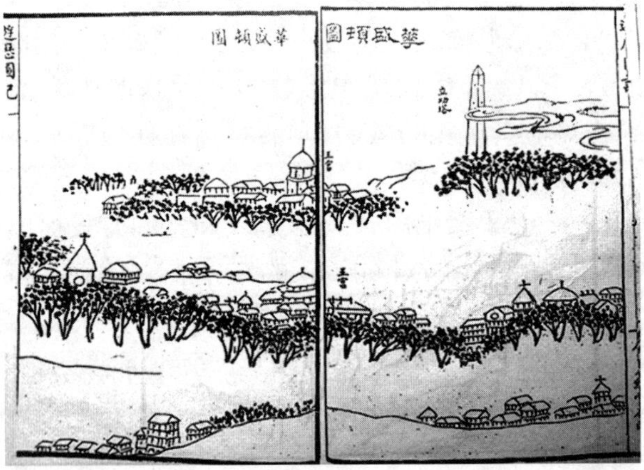

在這幅圖中,李丹麟將華盛頓紀念碑置换爲“立功塔”,又將國會山與白宫誤認爲“王宫”。廣東名儒梁廷枏在其 1846 年撰寫的《海國四説》中已介紹過英美等國的議會制度和民主政治;徐繼畬在《瀛環志略》中已對近代西方各國的政治制度進行了更爲詳細的陳述,講解了美國的選舉制度;魏源在《海國圖志》開篇

① 以上引自梁啓超《新大陸游記及其他》自序,見鐘叔河編《走向世界叢書》第十册,岳麓書社,2008 年,第 417 頁。

就用“武、智、公、周、富、誼”來贊揚美國，對美國的政治制度推崇備至，對於美國國會參衆兩院也進行了比較精確的論述。在當時，反觀李丹麟到美國首都華盛頓蒞臨三大標志性建築，竟對美國三權分立的民主制度一無所知，而且還生搬硬套中國封建專制的思想系統，這種謬誤在當時也是令人啼笑皆非的。

《華盛頓圖》中的“立功塔”與“王宫”就是一種“套話”，反映出當時中國傳統文人對西方政治體制的集體想象。李丹麟雖好尚奇特，但骨子裏還是思想保守，完全無法理解在他眼前呈現的“泰西”的真正內涵，深深的隔閡使西方的客觀形象在李丹麟的視野中扭曲變形。

另一種“套話”存在於對欠發達地區的描述中，隱含民族偏見甚至歧視。比如在人物圖五十之《安南(越南)女子貿易式》中，李丹麟從中國傳統禮儀規範的角度指摘越南女子之行動自由：“安南(越南)女子多挺胸凹肚，行無禮，坐無規矩，任性所爲，出入無常。”

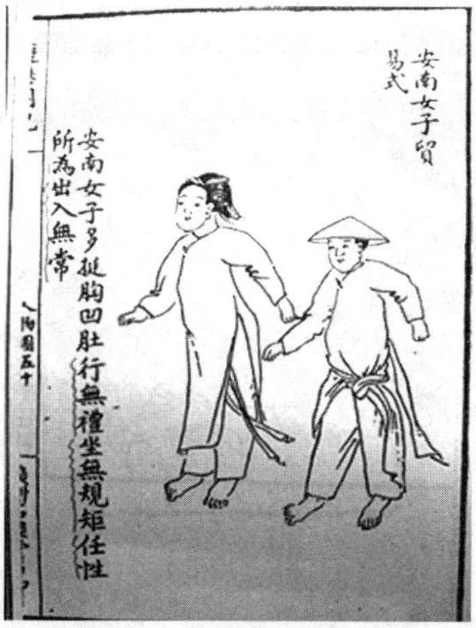

在人物圖五十三之《越南界十洲山猺酋長式》中，李丹麟以“蠻夷輩”指稱越南界十洲山猺。

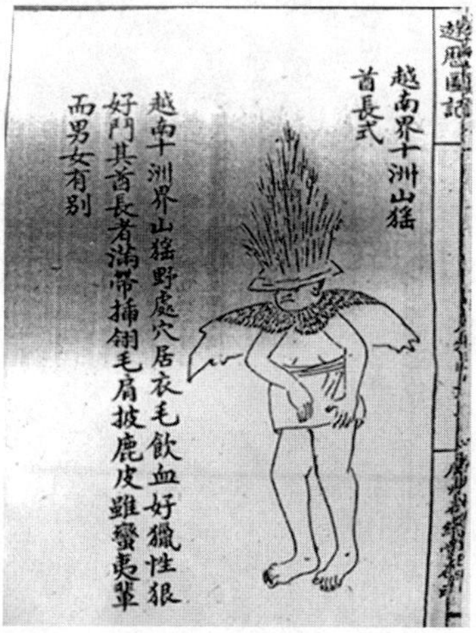

"蠻夷"也是一種"套話",起源於春秋時華夏和戎、狄、蠻、夷的區分,東方曰夷,南方曰蠻,西方曰戎,北方曰狄。"蠻夷"一詞是先秦時期華夏中原民族對於周邊其他民族的稱謂,泛指與華夏中原地區相比的遠方族類,後來逐步被賦予了歧視和侮辱性的内容。

古代華夏族群居于中原,爲文明中心,因此逐漸産生了以華夏禮義爲標準進行族群分辨的觀念,不合於華夏禮俗者爲蠻夷、化外之民。華夷之辨的宗旨植根於《春秋》以及《儀禮》、《周禮》、《禮記》、《尚書》等儒家典籍,如《左傳・閔公元年》載:"狄人伐邢。管敬仲言于齊侯曰:'戎狄豺狼,不可厭也;諸夏親昵,不可棄也。宴安鴆毒,不可懷也。'"①《論語・八佾》:"夷狄之有君,不如諸夏之亡也。"②《左傳・定公十年》:"裔不謀夏,夷不亂華。"③

古代中國人以文化(禮儀、道德、思想、服飾等的綜合體)嚴格區分先進的華夏族與落後的"蠻夷",在潛意識中認定漢族比其他民族都高等,千年來秉承着《孟子・滕文公上》中的觀念:"吾聞用夏變夷者,未聞變於夷者也。"④"蠻夷"這種套話裏暗含着李丹麟堅守華夷之辨的陳舊觀念。

又如人物圖七十六之《英屬烏吐國人》一段描述中,隱含深深的成見:"女子自權,左衽長髮,俗淫。"

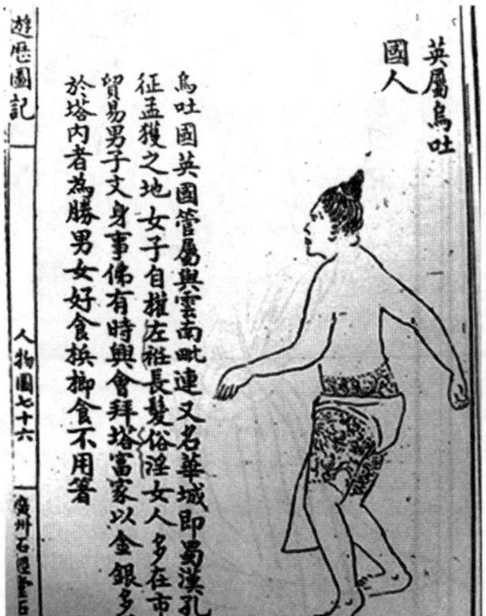

這不但從反面體現了以李丹麟爲代表的傳統中國人"男尊女卑"、"三從四德"的觀念,還包含另一帶有民族歧視的"套話":披髮左衽。古代中原漢族服裝衣襟向右,以"右衽"謂華夏風習。"左衽"一般指中原地區以外少數民族,即

---

① 《十三經注疏(整理本)・春秋左傳正義》,北京大學出版社,2000年,第346頁。

② (清)阮元校刻《十三經注疏(清嘉慶刊本)・論語注疏》,中華書局,2009年,第5356頁。

③ 《十三經注疏(整理本)・春秋左傳正義》,第1827頁。

④ 《十三經注疏(整理本)・孟子注疏》,第175頁。

古人眼中"蠻夷"的裝束。《尚書・畢命》中有"四夷左衽,罔不咸賴,予小子永膺多福"一句,東漢鄭玄注云:"言東夷西戎南蠻北狄被髮左衽之人,無不皆恃賴三君之德,我小子亦長受其多福"①。《論語・憲問》中有這樣的感慨:"微管仲,吾其被髮左衽矣。"②史書如《後漢書・西羌傳・滇良》也記載:"羌胡被髮左衽,而與漢人雜處。"③"左衽長髮"看似客觀描寫,實際上暗含民族心理上的貶斥。

圖記中一系列重複的"套話"增强了野蠻的印象,比如:

《堙陣國酋長式》:"衣毛飲血,善箭,好獵,性狼(狠)惡,亦以多殺人爲酋長。"

《嗎撻山民》:"性兇惡,不服王化,野處穴居。"

《吉冷國人食餐式》:"不用箸,不用刀叉,用右手將飯爪挪入口而食之,左手不行禮,專以出公(恭)之便,抹屎而已。均席地而食。印度及嗎蘫國(馬來?)、吉冷國、暹羅國(泰國)、晏江大耳孔國等人,食物概不用箸,食物皆指,食畢,且不洗手,僅以衣拭之。其衣服不潔,可想而知也。"

《臺灣山番男子式》:"臺灣生番,野處穴居,喜獵,用噴筒,能傷虎象各獸。披髮文身,遇人即傷。以獸血漆身……性兇惡,男女多衣樹葉……"

《黑嗎蘫民式》:"食以右手爪(抓)飯入口,左手以大解抹屎之用,行禮故不用左手云爾。"《棕色嗎蘫富商式》:"但食用右手取飯,左手不動,緣則以左手抹糞。"

《也治國民》:"大山穴居,多殺人爲酋長。"

人物圖五十六《金邊(柬埔寨)屬國山民》:"性狠好鬥。"《佬查國山民式》:"此山民短髮文面,野處穴居……以獵爲業,性狠好鬥。"

《加里吉打民餐食法》:"食不用箸,均以右手爪食。"

其中"野處穴居"這一"套話"見於《易・繫辭下》:"上古穴居而野處,後世聖人易之以宫室,上棟下宇,以待風雨,蓋取諸大壯。"④"衣毛飲血"出自《禮記・禮運》:"未有火化,食草木之食,鳥獸之肉,飲其血,茹其毛,未有麻絲,衣其羽皮。"⑤"食不用箸"即不合漢人飲食習慣,還有"多殺人"、"性兇惡/性狠惡"等反復出現的"套話"。

這些源自注視者國家、用於定義被注視者國家的語詞,背後有着"夷夏之辨"根深蒂固的文化傳統。保羅・利科(Paul Ricoeur)總結了社會集體想象物的兩種表現方式:意識形態與烏托邦,"烏托邦本質上是質疑現實的,而意識形

---

① (清)阮元校刻《十三經注疏(清嘉慶刊本)・尚書正義》,中華書局,2009年,第522頁。
② (清)阮元校刻《十三經注疏(清嘉慶刊本)・論語注疏》,第5457頁。
③ (南朝宋)范曄《後漢書》,中華書局,2012年,第2314頁。
④ (清)阮元校刻《十三經注疏(清嘉慶刊本)・周易正義》,第181頁。
⑤ 《十三經注疏(整理本)・禮記正義》,北京大學出版社,2000年,第780頁。

態恰要維護和保存現實"[①],"凡按本社會模式、完全使用本社會話語重塑出的異國形象就是意識形態的;而用離心的、符合一個作者(或一個群體)對相異性獨特看法的話語塑造出的異國形象則是烏托邦的"[②]。李丹麟以中華衣冠、禮儀爲標準衡量各地文明程度,對"夷夏之辨"觀念的認同表明他塑造的異國形象是意識形態的。

據讓-馬克·莫哈説,意識形態形象"按照群體對自身起源、特性及其在歷史中所占地位的主導性闡釋將異國置於舞臺上。這些形象將群體基本的價值觀投射在他者身上,通過調節現實以適應群體中通行的象徵性模式的方法,取消或改造他者,從而消解了他者"[③]。李丹麟正是按照中國傳統的主導性闡釋將異國置於畫紙上,將"華夷之辨"的觀念投射在異國人事之上。爲適應中國傳統思維模式,李丹麟對現實的調節和改造是雙向的:一方面無視西方發達國家的民主政治與自由思想,另一方面將亞非拉地區的落後風俗歸入中國傳統"蠻夷"的範疇(這是從"夷夏之辨"觀念出發的,而非西方視角的"half-civilized"、"Barbarian")。

保羅·利科《在話語和行動中的想象》指出:"意識形態的不良功能叫做畸變和掩飾……它插入到了想象的整合功能中。"[④]在面臨難以理解的西方時,李丹麟決定用"套話"掩飾自己思想認識的不足與西方先進於東方的客觀現實;在面對奇異而落後的土著時,李丹麟選擇以畸變的方式突出土人野蠻而神秘的一面,由此完成想象對現實的雙向整合。

美國左派批評家賽義德(Edward Said)認爲,東方主義是西方文化建構中作爲"他者"形象逐步確立起來的話語體系,在這個過程中東方被視爲一個沉默、無能的客體,因此作爲愚昧、落後代名詞的東方概念本身就是西方意識形態的話語建構。借用賽義德的"東方主義"理論,我想引入"西方主義"的概念,説明《游歷圖記》從東方立場建構的西方形象,反映出隱蔽的"西方主義",即潛意識的夷夏之辨。

賽義德在《東方主義》導言中說:"東方主義不是歐洲人關於東方虛無縹緲的幻想,而是被創造出來的一整套理論和實踐……作爲關於東方的一個知識體系,東方主義已經由於不斷的投資而成爲一個被接受的網路……東方便通過這個網格的過濾而進入了西方的意識之中。"[⑤]同樣地,中國人從先秦開始就創造出一整套"華夷之辨"的理論和實踐,這種儒家知識體系不斷被完善和深化,導致近代打開國門面對陌生的西方時,西方必須通過中國傳統"夷夏之

① (法)讓-馬克·莫哈《試論文學形象學的研究史及方法論》,見孟華主編《比較文學形象學》,第33頁。

②③ (法)讓-馬克·莫哈《試論文學形象學的研究史及方法論》,見孟華主編《比較文學形象學》,第35頁。

④ 孟華主編《比較文學形象學》,第62頁。

⑤ (美)賽義德(Said,E. W.)著,謝少波、韓剛等譯《賽義德自選集》,中國社會科學出版社,1999年,第7頁。

辨”觀念的過濾,艱難地進入東方的認知視野。“東方主義中出現的東方是一個再現的系統,由一整套力量所構造,這些力量把東方置入西方學問、西方意識和後來的西方帝國之中。”[①]筆者認爲,“西方主義”中的西方更是一個獨特的再現系統,中國人對西方的認識以及“華夷之辨”的内涵變遷,有待更深入的研究。

“東方主義”與形象學理論是相通的,都遵從接受美學的邏輯,注重接受主體的作用:“東方主義的根本意義與其説取决於東方,毋寧説取决於西方,這種意義直接由西方各種再現技巧所使然……而這些再現的效果又依賴于制度、傳統、成規和通用的理解符碼,而非依賴於一個遥遠的和形變的東方。”[②]反之,西方主義也取决於東方,中國人對西方的再現是依賴於君主專制、儒家傳統、“夷夏之辨”的成規和一系列“套話”的。

在我看來,西方主義中“套話”的作用就是用“泰西”或“蠻夷”這樣的語彙,給予中國讀者關於西方的特定信息的充分指涉,看似道德中立、客觀合理,實則是由意識形態與集體想象的哈哈鏡折射出的鏡像。

值得注意的是,“在討論東方之時,東方是完全缺席的,人們感到出席的只是東方主義者和他的言論”[③]。在《游歷圖記》中,西方也是缺席的、緘默的。我們很難想象李丹麟身爲駐美使署隨員,充任譯員游歷各國,竟會與西方人士全無交流。

《游歷圖記》中寫到土人的諄諄告誡,甚至在《人化虎》一篇中,李丹麟記述自己於“光緒三十年三月初十日,晉謁十州咾楂等屬山寨土王刁文持,所談十州風土人情,及其所管之地,盡皆明悉”。而形成鮮明對比的是,李丹麟圖記中的泰西人更像一尊尊沉默的靜物,他只在“西人兩邊須式”一圖中對西人鬍鬚的式樣作了簡短評論,没有透露任何交流與對話的意圖。然而看似喧鬧的土人,實際上也被李丹麟代言了,我們聽不到被描述者的真實聲音。

李丹麟的《游歷圖記》與其他近代域外游記相比,欠缺“他者眼中的自我”,是單向的注視與單義的描述。正如達尼埃爾-亨利·巴柔所揭示的,“在許多情况下,人們所談論的交流是單向的……他們面向異國而不要求任何相互的效果,不要求任何回饋也不要求對方理解自己的感情……他者不僅‘被注視’,而且必須緘口不語”[④],泰西人聲音的缺失與土人虚假的喧鬧,表明了李丹麟的述異之圖説是單向的、主觀的。然而一個民族唯有在與其他民族對照時才會質詢自己的身份,李丹麟單向的注視與隔絶的思想,無法形成真正的對照。

李丹麟從對相異性的追求出發,以圖記的方式力求客觀描述,但還是不免落入“套話”的窠臼,墮入意識形態與社會集體想象的陷阱,受到“夷夏之辨”思

① (美)賽義德(Said, E. W.)著,謝少波、韓剛等譯《賽義德自選集》,第32頁。

② (美)賽義德(Said, E. W.)著,謝少波、韓剛等譯《賽義德自選集》,第22頁。

③ (美)賽義德(Said, E. W.)著,謝少波、韓剛等譯《賽義德自選集》,第38頁。

④ (法)達尼埃爾-亨利·巴柔《從文化形象到集體想象物》,見孟華主編《比較文學形象學》,第141頁。

維模式的影響,在單向的注視中以想象對現實進行了雙向的整合,創造了《游歷圖記》中沉寂的泰西與喧鬧的土人之形象。

附記:本文得到了南京大學文學院卞東波老師的指導,本文所用的基本文獻《游歷圖記》亦由卞東波老師提供。

(作者單位:復旦大學中文系)

古典文獻研究（第十八輯下卷）
Journal of the Institute for Chinese Classics Studies
Nanjing University
Volume 18, No.2 2015

取義西學：劉師培轉换傳統學術的取徑

洪一麟

西學東漸，是清代中晚期以來中國學術史的一個明顯事實，在這樣的學術潮流之下，固然促使着清儒對傳統中國學術進行總結和反思，從另一方面而言，西學也逐漸地改變清儒對既有學術的認知與看法。隨着西方列强與西方文明對清政府主導統治的中國所造成的影響日深，張之洞提倡"中體西用"，魏源"師夷長技以制度夷"的提出，康有爲的"托古改制"都是清儒認識到西學的强大和先進性之後，希望清政府向西方看齊，作出適應時代和社會需求的新改革所提出的呼聲。迫於國内士子的呼聲和當時外患日重，清政府也不得不作出相應的改革，例如改變長久以來科舉制度的考試内容。

劉師培最初開始接觸西學便是在這種無可奈何的情況下展開的。可以這麽説，劉師培即便爲了應付改革後的科舉，也不得不主動地去接觸與瞭解西學。與康有爲的主動擁抱西學有所不同的是，劉師培從一開始被動地接受西學到主動閲讀西學譯著，其目的並不是擁抱西學，而是希望從西學先進之處中取義，來結合推動傳統中國學術走出學術困境，向學術現代化進程的道路上進行轉型。

劉師培 1903 年奔赴上海至 1911 年辛亥革命之間的八九年間，在其家學根底的學養基礎上，大量地撰述了本於儒家經典而爲了應世所闡發的"衍義"性著作。作爲一位十分擁抱社會的學者，劉師培一直致力投身於通過報刊撰述來宣傳革命的工作之中，其宣傳民族革命、民主革命、甚至是無政府主義的撰述，在内容上都或多或少地引用了西學的概念，並以中國傳統學術固有的思想、詞彙來接應闡釋西學概念。劉師培之所以這麽做，存在着他爲了將西方文明中先進的社會觀念在中國社會上推廣，進而達到革命救國的目的。簡言之，在劉師培眼中一直都是將西學視爲闡明中學的"器"，而並非其學術體系的根本。

一　以字詮史:傳統小學的轉型

傳統意義上屬於小學範疇的文字、音韻、訓詁之學[①],歷來便是中國學術門類裏附屬於經學的基礎學問,從來没有獲得獨立的學術地位而存在。小學在中國學術中所起到的作用,就是服務於經學研究,爲經典訓讀提供基礎,惟有掌握文字、音韻、訓詁之學,才能將經典中拗口難懂的文字"順古",從而將閲讀難度降低,提高對經典文義把握和理解的準確度。

清代隨着乾嘉時期考據之學興起,標榜着向漢學靠攏的清儒更是直接以小學作爲他們考據學的基礎手段,使得以小學爲基礎、經史考證爲核心的漢學在清代學界日漸獲得重視,當時的清儒們基本都認爲這是比宋明學術更有助於闡發經典大義的實學,以至於小學隨着考據學的興盛而成爲了乾嘉時期學術的顯學。

但自嘉道二朝以來,清政府處於内憂外患的時局,國力日衰,已不復康雍乾三朝時的盛世氣象,促使儒家學者們開始從學術上進行反思及檢討。因此在儒家内在學術性格産生了反應的情况下,清代學界裏開始出現一些呼聲,指出繁瑣考據的漢學是致使學術與現實社會脱節的主要原因,進而認爲漢學是無法致用的學問。而作爲乾嘉漢學的治學門徑,小學自然連帶地遭受到了有志之士的猛烈批評。在常州學派莊存與等人倡言西漢今文《公羊》學,使得《公羊》學再度興起之後,儒家學者們便在學術層面上不斷地嘗試改革應世,以期能達到"學術救國"的效果,從而加速了傳統小學自乾嘉時期的顯學走向衰落的道路。

在學術風氣濃郁的揚州,由於地域特性導致揚州學術上有着"通"的學風特質,使得一些揚州學者産生了爲傳統小學尋找新的學術轉型出路的想法。阮元結合宋代金石學的觀點,主張"欲觀三代以上之道與器,九經之外,舍鐘鼎之屬,曷由觀之"[②]、"形上謂道,形下謂器。商、周二代之道存於今者,有九經焉;若器則罕有存者,所存者,銅器、鐘鼎之屬耳。古銅器有銘文,銘之文爲古人篆迹,非經文隸楷、縑楮傳寫之比,且其詞爲古王侯、大夫、賢者所爲,其重與九經同之"[③]。在阮元的論述中,商周青銅器銘文在學術上的重要性,並不比九經遜色多少,都是上古載"道"之"器"。與阮元同時的常州孫星衍亦持有類似的觀點,認爲"經義生於文字,文字本於六書,六書當求之篆籀古文,始知《倉頡》、《爾雅》之本旨。於是博稽鐘鼎款識及漢人小學之書,而九經三史之疑義,

① 劉師培對小學的定義亦大致如此,曰:"今觀古、今小學書,析爲三類:一曰訓詁之學,二曰文字偏旁之學,三曰音韻之學。(自注:蓋以訓詁、文字、音韻三類,爲小學正宗。訓詁者,研究字義之學也;文字者,研究字形之學也;聲韻者,研究字音之學也。必三者俱備,然後可以言小學。)"見劉師培《左盦外集》卷六《正名隅論》,萬仕國點校《儀徵劉申叔遺書》,廣陵書社,2014年,第4310頁。

② (清)阮元《揅經室三集》卷三《商周銅器説上》,《揅經室集》,中華書局,1993年,第633頁。

③ (清)阮元《商周銅器説上》,第632—633頁。

可得而釋”[①]。阮、孫二人的觀點相當明確,他們希望通過青銅器上的銘文,與經文史籍相互印證發明,以探求古代文化的原貌。這樣一來,小學就相當於被賦予了考銘文以印證經史的新使命,而不再僅僅只是服務於經典文獻文本中所進行的繁瑣文字考據工作。

劉師培學術風格的形成過程,在繼承其家學傳統的同時,更有着濃厚的揚州學風的特質,他的身上可謂延續了揚州前賢治學的精神。而嚴復所譯介的西學著作,尤其是社會學方面的著述如斯賓塞的《社會學原理》、甄克思的《社會通詮》等,也讓劉師培注意到小學轉型突破的可能性。因此阮元、孫星衍對於突破傳統小學困境,爲小學探索新出路的努力,也直接地被劉師培所繼承及闡述,他說:

> 蓋欲考古政,厥有三端。一曰書籍。五帝以前,文字未興,史官未立,而《三墳》、《五典》,復歷久無徵。間有記載之書,又以語失雅馴,爲搢紳先生所弗道。惟《世本》諸編,去古未遠,雖記事各殊,然片語單詞,皆足證古初之事迹,其可考者一也。二曰文字。文字造字之初,始于蒼頡,然文字之繁簡,足窺治化之淺深。(自注:中國形聲各字,觀其偏旁,可以知古代人群之情況。予舊著《小學與社會學之關係》,即本此義者也。)此可考者二也。三曰器物。木刀、石斧,今雖失傳,然刀幣、鼎鐘,(自注:觀近代金石書可見。)考古家珍如拱璧。此可考者三也。(自注:惜中國不知掘地之學。使仿西人之法行之,必能得古初之遺物。況近代以來,社會之學大明;察來彰往,皆有定例之可循。則考迹皇古,豈迂誕之辭所能擬哉?)[②]

通過對小學的剖析,劉師培認爲可以在漢字字形中考察上古社會的情況及治國教化的深淺程度,因此在他的論述語境裏,小學便具備瞭解釋上古社會面貌的實用功能。而復又指出,通過書籍、文字、器物三者互證的方法,再旁參西方社會學著作中的社會學定例,不僅可以考明古政原委,還可以“考究古代人群之情況”。劉氏這樣的思考論述,無疑與現代歷史社會學的基本概念是相當接近的。

劉師培所論述的書籍、文字、器物三端,其於“器物”下自注所提出“惜中國不知掘地之學。使仿西人之法行之,必能得古初之遺物”的主張,可謂在當時學界發聾振聵。若仔細進行辨析,當可發現劉師培的主張,宋人早已有之,此前錢大昕已有類似説法,又與王國維在近代四大考古發現的基礎上所提出的强調“紙上之材料”和“地下之材料”相互印證的“二重證據法”,在概念上顯然極爲接近。王國維的論述作:

> 吾輩生於今日,幸於紙上之材料外,更得地下之材料。由此種材料,我輩固得以據以補正紙上之材料,亦得證明古書之某部分全爲實録,即百

---

① (清)孫星衍《答袁簡齋前輩書》,《問字堂集》,商務印書館,1937年,第89頁。

② 劉師培《古政原始論·總叙》,第1941—1942頁。

家不雅馴之言亦不無表示一面之事實。此二重證據法,惟在今日始得爲之,雖古書之未得證明者,不能加以否定,而其已得明者,不能不加以肯定,可斷言也。①

考劉師培《古政原始論》於1905年5月23日開始在《國粹學報》第4、6、8、11、12期連載,王國維的"二重證據法"是1925年在清華國學研究院講授《古史新證》時才提出的,二者在時間上正好間隔了二十年,且對比之下,劉師培所論述的内涵較王國維之説更顯得豐富。雖然没有直接證據顯示王國維的論述受到過劉師培論述思路的啓發,但若以時間優先原則加以推測,王國維"二重證據法"方法的提出,與劉師培的論述,在一定程度上應該是存在着關係的。

在劉師培的學術體系裏,他非常擅長將所繼承的家學傳統與諸多不同體系背景的學術相互印證,轉相發明。西學在劉師培眼中,亦是用以印證發明傳統中國學術的"器"。因此劉師培曾提出一種"以字詮史"的方法,即本於其提出"書籍、文字、器物"中的"文字"之説。大致而言,劉氏"以字詮史"的方法脱胎於乾嘉經學考據字義的方法,但與乾嘉考據字義的學術取向已有所不同。乾嘉考據字義,乃是要把某經中的字義考明,且可以放諸諸書而皆準的詞彙之學;劉師培"以字詮史",是通過分析字形字源,來探索古史面貌。誠如其《字詮自序》所言:

察來之用,首恃藏往。舍睹往軌,奚知來轍?《小戴·禮運》歷舉飲食、宫室諸端,由後溯前,以昭遞嬗。吾謂政俗遷移,禮制損益,夏、殷而上,書缺有間。欲闡厥隱,惟恃文字。察所從之形,一也;窮最先之訓,二也;一字數義,求其引申、叚借之故,三也。②

劉師培堅信從西方社會學概念中所取得的新義,可以使小學突破清末時的學術困境,曾説:"故治小學者,必與社會學相證明。"③進而劉氏舉例説明小學如何在社會學的觀念下取義以進行突破,他説:

人群之始,貨力不私,共財于群,民無私畜。農牧利興,斯制漸失。此社會學家所公認之説也。今觀中土文字,"玄"、"田"爲"畜",許書以"田畜"釋之。又,"畜"、"蓄"義同,義爲"蓄聚"。且"積"、"私"二字,文均從"禾",則民私其財,始于農牧興起之後。此可考者一也。

艸昧之初,婚禮未興,男女之防未嚴,夫婦之名未立,故血胤相續,咸以女而不以男。母統之興,先于父統。此社會學家所公認之説也。今觀中土文字,"女"、"生"爲"姓"。得姓之字,均從"女"形。"姚"、"姬"、"姜"、"嬴",斯其最著,則古爲女統,益以有徵。此可考者二也。

---

① 王國維《古史新證》,姚淦銘、王燕編《王國維文集》,中國文史出版社,1997年,第2頁。
② 劉師培《左盦集》卷四《字詮自序》,第3821頁。
③ 劉師培《左盦外集》卷六《論中土文字有益于世界》,第4375頁。

太古之時，類聚群分，咸以圖騰示離合。及游牧制興，種類不同，以旗區别。標識既符，遂成部署。此亦社會學家所公認之説也。今觀中土文字，“族”訓“矢鋒”，從“矢”、從“㫃”。“㫃”爲旌旗之游，則古人以旗表民，民屬一旗，即爲同族。近今滿、蒙，猶存此制。故引伸其義，即爲氏姓之稱。此可考者三也。

宗法之始，由族制擴爲部族。酋長之制，即由家長而成。父即家君，君即國父。此亦社會學家所公認之説也。今觀中土文字，“君”字從“尹”，而古籍恒以“尹”代“君”。“尹”字從“又”，象持杖形。“父”爲家長率教者之稱，文亦從“又”，以表持杖之形，則國家起源，基于家族。此可考者四也。……即器物變遷，政教代嬗，執斯爲例，均可類求。故欲社會學之昌明，必以中土之文爲左驗。①

劉師培這樣從西方社會學中取義所得的“以字詮史”方法視角，爲清代已經走向末途的小學指出了一條新的轉型出路，故總結道：“窮其造字之形、義，以考社會之起源”，使小學從傳統經學的附庸地位中開始得到了新的意義内涵。劉師培認爲，沿着這條新轉型出路所走出來的小學，甚至可以跨越國界與世界學術對接，故而言道：“知中國字音之不克行遠，則知中國文字之足以行遠者，惟恃字形；而字形足以行遠之由，則以顧形思義，可以窮原始社會之形，足備社會學家所擷摘，非東方所克私。惜隸、楷體行，寖失其真。”②

可以這麽説，劉師培爲小學探尋的新轉型出路，其性質已然初具現代歷史語言學與社會學所謂的“關鍵詞”（keywords）學術研究方法的雛形。這便意味着，傳統中國學術中一直處於經學附庸，没有獨立學術地位的小學，也慢慢地在向西學取義的過程中邁向現代化，爲日後成爲獨立學科的現代語言學，邁出了嘗試性的第一步。

二　編纂教科書及改變書寫形式：傳統史學的轉型

（一）歷史教科書的編纂

史學乃是中國傳統學術體系中的大類之一，清代以前的學者在論述中國史學的時候都是以中國爲天下之中的中心本位進行敘述的，雖然元明以降，中國開始對西方有所接觸，但中國的史學著作中基本不引用西方的學術理論與研究成果。

由於時代因素，清代史學所呈現出來的學術面貌也是多變的。清代史學研究最早可以追溯到明末清初的顧炎武、黄宗羲、王夫之諸儒，這些大儒亦和西漢經師相似，都有着以經學經世的通儒精神。加上時處明清之際，他們的史

① 劉師培《左盦外集》卷六《論中土文字有益于世界》，第4375—4377頁。

② 劉師培《左盦外集》卷六《論中土文字有益于世界》，第4377頁。

學著作往往偏向於總結歷史經驗和充滿着歷史批判精神的[①]。由於清代統治者採取高壓的文化專制政策,致使清初許多通經致用的思想逐漸泯滅,加上學者們對清初士節墮落,僞學日昌的反動,而終使考據學在乾嘉時期成爲學術主流。此時如王鳴盛《十七史商榷》、錢大昕《廿二史考異》、趙翼《廿二史札記》則是乾嘉考據史學的代表作品,注重以考據史料的方法解讀歷史。張舜徽便曾認爲"古之經,即後世之史。則凡經部考證之書,無非爲考史而作耳"[②]。史學理論方面,章學誠在其《文史通義》中提出"六經皆史"的史學觀除了對戴震經學的反挑戰,更是對當時乾嘉考據學的狹隘學術觀起到了消解作用,而龔自珍賡續"六經皆史"理論的《古史鈎沉論》、《尊史》等諸多著作亦使得史學發展邁向了不同於乾嘉考據史學的史學論述道路。

清代自嘉道以降,儒學的基調經歷過漢宋之爭、乾嘉考據等學術趨勢後,有志之士率先認識到了清政府正步向衰敗之途,又鑒於考據之學所引領的學術日漸走向"學不能用"的末途,於是使得學術的整體傾向開始發生變化,轉爲倡言經世致用的道路。在經世致用的學術浪潮下,全面認識西方的需求便開始浮現,魏源《海國圖志》、徐繼畬《瀛環志略》等著作逐漸將點滴片斷的西方知識,匯聚成爲較完整和較系統的西方文明觀。有了這樣的先導作用,晚清儒家的諸多知識分子才得以從清代閉關鎖國的帷幕縫隙中,窺見廣闊的世界。

爆發於1840年的鴉片戰爭,使魏源原本提倡經世致用以改革清政府内務的想法發生了變化,這警示着魏源必須注意西方世界,進而使他認爲西方文明背景下的諸國才是清王朝必須面對及處理的新危機。鴉片戰爭帶給魏源最直接的衝擊和影響,體現在魏源不再像著《聖武記》般高談聖王武功,而是致力於介紹西方世界,以便能"師夷長技以制夷"。徐繼畬的《瀛寰志略》寫成於鴉片戰爭之後,正是"師夷長技以制夷"思想在清代上層社會萌芽的時期,加上前有魏源的《海國圖志》爲之先驅,徐繼畬在編撰體例上能夠資以借鑒,而終能兼具傳承與創新,爲清末的史學開創出一條認識世界的途徑。徐繼畬《瀛寰志略》與魏源《海國圖志》在清末共享盛名,無疑説明了清末無論是政治、社會或是學者群體間,對認識世界的需要已經日益受到重視。可以這麽説,1860年以後洋務運動的思想基礎,便是在這樣的歷史背景下展開的。

在清末儒家學者們極力反思、改造傳統學術以救亡圖存之際,西學恰於此時經由譯介傳入中國。由於清政府當時在各地設立新式學堂,又規定從新式學堂畢業也能得到科舉出身[③],使得當時的學子們紛紛湧向新式學堂就讀。然而在新式學堂内傳授的新知識類型和需求,卻又無法被中國傳統的典籍所滿足。在這樣的情況下,新式學堂對新型教科書、教學參考書以及概述新知識

① 如顧炎武的《日知録》、《天下郡國利病書》,黄宗羲的《明夷待訪録》、《明儒學案》、《宋明學案》,王夫之的《讀通鑑論》、《宋論》、《黄書》等等,都是此類著作。

② 张舜徽《愛晚廬隨筆之一·學林脞録卷九》,《張舜徽集》,華中師範大學出版社,2005年,第199頁。

③ 舒新城《近代中國教育史資料》,人民教育出版社,1961年,第66頁。

的"概論"、"通論"類著作的需要顯得無比迫切,這無疑在鞭策着清末的學者們努力思考應對解决之策。

在當時清政府剛剛放棄鎖國政策之際,僅僅依靠當時社會上極少數具備出國留學背景且通曉外語的學者,以個人之力對西學著述及新知識進行翻譯,無論在人力及時間上,都遠遠無法滿足新式學堂對新式教科書的迫切需求。相對而言,由清政府屬下的官方機構致力於翻譯西學論著,不失爲一種直接而有效的方式。與此同時,清末學者們大量引進日本的此類著述,亦可以視爲應對教科書需求的解決方法之一,更能節省翻譯西學論著的時間成本。而同文館、江南機器製造局譯書館等官方機構翻譯西學著述中,内容以科學、政治、歷史、地理等爲主,以適應世界近代化社會趨勢的需要。這樣一來使得西學東漸的阻力大大降低,且以西釋中、以西證中的方式,更易於爲飽受傳統儒家教育的士人學子所接受。

當西學論著中有關史學的著述經過譯介進入中國後,讓中國社會上的學者、士子群體都有了接觸和向西方史學思想"取義"的機會。通過閱讀和借鑒西方史學論著,使得這些學者和知識分子發現中國以往國史和史書的編寫存在着一個嚴重的問題:傳統中國歷代編纂的史書僅僅只能作爲個人閱讀的作品而存在,並不適合以教科書的形式應用於新式學堂的歷史教育。

劉師培便即指出:

> 讀中國史書有二難:上古之史多荒渺,而記事互相歧;後世之史咸浩繁,而記事多相襲。中國廿四史,既不合于教科;《通鑑》、《通典》、《通考》,亦卷帙繁多。而近日所出各教科書,復簡略而不適于用。欲治中史,非編一繁簡適當之中國歷史莫由。①

爲了迎合新式學堂教學授課的需要,清末社會上的知識分子們不得不先引入日本學者所撰寫的中國歷史教科書譯本,以緩解當時缺乏教科書授課的燃眉之急。其中值得注意的是那珂通世的《支那通史》和桑原騭藏的《東洋史要》,這是較早傳入中國且較具影響力的兩部章節體歷史教科書。這些由日本學者編寫的中國歷史教科書譯本,藉由新式學堂的迅速發展而傳布中國各地,影響日重。當時就有學者提出,日本學者所編寫的歷史教科書在内容上過於簡略,並不完全適合中國新式學堂教學之用,且又受到當時中日甲午戰爭局勢的影響,出於種種情理上的考量,劉師培等學者便提出由中國學者自行編纂歷史教科書的主張。清末的儒家學者和社會上的知識分子們於是在西方史學的章節體式寫作中"取義",促成了以西學章節體形式編纂的中國歷史教科書。同時這些儒家學者將新式歷史教育與傳統的經世思想相結合,冀求藉由歷史教育來形塑、鼓舞民族精神,並藉此灌輸學子們經世的責任。

而這些清末的儒家學者和社會上知識分子們所自行編寫的歷史教科書,

---

① 劉師培《中國歷史教科書第一册・凡例》,第 6303 頁。

以曾鯤化《中國歷史》、夏曾佑《中國古代史》、劉師培《中國歷史教科書》等較受矚目。這幾部歷史教科書,雖然在性質上都屬於學者自行編寫,但在體例上而言還是在不同程度上受到了西方史學論著的章節體結構和日本的東洋史教科書形式的影響。值得注意的是,以章節體結構作爲書寫形式的通史性質教科書,是中國傳統史學書寫中所不曾出現過和具備的,反映出了傳統史學也因爲不能適應清末的現代化局勢而導致了學術危機,與傳統中國學術中的小學一樣,若再不尋求改變和出路,則只能成爲博物館中的收藏品①。

(二) 史學書寫形式的改變

1902 年梁啓超在《新民叢報》上公開發表了《新史學》,對中國傳統史學極力攻擊,在當時的清末學界産生了極大影響。梁啓超在文中指出中國傳統史學叙事的弊病有四:

> 一曰知有朝廷而不知有國家;二曰知有個人而不知有群體;三曰知有陳迹而不知有今務;四曰知有事實而不知有理想。②

與梁啓超同處於清末的劉師培也對傳統史學的叙事形式頗有微辭,曾有"中國史書之叙事,詳于君臣而略于人民,詳于事迹而略于典制,詳于後代而略于古代"③的批評。劉師培指出傳統史學的書寫過於偏向帝王事迹,是一種以個人政權爲中心的國家意識形態書寫,而在清末社會危機和民族危機的籠罩下,重新以人民爲書寫主體的新史就有了存在的必要性,進而在書寫視角上强調中國歷史上的民族變遷、政體變動、文化演變等客觀因素。劉師培這種對傳統史學的意見,意味着史書書寫主體的發生了變動,反映出當時的清末學界在史學思考上已經産生了變化。

劉師培受其家學傳統及揚州地域治學風氣的影響,史學意識非常强烈,其繼承自章學誠和龔自珍的"六經皆史"觀念,使他在史學論述的視角上非常重視古史與制度結合的研究,並且能夠結合當時編纂教科書的需求,提出了"今所編各課,其用意則與舊史稍殊"④的看法。而劉師培所借鑒西方史學的方法,具體而言,則是兼取編年體和歷代典章制度的政書,編纂爲繁簡適中的通史:

> 西國史書,多區分時代,而所作文明史,復多分析事類。蓋區分時代,近于中史編年體;而分析事類,近于中國"三通"體也。今所編各課,咸以時代區先後。即偶涉制度、文物,于分類之中,亦隱寓分時之意,庶觀者易

---

① 美國漢學家列文森提出一個"從現世到博物館"的觀點,認爲當人們把一種思想文化作爲博物館的歷史收藏物時,其目的就是把它從現實的文化中驅逐出去。(美)列文森《儒教中國及其現代命運》,鄭大華、任菁譯,中國社會科學出版社,2000 年,第 337—343 頁。

② 梁啓超《新史學》,中華書局《飲冰室合集》本,1936 年,第 3—4 頁。原文又見《新民叢報》1902 年第 12 期,第 7—8 頁。

③④ 劉師培《中國歷史教科書第一册・凡例》,第 6303 頁。

于瞭然。①

西學諸多著作之中，爲劉師培所看重並積極從中取義的，便是社會學、歷史學與哲學。在西學理論中，劉師培頗爲重視的是西方社會學中斯賓塞的《社會學原理》、《群學肄言》和甄克思的《社會通詮》，認爲西學中的社會進化論學説能夠被中國史學所借鑒和取義，進而使中國史學從上行的帝王國家書寫形式，突破而成爲下行的人民社會書寫主體。

當劉師培從西方社會學取得史學新義後，隨即便提出了新史及新的中國歷史教科書書寫應該注意幾個方面的呼籲：

> 一、歷代政體之異同；二、種族分合之始末；三、制度改革之大綱；四、社會進化之階級；五、學術進退之大勢。②

這樣一來，劉師培相當於把傳統史學中傾向於建構國家意識形態的史書傳統，細化爲民族史、政治制度史、社會史、學術史等專門史，同時强調這些專門史研究應注意考察各個方面的變遷、不同、得失，注意在時空轉移下制度、社會及學術的沿革損益情況，在當時亦可説是開風氣之作。當然，無一例外地，劉師培在其《中國歷史教科書》、《經學教科書》、《倫理教科書》、《中國文學教科書》、《中國地理教科書》諸作中都採用了章節體的編寫方式，而這種作爲從西學中取義得來的編寫方式，由於在書寫内容上的承載性更大，整體的系統性也更强，能夠形成一套結構完整且符合深入淺出的敘述邏輯，不僅方便在教學過程中使用，也使得學習更加系統化而能歷久不衰。作爲最早一批在史學論述中融合章節體結構書寫的學者中，劉師培等人無疑是深具學術遠見和倡導性的。

劉師培還提出研究中國長達數千年的悠久歷史，不應只依賴舊有史籍，他説："西人作中國史者，詳述太古事迹，頗足補中史之遺。今所編各課，于徵引中國典籍外，復參考西籍，兼及宗教、社會之書，庶人群進化之理，可以稍明。"③劉師培這樣的看法，及其探索小學突破新出路所指出的"書籍、文字、器物"三端與西方社會學相證明的理念基本上是一致的，皆是將從西方社會學中所取得的新義融合到傳統中國學術後，爲傳統中國學術覓得的轉型新出路。在當時清末的社會，不獨劉師培有書寫以民爲主的新史理念，梁啓超亦有着類似的看法：

> 不曰"人"之活動，而曰"人類社會"之活動者，一個人或一般人之食息、生殖、爭鬥、意念、談話等等，不得謂爲非活動也。然未必皆爲史迹。史迹也者，無論爲一個人獨力所造成，或一般人協力所造，要之必以社會爲範圍，必其活動力之運用貫注，能影響及於全社會——最少亦及於社會之一部，然後足以當史之成分。質言之，則史也者，人類全體或其大多數

① 劉師培《中國歷史教科書第一册・凡例》，第6303頁。

②③ 劉師培《中國歷史教科書第一册・凡例》，第6304頁。

之共業所構成,故其性質非單獨的,而社會的也。[①]

由此可見清末中國的傳統史學叙述過渡到新史學論述,並非是劉師培一家所獨得之見,而是整個清末學界對史學書寫思考的整體轉變,亦可説是同時代人的共識。

與此同時,劉師培對中國長久以來傳統學術史的書寫性質也頗有不滿。中國傳統的學術史書寫,以學術本身而言,有歷代官修史書《儒林傳》師承授受源流式的學術史書寫;以學者個人而言,有清代開始出現的學案體著作。在劉師培看來,無論是《儒林傳》式的學術史書寫,還是學案體式的學術史書寫,二者都存在着相當大的局限性,只能藉此知道學術承繼的脈絡,而無法在時間上考察歷時性的學術演變,也無法在空間上體現共時性的學術差異。

劉師培的實踐意願是極爲强烈的。因此劉師培便嘗試探索不同於以往《儒林傳》式的學術史書寫形式,企圖建立新的學術史編寫體例。劉師培以注重歷時性學術演變和共時性學術差異作爲其論述的視角,撰成《漢宋學術異同論》、《南北學派不同論》、《清儒得失論》、《近代漢學變遷論》、《近儒學術統系論》諸文,着重考察學術在歷史時間上所産生的變化,以及在同時代不同地域上各個學術流派間的學術差異,這樣的學術史書寫便具備了現代學術史論述的雛形,劉師培在論述中避免絶對化褒貶的叙述意識,也使得他盡可能地做到了客觀化的論述,這是應該予以肯定的。

誠如劉師培在其《周末學術史序·總序》中所説的:

> 予束髮受書,喜讀周、秦典籍,于學派源流,反覆論次,擬著一書,顔曰:"周末學術史",采集諸家之言,依類排列,較前儒"學案"之例,稍有别矣。(自注:學案之體,以人爲主。兹書之體,擬以學爲主,義主分析,故稍變前人著作之體也。)[②]

劉師培從西學的學科分類和學術概念中獲得靈感,從中取得新義以論證中國古代學術史。由此可見,劉師培從西學中所取得的新義,使得其學術史研究不再局限在傳統中國學術"以人爲主"的狹隘視角,而走向了"以學爲主"的論述中心。這樣的轉變,在劉師培身上的撰寫實踐中得到了具體反映,説明了學術史論述無論在形式體例上還是書寫主體上,在清末也逐漸走向了現代化的道路。

(作者單位:南京大學文學院)

① 梁啓超《中國歷史研究法》,中華書局,2009年,第2頁。

② 劉師培《周末學術史序·總序》,第1460頁。

古典文獻研究（第十八輯下卷）
Journal of the Institute for Chinese Classics Studies
Nanjing University
Volume 18, No.2 2015

從《陳萬里墓碑》試論胡小石的楷書理論與創作

劉重喜

引　　言

由胡小石(1888—1962)題書、郭影秋(1909—1985)撰文的陳萬里(1936—1959)墓碑，質地爲花崗岩石，高 123 公分，寬 40 公分，厚 10 公分。碑陽隸書題寫七大字："陳萬里同志之墓"，每字 15(縱)×20(横)公分；碑陰爲碑文 6 行，滿行 21 字，共計 112 字，每字 5×5 公分，爲正楷書寫，内容爲：

> 陳萬里，中國共産黨黨員，一九三六年生，原籍福建安溪，僑居新嘉坡，南京大學中文系學生。一九五九年七月十日，萬里同志奮勇救火，身受重傷，搶治無效，於次日下午三時二十九分光榮犧牲。萬里同志是真正的共産主義戰士，永遠爲革命青年典型。
>
> 一九五九年七月南京大學敬立

陳萬里作爲新中國成立後唯一的歸國華僑學生烈士，其墓碑不僅具有很高的史料價值，在書法上也具有很高的藝術價值[①]。

墓碑的書寫者胡小石，名光煒，字小石，號倩尹，又號夏廬，晚年别號子夏、沙公，原籍浙江嘉興，生長于南京。歷任北京女子師範大學、東南大學、中央大學、金陵大學、南京大學教授，兼任文學院院長、圖書館館長等職，爲著名的學者、教育家、詩人和書法家。

胡小石書學上的造詣得晚清著名書法家李瑞清(1876—1920，號清道人)之真傳，融合南北書流，碑帖並重，篆、隸、草、行、楷，各體兼工。當前，書法界對胡小石的行書和隸書探討得較多，對其楷書所論較少，一個重要原因是其遺留下來楷書作品或出於早年之作(如 1929 年所書文天祥《正氣歌》)，或屬於臨

---

① 關於《陳萬里墓碑》的史料價值以及此碑的詳細情況，可參見筆者所撰《胡小石書陳萬里墓碑》一文中的介紹，載 2015 年 5 月 30 日《南京大學報》第 7 版。

摹碑帖之作,真正用楷書創作的作品比較少見,僅限於南京一些單位(如“馬祥興菜館”、“古籍書店”等)、橋梁(“珍珠橋”)的題額之作。而胡小石晚年正楷書寫的這件《陳萬里墓碑》則爲我們瞭解其楷書理論和創作提供了一個重要的參考[①]。

一 胡小石論楷書之源流

胡小石對於楷書的論述,主要見於其《書藝略論》[②]和《中國書學史》[③],其晚年弟子侯鏡昶(1934—1986)《書學論集》[④]一書中祖述乃師之説亦復不少。

胡小石論楷書之源流,首先從討論這一概念之流變開始。其《中國書學史》“真書”一節云:

> 真書又稱爲隸,曰今隸。《南北史》言工書者曰工隸、曰工草隸,而未言工真書。《晉書》,太宗御製《王羲之傳》贊文,所稱“真書”之名,始見於此。[⑤]

真書,即現在所説的楷書。《晉書·王羲之傳》云:“(王羲之)嘗詣門生家,見棐几滑淨,因書之,真草相半。”[⑥]唐太宗《王羲之傳》中所謂的“真書”,實際上就是自漢至唐所稱的“今隸”。“‘隸書’一名,自秦有隸書,而漢及唐皆沿用之。”[⑦]着眼於中國書法的發展史,胡小石把“隸書”歸納爲三種不同的書體形態:

> 隸→八分[⑧]→真(今隸)[⑨]

由“隸”發展至“八分”,其關鍵在於:“就漢代論,其無波磔者爲隸,有波磔者爲分”(《中國書學史》),“隸書既成,漸加波磔,以增華飾,則爲‘八分’”(《書藝略論》);而由“八分”發展至“真書”,其中關鍵仍然在於波磔“分勢”的減省。《中國書學史》云:

---

① 胡小石碑陽隸書題寫的“陳萬里同志之墓”七大字,徐興無教授稱其“剛健雄勁,筆意古直,最得《張遷碑》、《衡方碑》之肌理風神”。本文專題探討胡小石的楷書,對其隸書暫不作評述。

② 此文爲1960年胡小石應江蘇省文聯的邀請所作書法講座的内容,全文在1960年《新華日報》上發表,1961年又發表於《江海學刊》第7期,後收録《胡小石研究》,《東南文化》,1999年增刊1,第20—25頁。

③ 胡小石《中國書學史》,游壽整理,陶敏輝、彭傳誦編注,中央文史出版社,2014年。1934年9月至1935年1月,胡小石在金陵大學國學研究班講授《書學史》,此書(《中國書學史》)爲其弟子游壽(1906—1994)根據課堂講授整理而成,並成爲後來胡小石1961至1962年間所撰《中國書學史》(已佚)的“底稿”(游壽《關於胡小石先生的回憶點滴》,載《中國書學史》卷首,第3頁)。

④ 侯鏡昶《書學論集》,華東師範大學出版社,1982年。

⑤⑦ 胡小石《中國書學史》,第126—127頁。

⑥ (唐)房玄齡等《晉書》卷八十,中華書局,1998年,第2100頁。

⑧ 《書藝略論》解釋云:故知“八分”者,非言數而言勢,“乃以八之相背,狀書之勢也”,此等筆勢,蓋字形有以波挑翩翻爲美者。《書藝論略》,載《胡小石研究》,《東南文化》,1999年增刊1。

⑨ 胡小石《書藝論略》,《東南文化》,1999年增刊1。

今就漢晉木簡觀之,漢代已有,偶見真書矣。如建武廿六年一條爲真書意,竟是光武時已有真書。又始建國一條亦真書,王莽中已有真書。是真書之源頗早。真書之體,减省分勢,是自秦至此,書體之變化,破篆爲隸,隸華飾爲分,分之減省而爲真書。善鄯吐峪溝所出經卷遺字爲真書。樓蘭故址古文書,李伯書,若元康六年,永嘉六年,具爲真書。[1]

從現存的書法文獻來看,真書産生於西漢末年,至少在王莽時代和東漢初年,便有了"八分"省減波磔以後的"真書"。《書藝略論》云:

"八分"又漸變而爲真書。真書亦帶波挑也。新莽及東漢初已有此體。新世始建國四年簡,光武建武廿六年簡,皆宛然閣帖中鍾書。[2]

所謂"宛然閣帖中鍾書"云云,意在指示魏代書法家鍾繇(151—230)在真書發展過程中起到的重要作用。鍾繇"承襲流行當時民間的新書體,集中提高,加以發展,最後獨立成家"[3],其真書創作,衣被數代,影響最爲深遠。侯鏡昶《論鍾王真書和〈蘭亭叙〉的真僞》中稱"鍾繇真書,風靡晉世"[4],西晉以降、東晉王羲之以前,鍾繇的真書在上層社會影響最大,以至於晉室南渡之初,上流社會仍以鍾書爲典範:"自過江以來,皆法鍾書","及過(江)後,王廙、謝安、庾亮輩亦學鍾書"[5]。

這一情形到了王羲之(303—361,一作321—379)的真書創作,開始發生了新的變化。"王初固法鍾書",後"略變鍾書","而後自變成一家,其用筆雄勒而多曲"(《中國書學史·論鍾王真書》),影響南朝書風,成爲南書之祖。時南北對峙,北方則仍就籠罩於鍾繇書風之下,鍾書遂成爲北書之祖。

胡小石《書藝略論》論鍾、王二家云:

書家以鍾、王並稱。吾輩不當求其同,而當求其異。所謂異者,即二家書體中所含分勢之多寡懸殊也。梁武帝評書,從漢末至梁有三十四人,其評鍾繇書云:"如雲鶴游天,群鴻戲海。"其評王右軍云:"字勢雄强,如龍跳天門,虎卧鳳闕。"梁代重大王書,武帝與陶弘景皆學王書,故其評最得其實。鍾書尚翻,真書亦帶分勢。其用筆尚外拓,故有飛鳥騫騰之姿,所謂"鍾家隼尾波"也。叢帖中所收鍾書如《宣示》、《力命》諸表,並出王臨,不見此妙。惟《戎路表》雖亦後人所摹,而分勢多在,可以想見之。王于鍾,而易翻爲曲,減去分勢。其用筆尚内擫,不折而使轉,所謂右軍"一拓

---

① 胡小石《中國書學史》,第128—129頁。

② 《胡小石研究》,《東南文化》,1999年增刊1。

③ 侯鏡昶《論鍾王真書和〈蘭亭叙〉的真僞》:"自從西漢天漢年間以來,分書已臻成熟,同時出現了真書。""始建國四年簡,已具真書規模。建武廿六年簡,波挑披拂,宛然鍾繇筆法的先導。此後有永平十一年簡,永平十八年西蒲簡,永和二年簡及無年月的諸漢簡。如畜産簡,吞胡簡,平望侯長簡,西部侯長簡,張涞簡等,書體均近真書,勢多近鍾。此類簡書,實開鍾繇書風之先河。鍾繇承襲流行當時民間的新書體,集中提高,加以發展,最後獨立城家。"見侯鏡昶《書學論集》,第66頁。

④ 侯鏡昶《書學論集》,第67頁。

⑤ 胡小石《中國書學史·論鍾王真書》,第137—138頁。

直下”之法。故梁武以龍出[1]跳虎卧之勢喻之,龍跳之蜿蜒,虎卧之踡曲,皆轉而非折,真能狀王書之旨。此二家之異也。

以“分勢”爲中心,結合社會的發展和書體的變遷,來探討自魏晉南北朝至初唐時期中國書藝之演進,是胡小石書學理論的一大特色。就真書而論,三國時期的代表人物是鍾繇,鍾用筆尚翻,楷書亦帶分勢,用筆尚外拓,有雲鶴游天之姿,以其《戎路表》爲代表;王羲之的真書出於鍾,而易翻爲曲,减去分勢,其用筆尚内擫,不折而轉,有虎卧鳳闕之態,以《樂毅論》和《東方朔畫贊》爲代表。

鍾、王以降,歷代書家每沿此二派發展,引領後世之風尚:

其後鍾爲北書之祖,而王爲南書之祖。北朝多師鍾,故真書皆多分勢,乃至篆書亦以分意入之。自元魏分裂爲東西以來,鄴下晉陽書風,有一部忽趨秀發。此殆因有南方士族流入,薰染所致。洛下長安,保守舊習之力特强,爲人所好。故王褒入北,而北人群習褒書。褒書今不得見,然今南京北郊所存梁《蕭憺墓碑》,及《蕭秀碑陰》,書人爲貝義淵,固與褒同時。豐碑巨制,有烏衣子弟風度,實南書之矩矱,鐵門限家法,曷於此求之。

從現存石刻文獻來看,南朝,尤其是自梁代以後,無一不在王氏書風籠罩之下。《中國書學史》在“南朝碑刻”一節,詳細列舉了一些著名的碑刻作爲例證:

就宋、齊、梁、陳四代刻石,惟梁代獨多,南朝多真書,其他多在揚州江東,今江寧附近也。王謝子弟久居者,羲、獻遺風猶可想象。

江寧諸蕭刻石,今存太平門外,有《蕭景闕》、《蕭秀碑陰》、《始興王蕭憺碑》,徐勉之文,貝義淵書。徐勉時官中書,有名一時。《蕭秀碑》不見其陽,而陰之題名人氏,足知江東之書尚存王謝家法,與北碑之氣象大不同也。

這些書法作品,無一不具有“分勢少而舒和雍容,結體多長”的“南書之特色”。而這些碑刻及風格,也正是初唐諸真書名家之所出:

初唐之名家皆出此,如《廟堂碑》,要皆勁瘦而長,歐、虞之風也。今所見臨川李氏藏之唐拓《化度寺碑》,極似《蕭秀》。宋拓之《虞恭公》、《九成宫》,皆與建康諸名家相似。

南朝碑刻實爲初唐歐、虞諸家所取法。

北朝自公元386年北魏建立至公元581年楊堅取代北周稱隋帝,在書學上仍以鍾書爲祖,保持尚翻外拓的特點。侯鏡昶云:“綜觀北朝書苑,最著名的書家,當推鄭道昭及王子椿,兩家書均源于鍾繇。”[2]鄭道昭(455—516)和王子椿尚且祖述鍾氏,其他北朝書家可推想而知了。

---

① “出”字當爲衍文。

② 《北朝真書流派評述》,侯鏡昶《書學論集》,第61頁。

而在南北對峙的過程中,南北書風之交流卻並未因政治軍事的壁壘而停止,這是胡小石、侯鏡昶論述書法史所重點關注的一個問題。這一情况主要表現在當時北朝的許多碑誌仍然受到南朝書風的影響。如胡小石提到的北朝“有一部忽趨秀發”的“鄴下晉陽書風”,就是一個非常明顯的例子。關於這個問題,侯鏡昶《從〈孟君墓誌〉的出土論王派真書的流變》中有更爲詳細的引申論述:

> 北魏分裂爲東魏、西魏,東魏王派書風特盛。如《張滿墓誌》(天平四年,西元五三七年)、《李憲墓誌》、《高湛墓誌》(天象元年,西元五三八年)、《敬顯雋碑》、《劉懿墓誌》(興和二年,西元五四〇年)等均是。而以《李洪演造像》(武定二年,西元五四四年)、《凝禪寺三級浮圖碑頌》(元象二年,西元五三九年)最值得注意,前者與王羲之書可亂真,後者有《蕭秀》之風,惟結體特長,俊秀疏朗。[①]

雖然北朝真書被鍾氏所籠罩,如北魏、西魏、北周、北齊,書風仍守分勢,但在東魏,以《高湛墓誌》、《敬顯雋碑》(亦稱《敬史君碑》)爲代表書法卻表現出如《蕭憺碑》、《蕭秀碑陰》等南朝王派書風的特點。這便印證了胡小石對於真書發展脈絡的認識:東晉以後,在南北朝政治對峙中出現了南北書風融合的局面,其中最爲關鍵的一點是“减分入真”,它代表著當時書學融匯和發展的新方向。

二 胡小石楷書的創作

關於胡小石的楷書創作,其弟子吴白匋、侯鏡昶以及很多學者都有所討論。今以《胡小石書法選集》、《胡小石書法文獻》和《沙公墨蹟》等文獻著録的胡小石楷書創作並結合諸家評述來對這一問題作進一步的討論。

吴白匋《胡小石先生傳》[②]將乃師的書法創作分爲三個時期,這三個時期,均涉及楷書創作:

第一期在1926年以前。吴氏云:“師曾曰:少時初臨顔書,陷於板滯。經梅庵先生指授筆法,改學北碑,得力于《鄭文公》、《張黑女》,于《鄭》取堅實嚴密,于《張》取其空靈秀美。”胡小石書法初學顔真卿(709—798),1907年考取兩江師範學堂後入李瑞清門下,始改習北碑,練習《鄭文公碑》和《張黑女墓誌》。《胡小石書法文獻》中收録有楷書《玉界蒼崖十言聯》,從其“戰筆”風格來看,當是這一時期的作品。

第二期,據吴氏所云,當始自1926年左右至1941年任教白沙女子學院之前。這一時期“真書常臨鍾繇《戎路帖》,以其雖出後摹,仍保存較多之分勢,又常臨梁貝義淵之《蕭憺碑》與《蕭秀碑陰》以及隋《董美人》、《常醜奴》兩墓誌。”《胡小石書法文獻》著録的這一時期作品有:《文天祥〈正氣歌〉》、《扶桑周秦十

---

① 侯鏡昶《書學論集》,第92—93頁。

② 《東南文化》,1999年增刊1,第142—148頁。

言聯》、《摩秦扶漢六言聯》、《臨魏碑三種》以及包括魏碑在内的《臨魏晉殘紙四條屏》和《臨各體書手卷》。《文天祥〈正氣歌〉》書於 1929 年,從用筆、結體來看,從顔真卿和張裕釗(1823—1894)書法而來,甚得"顔體"寬博厚重和"張體"遒峭淵雅。

自 1934 年 9 月至 1935 年 1 月,胡小石在金陵大學國學研究班上講授《書學史》。從其講稿來看,其對楷書的源變已經形成了自己的理論體系(參見上節的論述)。

吴白匋將胡小石白沙以後的創作稱爲第三時期:"第三期始於倭亂中移家白沙之後。鑄所見有其在雲南所書正楷二大碑,及各體書匾額、楹聯、屏條卷册無數,皆獨具本家面目,其學問詩文風度,與接人待物,喜怒哀樂之情,亦可于書法中見之,環視當世,能臻此境者寡。"吴氏所論乃師書法風格形成於這一時期,極是,不過就乃師楷書創作而言,則終嫌論述過於籠統。

今將胡小石 1941 年以後的楷書創作列表如下:

楷書作品	時　間	文獻出處
蜩廬	1943	《胡小石書法文獻》、《沙公墨妙》
臨《劉碑造像》	1944	《胡小石書法文獻》、《沙公墨妙》
臨王僧虔書	20 世紀 40 年代	《胡小石書法文獻》
臨魏碑四種	20 世紀 40 年代	《胡小石書法文獻》
臨《張黑女墓誌》	20 世紀 40 年代	《胡小石書法文獻》、《沙公墨妙》
臨《高湛墓誌》	1957	《胡小石書法文獻》、《沙公墨妙》
臨《董美人墓誌》	1958	《胡小石書法文獻》、《沙公墨妙》
臨王羲之《東方朔畫贊》	1959	《胡小石書法文獻》、《沙公墨妙》
榑桑弱水楷書聯	20 世紀 50 年代	《沙公墨妙》
臨《敬史君碑》	20 世紀 50 年代	《胡小石書法文獻》
臨王羲之《樂毅論》	1961	《胡小石書法文獻》
臨《敬史君碑》	1961	《胡小石書法文獻》、《沙公墨妙》
臨《鄭道忠墓誌》	1961	《胡小石書法文獻》
臨《敬使君碑》	20 世紀 60 年代	《沙公墨妙》
臨《敬使君碑》	20 世紀 60 年代	《沙公墨妙》

由上表可以看到,在 1950 年代中期以前,胡小石的楷書創作基本上繼承了第二期的創作,没有太大的發展。胡小石真正致力於楷書的臨摹和創作並形成自己風格特點,是在 1950 年代中期之後。晚年的胡小石致力於臨摹南北朝以迄隋代諸碑帖,力圖將南北真書融爲一體,從而催生出了其"獨具本家面目"的正楷書。其於 1959 年 7 月所書寫的《陳萬里墓碑》就是這樣一件重要的代表作品。

三 《陳萬里墓碑》:胡小石楷書理論與創作的結晶

吴白匋《〈胡小石書法選集〉前言》論胡小石楷書云:“取精用弘,融會貫通,成本家正楷。”①真正能體現胡小石楷書特點的還當算其在 1959 年 7 月用精楷書寫在《陳萬里墓碑》碑陰上的這 112 個字。

碑陽

碑陰

兹分以下三個方面論其特點:

(一) 用筆。胡小石在討論楷書書體演進的過程中便有“方筆”和“圓筆”之辨。北魏的真書,方筆以《張猛龍碑》爲代表,體取縱勢,用筆方折,風格峻拔跳宕;圓筆以《鄭道忠墓誌》爲代表,則顯得渾厚圓融。《陳萬里墓碑》以方筆爲主,兼用少量的圓筆,筆筆著力,一絲不苟。如其中的“光”字、“效”字,呈現出方圓兼備的面貌。另外,如“溪”字、“志”字、“救”字,方筆之中融入了行書筆意,從而使其楷書具有峻拔流利的特點。

(二) 結體。胡小石《書藝論略》論“結體”云:“魏、晉中,鍾之真行取横勢,大王每用縱勢。”此碑文字結體縱長,取代表大王書風《東方朔畫贊》和《蕭憺碑》的縱勢爲主,但其中也融入了鍾繇真書“八分”的體勢。如“文”字“火”字的

① 《胡小石研究》,《東南文化》,1999 年增刊 1,第 80 頁。

一撇一捺,“居”字的左邊一撇和右邊一横、“産”字的左邊一撇和最後一横,都具有左右開張的“八分”體勢,“大”字、“受”字、“建”字、“遠”字、“是”字的最後一捺,也往往含有一波三折的“八分”隸意。此碑將王書之内擫和鍾書之外拓融匯貫通,字體呈現出既精勁含蓄,又舒展放逸,顧盼生姿。

(三) 章法。此碑在章法上嚴整中有變化,精麗中有流動,精勁秀雅,收放自然,具有典型的胡派正楷風格。

吴白匋《胡小石先生傳》説其“雖在《書學史》中推崇唐初四大家(歐、虞、褚、薛),而從未作臨摹,從其結體以整齊爲當,遜于梁隋碑誌有自然之天趣也”①。這大概是胡小石自信所作楷書淵源有自,或許能夠與“唐初四大家”力争一席之地吧?

胡小石的楷書發展理論與其楷書的創作實踐是一致的。其晚年弟子侯鏡昶《書苑春暉》述云:

> 夏廬師的真書,早年從李瑞清宗北碑,中年以後,精研大王,推崇《樂毅論》、《東方朔畫贊》等。晚年喜臨梁代《蕭憺碑》,(中略)夏廬師便由此覓王書筆法,成效卓著。請看夏廬師所臨《蕭憺碑》,精勁内擫,得其神髓。夏廬師的真書,筆筆著力,一絲不苟。結構慎密,嚴正精麗。夏廬師雖以二王爲宗,但對鍾繇所創八分開張的真書,也刻意臨摹,並融化到他的本家筆法中,他臨摹的《戎路表》,爲適應開張的書風,先變其布白,列成横幅,再施以波挑俯仰的用筆,使之更呈“雲鶴游天”之姿(梁武帝評鍾書“如雲鶴游天”)。②

此段概述了胡小石楷書的風格特點。胡小石晚年臨習的諸碑帖,在南碑中重視代表王派書風的《蕭憺碑》,謂“當於此想見山陰”;于北碑則重視與南派王書一脈相承的東魏書風,如《高湛墓誌》和被其稱爲“書至東魏便挺秀,有南風矣”的《敬史君碑》。以上諸碑,胡小石皆有臨習,多有字課,甚至一碑數臨者,如其所臨《敬史君碑》就筆者所見便有七種之多③。從中尋覓大王筆法,揣摩分勢之多寡、用筆之方圓以及結體、布白諸項,總結出書法史演進的内在規律。而這件《陳萬里墓碑》便明顯地融化了《蕭憺碑》和《敬史君碑》的用筆、結體諸特點。由此可見,胡小石晚年(20 世紀 50 年代)的楷書創作與其在 30 年代《書學史》中所提出的楷書發展理論是非常一致的。

---

① 《胡小石研究》,《東南文化》1999 年增刊 1,第 147 頁。

② 侯鏡昶《書學論集》,第 130—131 頁。

③ 七種胡小石臨《敬史君碑》,分别見於《胡小石書法選集》(江蘇美術出版社,1988 年)、《胡小石書法文獻》(南京博物院編,榮寶齋出版社,2008 年)、《沙公墨蹟》(南京博物院編,南京大學出版社,2012 年)、《二十世紀書法經典・胡小石卷》(朱培爾、張成主編,河北教育出版社,1996 年)和徐興無《跋周勛初師藏胡小石先生臨〈敬史君碑〉》(《古典文獻研究》第十輯,鳳凰出版社,2007 年,第 384—390 頁)。

結　語

從書學理論上看,胡小石繼承了清道人以治經的方法研治書學而自成體系,並最早將書法教育引入到現代大學的課堂:1934 年在金陵大學國學研究生班創設"書法史"課,1942 年在重慶中央大學爲本科生講授"書學史"課程,對於書法藝術學科的建立具有奠基之功。侯鏡昶《書苑春暉》云:"傳李瑞清書風之神的是他的學生胡小石、張大千和侄兒李健等;他的書學理論的傳人是胡小石。"胡小石晚年所撰《中國書學史》,據曾昭燏《南京大學教授胡先生墓誌》云:"於文字之初起,古文、大篆、籀書之分,篆、隸、八分之别,下至漢魏碑刻以及二王以降迄於近代之書家,其幹源枝派,風格造詣,咸爲剖析,探其幽奥,歷來論書法,未有如此詳備且湛深者也。"①就胡小石的楷書發展理論而言,從漢魏碑刻、鍾王以迄隋代真書的發展,從書法用筆、結體、布白等内部研究出發,結合這一時期的歷史文化背景,其對於楷書理論的闡發和研究的確是非常深入的。

另外,胡小石書法創作也可以説是其書法理論的踐行者。知行合一,胡小石通過創作實踐,在完成了對其楷書發展理論的檢驗的同時,也創造了其"本家正楷"。

胡小石曾説過:"前不同於古人,自古人來,而能發展古人;後不同於來者,向來者去,而能啓迪來者。"(《書藝略論》)胡小石的楷書理論和創作必將帶給我們後來者以啓迪和思考。

(作者單位:南京大學文學院)

① 《胡小石研究》,《東南文化》,1999 年增刊 1,第 149 頁。

古典文獻研究（第十八輯下卷）
Journal of the Institute for Chinese Classics Studies
Nanjing University
Volume 18, No.2 2015

唐玄宗《停潁王等節度誥》真僞祛疑及其史料價值

武秀成

唐史研究中，永王璘謀逆事件很受當代學者的關注，这主要是因爲事涉玄宗與肅宗之間的皇權之爭，以及詩人李白的命運。學者們在討論永王璘自江陵揮師東下廣陵的事件性質中，涉及一篇至關重要的文獻，即唐玄宗《停潁王等節度誥》的真實性問題。該詔令是玄宗針對天寶十五載七月十五日入蜀途中下達的《命三王制》而重新頒發的一道詔令。《命三王制》令永王璘出鎮江陵，盛王琦出鎮廣陵，豐王珙出鎮武威；《停潁王等節度誥》則罷停潁王璬、永王璘、豐王珙等三王節度使職，并令在外的永王、豐王赴行在聽命于肅宗。由此可見，《停潁王等節度誥》之真僞，涉及玄宗與肅宗的皇權之爭，玄宗的治國平亂方略，以及永王璘東下廣陵的性質，故不得不慎辨之。

《停潁王等節度誥》由玄宗的中書舍人賈至撰寫，全文如下：

> 誥：鑿門命將，授鉞專征，杖以方面之威，執夫賞罰之柄，邦家重任，固實在茲。潁王、永王、豐王等，朕之諸子，早承訓誨，琢磨詩書之教，佩服仁義之方，樂善無厭，好學不倦。頃之委任，咸緝方隅。今者，皇帝即位，親統師旅，兵權大略，宜有統承。庶若網在綱，惟精惟一，潁王以下節度使並停。其諸道先有節度等副使，便令知事，仍並取皇帝處分。李峴未到江陵，永王且莫離使，待交付兵馬了，永王、豐王並赴皇帝行在。（至德元年八月二十一日）①

這道詔令，見載於《唐大詔令集》卷三十六《諸王・除親王官下》，前人於此並無疑問，因爲此書由北宋文獻學家宋綬、宋敏求父子編撰，又流傳有序，後人不易造假。且從與新、舊《唐書》、《通典》、《唐會要》、《資治通鑑》及《册府元龜》等所録詔令文字比較看，此書所載詔令往往更爲完整。李豪博士的學位論文《〈唐

---

① （宋）宋敏求《唐大詔令集》卷三六《諸王・除親王官下》，中華書局，2008年，第155頁。按："潁王"原作"穎王"，據兩《唐書・潁王傳》改。

大詔令集〉研究》對其史源進行過細緻辨析,"確證唐《實録》、唐人别集、官文書及《唐年補録》才是《詔令》的主要史源。《詔令》的史源文獻時代均要早於《舊唐書》,且《詔令》還收録了大量《舊唐書》未載的詔令"①。《唐大詔令集》中虽然有殘缺的詔令,有誤合的詔令,有漏載的詔令,卻未見有造僞、篡改的痕迹。從其流传统绪與史源方面看,其文本的真實性應當是没有問題的。

對此詔令的質疑,最早是由賈二强先生提出来的。他在《唐永王李璘起兵事發微》一文的注釋中對此詔做了這樣的考察:

> 《停潁王等節度誥》,爲賈至至德元載八月二十一日撰,研讀此誥不無疑竇:(1) 據《舊唐書·玄宗紀》及《韋見素傳》載,八月十八日韋見素等奉玄宗命,前往靈武册命肅宗,"以見素子諤及中書舍人賈至充册禮使判官"。故八月二十一日賈至不當仍爲玄宗制誥;(2) 此誥不僅兩《唐書》未及,尤其令人費解的是正統思想嚴重的司馬光在《通鑑》中亦未見徵引;(3) 以内容推斷,誥文中有"其諸道先有節度等副使,便令知事,仍並取皇帝處分"句,與事實未合;(4) 李璘兵敗後玄宗下《降永王璘庶人詔》中隻字未及此誥,似有悖情理。故此誥真僞姑置不論,至少我認爲是否代表玄宗本意大成問題。②

賈先生提出的四點質疑,有一定的道理,但筆者研讀之後,感到這些疑問還是可以祛除的。賈先生所提(1)、(3)兩條屬於客觀叙述,具有一定的證據力;(2)(4)兩條則偏於主觀認識,二者有所區别。主觀證據,容易見仁見智。如《降永王璘庶人詔》云:"違君父之命,既自貽殃;走蠻貊之邦,欲何逃罪?"其云"違君父之命",自然可以理解爲不聽皇兄肅宗皇帝"詔令歸覲於蜀"③與父親玄宗誥令"永王、豐王並赴皇帝行在"之事,不得必指爲"隻字未及"。至於此誥何以不見於兩《唐書》及《通鑑》,此史官取捨之原因,確實不太清楚,但這與此誥真僞應該没有必然關係,因爲《唐大詔令集》中所載詔令,不見於他書記載者不在少數,即便是同一人賈至所撰寫的制詔,也多有僅見於《詔令集》而不見於兩《唐書》及《通鑑》的。如《唐大詔令集》卷三十八《嗣道王鍊雲安等五郡節度等使制》、卷一百十《誡示諸道制》、卷一百十五《宣慰西京逆官敕》、卷一百二十九《册回紇爲英武威遠可汗文》,皆不見於兩《唐書》及《通鑑》,我們不能據此疑其有作僞之嫌。若以爲此等詔令之分量不能與《停潁王等節度誥》等同視之,仍不能釋其不言及《停潁王等節度誥》之疑,我們還可以考察一下《通鑑》對玄宗《降永王璘庶人詔》的處理情形。該詔令載於《唐大詔令集》卷三十九《諸王·降黜》,其文曰:

> 永王璘,謂能堪事,令鎮江陵。庶其克保維城,有裨王室。而乃棄分符之任,專用鉞之威,擅越淮海,公行暴亂。違君父之命,既自貽殃;走蠻

① 李豪《〈唐大詔令集〉研究》,2015年南京大學博士學位論文,第36頁。

② 賈二强《唐永王李璘起兵事發微》,《陝西師大學報》1991年第1期,第86頁脚注②。

③ (後晉)劉昫等《舊唐書》卷一〇七《玄宗諸子·永王璘傳》,中華書局,1975年,第3264頁。

貊之邦,欲何逃罪?據其凶悖,理合誅夷,尚以骨肉之間,有所未忍。皇帝誠深孝友,表請哀矜。雖解綬全體,禮可行於曩制;而削土勿王,義亦著於前史。昔廣川有罪,廢爲庶人;常山免誅,爰將徙地。是用矜其萬死,屈此九刑。宜寬伏鑕之命,俾黜析珪之典。可悉除爵土,降爲庶人,仍於房陵郡安置。所由郡縣,勿許東西。朕夙存訓誘,勖之忠孝,不虞孱懦,遂至昏迷。申此典章,彌增愧歎。①

此詔當頒發於玄宗、肅宗獲悉永王璘兵敗南逃被殺之前,涉及永王璘反叛失敗後玄宗、肅宗對其處理的方式態度以及最後結局等問題,何其重要,結果是《通鑑》對此詔也不曾措置片言隻語。顯然我們不能指其爲僞撰或被改篡,雖然《舊唐書》與《通鑑》皆不載此文此事,但總算在《新唐書》中還留下了可以印證的痕迹:"(至德元載)十二月甲辰,永王璘反,廢爲庶人。"②可證此詔雖然不載於兩《唐書》,也不載於《通鑑》,卻是完全可以取信的。由此看來,《停潁王等節度誥》不被他書提及與其真僞没有什麽聯繫。

我們主要來討論賈文(1)、(3)兩條客觀證據。第1條理據,即賈至"八月二十一日"爲玄宗撰寫詔令的日期與八月十八日賈至離開玄宗的日期相矛盾的問題,是最值得注意的地方。我們先看一下諸書關於玄宗委派册命團赴靈武的記載:

《舊唐書》卷九《玄宗本紀下》天寶十五載八月:"癸巳,靈武使至,始知皇太子即位。丁酉,上用靈武册稱上皇,詔稱誥。己亥,上皇臨軒册肅宗。命宰臣韋見素、房琯使靈武。册命曰:'朕稱太上皇,軍國大事先取皇帝處分,後奏朕知。候克復兩京,朕當怡神姑射,偃息大庭。'"③

《舊唐書》卷十《肅宗本紀》至德元載八月:"癸巳,上所奉表始達成都。丁酉,上皇遜位,稱誥。遣左相韋見素、文部尚書房琯、門下侍郎崔涣等奉册書赴靈武。九月……丙子,至順化郡,韋見素、房琯、崔涣等自蜀郡齎上册書及傳國寶等至。"④

《通鑑》卷二百一十八《至德元載》:"(八月)癸巳,靈武使者至蜀,上皇喜曰:'吾兒應天順人,吾復何憂!'丁酉,制:'自今改制敕爲誥,表疏稱太上皇。四海軍國事,皆先取皇帝進止,仍奏朕知。俟克復上京,朕不復預事。'己亥,上皇臨軒,命韋見素、房琯、崔涣奉傳國寶玉册詣靈武傳位。"⑤

《新唐書》卷五《玄宗本紀》天寶十五載八月:"癸巳,皇太子即皇帝位於靈武,以聞。庚子,上皇天帝誥遣韋見素、房琯、崔涣奉皇帝册于

① (宋)宋敏求《唐大詔令集》卷三九《降永王璘庶人詔》,第179—180頁。

② (宋)歐陽修、宋祁《新唐書》卷五《玄宗本紀》,中華書局,1975年,第153頁。《新唐書》卷八二《永王璘傳》亦有提及,第3612頁。

③ (後晉)劉昫等《舊唐書》卷九《玄宗本紀下》,第234頁。

④ (後晉)劉昫等《舊唐書》卷一〇《肅宗本紀》,第243—244頁。

⑤ (宋)司馬光《資治通鑑》卷二一八《肅宗至德元載》,中華書局,1956年,第6993頁。

靈武。"[①]

諸家所載,八月十二日癸巳,靈武使至;八月十六日丁酉,玄宗遜位,改稱"上皇",詔敕稱"誥",無有差異。唯玄宗臨軒册命,上述記載出現了"己亥"與"丁酉"、"庚子"三個日期。《資治通鑑考異》卷十五"癸未上皇下制赦天下"條云:"《玄宗實録》、《舊紀》皆云八月癸未朔,《肅宗實録》、《唐曆》、《舊紀》、《長曆》皆云壬午朔。"據此我們知天寶十五載,也即至德元載八月朔日有兩個系統,從《玄宗實録》者作"癸未朔",從《肅宗實録》者作"壬午朔",二者相差一天。這種曆日干支相差一日的現象,在唐代曆日中並非罕見,二者並無是非之分,而只是當時官方定朔的差異[②]。册命繫於"己亥"者,從《肅宗實録》而言,繫於"庚子"者,從《玄宗實録》而定[③],皆爲八月十八日,是作"庚子"、"己亥"皆不誤,而作"丁酉"者,實爲玄宗下詔遜位稱"上皇"與稱"誥"之日,而非玄宗册命肅宗日。《舊唐書·肅宗本紀》此處或脱書"己亥",或史官二事連書所致。所謂二事連書,是指兩件各自獨立的事情,因其相互關聯,叙述者爲了避免繁瑣,便採用連叙之法,其時間用語,或就前事,或據後事,而非謂二事皆發生於一時。此二事連書之法,史書中並不罕見。如上引《新紀》云"(至德元載)十二月甲辰,永王璘反,廢爲庶人",永王璘謀反與廢爲庶人,不可能發生於同一日"甲辰"。據《舊唐書·肅宗本紀》與《通鑑》卷一百十九所載,知此"甲辰"爲"永王璘擅領舟師下廣陵"的日子,即"永王璘反"的日子;而廢爲庶人的日期,據其詔文内容"走蠻貊之邦",可知必在永王兵敗以後。《舊唐書》卷十《肅宗本紀》至德二載二月載:"戊子(十日)……永王璘兵敗,奔於嶺外,至大庾嶺爲洪州刺史皇甫侁所殺。"《通鑑》卷二百十九唐肅宗至德二載二月載:"戊戌(二十日),永王璘敗死。"是其兵敗"奔於嶺外",已在次年二月間,玄宗聞之而降其爲庶人當在此際。再如《舊唐書》卷一百五十三《姚南仲傳》云:"大曆十三年,貞懿皇后獨孤氏崩,代宗悼惜不已,令於近城爲陵墓,冀朝夕臨望於目前。南仲上疏諫曰……"據同書卷十一《代宗本紀》、《新唐書》卷一百六十二《姚南仲傳》及《通

① (宋)歐陽修、宋祁《新唐書》卷五《玄宗本紀》,第153頁。

② 按:是月朔日差異,當是由於進朔與否造成的。唐代一般採用定朔法,每月的時間長度若餘數在一天的四分之三(0.75)以上,則採用進朔法。但這種定朔方法在唐穆宗長慶二年實行《宣明曆》以前並没有嚴格遵守,加之計算上的誤差,因而造成了唐代文獻所載朔日屢有不一致的情況,即前後相差一日的情形。據日本平岡武夫主編的《唐代的曆》計算的結果,是年八月定朔干支號爲18.717,餘數極爲接近一天的四分之三,《玄宗實録》採用進朔,因以"癸未"爲八月朔日,而以"壬午"爲七月晦日,《肅宗實録》不進朔則以"壬午"爲朔。是《舊唐書·玄宗本紀》、《御覽》卷一一一引《唐書》云"八月癸未朔",《册府元龜》卷八六云"癸未大赦天下",皆本於《玄宗實録》;而作"八月壬午"者,則皆本於《肅宗實録》。觀《唐大詔令集》卷七九所載赦文《鑾駕到蜀大赦制》云:"其天寶十五載八月一日昧爽已前,大辟罪已下常赦所不免者,咸赦除之。"(《册府元龜》卷八六所載同)據赦文通例,文中所言"某月某日昧爽已前"之"某月某日"即下詔之日,因知是月玄宗宣詔大赦確在朔日初一,若以癸未爲朔,則在癸未;若以壬午爲朔,則當在壬午。就其實言之,當時宣詔應從《玄宗實録》作"癸未朔"。

③ (宋)司馬光《資治通鑑考異》卷一五"癸巳,靈武使者至蜀"條云:"《肅宗實録》:'癸未,上奉表至蜀。'《玄宗實録》:'八月癸未朔,赦天下。……庚子,遣韋見素等奉册。'今從《舊紀》、《唐曆》。"因知《新紀》繫册命肅宗於"庚子",本自《玄宗實録》。

鑑》卷二百二十五所載,貞懿皇后死於大曆十年,並非崩於大曆十三年,何以此稱"大曆十三年"?《唐會要》卷二十一云:"大曆十三年七月,將葬貞懿皇后,命起陵寢於章敬寺後,嘗游幸近地,左右莫敢言。于是右補闕姚南仲上疏曰……"[①]是此"大曆十三年"乃就貞懿葬年與姚南仲上疏之年而言,原文並無訛誤[②],史官用的仍是連書之法。又如《舊唐書》卷十五《憲宗本紀下》載:"(元和十四年)十一月……辛卯,靈武大將史敬奉破吐蕃於鹽州城下,賜敬奉實封五十户賞之。"史敬奉破吐蕃與因功受封,因時地所限,不可能爲同日之事。據《新唐書》卷七《憲宗本紀》與《通鑑》卷二百四十一憲宗元和十四年所載,知《舊紀》"十一月辛卯"僅指史敬奉破吐蕃事,其賜封則當在此後某日。《唐會要》卷九十《食實封數》載:"史奉敬五十户,長慶元年二月敕,以破吐蕃功也。"[③]是史敬奉受封在此事的第三年,即長慶元年二月(據《唐會要》同卷其他條目下所注"檢敕未獲"等語,知此條乃據敕文實録),《舊紀》之文,實爲因事連書,非謂敬奉受封亦在"十一月辛卯"。《舊唐書》卷一百五十二《史敬奉傳》載:"元和十四年,敬奉大破吐蕃於鹽州城下,賜實封五十户。"亦用連書之法。我們以連書法觀諸書所載玄宗臨軒册命肅宗在八月十八日,其命宰臣韋見素等赴靈武,可以在同一日,也可以在其後的某日;而韋見素等啓程赴靈武事,可以在受命當天,也可以在其後某日。而從其行程準備看,不在同一日更合情理。如此,則充當册禮使判官的中書舍人賈至在八月二十一日爲玄宗撰寫《停潁王等節度詔》,與八月十八日受命隨宰臣韋見素等赴靈武並無不可理解之處。當然,也不完全排除"二十一日"在傳寫中有文字訛誤的可能。《唐大詔令集》向無善本,宋代已經出現殘缺,今傳最古的本子爲明抄本,其間文字訛脱甚多,疑此有傳寫致誤,亦在情理之中。甚至,也不排除這樣的可能:賈至先此一二日已經草擬好詔令,而玄宗於"二十一日"始頒於中外。如此,則此日期小異與作僞實無關聯。

質疑第3條稱"詔文中有'其諸道先有節度等副使,便令知事,仍並取皇帝處分'句,與事實未合",對此筆者實有所惑。筆者看來,此與玄宗七月丁卯十五日所頒《命三王制》内容相互印證,並無什麼不合。原文節略如下:

> 門下:……今所慎擇,惟實其人。太子亨,宜充天下兵馬元帥,仍都統朔方、河東、河北、平盧等節度採訪等都使,與諸路及諸副大使等計會,南收長安、洛陽;以御史中丞裴冕兼左庶子;隴西郡司馬劉秩試守右庶子。永王璘,充山南東道、江南西路、嶺南、黔中等節度、度支、採訪等都使,江陵大都督如故;以少府監竇紹爲之副,以長沙郡太守李峴爲都

① (宋)王溥《唐會要》卷二一《皇后諸陵議》,上海古籍出版社,1991年,第477頁。

② (後晉)劉昫等《舊唐書》卷一五三《姚南仲傳》校勘記云:"大曆十三年應爲貞懿葬年,此云'崩',當誤。"(第4093頁)是點校者誤解了此處的連書法。

③ (宋)王溥《唐會要》卷九〇《食實封數》,第1948頁。按:史奉敬,即史敬奉。《舊唐書·憲宗本紀》原本亦作"史奉敬",點校本蓋據兩《唐書·史敬奉傳》改,然《通鑑》卷二四一、《册府元龜》卷三五九、八八三及九八七均作"史奉敬",不煩改字。要之,其爲同一人無疑。

副大使,仍授江陵郡大都督府長史,兼御史中丞。盛王琦,宜充廣陵郡大都督,以府長史劉彙爲之副,以廣陵郡長史李成式爲都副大使,兼御史中丞。豐王珙,宜充武威郡都督,仍領河西、隴右、安西、北庭等路節度、度支、採訪等都使,以隴西太守鄧景山爲之副,兼武威郡都督長史、御史中丞充副大使。應須兵馬甲仗器械糧賜等,並於本路自供。(天寶十五載七月十五日)①

此詔涉及三王節度副使,命長沙郡太守李峴爲山南東道等節度副大使,並授江陵郡大都督府長史;廣陵郡長史李成式爲淮南路、江南東路等節度副大使;隴西太守鄧景山爲武威郡都督長史、河西隴右等節度副大使。李成式、鄧景山原即本郡或鄰郡長史,其就任節度副大使,從七月十五日至八月二十一日,其間相隔長達一月有餘,當《停潁王等節度詔》傳達至各鎮時,李、鄧二人當已就位。此從蕭穎士所撰《與崔中書圓書》可得到明證,其文曰:

先奉七月十五日敕,盛王當牧,淮海累遣迎候,尚承在蜀。今副大使李中丞,華胄茂德,平時良守,清静臨人,貪暴斂迹,雖古龔黄邵杜之化,無以先之。然與今時經略,頗不甚稱,所蒞謹守科條,愛惜府庫,江淮三十餘郡,僅徵兵二萬,已謂之勞人。將卒不相統攝,兵士未嘗訓練,淮左江東三十餘郡,無一良二千石。……謹因賀赦使附狀不宣。蕭某頓首。②

信末"謹因賀赦使附狀不宣"一句,表明這封信是請傳遞《賀赦表》的賀赦使送往成都的。蕭穎士時爲揚州功曹參軍,由淮南節度副使、揚州大都督府長史李成式所徵聘。蕭穎士的好友李華撰寫的《揚州功曹蕭穎士文集序》有過交代:"辭官避地江左,永王修書請君,君遁逃不與相見。淮南節度使表君爲揚州功曹參軍。"③所謂《賀赦表》,是指李成式收到玄宗從蜀中頒發的《鑾駕到蜀大赦制》之後所上的賀表。這個賀表,也是由蕭穎士撰寫的,仍然保存在《文苑英華》中,名曰《爲李中丞賀赦表》,表文有云:"中書省馬崇至自蜀郡,伏奉八月一日制書,大赦天下。"題下注:"玄宗幸蜀時。"④此云"八月一日制書",與玄宗到達成都後發布《鑾駕到蜀大赦制》的時間完全一致。大赦制書從成都到江陵,路途不得少於半個月,由此推斷,蕭穎士撰寫《與崔中書圓書》的時間當在八月中下旬,甚至更晚一些。蕭穎士此時附信言"今副大使李中丞……與今時經略,頗不甚稱",則李成式當時在任無有疑問,而鄧景山由隴西郡赴武威,亦當已經到任,故此詔有"諸道先有節度等副使,便令知事"之處置;而長沙李峴則因路途遥遠,還没有到達江陵,故而玄宗又有"李峴未到江陵,永王且莫離使,

① (宋)宋敏求《唐大詔令集》卷三六《諸王·除親王官下》,第154—155頁。又《文苑英華》卷四六二亦載此詔全文,《舊唐書》卷九《玄宗本紀下》、《通鑑》卷二一八及《册府元龜》卷一二二載此詔均有節略。按:"劉彙","劉"字原作空闕,此據《文苑英華》、《通鑑》等補。

② (宋)李昉等《文苑英華》卷六六八蕭穎士《與崔中書圓書》,中華書局,1966年,第3432頁。

③ (宋)李昉等《文苑英華》卷七〇一李華《揚州功曹蕭穎士文集序》,第3615頁。

④ (宋)李昉等《文苑英華》卷五六〇蕭穎士《爲李中丞賀赦表》,第2863頁。

待交付兵馬了,永王、豐王並赴皇帝行在"的吩咐①。如此看來,這第 3 條也無疑可質。

此外,誥令命"永王、豐王並赴皇帝行在",與玄宗於是年十月間命潁王璬"與陳王珪詣上宣慰","命(延王)玢亦詣上所"之舉措,其政治意圖也是一致的②。於此亦可窺見《停潁王等節度誥》之真實性。

玄宗《停潁王等節度誥》文本的真僞問題,至此可以定讞:這是一篇没有任何僞造或篡改痕迹的珍貴文獻。那麽,凡是以此誥爲篡改之史料或以此誥爲僞撰而作爲立論前提者,其新論就有必要重新檢討。如鄧小軍先生的《永王璘案真相》一文③,完全無視《停潁王等節度誥》的存在④,而依據其所謂的"原始文獻,包括《舊唐書》、《册府元龜》、元結《爲董江夏自陳表》、《新唐書》、李白《永王東巡歌》等,第一次提出:至德元載七月玄宗入蜀途中曾經有對永王璘的第二次任命:江淮兵馬都督、揚州節度大使",從而得出這樣的"結論:所謂永王璘'叛逆'案純屬肅宗製造的冤案,所謂李白'從逆'案亦純屬冤案,應予徹底推翻"⑤。鄧文的核心觀點是"至德元載七月玄宗入蜀途中曾經有對永王璘的第二次任命:江淮兵馬都督、揚州節度大使"。因爲有了這第二次的任命,永王璘的管轄範圍已經包括了江淮一帶,所以他率水師東下廣陵就是奉玄宗之命的履職行爲,而非謀反之舉了。但在確認了《停潁王等節度誥》的真實性之後,我們就可以這樣判定:不論玄宗七月入蜀途中是否有對永王璘的第二次任命,即便有此任命(實際並無此第二次任命,擬專文檢討),但在其後八月下達《停潁王等節度誥》的時候,其法律效應也隨之終止了。在此誥令下,永王璘不聽命趕赴肅宗行在,也不聽肅宗命令歸覲太上皇玄宗⑥,而於是年十二月擅自從江陵率水師東下廣陵,其另立山頭、圖謀大位的用意也就昭然若揭了。

玄宗《停潁王等節度誥》文本真實性的認定,對討論玄宗與肅宗之關係,瞭解玄宗治國之謀略,也有特别的意義。

---

① 按:此不及盛王琦,因盛王實未赴鎮,事見《舊唐書》卷一〇七《玄宗諸子・盛王琦傳》,第 3268 頁;《資治通鑑》卷二一八肅宗至德元載,第 6984 頁。又不言潁王璬,因潁王時爲劍南節度大使,已在成都,見《舊唐書》卷九《玄宗本紀下》,第 233 頁。又按:據《舊唐書》卷一〇七《玄宗諸子・豐王珙傳》與《資治通鑑》卷二一八肅宗至德元所載,豐王珙亦未出閣,但此詔特言停其節度使職並令其"赴皇帝行在",或豐王後來也已赴鎮,或玄宗别有考慮。

② (宋)司馬光《資治通鑑》卷二一九《肅宗至德元載》,第 7003—7004 頁。

③ 鄧小軍《永王璘案真相——並釋李白〈永王東巡歌十一首〉》,《文學遺産》2010 年第 5 期。

④ 鄧文採取了完全不置一詞的方法,而僅以籠統的"有關永王璘案的官方與個人原始文獻,雖已多被篡改、被删削"這樣一句匆忙帶過,同時採用注釋形式交代一下:"參閲賈二强《唐永王李璘起兵事發微》,《陝西師大學報》1991 年第 1 期;日本岡野誠《論唐玄宗奔蜀之途徑》,《第二屆國際唐代學術會議論文集》下册,臺灣文津出版社 1993 年版。"似乎官方文獻被篡改删削已經論定。但實際上日本岡野誠先生文中未涉及《停潁王等節度誥》的真實性問題,而賈二强先生對此也是僅存疑問,並未定性。從賈先生的存疑,到鄧先生的認定並置之不問,其間並無任何討論,其邏輯漏洞自不待言。

⑤ 鄧小軍《永王璘案真相——並釋李白〈永王東巡歌十一首〉》,第 44 頁。

⑥ 肅宗詔令永王歸覲於蜀一事,《舊唐書・永王璘傳》、《新唐書》本傳、《唐會要》卷五《雜録》、《通鑑》卷二一九皆有載。

天寶十四載,開元天寶的盛世景况戛然而止,安史之亂爆發;十五載六月,潼關失守,長安門户洞開;十三日乙未凌晨,玄宗等倉皇入蜀避難。七月十五日丁卯入蜀途中,玄宗頒發《命三王制》,任命太子李亨統兵鎮朔方、河北,永王璘出鎮江陵,盛王琦出鎮廣陵,豐王珙出鎮武威。七月二十八日庚辰,玄宗一行到達成都;八月一日壬午,頒發《鑾輿到蜀大赦制》。八月十二日癸巳,肅宗使節到達成都,玄宗始知皇太子李亨七月十二日甲子已於靈武即皇帝位;十六日丁酉,玄宗遜位稱"上皇",詔敕改稱"誥",軍國大事,仍奏知玄宗;八月十八日已亥,玄宗臨軒册命肅宗,并派遣宰臣韋見素、房琯等赴靈武上册書與傳國寶;八月二十一日,玄宗頒發《停潁王等節度誥》。從這一系列重要事件的時間節點上看,玄宗應對安史之亂以及肅宗即位兩大事件的政治舉措是合乎時宜的:面對邊將反叛、烽煙四起、京城淪陷、國基動蕩的情勢,玄宗鑒於前朝兵權旁落、王朝陵替的教訓,接受宰相房琯的建議,一改過去皇子不出閤的治國策略,命令皇太子及三皇子分鎮天下,抵禦叛亂,拱衛皇室,是一項英明的決策。而一旦獲悉皇太子李亨已經即位,玄宗則又審時度勢,爲維護肅宗新皇權而迅速調整方略:收回此前皇子各自爲政、不相統屬的節度大使的兵權,而使其聽命於肅宗皇帝,以避免歷史上宗室坐擁一方、尾大不掉的局面的出現,迅疾下達了《停潁王等節度誥》。這道《停潁王等節度誥》的下達,是否如此前的遜位、稱"誥"、册命等一樣被一些史家認爲是受肅宗脅迫所爲呢? 從時間上看,肅宗即位時,《命三王制》尚未發布,待此詔到達行在肅宗之手,其用時從靈武使節到達成都需要一個月的情况看,必在十數日之後,其靈武使節早已出發赴成都,故肅宗使節是不可能傳達肅宗要求終止諸王節度使職的口諭或書信的。若以爲其後别有使節,但頒發《命三王制》到下達《停潁王等節度誥》,前後僅隔三十八天,從下達《命三王制》的普安附近(普安郡至巴西郡之間)至靈武,再從靈武至成都,此間也是來不及傳達肅宗旨意的,因此玄宗在獲知肅宗即位後九日即頒發《停潁王等節度誥》,完全可視爲是出自玄宗本意的,是玄宗面對國家政治新格局而主動進行的旨在鞏固新皇權的國策調整,充分表現了一個在位四十四年的帝王的治國經驗與睿智思維。這也讓我們可以重新審視玄宗在肅宗即位後的另外兩個舉措:玄宗在獲悉肅宗即位後四日就迅速做出了遜位的决定,同時在名分上做出相應的調整:改稱"上皇"與"誥",並且對自身的權力也做了明確限定:"四海軍國事,皆先取皇帝進止,仍奏朕知。俟克復上京,朕不復預事。"即在收復京城前,也即平定叛亂時期,保留了在重大軍國事務上的顧問權或參與權。這很可能不像後世一般所理解的那樣,是玄宗對肅宗奪權的不甘而採取的非正常措施,是他們新老皇帝爲自身權利鬥爭的表現,而我們可以從積極的正面去解讀:這是玄宗爲維護肅宗新皇權而採取的有效措施,這個過渡性的參與權的保留,對穩定和保障新皇權的正確運轉是有利的。而此後兩日,玄宗又臨軒册命肅宗,并派遣使團向新皇奉上册書和傳國寶,以便補上傳遞皇權的合法程序,更進一步表明玄宗對肅宗的新皇權是盡力配合維護的。雖然在新老皇權轉移的過程中,難免他們之間會有摩擦爭鬥,但並非如一些史家所理解的那樣,處處勾心鬥角,處心積慮。我們看到的更多的是,作爲曾經擁有盛世明君的光環而又即將退出歷史舞臺的唐玄宗所具有的帝王胸襟和謀略。

(作者單位:南京大學古典文獻研究所)

古典文獻研究（第十八輯下卷）
Journal of the Institute for Chinese Classics Studies
Nanjing University
Volume 18, No.2 2015

《新唐書·宗室》、《宰相世系表》校誤

李軼倫

《新唐書》之史表共四部，其中《世系表》兩部，分别爲《宗室世系表》與《宰相世系表》①，其修撰者係北宋史學家吕夏卿②。兩《世系表》以表格的形式記載有唐一代皇室及宰相的家族譜系，乃《新唐書》之獨創，對後世正史世系表的編纂有發凡起例之功③。然功勞既大，爭議遂多，自其問世，尤其清末唐五代墓誌大量出土以來，繼有學者爲之校補、考訂，從專著到單篇論文成果斐然，不勝枚舉④。然其部分之考校，並未嚴守校勘與考史之别，而校勘的宗旨或目的，乃在於“恢復或接近恢復古書的原貌，即著者成書的原貌，也即著者稿本的原貌”，因此校改的對象當爲“後人傳寫、刻印造成的文字訛誤”，而判斷之標準則爲所謂“致誤之由”，即“文字的訛誤之迹”⑤。古籍校勘如拂几塵，筆者於前賢成果之外繼有所得，所校正者，僅限於兩《表》流傳過程中産生的文字訛誤及跳欄。今録爲文，求正同道。

一、《新唐書》卷七〇上《宗室世系表上》太祖子郇王房：

---

① 兩《世系表》共六卷：其中《宗室世系表》爲卷七〇，分上、下兩子卷；《宰相世系表》爲卷七一至七五，卷七一、七三、七四、七五分上、下兩子卷，卷七二分上、中、下三子卷，合計十一子卷。

② 《宋史》卷三三一《吕夏卿傳》載：“又通譜學，創爲世系諸表，於《新唐書》最有功云。”

③ 郭鋒《吕夏卿與〈新唐書·宰相世系表〉》（《史學史研究》1996 年第 3 期，第 31—37 頁）一文對吕夏卿修撰《新唐書》世系諸表及其意義有詳細的論述，可參看。宋以後正史，《宋史》有《宗室世系表》（卷二一五至二四一）；《遼史》有《皇族表》（卷六六）及《外戚表》（卷六七），均爲世系表；《金史》有《宗室表》（卷五九），亦爲世系表；《元史》有《宗室世系表》（卷一〇七）；《明史》有《諸王世表》（卷一〇〇至一〇四）；《清史稿》有《皇子世表》（卷一六一至一六五）、《藩部世表》（卷二〇九至二一一）。

④ 其中又以《宰相世系表》校補成果爲豐，見趙超《〈新唐書·宰相世系表〉集校》（中華書局 1998 年）、胡俊《〈新唐書·宰相世系表〉校補》（西南大學 2007 年碩士學位論文），單篇論文成果彙集見詹宗祐《點校本兩〈唐書〉校勘彙釋》（中華書局，2012 年）。

⑤ 見武秀成《文字訛誤之迹與古文獻校改》，《古典文獻研究》（第十五輯），鳳凰出版社，2012 年，第 463 頁。

郇王禕,隋陳留太守、長平郡公。					
武陵郡王伯良。	長平肅王叔良。	中山郡王仲良。	季良。	新興郡王德良。	長樂郡王幼長。

(頁1990—2000)

按:長樂郡王名(或字)"幼長"誤,當作"幼良"。南京圖書館藏丁氏八千卷樓舊藏十六行本、明北監本、汲古閣本、殿本均作"幼良";《舊唐書》卷二《太宗本紀》載:"(貞觀元年)夏四月癸巳,凉州都督、長樂王幼良有罪伏誅。"(《新唐書》卷二《太宗本紀》、《通鑑》卷一九二《唐紀八》同)卷六〇《長平王叔良傳》附其弟幼良之傳;《新唐書》卷一《高祖本紀》載:"(武德九年)三月……丁巳,突厥寇凉州,都督、長樂郡王幼良敗之。"(《通鑑》卷一九一《唐紀七》同)卷七八有《長樂郡王幼良傳》;《唐會要》卷四六"封建"載:"武德元年六月,立世子建成爲皇太子……幼良爲長樂王。"①《册府元龜》卷二六五《宗室部・封建第四》載:"德良弟長樂王幼良,武德初封。"②《古今姓氏書辯證》李姓載"郇王禕,生……長樂王幼良"③;《表》同行載諸兄弟有伯良、叔良、仲良、季良、德良等,名(或字)均作"某良"。均可證。"長"、"良"形、音俱近,易互訛,當出校改。

二、《新唐書》卷七〇下《宗室世系表下》高祖子彭王房:

彭思王元則。	
絢,以霍王元軌第五子繼。	
志謙。	嗣王、左千牛衛將軍志暕。

(頁2059)

按:志謙、志暕二人均誤下一欄。據《宰相世系表》,志謙、志暕並爲絢孫、元則曾孫,然《舊唐書》卷六四《彭王元則傳》云:"無子,以霍王元軌子絢嗣,龍朔中封南昌王。子志暕,神龍初封嗣彭王。"《新唐書》卷七九《彭王元則傳》云:"無子,以霍王子絢嗣,龍朔中,封南昌王。薨,子志暕嗣,開元中,爲宗正卿。"《册府元龜》卷二八四《宗室部・承襲第三》亦載:"彭思王元則,高祖子,永徽二年薨,無子,以霍王元軌子絢嗣,龍朔中封南昌王,子志暕,神龍初封嗣彭王。"④是二人均爲絢子、元則孫,可證。當出校上移一欄。

三、《新唐書》卷七〇下《宗室世系表下》太宗子蔣王房:蔡國公煜。(頁2088)

① (宋)王溥《唐會要校證》,牛繼清校證,三秦出版社,2012年,第698頁。
② (宋)王欽若等《册府元龜(校訂本)》卷二六五,周勛初等校訂,鳳凰出版社,2006年,第3010頁。
③ (宋)鄧名世《古今姓氏書辯證》卷二一,王力平點校,江西人民出版社,2006年,第315頁。
④ (宋)王欽若等《册府元龜(校訂本)》卷二八四,第3209頁。

按:“煜”,諸本並同,當爲“煌”字之誤。《舊唐書》卷七六《蔣王惲傳》載:“惲子煌,蔡國公。”《新唐書》卷八〇《蔣王惲傳》載:“(惲)三子:煒、煌、休道……煌封蔡國公。”《册府元龜》卷二六五《宗室部·封建第四》載:“惲子蔡國公煌。”[①]均作“煌”,可證。“煜”“煌”二字形近易互訛,當出校改。

四、《新唐書》卷七〇下《宗室世系表下》太宗子蔣王房:中山王據,初名思順。(頁 2092)

按:“據”,諸本並同,誤,當作“琚”。《舊唐書》卷八《玄宗本紀上》載:“(開元十二年)夏四月……癸卯……嗣趙王琚爲中山郡王。”卷八六、《新唐書》卷八一《許王素節傳》、《唐會要》卷四六“封建”[②]、《册府元龜》卷三九《帝王部·睦親》[③]、卷二八四《宗室部·承襲第三》[④]載此事均作“琚”,可證;《舊唐書》卷七六《蔣王惲傳》載:“惲子休道。道子琚,本名思順。中興封嗣趙王,加銀青光禄大夫。開元十二年改封中山郡王、右領軍將軍。”《新唐書》卷八〇《蔣王惲傳》亦載:“休道子琚,神龍初封嗣趙王,開元中改王中山。”《唐會要》卷二一“陪陵名位”載昭陵陪葬名氏有“中山王李琚”[⑤],作“琚”,亦可證。“琚”、“據”二字形近易互訛,當出校改。

五、《新唐書》卷七〇下《宗室世系表下》太宗子越王房:常山公清。(頁 2103)

按:“清”,諸本並同,當爲“倩”之誤。《舊唐書》卷七六《越王貞傳》載:“(冲弟)蒨,封常山公,歷常州别駕,坐與父兄連謀伏誅。”《新唐書》卷八〇《越王貞傳》亦載:“(冲弟)蒨,常山公,坐死。”均作“蒨”。《唐會要》卷二一“陪陵名位”[⑥]、《長安志》卷一六《縣六·醴泉》[⑦]載昭陵陪葬名氏有“常山公李倩”,《册府元龜》卷二九五《宗室部·復爵》載:“常山公倩,越王貞第二子。垂拱中,坐與父貞、兄冲連謀起兵,被誅。”[⑧]均作“倩”。並可爲證。《世系表》蓋涉其兄冲、洽、温名皆從水旁而致誤。“倩”、“蒨”二字係同音假借,當出校改作“倩”。

六、《新唐書》卷七〇下《宗室世系表下》高宗子澤王房:嗣信王義珣。(頁 2130)

按:“信王”,諸本並同,當誤。《新舊唐書互證》卷七云:“案《宗室列傳》:義珣嗣澤王,未嘗嗣信王。璆初嗣澤王,後奪爵,以義珣嗣澤王,璆降爲郢國公,

---

① (宋)王欽若等《册府元龜(校訂本)》,第 3011 頁。

② (宋)王溥《唐會要校證》卷四六,第 700 頁。

③ (宋)王欽若等《册府元龜(校訂本)》卷三九,第 415 頁。《册府》此卷繫於開元“十四年”,當爲“十二年四月”之誤,《舊玄宗紀》、《唐會要》“封建”均係於十二年四月,《舊蔣王惲傳》亦繫於開元十二年,並可證。又本條“嗣越王”當爲“嗣趙王”之誤。校訂本均失校。

④ 此據明刻本,校訂本(第 3211 頁)誤排作“踞”。宋本無此卷。

⑤⑥ (宋)王溥《唐會要校證》卷二一,第 355 頁。

⑦ (宋)宋敏求《長安志》卷一六,中華書局《宋元方志叢刊》本,1990 年,第一册,第 172 頁。

⑧ (宋)王欽若等《册府元龜(校訂本)》卷二九五,第 3332 頁。

進封褒信王。疑《表》誤。”[①]是。此載澤王房世系,澤王子義珣不當嗣“信王”,《舊唐書》卷八《玄宗本紀上》、卷八六《澤王上金傳》、《許王素節傳》、《新唐書》卷八一《澤王上金傳》、《通鑑》卷二一二《唐紀二十八》、《册府元龜》卷二八四《宗室部・承襲第三》、卷二九五《宗室部・復爵》[②]並載以義珣嗣“澤王”,無作嗣“信王”者,可證。《唐大詔令集》卷三八有《嗣澤王珣國子司業制》[③],其珣即義珣之單稱,亦可證;同卷又有《册嗣澤王文》,云:“維景龍四年歲次庚戌五月辛亥朔二十八日戊寅,應天神龍皇帝若曰……咨爾故澤王男義瑾……是用命爾爲嗣澤王。”[④]此文“義瑾”乃“義珣”之誤[⑤],亦可爲證。唯“信”、“澤”二字間無致誤之由,《世系表》當原本即作“信”,開元初許王瓘曾以其弟璆冒嗣澤王[⑥],後復義珣嗣王,而璆進封褒信王,其或涉此而誤,可出校存疑。

七、《新唐書》卷七〇下《宗室世系表下》睿宗子薛王房:

惠宣太子業。	
嗣薛王瑁。	嗣王邃。
	嗣王宓。
	嗣王知柔,相昭宗。

(頁 2146)

按:邃以下世系:邃子“嗣王宓”、宓子“嗣王知柔相昭宗”,諸本並同,均誤上一欄。據《世系表》,邃爲嗣薛王瑁之弟,知柔爲瑁孫輩、業四代孫,而同行惠宣太子業諸子瑗、瑒、瑁、璨、璩、琛、璪、琇、瓊等,名均從“玉”旁,而業孫輩迥、遐、逢等,名均從“辵”旁,則邃亦當在此行,爲業孫、瑁子輩,可證;《新唐書》卷八一《惠宣太子業傳》云:“十一子,其聞者瑗、瑒、瑁……瑁爲嗣薛王,歷鴻臚卿……曾孫知柔,嗣王,再爲宗正卿。”是知柔當爲瑁之曾孫、業之玄孫,亦可證。然《古今姓氏書辯證》卷二一李姓載:“惠宣太子房亦曰薛王房,名業,曾孫

① (清)趙紹祖《新舊唐書互證》卷七,岳麓書社《二十五史三編》本,1994年,第七分册,第115頁。

② (宋)王欽若等《册府元龜(校訂本)》卷二八四,第3210頁;卷二九五,第3332頁。

③ (宋)宋敏求《唐大詔令集》卷三八,中華書局,2008年,第176頁。

④ (宋)宋敏求《唐大詔令集》卷三八,第175頁。

⑤ 義瑾爲義珣兄,其人《宗室世系表》未載,而見《舊澤王上金傳》及《册府元龜》卷二八四,已於載初元年因武承嗣誣告上金、素節謀反而流於顯州,不久即亡,景龍四年襲爵者當爲義珣而非義瑾,《舊澤王上金傳》載:“先是,義珣竄在嶺外,匿於傭保之間。及紹封無幾,有人告義珣非上金子,假冒襲爵,義珣不能自明,復流於嶺外。開元初,封素節子璆爲嗣澤王,繼上金後。十二年,玉真公主表稱義珣實上金遺胤,被嗣許王瓘兄弟利其封爵,謀構廢之。今上由是削璆王爵,復召義珣爲嗣澤王,拜率更令。”(《新澤王上金傳》、《册府元龜》卷二八四所載同)璆冒澤王爵在開元初,則義珣“紹封無幾”之時當在開元初前不久,此與册文景龍四年五月二十八日之繫時恰相合,可證册文“義瑾”爲“義珣”之誤。此外《舊傳》又載:“神龍初,追復上金官爵,封庶子義珣爲嗣澤王。先是,義珣竄在嶺外……”(《新傳》、《册府元龜》卷二九五同)蓋謂追復上金官爵在神龍初,其後又封義珣,與册文繫年並不矛盾。

⑥ 見兩《唐書・許王素節傳》,《宗室世系表》許王房載“嗣澤王璆”,實未確。

知柔,相昭宗。"[①]以知柔爲業曾孫,當與《世系表》同源[②],則其原本已誤。可出校存疑。

八、《新唐書》卷七〇下《宗室世系表下》玄宗子:靜恭太子琬。(頁2149)

按:"靜恭",諸本並同,誤,當作"靖恭"。《舊唐書》卷九《玄宗本紀下》、卷一四《憲宗本紀上》、卷一〇七、《新唐書》卷八二《靖恭太子琬傳》、《太平御覽》卷一四九《皇親部十五》引《唐書》[③]、《通鑑》卷二一七《唐紀三十三》、《唐會要》卷四"追謚太子"、卷二一"諸陵雜録"、卷八〇"複字謚"[④]、《長安志》卷一一《縣一·萬年》[⑤]均作"靖恭",可證。"靜"、"靖"二字同源,均有安靜義。《新表》作"靜"當涉音同而誤,可出校改。

九、《新唐書》卷七〇下《宗室世系表下》(頁2164):順宗至德弘道大聖大安孝皇帝二十二子。

按:"二十二子",諸本並同,誤,當作"二十三子"。《宗室世系表》載唐帝之子數與兩《唐書·宗室傳》相同:《世系表》載太祖八子、代祖四子,《新傳》同,《舊傳》失載;高祖二十二子、太宗十四子、高宗八子、中宗四子、睿宗六子、肅宗十四子、代宗二十子、德宗十一子、憲宗二十子、穆宗五子、敬宗五子、文宗二子、武宗五子、懿宗八子,《舊傳》、《新傳》並同;玄宗二十三子,《舊傳》、《新傳》並載三十子而七子早夭,是亦同《表》;宣宗十一子,《舊傳》[⑥]、《新傳》同。而順宗《舊傳》載"二十三子",《新傳》載二十七子"四王蚤薨",是同《舊傳》,於例《世系表》亦當載作"二十三子",此處蓋漏計憲宗。或曰今《世系表》中實列二十二子,與表前之文正合,且與《舊唐書》卷一五〇、《新唐書》卷八二《順宗諸子傳》及《唐會要》卷五"諸王"[⑦]所列二十二子亦相合(唯諸子之序及個別文字稍有差異),則《世系表》原本必載作"二十二子"。然《宗室世系表》表中實列子數與表前之文"某宗×子"之數常不相符,如穆宗表前之文載"五子"而表中實列懷懿太子湊、安王溶兩人,故《世系表》文所載"某宗×子"必是諸帝實際子數(除去早薨者),且此數均與兩《傳》所載相同,據此例可證此"二十二"必是"二十

---

① (宋)鄧名世《古今姓氏書辯證》卷二一,第316頁。

② 或曰《古今姓氏書辯證》"業"字下有脱文,則亦可證《世系表》之誤,存備一説。

③ (宋)李昉等《太平御覽》卷一四九,中華書局影印宋本,1992年,第一册,第726頁。

④ (宋)王溥《唐會要校證》卷四,第41頁;卷二一,第359頁;卷八〇,第1266頁。

⑤ (宋)宋敏求《長安志》卷一一,第137頁。

⑥ 點校本《舊唐書》作"十一子",然出校曰:"各本及《新書·十一宗諸子傳》均同,惟據下文所記則有十二人,疑'一'字爲'二'字之誤。"今按:兩《唐書·宗室傳》云"某宗×子",而後文實際所載未必即其數(《宗室世系表》亦如此),《舊傳》此處載宣宗十一子與《世系表》、《新傳》同,不誤。胡可先考證曰:"諸書録宣宗子十一人,蓋非'一'爲'二'之誤,當爲編者偶失,而未將懿宗計入。"(《〈新唐書·宗室世系表〉補正》,《徐州師範大學學報》〔哲學社會科學版〕1998年第3期,第103頁)是。

⑦ (宋)王溥《唐會要校證》卷五,第47頁。

三”之誤。而《古今姓氏書辯證》卷二一李姓又載:“順宗二十二子”[①],雖此處有訛“二十三”作“二十二”之可能,然亦頗疑《表》原本已誤作“二十二”,故當出校存疑,暫不改字。又《表》載昭宗十七子,《新傳》同,《舊傳》載作“十子”當係“十七子”之脱誤。

一〇、《新唐書》卷七〇下《宗室世系表下》宣宗子:靖懷太子渼。(頁2172)

按:“渼”,今存各本均作“漢”,是。《舊唐書》卷一七五《宣宗諸子傳》、《唐會要》卷四“追謚太子”、卷五“諸王”[②]、《册府元龜》卷二六五《宗室部·封建第四》[③]亦作“漢”,可證。此外,點校本《新唐書》卷八《宣宗本紀》載:“(會昌六年五月)辛酉,封子温爲鄆王,渼雍王……(大中六年)七月,雍王渼薨。”作“渼”,然臺灣“中央圖書館”藏嘉業堂舊藏建陽魏仲立刻十行本、國家圖書館藏元刻十行本均作“漢”,卷八二《宣宗諸子傳》載:“靖懷太子渼,會昌六年始王雍……。”亦作“渼”,然南京圖書館藏八千卷樓舊藏十六行本、元大德九年建康路儒學刻明成化弘治國子監遞修本、明北監本、汲古閣本、殿本均作“漢”,則此三處亦當作“漢”,點校本失校。“渼”、“漢”二字形近易互訛,當出校改。又《通鑑》卷二四八《唐紀六十四》、卷二四九《唐紀六十五》亦誤作“渼”。

一一、《新唐書》卷七〇下《宗室世系表下》僖宗子:益王陛。(頁2174)

按:“陛”,諸本並同,似當作“陞”。《舊唐書》卷一七五《僖宗諸子傳》、《新唐書》卷九《僖宗本紀》、卷八二《僖宗諸子傳》、《僧寶傳》卷五《邵武龍湖聞禪師》[④]、《通鑑》卷二五七《唐紀七十三》、《唐會要》卷五“諸王”[⑤]、《册府元龜》卷二六五《宗室部·封建第四》[⑥]均作“陞”,可證。“陛”、“陞”二字形近易互訛,當出校改。又《唐會要》卷四六“封建”同誤作“陛”[⑦]。

一二、《新唐書》卷七〇下《宗室世系表下》昭宗子:沂王禮。(頁2175)

按:“禮”,諸本並同,誤,當作“禋”。《舊唐書》卷二〇上《昭宗本紀》、卷一七五《昭宗諸子傳》、《新唐書》卷一〇《昭宗本紀》、卷八三《昭宗諸子傳》、《通鑑》卷二五九《唐紀七十五》、卷二六五《唐紀八十一》、陸扆《封棣王祤等制》[⑧]、

---

① (宋)鄧名世《古今姓氏書辯證》卷二一,第316頁。

② (宋)王溥《唐會要校證》卷四,第41頁;卷五,第47頁。

③⑥ (宋)王欽若等《册府元龜(校訂本)》卷二六五,第3017頁。

④ 此據影印文淵閣《四庫全書》本。

⑤ (宋)王溥《唐會要校證》卷五,第48頁。

⑦ (宋)王溥《唐會要校證》卷四六,第704頁。

⑧ 見(宋)宋敏求《唐大詔令集》卷三三,第138頁。《文苑英華》卷四四五所載同,題《封棣王虔王沂王遂王制》((宋)李昉等《文苑英華》卷四四五,中華書局影印明刻本,1990年,第三册,第2253頁)。

《唐會要》卷五"諸王"、卷四六"封建"[①]、《册府元龜》卷二六五《宗室部·封建第四》[②]均作"禋",可證。"禮"、"禋"二字形近易互訛,當出校改。

一三、《新唐書》卷七一上《宰相世系表一上》裴氏西眷:承光,檢校左羽林軍將軍、郕國公。(頁2181)

按:"承光",諸本並同,疑當作"承先"。《舊唐書》卷五七《裴寂傳》載:"(裴寂子)律師子承先,則天時爲殿中監,爲酷吏所殺。"《新唐書》卷八八《裴寂傳》略同,《通鑑》卷二〇四《唐紀二十》載:"(垂拱四年)十二月,乙酉……江都王緒、殿中監郕公裴承先皆戮於市。承先,寂之孫也。"《古今姓氏書辯證》卷五裴姓載:"律師生承先,殿中監。"[③]均作"承先",可證。《舊唐書》卷六四《霍王元軌傳》、《新唐書》卷四《則天皇后本紀》、《册府元龜》卷二九五《宗室部·復爵》[④]則均作"承光",當同誤。"光"、"先"二字形近易互訛,可出校存疑。

一四、《新唐書》卷七一上《宰相世系表一上》裴氏中眷:定高,襲琅邪郡公、馮翊郡公。(頁2212)

按:"馮翊郡公",諸本並同,然前已載襲琅邪郡公,不當再襲馮翊郡公,此當爲"馮翊郡守"之誤。張九齡《大唐金紫光禄大夫行侍中兼吏部尚書弘文館學士贈太師正平忠憲公裴公(光庭)碑銘并序》載:"大王父定,周大將軍、馮翊太守、瑯琊公。"[⑤]張説《贈太尉裴公(行儉)神道碑》載:"大父定高,大將軍、馮翊郡守、襲瑯琊郡公。"[⑥]《舊唐書》卷八四《裴行儉傳》亦載行儉祖定高"馮翊郡守,襲封琅邪公。""馮翊太守"、"馮翊郡守"均爲"馮翊郡太守"之簡稱,可證。《世系表》蓋涉上文"襲琅邪郡公"而誤。當出校改。

一五、《新唐書》卷七一上《宰相世系表一上》南陽劉氏:南陽劉氏出自長沙定王。生安衆康侯丹,襲封三世,徙沮陽。(頁2255)

按:"沮陽",諸本並同,疑當作"涅陽"。據《漢書》卷二八上《地理志上》,沮陽縣屬上谷郡,而涅陽縣屬南陽郡,南北相隔甚遠,此叙南陽劉氏,則當作"涅陽";《世系表》載遷徙以後諸人任職,如陳留太守伯陵、潁川太守挺、徐兗江三州刺史柳,均近於南陽,亦可證當遷往南陽郡而非上谷郡。"涅""沮"二字形近易致誤,然《元和姓纂》卷五[⑦]、《古今姓氏書辯證》卷一八[⑧]劉姓均作"沮陽",則《世系表》原本或已訛作"沮陽"。可出校存疑。

---

① (宋)王溥《唐會要校證》卷五,第48頁;卷四六,第705頁。
② (宋)王欽若等《册府元龜(校訂本)》卷二六五,第3017頁。
③ (宋)鄧名世《古今姓氏書辯證》卷五,第80頁。
④ (宋)王欽若等《册府元龜(校訂本)》卷二九五,第3331頁。
⑤ (唐)張九齡《張九齡集校注》卷一九,熊飛校注,中華書局,2008年,第1001頁。
⑥ (唐)張説《張説集校注》卷一四,熊飛校注,中華書局,2013年,第720頁。
⑦ 《四校記》云:"'涅陽'原誤'沮陽',《新表》同。應據羅校改正。"是岑仲勉亦以爲作"沮陽"誤。
⑧ (宋)鄧名世《古今姓氏書辯證》卷一八,第255頁。

一六、《新唐書》卷七一下《宰相世系表一下》楊氏越公房:普,金部郎中。(頁 2383)

按:“普”,南京圖書館藏八千卷樓舊藏十六行本作“晉”,是。常衮《授楊晉洛陽縣令制》云:“敕朝議郎、守尚書金部郎中楊晉……可守洛陽縣令,仍賜緋魚袋,散官如故。”[1]常衮天寶末及第,此《制》楊晉與《世系表》楊普約略同時,當即同一人,可證;又《唐尚書省郎官石柱題名》“金部郎中”有楊晉,在天寶十載進士王邕之後二人[2],亦可爲證。“普”、“晉”二字形近易互訛,當出校改。

一七、《新唐書》卷七二上《宰相世系表二上》杜氏丹楊房:

文度。
權,後魏河秦二州刺史、杜縣公。

(頁 2464)

按:“權”,臺灣“中央圖書館”藏嘉業堂舊藏建陽魏仲立刻十行本、國家圖書館藏元刻十行本作“懽”,是。《金石萃編》卷五一《大唐故尚書右僕射特進開府儀同三司上柱國贈司徒并州都督衛景武公(李靖)之碑并序》云:“曾祖懽,後魏河秦□州刺史□縣開□公[3]。”即作“懽”,可證。“懽”、“權”二字形近易互訛,當出校改。

又按:南京圖書館藏八千卷樓舊藏十六行本、元大德九年建康路儒學刻明成化弘治國子監遞修本、汲古閣本、殿本權以下世系各欄均升一欄,《古今姓氏書辯證》卷二一李姓載:“文度生權,後魏河秦二州刺史、杜縣公。”[4]似懽爲文度子,今本誤下一欄。然《世系表》載文度“(爲)西凉安定太守,與族人寶入後魏”,西凉亡於北魏明元帝泰常六年(421),則其當爲北魏初人,而懽子崇義爲“後周雍州大中正、廣和復硖殷五州刺史”,則懽必北魏末時人,故其當爲文度之孫而非其子。此闕疑俟更考。

一八、《新唐書》卷七二上《宰相世系表二上》趙郡李氏東祖:

來王,散騎常侍。											
思諒,金部郎中。											

---

[1] 見(宋)李昉等《文苑英華》卷四〇七,第三册,第 2065 頁。

[2] (清)勞格、趙鉞《唐尚書省郎官石柱題名考》,徐敏霞、王桂珍點校,中華書局,1992 年,第 725 頁。

[3] 轉引自國家圖書館善本金石組《隋唐五代石刻文獻全編》,北京圖書館出版社,2003 年,第二册,第760 頁。

[4] (宋)鄧名世《古今姓氏書辯證》卷二一,第 318 頁。其作“權”亦誤。

續表

敬忠，許王府典籤。	敬節，洛州司士參軍。	思言，堂邑令。					敬同	敬宗	敬之	敬彝	敬臣
		敬玄，平陽令。	敬本	敬一							
		子公。		遲	濯	潤					
			回								

（頁2533—2539）

按：思言以下世系各欄均誤下一欄。來王有子名思諒，孫輩有敬忠、敬節、敬同、敬宗、敬之、敬彝、敬臣，則思言亦當爲來王子，而敬玄、敬本、敬一均當爲來王孫，據今本則思言爲來王孫而敬玄、敬本、敬一則爲其曾孫，雖無他證，《世系表》誤下一欄無疑。當出校上移。

一九、《新唐書》卷七二中《宰相世系表二中》京兆王氏：仲周，攝監察長史。（頁2652）

按："長"，臺灣"中央圖書館"藏嘉業堂舊藏建陽魏仲立刻十行本、國家圖書館藏元刻十行本作"御"，是。唐無所謂"監察長史"之職，權德輿《唐故太子右庶子集賢院學士贈左散騎常侍王公（定）神道碑銘并序》載："幼子仲周，亦以進士甲科，使車交辟，以廷尉評攝監察御史。"①可證。當出校改。

二〇、《新唐書》卷七二下《宰相世系表二下》河間張氏：禓字公表，天平節度使。（頁2716）

按："禓"，臺灣"中央圖書館"藏嘉業堂舊藏建陽魏仲立刻十行本、汲古閣本作"裼"，字書無此字，當誤；殿本作"裼"，是。張裼《舊唐書》卷一七八有傳，丁居晦《重修承旨學士壁記》②、《古今姓氏書辯證》卷一三③、《唐尚書省郎官石柱題名》"祠部郎中"亦均作"裼"，可證；張裼又見《舊唐書》卷一九上《懿宗本紀》、卷一九下、《新唐書》卷九《僖宗本紀》、《南部新書》卷四④、《通鑑》卷二五三《唐紀六十九》⑤、《北夢瑣言》卷八、卷一二⑥等，均作"裼"，亦可證；且以其字公表觀之，"裼"有敞開意，與"表"字義近，而"禓"爲鬼名、祭名，亦可證作"裼"

① （唐）權德輿《權德輿詩文集》卷一四，郭廣偉校點，上海古籍出版社，2008年，第234頁。

② 見（宋）洪遵《翰苑群書》卷上，中華書局影印《知不足齋叢書》本，1999年。

③ （宋）鄧名世《古今姓氏書辯證》卷一三，第194頁。

④ （宋）錢易《南部新書》卷四，黄壽成點校，中華書局，2002年，第54頁。

⑤ 《通鑑》此卷張裼凡兩見：乾符五年二月及六年三月。點校本六年三月處作"裼"；而五年二月處作"楊"，章鈺校云："十二行本'楊'作'裼'；乙十一行本同；孔本同；熊校同。"知當作"裼"，胡三省音注"先擊翻"亦可證。

⑥ （五代）孫光憲《北夢瑣言》，賈二强點校，中華書局，2002年，第174、180、250頁。

是。古籍"衤"、"礻"二形,"昜"、"易"二形常混用,如《太平廣記》卷二六一引《北夢瑣言》作"裼"[①],《册府元龜》卷七七一《總録部・世官》作"裼"[②]。當出校改。

二一、《新唐書》卷七二下《宰相世系表二下》崔氏清河青州房:滔,後魏殷州别駕。(頁2772)

按:"滔",汲古閣本、殿本作"滔",是,《魏書》卷六六、《北史》卷四四《崔亮傳》即作"滔",可證。"滔"字,《説文》曰:"泥水滔滔也。一曰繅絲湯也。"似不當用作人名。"滔"、"滔"形近易互訛,當出校改。

二二、《新唐書》卷七二下《宰相世系表二下》博陵安平崔氏第二房:曠,隋浙州刺史。(頁2793)

按:"浙",日本静嘉堂文庫藏陸氏皕宋樓舊藏北宋嘉祐刻本(百衲本之底本)、臺灣"中央圖書館"藏嘉業堂舊藏建陽魏仲立刻十行本作"淅",是,《北史》卷三二《崔辯傳》載:"曠少温雅,大象末,位開府儀同大將軍、淅州刺史。"亦作"淅",可證。《隋書》卷三〇《地理志中》"淅陽郡"注云:"西魏置淅州。"未載有所謂"浙州",是當作"淅州"。古籍"木"、"扌"二形常混用,當徑改不出校。

二三、《新唐書》卷七三上《宰相世系表三上》柳氏:無恭,潭州刺史。(頁2839)

按:"恭",南京圖書館藏八千卷樓舊藏十六行本、臺灣"中央圖書館"藏嘉業堂舊藏建陽魏仲立刻十行本作"忝",是,《舊唐書》卷七七、《新唐書》卷一一二《柳奭傳》均載奭曾孫名作"無忝"[③],可證。《景德傳燈録》卷五《第三十三祖慧能大師傳》又載有開元十年韶州刺史柳無忝[④],據兩《唐書》柳奭傳,開元初因柳涣奏請,詔許奭曾孫無忝護奭柩歸鄉里,知《慧能傳》之柳無忝當即奭之曾孫,其人放歸本貫後數年即任韶州(下州)刺史,後歷官至潭州(中都督府)刺史,亦可爲證。"忝"、"恭"二字形近易互訛,當出校改。

(作者單位:南京大學圖書館)

① (宋)李昉等《太平廣記》卷二六一,中華書局,1961年,第2043頁。

② 校訂本作"褐"(頁8934),而中華書局影宋本、明本均作"裼",蓋誤,然不知係"褐"字之誤抑或"裼"字之誤。

③ 兩《傳》均載無忝官潭州都督,潭州爲中都督府,《傳》稱"都督"同《世系表》稱"刺史"。

④ 此據《四部叢刊三編》本,宋刻磧砂藏本同。

古典文獻研究（第十八輯下卷）
Journal of the Institute for Chinese Classics Studies
Nanjing University
Volume 18, No.2 2015

《南江札記》收有他人之作辨析[①]

雷斌慧

《南江札記》四卷，清邵晉涵撰。邵晉涵（1743—1796）字與桐，號二雲，浙江餘姚人，清代浙東學派的後起之秀，博聞强識，貫通經史，著《爾雅正義》、《南江文鈔》、《南江詩鈔》、《南江札記》等，在文獻學、史學、文學等領域作出卓越的貢獻。《南江札記》爲邵晉涵閱讀古書時的札記，俟其卒後，邵晉涵之子邵秉華從遺書中輯録批注之語爲《南江札記》，後中華書局據原刻本影印，收入《清人考訂筆記》中，得以廣泛流傳。

《南江札記》四卷：卷一爲《春秋左氏傳》213 條、《穀梁傳》14 條；卷二爲《儀禮正誤》34 條、《禮記》1 條、《三禮》7 條；卷三爲《孟子》374 條；卷四爲《史記》19 條、《漢書》7 條、《後漢書》3 條、《三國志》49 條、《五代史》17 條、《宋史》49 條，合 787 條，或發正經義，或考辨史事，充分展現了邵晉涵的學術成就。

陳光榮先生《〈南江札記〉收有他人之作》指出"取《南江札記》與《義門讀書記》條文逐一對勘，發現《札記》卷四中，凡有《史記》19 條，《漢書》7 條，《後漢書》3 條，《三國志》49 條，《五代史》17 條，共計 95 條，全部見於《讀書記》卷 13 至卷 29 有關各書中"[②]。也就是説，除了《宋史》49 條外，其餘 95 條皆出自何焯《義門讀書記》。

一 《南江札記》與《郊祀十議》的對勘

筆者在閱讀《南江札記》時，發現卷二《三禮》七條與袁桷《郊祀十議》相似，於是取《南江札記》與《郊祀十議》條文逐一對勘如下：

1. "昊天五帝"：《南江札記》"昊天五帝"條由《郊祀十議》"昊天五帝議"删減而成。圍繞"昊天五帝"，袁桷引入鄭玄、王肅、河南程氏、胡宏、黄榦、陳祥

---

① 本文爲 2013 年國家社科基金青年項目《清代浙東學派文學思想嬗變研究》階段性成果，項目批號爲 13CZW050。

② 陳光榮《〈南江札記〉收有他人之作》，《古籍整理研究學刊》1991 年第 3 期。

道、三山林岊、新安朱氏等人的議論。《南江札記》除了略去黄榦、新安朱氏之言,其餘皆原文引用。如《郊祀十議》云:"鄭玄六天之妄,攻之者衆矣。王肅謂祭天有二,冬郊圜丘,春祈農事。若明堂迎氣,皆祭人帝。歷唐而下,則謂郊祀配在者爲昊天,明堂配上帝者爲五帝。"①《南江札記》云:"鄭康成定六天之説,王肅謂祭天有二,冬郊圜丘,春祈農事。若明堂迎氣,皆祭人帝。唐以下謂郊祀配在者爲昊天,明堂配上帝者爲五帝。"②除了"妄"與"説"之别,及"攻之者衆矣"一句,其餘完全相同。將《南江札記》與《郊祀十議》對勘,存有異文。如《郊祀十議》云"於是郊之所主爲昊天"③,《南江札記》云"於是郊之所至爲昊天"④,存"主"與"至"之異。如《郊祀十議》云"小司寇之實鑊水納亨"⑤,《南江札記》云"小司寇之實鑊水納享"⑥,有"亨"與"享"之别。在此條目中,《南江札記》於一處點出袁桷,"袁清容謂五帝非人帝,其所謂人帝者,五帝之配耳"⑦。

2. "祭天名數":《南江札記》由《郊祀十議》"祭天名數議"删減而成。首先,在字句排列位置上,《南江札記》偶有變動。如《郊祀十議》云:"'天,歲有九祭',鄭玄之説也。何以謂之九祭?祀昊天於圜丘;五天帝於四郊;復立郊祀、明堂而爲二;龍見而雩,帝於南郊,此九祭也。"⑧如《南江札記》云:"祀昊天於圜丘,五天帝於四郊,復立郊祀、明堂而爲二,龍見而雩,帝於南郊,謂之九祭,此康成之説也。"⑨《南江札記》將"九祭"、"鄭玄"推至文後揭示。其次,將《南江札記》與《郊祀十議》對校,存有異文。如《南江札記》云"祈農者重民食,有求於天,不得與南郊、明堂比也"⑩,《郊祀十議》爲"祈者以民食之重,有求於天,不得與南郊、明堂並"⑪,存"比"與"并"之别。再次,《南江札記》對《郊祀十議》的原文有所隱括。如《郊祀十議》云:"按《春秋》之書,雩,旱祭也,司巫女巫之舞雩,皆不得已,籲嗟而求之。義其甚者,則歌哭而請,禮之變也。"⑫《南江札記》隱括此條爲"大雩,變禮也"⑬。雖文字改動,但不失《郊祀十議》原意。最後,《南江札記》有一處提及袁桷,"袁清容定以南郊爲一,明堂爲二"⑭。

3. "圜丘":《南江札記》"圜丘"條由《郊祀十議》"圜丘議"删減而成。在摘録中,邵晉涵對鄭玄、王肅、崔靈恩、陳祥道等人之言或原文引用,或有所删節,或有所隱括,並在排列順序上有所變動。如《郊祀十議》"圜丘議"開篇云:"圜丘之名,獨見於《周官·大司樂》,《詩》、《書》、《春秋》、《儀禮》之所不載。《二戴禮》,先儒謂出於漢儒,今不復引。以《周官》考之,圜丘非祀天之地。其本文曰:'凡樂,圜鐘爲宫,黄鐘爲角,太蔟爲徵,姑洗爲羽,靁鼓靁鞀,孤竹之管,雲

① (元)袁桷《袁桷集校注》(第5册),楊亮校注,中華書局,2012年,第1794頁。

② (清)邵晉涵《南江札記》,《續修四庫全書》(第1152册),上海古籍出版社,2002年,第353—354頁。

③ (元)袁桷《袁桷集校注》(第5册),第1795頁。

④⑥⑦⑨⑩⑬ (清)邵晉涵《南江札記》,《續修四庫全書》(第1152册),第354頁。

⑤ (元)袁桷《袁桷集校注》(第5册),第1797頁。

⑧ (元)袁桷《袁桷集校注》(第5册),第1803頁。

⑪⑫ (元)袁桷《袁桷集校注》(第5册),第1804頁。

⑭ (清)邵晉涵《南江札記》,《續修四庫全書》(第1152册),第355頁。

和之琴瑟,《雲門》之舞;冬日至,於地上之圜丘奏之,若樂六變,則天神皆降,可得而禮矣。凡樂,函鐘爲宫,太蔟爲角,姑洗爲徵,南宫爲羽,靈鼓靈鞀,孫竹之管,空桑之琴瑟,《咸池》之舞;夏日至,於澤中之方丘奏之。若樂八變,則地示皆出,可得而禮矣。'"①《南江札記》開篇云:"圜丘,獨見於《周官·大司樂》,其本文但言'冬日至,於地上之圜丘奏之。夏日至,於澤中之方丘奏之',不言祀天也。……或曰圜丘祀天之説非歟,曰《詩》、《書》、《易》、《春秋》、《儀禮》之所不載也。"②均指出圜丘獨見於《周官·大司樂》,但邵晉涵不耐全文引用,僅引入"冬日至,於地上之圜丘奏之。夏日至,於澤中之方丘奏之"兩句。"《詩》、《書》、《易》、《春秋》、《儀禮》之所不載"則用在批鄭玄學説之中。較之《郊祀十議》,邵晉涵還指出《易》亦不載圜丘。

4. "《周官》無祭地之文,而其言近於地者有五,曰地示、大示、土示、后土、社是也":此條實出於《郊祀十議》"后土即社議"。《郊祀十議》"后土即社議"開篇云:"《周官》無祭地之文,先儒言之詳矣。而其言近於地者有五,曰地示、大示、土示、后土、社是也。"③《南江札記》將之删減,定爲條目。此條目僅未録新安朱氏、《尚書》、孔疏、胡宏氏之言,另有兩處引文出自《泰誓》,但未點出處。同時,排列順序大致相同。

5. "燔柴泰壇":《南江札記》"燔柴泰壇"條僅"當以覲禮爲主,而以祭法輔之"④未見《郊祀十議》,其餘皆由《郊祀十議》"燔柴泰壇議"删減隱括而成。一方面,此條在文字的排列順序上有所變動。如《南江札記》云:"崔靈恩則謂:'先燔柴及牲玉於丘訖,次乃掃地而祭。'祭天之法,皆於地上,以下爲貴,故不祭於人功之壇。"⑤此段在摘録時,邵晉涵先録鄭玄之言,然後才引入崔靈恩觀點,順序靠後。另一方面,此條對袁桷之評判隱去其名。如《郊祀十議》云:"愚嘗謂:合於《周官》,則泰壇之制未嘗有。合於《儀禮》,則燔柴之制無圜丘。"⑥《南江札記》云:"夫合於《周官》,則泰壇之制未嘗有。合於《儀禮》,則燔柴之制無圜丘。"⑦有别於他條點出袁桷之名或直接略去袁桷的議論評判。

6. "《郊特牲》曰:'郊之祭也,迎長日之至也。'又:'郊之用辛也,周之始郊,日以至。'"此條實出於《郊祀十議》"郊非辛日議",缺條目。"郊非辛日議"開篇云:"《郊特牲》曰:'郊之祭也,迎長日之至也。'又曰:'郊之用辛也,周之始郊,日以至。'"⑧《南江札記》此條由《郊祀十議》删減而成。在摘録中,邵晉涵對鄭玄、崔靈恩、葉夢得、吕大臨等人之言或原文引用,或有所删節,並在排列順序上有所變動。如"'然則周郊非辛歟?'曰:'《周官》祀大神則蔔日。'",在

① (元)袁桷《袁桷集校注》(第5册),第1807頁。
② (清)邵晉涵《南江札記》,《續修四庫全書》(第1152册),第355頁。
③ (元)袁桷《袁桷集校注》(第5册),第1811頁。
④⑦ (清)邵晉涵《南江札記》,《續修四庫全書》(第1152册),第357頁。
⑤ (清)邵晉涵《南江札記》,《續修四庫全書》(第1152册),第356—357頁。
⑥ (元)袁桷《袁桷集校注》(第5册),第1821頁。
⑧ (元)袁桷《袁桷集校注》(第5册),第1831—1832頁。

《郊祀十議》中排在葉夢得議論之後,《南江札記》把此句改排在《五經異義・春秋公羊説》後。

7. "北郊":《南江札記》"北郊"條由《郊祀十議》"北郊議"删减而成。此條在《郊祀十議》基礎上進行較大幅度的删减和位置調整。如《郊祀十議》"北郊議"云:"《周官》無北郊之本文,因鄭玄讖緯之説,而與《周官》並行者,王莽、劉歆實爲之始也。先儒能攻王莽南北合祭之義,而不知立北郊之説者始于匡衡,成于王莽。舍其大而議其細,相承謬誤,今千七百餘年矣!"[①]袁桷對"北郊"之淵源予以追溯,始于鄭玄,匡衡、王莽、劉歆等揚其波。《南江札記》則略去過程,特别關注鄭玄。如《南家札記》開篇云:"北郊,不見於經,《周官》亦無之,而獨見於鄭注。"[②]在排列順序上,《郊祀十議》本着辨明北郊,糾正謬誤的宗旨,娓娓道來,先對"北郊"溯源,再辯鄭玄之誤,續接匡衡、王莽、劉歆之誤襲,最後總結王肅、鄭玄之爭,指出北郊之謬。《南江札記》則篇首拈出鄭注,續以匡衡、陳祥道等人之誤,最終以"按《大宗伯》之本文,鄭氏之不能釋者有二:曰'以血祭'、'以狸沈'。'以疈辜'則曰不言祭地,此皆地示,祭地可知。'以黄琮禮地',則曰:'禮地以夏至,謂神在昆侖者。'至於《大司樂》之地示,則又曰:'祭於北郊。'"[③]作結,重心在於發鄭玄之誤。

二 《南江札記》收有他人之作探因

《郊祀十議》含昊天五帝議、祭天名數議、圜丘非郊議、后土即社議、祭天無間歲議、燔柴泰壇議、郊不當立從祀議、明堂與郊天禮儀異制議、郊非辛日議、北郊議十條。除了祭天無間歲議、郊不當立從祀議、明堂與郊天禮儀異制議三條外,《南江札記》卷二《三禮》七條全部出自《郊祀十議》。爲何《南江札記》收有他人之作? 這須從袁桷談起。袁桷(1266—1327)字伯長,號清容居士,浙江鄞縣人,曾任元代學官,禮官嘆服其博,累遷翰林侍講學士。在學術上,袁桷始從戴表元學,後師事王應麟,其學精深核實。

成宗建南郊,袁桷進《郊祀十議》。《新元史》評價:"袁桷議郊祀典禮,斟酌古今,爲當時所採用,故著其十議,以備一朝之掌故焉。"[④]可見《郊祀十議》在郊祀典禮中的地位和價值。邵晉涵爲乾隆時期著名學者,重視禮學研究,長於注疏之學。如《與吴衣園書》云:"新輯《爾雅正義》已具草稿,三年可繕清本。《孟子述義》、《儀禮箋》當次第成之。"[⑤]製定爲《儀禮》作箋注的規劃。袁桷作爲歷代浙江先賢中的代表,其在禮學上的造詣不可能不引起邵晉涵的關注。在研讀《三禮》的過程中,邵晉涵玩味《郊祀十議》,擇要録於書眉。邵晉涵歿後,其子邵秉華不解其來歷,以爲其父之文,遂將之收入《南江札記》。

---

① (元)袁桷《袁桷集校注》(第5册),第1834頁。

②③ (清)邵晉涵《南江札記》,《續修四庫全書》(第1152册),第358頁。

④ (民國)柯劭忞《新元史》,吉林人民出版社,1995年,第2958頁。

⑤ (清)邵晉涵《南江文鈔》,《續修四庫全書》(第1463册),第476頁。

三 《南江札記》收有他人之作的價值

《南江札記》卷二《三禮》七條皆出自袁桷《郊祀十議》,这究竟是一種無意義的摘抄,還是具有獨特的價值和意義?筆者傾向於後者,并從提供別本,以作校勘;略去點評,考鏡源流;批判鄭注,實事求是;重視禮學研究,承繼浙東學脈四方面予以辨析。

(一)提供別本,以作校勘

《南江札記》爲《郊祀十議》提供別本,可作校勘之用。如《南江札記》"燔柴泰壇"條"當以覲禮爲主,而以祭法輔之"①,未見《郊祀十議》,觀他文皆由《郊祀十議》"燔柴泰壇議"删减隱括而成,此句恐非邵晉涵所作,疑爲《郊祀十議》佚文。將《郊祀十議》與《南江札記》對勘,存有異文。平心而論,異文多以《郊祀十議》爲是。如《郊祀十議》云:"元始間曰皇天上帝。"②《南江札記》云:"元始曰皇天上帝。"③脱"間"字。《禮書》卷八八、《群書考索》卷二七:"漢初曰上帝,曰太一,元始間曰皇天上帝。"④當含"間"字。如《郊祀十議》雲:"故魯以上辛郊,不敢與天子同也。"⑤《南江札記》云:"故魯以卜辛郊,不敢與天子同也。"⑥存"上"與"卜"之異。《五經異義》云:"《春秋公羊》説,禮,郊及日皆不卜,常以正月上丁也。魯于天子並事變禮,今成王命魯使卜從乃郊,不從即已,下天子也。魯以上辛郊,不敢與天子同也。"⑦當從"上"。之所以如此,筆者認爲,《郊祀十議》的性質爲議狀,袁桷自言:"至謹獻所爲《郊祀十議》以補缺佚。備皇朝之禮,明郊祀之本,其亦有在。"⑧嚴謹扎實,一絲不苟。《南江札記》的性質爲筆記,相對寬容灑脱。

(二)略去點評,考鏡源流

《南江札記》在摘録《郊祀十議》時,多略去袁桷點評之文。如《郊祀十議》"圜丘議"云:"愚按:圜丘非郊也,圜丘非祀天之所。獨鄭康成言之,既不能合於《詩》、《書》、《儀禮》,而于《周官》復有所背。以《周官》之本文言之,止言於地上圜丘奏之,不聞其祀天於圜丘也。"⑨此處袁桷點評圜丘非郊,圜丘非祀天之所,並詳闡其由,則不出現在《南江札記》。如《郊祀十議》"北郊議"云:"愚按:鄭氏之言人帝五精,帝於地無預。王肅之攻鄭玄,其説雖行於泰始,惜其説猶以郊丘爲一,故宗鄭者多,而王説復廢。馴致今日,郊社盛禮,方由是損益,以承三代之正。罷北郊之謬,其不在兹乎?"⑩此處袁桷總結鄭玄、王肅之爭,批

---

①⑥ (清)邵晉涵《南江札記》,《續修四庫全書》(第1152册),第357頁。
② (元)袁桷《袁桷集校注》(第5册),第1795頁。
③ (清)邵晉涵《南江札記》,《續修四庫全書》(第1152册),第354頁。
④ (元)袁桷《袁桷集校注》(第5册),第1797頁。
⑤ (元)袁桷《袁桷集校注》(第5册),第1833頁。
⑦ (清)蘇輿《春秋繁露義證》,鐘哲點校,中華書局,1992年,第403頁。
⑧ (元)袁桷《袁桷集校注》(第5册),第1788頁。
⑨ (元)袁桷《袁桷集校注》(第5册),第1807頁。
⑩ (元)袁桷《袁桷集校注》(第5册),第1836頁。

北郊之謬,亦不出現在《南江札記》。邵晉涵此舉充分展現了其在閲讀《郊祀十議》時,以收録資料、考鏡源流爲主要目的。

(三)批判鄭注,實事求是

《南江札記》在對《郊祀十議》的摘録中,特別注重對鄭注的批判。鄭玄博覽群書,尤精禮學,注《周禮》、《儀禮》、《禮記》,《三禮》始爲通行。漢末以降,鄭玄《三禮注》一直被文人奉爲圭臬。唐孔穎達甚至評價"禮是鄭學"。皮錫瑞亦云:"伊、洛以東,淮、漢以北,康成一人而已。咸言先儒多闕,鄭氏道備。自來經師未有若鄭君之盛者也。"[①]《南江札記》卷二《三禮》7 條中雖略去某些言論,如"昊天五帝"條略去新安朱氏、王肅、黄榦之言;如"后土即社"條略去胡宏、新安朱氏、陳祥道之言;如"北郊"條略去匡衡、張譚之言。然而,邵晉涵對於鄭玄之言多有保留,不僅在排列位置上屢次將鄭玄之言提前,而且主要持批判態度。如"燔柴泰壇"條,袁桷細心梳理《儀禮》、《周官》、崔靈恩、鄭玄之言後,批駁崔靈恩之言,並以按語的方式表明自己對"燔柴泰壇"的理解。《南江札記》則將鄭玄之言提前,並集中批評鄭玄之誤。如"北郊議"條,袁桷重在溯"北郊"之源,列各家學説,指出北郊之謬,承傳三禮,考辨源流。邵晉涵則在"北郊"條開篇點出鄭注,最後指出鄭玄學説兩點不足,重在批鄭玄之誤。因此,《南江札記》雖摘録《郊祀十議》,但在文字的排列與删減中不僅融入自己的學術好尚,而且也表現出對實事求是、不畏權威學術品格的推崇。

(四)重視禮學研究,承繼浙東學脈

袁桷爲浙江鄞縣人,受業於王應麟、戴表元、舒岳祥,爲元代文壇重要代表。袁桷之師王應麟亦爲浙江鄞縣人,全祖望對於這位同鄉先賢極爲推崇。不僅《宋元學案》中專立《深寧學案》,而且《困學紀聞三箋序》、《宋王尚書畫像記》、《同谷三先生書院記》等文對王應麟之學多有推重。如《同谷三先生書院記》云:"深寧論學,蓋亦兼取諸家,然其綜羅文獻,實師法東萊,况深寧少師迂齋,則固明招之傳也。"[②]全祖望考索王深寧的學術淵源,認爲其承繼東萊之學,爲南宋浙東學派的著名代表。蘇天爵《元故翰林侍講學士知制誥同修國史贈江浙行中書省參知政事袁文清公墓誌銘》云:"昔宋南遷,浙東之學以多識爲主,貫穿經史,考核百家,自天官、律曆、井田、王制、兵法、民政,該通委曲,必欲措諸實用,不爲空言。然百年以來,典刑風流日遠,故公之葬,謹序而銘之,來者尚有所徵乎。"[③]認定袁桷爲南宋浙東學派的繼承者。李鄴嗣《學士袁文清公桷》亦云:"自宋南渡而後,吾鄉學者以多識相尚。文清得王氏之傳,其于近世禮樂之因革、官閥之選次、朝士大夫之族系、九流諸家之略録,俱能溯源執本,得其旨歸。浙河以東,于斯爲盛。"[④]充分肯定袁桷在禮學上的卓越成就。

---

① 皮錫瑞著,周予同注釋《經學歷史》,中華書局,1959 年,第 141 頁。

② (清)全祖望《全祖望集彙校集注》(中),朱鑄禹彙校,上海古籍出版社,2000 年,第 1047 頁。

③ (元)蘇天爵《滋溪文稿》,中華書局,1997 年,第 137 頁。

④ 寧波市鄞州區政協文史資料委員會整理《甬上耆舊詩》(上),寧波出版社,2010 年,第 49—50 頁。

明清浙東學人亦重視禮學研究。在劉宗周"慎獨誠意"的影響下,萬斯大《儀禮商》卷二《少牢饋食禮》第十六認爲:"忠信之人可以學禮,非忠信之人則禮不虛道,是以得其人爲貴也。"以忠信爲禮學的奠基。黄宗羲更是萬斯大禮學之路的直接引路人。萬斯大《學禮質疑自序》云:"大自丁未學《禮》以來,必有所疑,取其大者,條而説之而質之吾師梨洲先生者也。"①萬斯大的《學禮質疑》、《禮記偶箋》、《儀禮商》宗緒宋人,闡發禮義,振興禮學。全祖望亦關注三禮,不僅向方苞提議利用《永樂大典》搜輯《三禮》之書,而且親自輯録出王安石《周禮新義》、史真隱《尚書周禮論語解》等禮學著作。全祖望對同鄉袁桷頗爲欣賞。如《延祐四明志跋》評價袁桷爲"文章大家"②。如《深寧學案》附《剡源門人》,開篇云:"大德初,閻復、程文海、王構薦爲翰林國史院檢閲官。時建南郊,先生進十議曰:'天無二日,天既不得有二,五帝不得謂之天,作《昊天五帝議》;祭天歲或爲九,或爲二,作《祭天名數議》;圜丘不見於《五經》,郊不見於《周官》,作《圜丘非郊議》;后土,社也,作《後土即社議》;三歲一郊,非古也,作《祭天無間歲議》;燔柴見於古經,《周官》以禋祀爲天,義各有指,作《燔柴泰壇議》;祭天之牛角繭栗,用牲于郊,牛二,合配而言之,增群祀而合祠,非周公之制矣,作《郊不當立從祀議》;郊,質而尊之義也,明堂,文而親之義也,作《郊明堂禮儀異制議》;郊用辛,魯禮也,卜不得常爲辛,作《郊非辛日議》;北郊不見於《三禮》,尊地而遵北郊,鄭玄之説也,作《北郊議》。'禮官推其博,多採用之。"③全祖望特别關注袁桷《郊祀十議》,一方面展現全祖望對袁桷深博的典制之學的推崇,另一方面源於謝山《經史問答》中亦含《三禮問目答全藻》,謝山對三禮的重視可見一斑。邵晉涵在《南江札記》卷二中考索禮制,關注地理,考據方法多用對校,批駁"鄭本",徵信存疑,充分體現了其嚴謹求實的治學態度。晚清黄以周則認爲"禮者,理也,天理之秩然者也。考禮即窮理"④,以禮學經世,集三禮之大成。從萬斯大習先王之《禮》以明其義,至黄以周禮學即理學的定位,作爲中間環節的邵晉涵,其《南江札記》卷二《三禮》七條皆出自袁桷《郊祀十議》,爲浙東學派禮學的承傳提供一個獨特的視角。

(作者單位:湖南文理學院文史學院)

① 王達津《清代經部序跋選》,南開大學古籍整理研究所選編,天津古籍出版社,1991年,第178頁。

② (清)全祖望《全祖望集彙校集注》(中),第1480頁。

③ 沈善洪《黄宗羲全集》(第6册),浙江古籍出版社,2005年,第383—384頁。

④ 洪焕椿《浙江文獻叢考》,浙江人民出版社,1983年,第250頁。

古典文獻研究（第十八輯下卷）
Journal of the Institute for Chinese Classics Studies
Nanjing University
Volume 18, No.2 2015

南京大學文學院圖書館善本書題跋輯考

孫　靖

南京大學文學院圖書館所藏衆多古籍之中，不少原爲著名藏書家、學者的稀見舊物，上有收藏者的題跋校語。現粹編其未見披露且較爲完整的部分，並擇要撰寫釋文。

一　《水經注》四十卷，題漢桑欽撰，後魏酈道元注，清乾隆黄晟刊本，汪辟疆批並跋

是本爲汪辟疆先生贈書。凡十册，每半葉十一行，行大字二十一字，小字雙行同，白口，四周單邊，單黑魚尾，魚尾下記書名、卷次，版心下記頁次、字數。書前有牌記"天都黄曉峰校刊/槐蔭堂藏版"[①]，又有明萬曆四十三年(1615)李長庚序、元歐陽玄《補正水經序》、酈道元《北史》本傳，書後有清乾隆十八年(1753)新安黄曉峰跋。字體屬清中期流行之寫刻，柔軟工整，頗有顔體與柳體融合之貌。卷一有六方朱文藏書印，其中三方屬汪辟疆，從上至下依次爲"辟疆校讀"朱文長印、"方湖長"朱文方印、"汪辟疆"白文方印[②]；另有"異書多自楸餘收"白文方印、"漪主人"朱文方印。卷一處有題識一行：

甲辰四月讀於開封，國垣記。

書後又題識兩行：

此本爲余十八歲時所讀，就中章句點逗，頗有失誤。偶從敗麓中得之，獨爲完好，遂付裝潢，以存少年時校讀之迹，並留示子孫，不足爲外人

① 黄曉峰即黄晟(1684—?)，字東曙，一字曉峰，號退庵，安徽歙縣人，遷居揚州。著名刻書家、藏書家。先以經營鹽業致富，後轉向藏書、刻書，刊刻有《三才圖會》、《太平廣記》、《帶經堂集》等。

② 據張亞權考證，汪辟疆先生1954年中風致右肢癱瘓，遂以左手代寫，而汪先生手稿中有"方湖左手"款並鈐"方湖長"印，此印當爲1954年之後所用。因而此本"方湖長"印恐爲日後所補。"汪辟疆"印則出自傅抱石之手。以上參考張亞權《汪辟疆先生"方胡行篋所携"印譜考釋》，《古典文獻研究》第十三輯，鳳凰出版社2010年6月。

道也。甲子三月靜便。

題識後並鈐有"汪辟疆"白文方印。卷首目録後又有六行題識:

前清光緒三十年,隨侍梁園,客有在先公座上談六朝酈元文章之美,而其所著之《水經注》尤是爲讀《史》、《漢》佐證。揭水道以疏古今地理,而並詳其經流之古迹勝概。山水靈奇,丘壑存廢;金石標題,孕育靈秀。沾溉靡盡,心竊誌之。是年二月,於相國寺之售書攤得朱謀㙔《水經注箋》原印本,頗爲珍視。嗣又得黄晟本於"好古堂",即此本也。黄刻頗存朱《箋》而文又削剔之,又不標朱説,似欲竊爲己有。然以刊刻尚佳,頗便誦讀,因日讀四五頁,逾年而畢。惜爾時閱書不多,就中頗有失讀處。今亦不更正,以存其真。己巳六月,方湖記於老灣新舍。

汪辟疆(1887—1966),名國垣,字笠雲,號方湖、展庵,江西彭澤人。先生是近代著名目録學家、藏書家,曾任南京大學中文系教授。著有《目録學研究》、《光宣詩壇點將録》等,另有程千帆先生編《汪辟疆文集》,學術事蹟詳見張亞權編《汪辟疆學術簡表》。汪氏藏書豐富,曾於南京曬布廠五號建"小奢摩館"庋藏之。其中不乏古籍善本,然因抗戰西行入蜀而損失殆半。餘者由其後人於 1976 年和 1978 年分兩批捐入南京大學圖書館,計有經部 21 種,史部 66 種,子部 41 種,集部 202 種,類叢部 5 種,新學 1 種,另有抄本 6 種,共計 342 種 3865 册。由汪氏生平可知,"甲子"當係 1924 年,此年先生在江西。"甲辰"則爲 1904 年,此年先生"十八歲",隨父入豫,進河南客籍高等學校,至 1909 年均就學於此。是則先生 1904 年 2 月在河封相國寺獲明朱謀㙔《水經注箋》,尋又得清黄晟刊《水經注》,於 4 月開始批閱,約至次年讀過一遍,並有批校。此後先生輾轉北京、上海等地,多次搬遷。至 1924 年 3 月,先生在南昌心遠大學教授時,又從"敗簏"中揀得《水經注》,並作書後兩行題記。至 1929 年 6 月,即抵南京次年,先生回憶批讀往事,又作書前六行題記以存紀念。先生治學向重史部,以《史記》、《漢書》、《通鑑》爲甚,嘗言:"班《書》爲傳記之正宗,《通鑑》爲編年之極則。讀史不先從此事於此,無當也。太史公自屬奇作,視班尤高。"①與題記合觀,可知在先生看來,《水經注》作爲中國地理學的扛鼎之作,正爲讀史之良佐,故重視此書淵源有自,因而有悉心批閱之事。

汪氏自幼受於庭訓,秉承家學,及長博學多識,建樹頗多,雖不專治酈學,但關注《水經》由來已久。先生早年即開始《水經注》的相關研究,至中年而用力更勤。先生嘗云:

在抗戰初起的時期,我因避亂到重慶鄉間居住,偶然的把手邊戴校《水經注》,從頭至尾細細讀過了一遍,就馬上感覺尚有不少的困難問題。那時很想搜集衆本,再來一次校勘工作。但是因爲借書困難,而我行篋所携,只有趙一清乾隆五十一年重刊本和楊守敬、熊會貞《水經注疏》不全稿

① 汪辟疆著,程千帆編《汪辟疆文集》,上海古籍出版社,1988 年,第 65 頁。

本,後來又借到沈炳巽《水經注集釋訂訛》、王先謙《合校水經注》,仍然闕乏甚多,這工作只好擱下。①

可惜先生龐大計劃最終未能實現,僅有數篇文章問世。② 其中《分析〈水經〉和〈水經注〉作者的分歧問題》考訂兩書作者,論證精審,結論公允。《明清兩代整理〈水經注〉之總成績》則縱横評價明清六百餘年酈學研究,甚見功力。《水經注》向來號稱難懂難讀,一方面由於其中涉及衆多州郡城邑、河道水系之名,且古今地理沿革和地名變换導致的混亂關係難以縷清;另一方面則由於《水經》自宋以來便殘缺不全,加之經注混淆,錯訛滿書。鑒於此,先生批點側重名物訓詁、駁誤質疑,尤其是在古今地名對照和古地名注釋方面甚見功力。批文以《水經注》地名注釋爲核心,將《水經注》相關版本對讀比勘,參考前四史,又對照圖經,主訓詁爲而兼及校勘,在兩方面都達到了相當的高度。此批本這不僅展現了汪先生早年便已具備相當深厚的學術功底,其批閱方法更是對後世有相當的啓發意義③。

關於黄晟刊本所用底本,黄跋並未明言,只提及《水經注》有功者數人,便"爰取舊本,重爲校勘"④。依先生所言,則"頗存朱《箋》而文又削剔之,又不標朱説,似欲竊爲己有",可知先生認爲底本當爲朱謀㙔《水經注箋》。且據先生批點校勘結果來看,黄刊本確有不少内容直襲《注箋》,尤其是對後者訛誤承襲,其中不少迥異於他本,更是明證。據黄跋所言,此本刊於清乾隆十八年,即

① 汪辟疆著,程千帆編《汪辟疆文集》,第118—119頁。

② 此類文章目前可見者如下:《明清兩代整理〈水經注〉之總成績》(《時事新報》副刊《學燈》1940年第69、70期)、《熊會貞遺事》(1943年)、《楊守敬熊會貞傳》(《中國學報〔重慶〕》1943年第1卷第2期)、《〈水經注〉與〈水經注疏〉》(《中國文學〔重慶〕》1944年第1卷第4期)、《〈水經注〉的版本和整理工作》(《申論》1948年第1卷第10期)、《分析〈水經〉和〈水經注〉作者的分歧問題》(《江海學刊》創刊號1958年第1期),其中後四篇收入《汪辟疆文集》。此外,陳橋驛先生所列的另外三篇:《李子魁携〈楊守敬熊會貞合撰水經注疏〉全稿》(七言古詩二首,附於《明清兩代整理〈水經注〉之總成績》後)難稱研究成果;《水經注疏》(1943年)未能親睹;《致胡適論〈水經注〉書》(此題爲陳先生所擬),僅有胡適復信而無原文。故而上述三篇不計入内。而陳先生以爲收入《汪辟疆文集》的《水經注疏》和《熊會貞遺事》兩文,實未能在文集中發現。參陳橋驛《水經注論叢》,浙江大學出版社,2008年,第131—132頁。另有《爲什麼要研究水經》一文,刊於《讀書通訊》1943年第65期。

③ 南京大學圖書館及文學院分館藏有汪辟疆先生捐贈《水經注》不同版本十種,如明嘉靖十三年(1534)黄省曾刊本《水經注》、明萬曆十三年(1585)吴琯刊本《水經注》、明鍾惺譚及元春評崇禎刊本《水經注》、清戴震校乾隆三十九年(1774)武英殿刊本《水經注》、清趙一清校乾隆五十一年(1861)畢沅刊本《水經注釋》、清光緒十八年(1897)王先謙刊本《合校水經注》、1935年商務印書館影印永樂大典本《水經注》、1957年科學出版社楊守敬熊會貞《水經注疏》等,其中只有本文所述黄晟刊本《水經注》與朱謀㙔《水經注箋》經先生批點。而手批《水經注箋》彙合衆本予以校勘,批文或轉引他書少有考證,或據他本校正鮮下己義而多襲前人舊説。先生常將戴震《水經注》校語抄於天頭,時有"戴云"如何,然後加以己意按斷,多有批駁戴校之處。對於經注區分,先生則多據他本(疑爲殿本)以正。故《水經注箋》批文多據他本作精細校勘而偶下己意。

④ 跋中提及北魏酈道元、金蔡正甫和明朱謀㙔三人。但"嗣後朱謀㙔附增注箋,蔡正甫又作補正"之語,將蔡、朱二人時代先後順序顛倒,可見黄曉峰於酈學研究並非内行。對於黄晟刊本的質量,前輩學人頗有批評,甚至有學者以爲是全襲清康熙五十四年(1715)的項絪刊本而少有校勘。參李曉傑等《〈水經注〉現存主要版本考述》,《歷史地理》第31輯,2015年6月。

公元1753年，此時全祖望、戴震和趙一清三種校本均未付梓，因無所憑依，故校勘質量有限，尤其是經注相亂情况尚未厘清①。

二 《開有益齋讀書志》稿抄本六卷，清朱緒曾著，清甘元焕抄並跋

作爲清末目録學名著，此書繼承《四庫全書總目》辯證學術、考訂源流傳統，以書目提要形式彰顯"經訓儒術、典章法制"之學術精神②。抄本原兩册，合一册：前一册爲藍格，四周單邊，上黑口，單黑魚尾，版心下有"二餘草堂"堂號；後一册無界欄。無目録、序跋。每半葉十二行，行大字二十一字，小字雙行同。字迹秀麗雋逸，版面工整清爽。封面有甘元焕四行題跋：

> 朱述之年丈博綜群書，崇嶧頃編《北山集》稿，屬爲校次，並蒐補遺逸得若干卷，因録副以藏，用裨識益。光緒元年夏四月，甘元焕記。

題記後鈐有甘氏"直讀草堂"朱文長印。甘元焕（1841—1897），字建侯，一字紹存，號復廬，晚號峴叟，江寧（今江蘇南京）人，有《甘元焕日記》稿本九册，現藏南京圖書館。甘氏自祖父起而書聚三代，爲藏書世家。朱緒曾（1805—1860），字述之，號北山，江蘇上元（今南京）人，著名藏書家，齋名開有益，藏書至十餘萬卷，惜多毁於咸豐年間太平軍戰火。朱氏秉乾嘉學風，通經史訓詁，校注群書，於目録、校勘、版本諸學均卓有成就，著有《曹子建集考異》、《論語義證》等，並輯刻《金陵朱氏家集二十九種》、《金陵詩徵》等。金陵朱氏世代書香，緒曾祖父逢年（？—1821）、父朱濤（1765—1837）皆嗜書博學。朱緒曾延請甘元焕師王善長課朱家子弟，朱氏本人又與甘熙共研鄉邦文獻，可見朱、甘二家來往頻繁，堪稱世交。

題記所言"北山集"與抄本封面題簽相同，然檢其内容，實爲《開有益齋讀書志》。《讀書志》共計六卷（附《金石文字記》一卷、《讀書續志》一卷），僅有清光緒六年（1880）金陵翁氏茹古閣唯一刊本。凡四册，每半葉十行，行大字二十一字，小字雙行同。白口，左右雙邊，單黑魚尾，魚尾上記書名，下記卷次，版心下記頁次。書前依次俞樾題簽書名、"光緒庚辰年秋金陵翁氏茹古閣校刊"牌記、清光緒六年（1880）汪士鐸序，書後依次清光緒元年（1875）劉壽增跋、光緒六年（1880）及光緒二年（1876）朱緒曾子桂模兩通題跋③。此書付梓之路頗爲曲折，原稿歷經戰火，失而復得。光緒二年（1876）朱桂模跋文中有言：

---

① 如卷二《河水》"河水南入楨陵縣西北"混入經文。全祖望於乾隆九年（1749）至乾隆十五年（1755）七次校勘《水經注》，直至光緒十四年（1888）才刊行；戴震校《水經注》由武英殿刊行於乾隆三十九年（1774）；趙一清《水經注釋》多認爲乾隆五十一年（1786）由畢沅刊於開封，縱使如范希曾《書目答問補正》卷二所言"《水經注釋》四十卷，《刊誤》二十卷，趙一清，原刻本，乾隆十九年趙氏家刻"，亦在黄刊本之前。故上述諸本黄氏均無法親睹。

② 見《開有益齋讀書志》書前劉壽增《開有益齋讀書志序》。

③ 原書順序如此。

道光庚子(1840)春,先君子以《北山集》付梓家集内。嗣有著作名《開有益齋集》,未分卷數,細字底稿,成厚本者三,序跋居一。庚申(1860)冬,集已散失。嘉興王君春漁福祥,從寧波撿一本寄還,皆序跋也。模手録一通,屬江陰繆子柚岑佑孫校字。原書殘闕處不敢妄補,以還舊觀。同里甘君建侯元焕見之大喜,録副以藏,並言凡係序跋見於他本者宜彙輯之。模韙是言,薈萃成篇,而卷數門類未能分晰,爰請儀征劉君恭甫壽曾排纂前後云。①

《讀書志》的坎坷經歷在跋文中得以清晰展現,亦與題記中緒曾子桂模字"崇嶧"相合。又甘氏在抄録副本之外,亦有"凡係序跋見於他本者宜彙輯之"的建言,故而此書的最終付梓刊行,朱氏亦頗有力焉。細研跋語,可知此書至少曾有如下四種稿本,依次爲:朱緒曾手稿本、朱桂模抄繆柚岑校本、甘元焕抄本和劉壽增編排本。刊印之前或有定稿本,亦未可知。依題記所言,甘氏借得朱桂模抄繆柚岑校本抄成此副本,可知朱本介於經繆柚岑校勘稿本和劉壽曾編排稿本之間,是一種帶有過渡性質的稿抄本。以常情揆度,甘元焕固當全依朱本抄録,因而在相當程度上保存了後者的原貌。對比後來的刻印本,從中可以看到在文字内容、篇目編排上的變化:刻本六卷,按經史子集四部三十小類,整齊而有致;而抄本則不分卷數,亦未按部次排列,凌亂而雜糅。此外,文字方面亦頗有異同。

三 《炊聞詞》不分卷,清王士禄撰,清末揚州張丙炎冰甌館刻本,陳彰批並跋

是本原係近代著名詞學家陳彰藏書。凡一册,每半葉九行,行二十字,下黑口,四周雙邊,單黑魚尾,版心上記書名,下記頁次、字數,卷首有王士禄自序。是書開本瘦長,板框較小,字體有近代印刷之風貌,整體感覺頗似鉛印本,加之避清諱,當爲清末刊本。卷一處有四方藏書印,從上至下依次爲"玉延樓"朱文長印、"陳彰"白文方印、"孝成"白文方印、"蒙耷藏書"白文方印,書後有"蒙耷校閱"白文方印,上述數印均屬陳彰。封面有陳彰題記三行:

《炊聞詞》揚州張氏冰甌館刻本。壬辰八月,玉延樓以半唐老人②鈔校本覆刊一過。陳彰題記。

王序處有題記三行:

《炊聞詞》海豐吴仲懌重熹石蓮庵《山左人詞》本校。吴本與《衍波詞》合刻,所據蓋從孫無言《十六家詞》本也。吴本詞後無自注,與王鈔本同,

① (清)朱緒曾《開有益齋讀書志》卷末,光緒六年(1880)金陵翁氏茹古閣校刊本。

② 據況周頤《禮科掌印給事中王鵬運傳》,"半唐"當作"半塘",即王鵬運(1849—1904),字佑遐,一字幼霞,中年自號半塘老人,又號鶩翁,晚年號半塘僧鶩。廣西臨桂(今桂林)人,清季四大詞人之首。此雖題"鈔校本",實則僅爲半塘所抄,並圈點十二首,而不見王氏校語。

頗有訛文,對讀一過,互相勘正,亦可惠也。癸巳十二月十一日,彰記。

書後先有題跋三行:

癸巳長至前五日手校訖。清婉似遜阮亭,然視國初鄒、董諸家,專以纖艷側媚爲工者,有過之而無不及矣。

又有題跋五行:

壬辰八月廿八日,史韓携示家藏鈔本,爲半唐老人手校。末葉題識及卷中圈點句十二首,老人手筆也,回取此本照臨之。鈔本分上下兩卷,與此本亦無異同,唯詞後小注鈔本皆無之,知所據又别一本也。玉延樓書。潮陽陳彰。

王士禄(1626—1673),字子底,一字伯受,號西樵山人,又號負苓子、更生,山東新城人。官吏部員外郎,能文章,善吟咏,與弟王士祐、王士禛齊名。著有《讀史蒙拾》、《表餘堂詩存》等,《炊聞詞》爲其唯一詞集。陳彰(1905—1955),後改名陳運彰,字君漠,一字孝成、蒙禽、蒙安、蒙廬,廣東潮陽人。况周頤入室弟子,擅詩詞,工書畫,精篆刻,喜收藏,於碑帖書畫、古籍善本多有精湛考訂。著有《紉芳簃詞》、《蓬齋脞記》、《雙白龕詞話》等,輯有《榕園叢書》等。據題記所言,陳氏曾有兩次批並跋:一爲壬辰年(1952)八月以半塘老人王鵬運抄本校勘,並作題記一及四;一爲癸巳年(1953)十二月取吴重熹《山左人詞》與之校勘,又作另外兩題記。題記三"長至"本可有夏至或冬至兩解,但合題記二所言"癸巳十二月十一日"觀之,唯有"冬至"可通。是本有朱墨兩種圈點,陳彰在《昭君怨·樓外》作題解:"半塘翁圈法玄平,研朱過度,今復以墨筆爲標出之,庶不至混淆。"又《春光好·秋千》眉批:"半塘翁所點定者,凡十二首,此即翁所選采者矣。選家手眼亦有時會不可强也,以今日心目中所賞會者,與之互參,其消息正在幾微間。"是則墨筆爲抄本中王鵬運所圈點之詞作,而朱筆批語爲陳氏本人所爲。且在陳氏看來,詞選一方面體現編選者審美傾向、理論主張,而若將其與當下詞風對比,亦可憑以洞悉風氣之嬗變。

是本有陳氏朱墨批語百餘條,字迹與《清名家詞》前陳氏所作題詞完全一致,當爲其親筆。陳氏詞學論斷在批語中時有涉及,舉凡語言文字,平仄用韻,篇章結構,分段分卷,以至訓詁釋義、詞作評述、詞律、詞籍刊刻等諸多方面皆有涉及:語言文字方面,如校異文(古體、形近、音近)、脱文、衍文、錯簡、訛文等;段落篇章方面,如分段落、定篇章(篇章歸屬、篇章順序、篇章分合)、考分卷、考作者,且擅長依律校勘;綜合評述方面,如關於《炊聞詞》的評價、清初詞人學宋的態度、詞作和詞律之間的關係、和作的用韻、叶韻的發展、後世對詞體的改作、詞籍刊刻的用字仿古等。[①] 作爲民國著名書法家,陳氏行楷俊俏秀麗、靈動勁逸,批語本身就是極爲賞心悦目的藝術珍品。

① 關於此批本的詳情,可參拙作《民國詞籍校讎新證——陳運彰批校本〈炊聞詞〉探微》,《新疆大學學報》(哲學·人文社會科學版)2015 年第 3 期。

四　《昌谷集》四卷,唐李賀撰,明曾益釋,明末清初刊本,邵鳴鑾批並跋

此詩集經李賀及身編訂而成。凡四册,每半葉十二行,行大字二十字,小字雙行同。白口,四周單邊,單白魚尾,魚尾上記書名,下記卷次,版心下記頁次。明諱、清諱皆不避,大致刊於明末清初;又字體瘦長而古樸,頗似明末刊本。書前依次爲明王思任序、唐杜牧序、宋焦竑序、唐李商隱《李長吉小傳》、目録。末册書後有邵鳴鑾題跋六行:

> 《昌谷集》余向有徐文長注者,後爲書賈取去之。今復得是本閱之,不免穿鑿附會,深歎注書之難。今夏於湖南葉氏齋頭,忽得《昌谷集句解》,頗多駁正,甚契予心。第其中亦有過用揣度,自我作古之病。愚謂不可解者,不妨闕疑,故削而不録。然是集得此校勘,甚可觀,毋易視也。癸丑立秋後七月六日,琴川邵鳴鑾識。

李賀詩名遠揚,刊本亦衆,訓注其詩者歷代有之。題跋涉及兩種:明徐渭評注本和清丘象隨等《昌谷集句解定本》①。從題跋中不難發現邵氏的態度:徐渭評注"穿鑿附會",故而質量有限;《句解》多有駁正,但也失之武斷。細研徐渭注文可知:一方面,徐渭以其天縱英才之思解李賀清雅幽奇之詩,常有超凡精妙之語,頗得李賀之本心;另一方面,刻求新異的徐渭重感覺而輕實證,注文亦難免不實之詞。與此相對,《句解》經數人耕耘累積而成②,重視辨章考證的同時,不廢藝術賞析,注文亦較爲充實、可觀。除此之外,徐批多簡短而率意,常僅以"率"、"雕"、"半"等一字定褒貶,評價多出自個人偏好;《句解》則多長篇注文,釋題意、證史實、考出處不一而足,評注亦更爲允當、豐富。然題記所言"頗多駁正"之義,當是《句解》於徐批多有訂誤。詳查之下可知,《句解》引徐批共計十處,批駁六處,稱引四處③。然所批駁之處不免個人情感體驗之異,並無嚴格是非對錯之别④。至於《句解》的缺陷,確如題記所言"過用揣度,自我作古之病"。然解詩之作,難免以己度人,此不足怪。

書中有邵鳴鑾朱筆批語,注音釋字、校勘注釋兼而有之,亦涉及藝術賞析等方面,内容頗豐。邵氏生平不詳,僅知其爲琴川,即江蘇常熟人,而題記所言"癸丑立秋後七月六日",及各卷卷末所題甲子紀年批閱時間,具體年代爲何亦難以確定。

---

① 徐渭評注與董懋策評語常被合刊,最早有於明萬曆四十一年(1613)刊本,後有清光緒三十二年(1906)會稽董金鑒《董氏叢書本》。徐渭注文收入吴企明編《李賀資料彙編》。

② 《句解》原爲姚佺所箋,後世評注者累積疊加,漸成清姚佺箋閱,清丘象升、蔣文運同評,丘象隨辯注本,有明天啓毛氏刊本、清初寶涵樓刊本、梅村書屋刊本等。

③ 除卷一《示弟猶》、《同沈駙馬賦得御溝水》、《蜀國弦》(兩次)、《緑封章事》、《相勸酒》爲明顯批駁外,卷一《七夕》、《春坊正字劍子歌》、卷四《感諷》(六首其一)、《嘲雪》均爲引用而未加按語。

④ 如卷一《示弟猶》,《句解》曰:"徐文長云:平易似不出賀手,冲淡拙率尤是賀之佳處。予謂賀一率便不佳,能爲險怪,不能爲自然也。"

此外,書中夾有一張編發號爲 2165 的《中國古籍善本書目編輯委員會業務查詢函》,"查詢問題"一欄有如下三行文字:

您館卡片著録"清邵鳴鑾批並跋",請查原書邵鳴鑾跋有年月否?邵鳴鑾何時人?因定稿在即,請儘快見復寫荷。謝謝。

落款日期爲"一九八八年十月十九日",而"答覆"一欄空白。檢《中國古籍善本書目》,確著此本,但題"清邵鳴鑾批並跋"①。

五 《唐賢三昧集》抄本十二卷,清王士禎輯,清初沈荃一硯齋抄本,黄裳跋

此書爲王士禎晚年爲扭轉清初崇宋詩風、提倡"神韻",而粹編盛唐詩選。凡八册,無界欄,每半葉九行,行大字二十二字,小字雙行,行字數不等。白口,單黑魚尾,版心下有"一硯齋"。書前依次王立極序、盛符升序、目録。目録處鈐有"碧水"藏書印,卷一處有三方藏書印,從上至下依次爲"羅植和印"白文方印、"蘭齋"朱文方印、"黄裳珍藏善本"朱文長印。朱筆圈點,偶有批語,批點者不詳。第一册卷末有黄裳題跋:

此一硯齋舊抄本《唐賢三昧集》,無卷數,不知完缺。分訂八册,亦無卷數起訖,然抄手特舊而工。一硯齋爲清華亭沈荃齋名,卷首有萬卷樓韓氏藏印,亦不知其爲誰何也。見於來青閣,以其價廉,即携取以歸。書出許氏懷辛齋,前添目録,强分卷數,實未可信,它日當以《漁洋全書》一爲更定也。近日久不過肆上,亦無書可得。今日雨作,下午出游,遇石麒於三馬路。讀於來青閣中,即論價携得。燈下翻讀,聊志尾葉。庚寅三月初四日,黄裳小雨書。

如上所述,是本卷首僅有三方藏書印,並無題記所謂"萬卷樓韓氏藏印",然首行最下方有明顯的方形剪挖痕迹,當是後人有意剜除原印所致。題記後鈐有"黄"、"裳"白文連珠印。黄裳(1919—2012),原名容鼎昌,山東益都(今青州)人。學者、散文家、藏書家。著有《清代版刻一隅》、《古籍稿鈔本經眼録》等。題記署"庚寅",當爲 1950 年,年初先生尚在上海,不久調北京,任軍委總政越劇團編劇。來青閣主人楊壽祺(1894—1971),字彭齡,蘇州洞庭東山人。楊氏爲書商世家,自其祖楊雲溪起經營古書,並於光緒年間創辦蘇州來青閣,1913 年又建上海來青閣分店。黄裳《來燕榭書跋》著作中常提起"楊壽祺"、"來青閣",可見黄、楊二人交往頗多,而與石麒亦是在来青阁中相識②。此外,

① 《中國古籍善本書目·集部》第一册,上海古籍出版社,1996 年,第 1212 頁。

② 如黄裳《上海的舊書鋪》有言:"來青閣主人楊壽祺,是書市中的老前輩。……來青閣有點像三馬路上的一座文藝沙龍,買書人無事多來店裏坐坐,海闊天空地聊一氣,話題總離不開舊書。中國書店歇業後,經理郭石麒成了行商,他的根據地就在來青閣。石麒是老輩,爲人温文敦厚,同行中有吃不準的版本問題,總要請他來掌眼。"參黄裳《上海的舊書鋪》,秋禾編《舊時書坊》,生活·讀書·新知三聯書店,2006 年,第 106—107 頁。黄裳另有《記郭石麒》一文,刊於《瞭望周刊》1993 年第 26 期。

黄氏亦藏有不少源自來青閣的善本秘籍,如宋本《尚書圖》①、明萬曆本《利器解》一卷②、清康熙本《十六家詞》③、乾隆本《白雲集》十七卷④等。懷辛齋主人許厚基(1884—1958),字博明,號懷辛主人,浙江吴興人,寓居蘇州,收售古書爲業。編有《懷辛齋書目》、《許氏懷辛齋善本方志紀略》等。其書後多散失,包括明内府刊本《大明一統志》、嘉靖刊本《大明集禮》和舊抄本《寧波府志》在内的多種秘籍均入來青閣。

依黄裳所言,此爲一硯齋抄本。一硯齋主人沈荃(1624—1684),字貞蕤,號繹堂、充齋,江南華亭(今上海松江)人。順治九年(1652)探花,官至翰林院侍讀學士、禮部右侍郎。工書法,著有《充齋集》等。抄本之外,《唐賢三昧集》刊本衆多,如清康熙二十七年(1688)吴門書林刊本、康熙蘿延齋刊本、康熙吴郡沂咏堂刊本、乾隆五十二年(1787)南城吴氏聽雨齋刊本、光緒九年(1883)翰墨園刊本、光緒十一年(1885)番禺任壽昌刊本等⑤。刻本與抄本頗有異同:刻本多作三卷,抄本則爲十二卷;刻本以人爲綱,以詩繫人;抄本先分五律、五排、七律、五絶、七絶、五古和七古諸體,體下分人,而後以詩類人;刻本目録僅列詩人姓名,抄本目録中各人名下標示有詩歌數量。除此之外,文字時有以新紙蓋其舊字的改正痕迹,改後多與今本同。概而言之,抄本版式古樸,紙張厚舊,字迹雋秀,不諱"玄"字。依黄裳所言,可定爲清初遺物。

六 《魏書》一百二十四卷(存卷四十一),北齊魏收撰,宋刻元修本黄裳跋

一册,每半葉九行,行十八字。白口,左右雙邊,單黑魚尾,魚尾上記字數,下記書名、卷次,版心下記頁次、刻工。卷首自上至下依次有"黄裳藏本"朱文長印、"黄裳青囊文苑"朱文長印、"大平蘇氏"朱文方印。卷末有黄裳題跋兩行:

> 辛卯春正月十五日收得此眉山本《魏書》一卷,摹印極早,尚在元朝,其第四、十二、十六三頁爲北宋原刻,可寶愛也。

題記後鈐有"黄裳流覽所及"朱文方印,"黄"、"裳"白文連珠印。然一本之内,字體不一,板框各異,且與今百衲本版式、字體全同,當爲同版印刷。百衲本爲影印傅增湘舊藏,傅氏《藏園群書題記》著録爲"宋刊本",又言:"原版字仿歐體,嚴峻方正,補刻則漸趨疏俊,元刻益加圓活矣。"⑥而是本字體以顔體爲主,偶爾出現的趙體,誠如傅氏所言,當爲元代補刻。題記所言第四、十二、十

① 黄裳《上海的舊書鋪》,見秋禾編《舊時書坊》,第107頁。
② 黄裳《來燕榭書跋》(增訂本),中華書局,2001年,第192—193頁。
③ 黄裳《來燕榭書跋》,第278—230頁。
④ 黄裳《來燕榭書跋》,第350—351頁。
⑤ 以上諸本均藏國家圖書館,另有多種抄本不計入内。
⑥ 傅增湘《藏園群書題記》,上海古籍出版社,1989年,第90頁。

六三頁字體更爲古拙方正,接近歐體,迥異於他葉。疑此數葉亦如黄氏所言,或刊於北宋。作爲藏書名家,黄裳藏書頗豐,知見書目更夥。此《魏書》與上述《唐賢三昧集》皆屬黄裳舊物,然宋刻清抄已流落四方,他書可知。甚矣,書之難聚;惜哉,書之離散!

(作者單位:南京大學文學院)

古典文獻研究(第十八輯下卷)
Journal of the Institute for Chinese Classics Studies
Nanjing University
Volume 18, No.2 2015

略論《四部叢刊初編》影印本的描潤改字等問題

封樹芬

《四部叢刊》是近代以來最有影響的一部古籍叢書。商務印書館從 1919 年開始出書,至 1923 年 3 月 1 日,《四部叢刊》共出六批,收入古籍 323 種 8548 卷,裝訂爲 2112 册。1926 年至 1929 年又加以重印,抽换了 21 種版本,並對部分古籍作了校正,所撰校勘記附於文尾。1933 年又開始出版《四部叢刊續編》,至 1935 年出齊,共收書 81 種 1438 卷。1935 年至 1936 年又出版了《四部叢刊三編》,共收書 73 種 1910 卷。《續編》與《三編》各分裝成 500 册。正、續、三編前後歷時 17 年,總計收書 477 種,是上世紀八十年代以前我國最大的一部古籍影印叢書。

該叢書的編輯出版,由張元濟主持,網羅海内外公私所藏善本,並精心作了校勘,寫有校勘記 42 篇及 109 篇跋文,叙述該書成書經過及比較版本優劣。該叢書改變以往翻刻古書形式,採用影印法,即先將舊本照相,縮印成體式整齊的開本,將底本原來大小尺寸載於每書的首葉,版式、題跋、印章等都能忠於原貌。這種影印方法使得一大批善本得以廣泛流傳。《四部叢刊》發行至今,成爲學者們閱讀和研究最樂於使用的善本叢書,裨益學林甚著。

該叢書雖然享譽學林,但也有學者發出了質疑的聲音,如採用底本錯誤的問題,黄永年《古籍整理概論》[①]及杜少霞《試論〈四部叢刊〉出版特點版本成就及局限》[②]等已作了些探討,可參看。筆者近來翻檢《初編》,也發現一些問題,如《初編》本與影印的底本之間存在一些人們往往忽略的差異,主要集中在文字的改動、内容的重新整理及錯頁等方面。這使得《四部叢刊》本成爲不同於底本的另一個新版本。現在有些學者仍將影印底本與《四部叢刊》本等同起來,事實上並非如此。我們應重新認識《四部叢刊》影印本。

---

① 黄永年《古籍整理概論》,上海書店出版社,2001 年,第 29—30 頁。

② 杜少霞《試論〈四部叢刊〉出版特點版本成就及局限》,《圖書館工作與研究》,2007 年第 6 期,第 75—77 頁。

兹選取《申鑒》、《孔子家語》、《晏子春秋》、《新書》、《陸士龍文集》、《陸士衡文集》等《四部叢刊》本爲例，分别説明之。

《四部叢刊》採用石印法影印古籍，這種影印法有其優點。但若底本出現一些漫漶不清或脱漏，則需要出版者對底本作些加工，即描潤，又稱修版。同文書局1890年翻印《古今圖書集成》時就進行了一些描潤工作。《四部叢刊》影印的底本大多爲珍本，這些善本經"幾百年輾轉傳遞翻閲，免不了蟲蛀鼠咬，傷及文字，就變成斷缺字；或油、茶、墨沾污，這些污垢翻拍照相時就變成黑色，或在欄外，或在字上。凡此，如適當地描潤，即在石版上將墨污、搭痕、黑眼等用火礆溶液擦掉，用油性的'棄水墨'將斷筆缺字描好，這樣印版就整齊了，印出來的書頁就不再有原書的毛病。這本是好事。但由於在石版上是反字，修版工人文化低，甚至不識字，又得講效率，於是就有修錯的，發生最多的是將避諱缺筆字修復，其次將字修成相似的另一個字。《四部叢刊》中曾將一個'終'字誤修成'始'字，這是有文字記録的。"[①]諸如此類修誤的問題在《四部叢刊》中存在較多，這使得底本與《四部叢刊》本之間存在了不可忽視的差異。

關於《四部叢刊》影印描潤具體過程，可從張元濟《百衲本二十四史影印描潤始末記》中獲知大概，今録如下：

> 描潤之事，不容稍忽，請詳言之。原書攝影成，先印底樣，畀校者校版心卷第葉號。有原書，以原書，不可得則以别本。對校畢，有闕或顛倒，咸正之。卷葉既定，畀初修者以粉筆潔其版，不許侵及文字。既潔，復校。粉筆侵入文字者，記之，畀精修者糾正。底樣文字有雙影、有黑眼、有搭痕、有溢墨，梳剔之。梳剔以粉筆。有斷筆、有缺筆、有花淡筆，彌補之。彌補以朱筆。仍不許動易文字。有疑，闕之，各梳於左右闌外。精修畢，校者復校之。有過或不及，復畀精修者損益之。再復校。取武英殿本及南北監本、汲古閣本與精修之葉對讀。凡原闕或近磨滅之字，精修時未下筆者，或彼此形似疑誤者，列爲舉疑，注某本作某，兼述所見，畀總校。總校以最初未修之葉及各本與既修之葉互校，復取昔人校本史之書更勘之。既定爲某字，其形似之誤實爲印墨漸染所致，或僅屬點畫之訛者，是正之。否則仍其舊。其原闕或近磨滅之字，原版有痕迹可推證者，補之。否則寧闕。闕字較多，審係原版斷爛，則據他本寫配，於闌外記"某行若干字據某某本補"，復畀精修者摹寫。校者以原書校之，一一如式。總校復校之，于是描潤之事畢。[②]

這是張元濟影印《百衲本二十四史》時關於影印描潤的細則，詳細地介紹了描潤之事，在《四部叢刊》影印時當也是如此。張元濟對描潤之事很重視，"不容稍忽"。以上詳述了哪些情况要描潤及描潤的處理方式。描潤完後，"更取以

① 汪家熔《商務印書館史及其它——汪家熔出版史研究文集》，中國書籍出版社，1998年，第256—257頁。

② 張元濟《張元濟全集》第十卷，商務印書館，2010年，第267—268頁。

攝影,攝既修片,修既製版。製版清樣成,再精校。有誤,仍記所疑,畀總校。總校復勘之,如上例。精校少則二遍,多乃至五六遍"[1],然後付印。描潤的整個過程非常繁雜細致,充分體現了古籍影印者的學養與高度責任心,保證了《四部叢刊》影印的品質,提高了影印本的使用價值,甚至高於原本的使用價值。但有時由於底本的漫漶不清及其它因素影響,難免會造成一些描潤錯誤或文字誤改的現象,從而改變底本並產生新的文字訛誤,給古籍整理工作帶來一些問題。這種情況在《四部叢刊》中並非是個别現象。

一 因描潤而致誤

《四部叢刊》本在影印過程中,描潤、修版、勘正處甚多,大大提高了影印品質,但也有一些誤修及遺漏情況。如荀悦《申鑒》,《四部叢刊》採用江南圖書館(即今南京圖書館)藏明文始堂本影印,底本現仍藏於該館,索書號爲 GJ/110512。將此本與《四部叢刊》本相對校,發現異文如下:

序號	卷數	頁 碼	明文始堂本	《四部叢刊初編》本
1	卷一	第 8 頁前 8 行	小注:齊大倉令淳**于**公	齊大倉令淳**寸**公
2		第 8 頁後 5 行	小注:史以獄成告**于**正	史以獄成告**寸**正
3		第 12 頁前 8 行	則必溺**矣**	則必溺**矢**
4	卷二	第 1 頁後 6 行	小注:總貨**寶**爲戒	總貨**實**爲戒
5		第 8 頁前 7 行	注文:污墨者富**羡**	污墨者富**美**
6		第 9 頁前 9 行	注文:更造大錢重十**二**銖	更造大錢重十**一**銖
7		第 12 頁前 1 行	注文:以十有**二**風	以十有**一**風
8		第 14 頁前 1 行	注文:**天**下學士	**夫**下學士
9		第 15 頁前 1 行	注文:山東**州**郡	山東**川**郡
10	卷三	第 2 頁前 8 行	注文:**布**衣無位者	**市**衣無位者
11	卷四	第 7 頁後 2 行	注文:數幸廣**成**苑	數幸廣**盛**苑
12		第 10 頁前 8 行	注文:陰使人趣**大**臣立栗姬爲皇后	陰使人趣**六**臣立栗姬爲皇后

以上 12 例異文除第 11 例外,均爲影印時出現的斷筆、缺筆、花淡筆,卻没有描潤,或描潤成形似字,造成新的文字訛誤。例 3、6、7、9、10、12,均是因爲底本墨色太輕或不太均勻,但其文字尚可辨識,經過拍照影印後字的筆劃太淡而又未加以修潤,從而訛成另一個形似之字。如例 9"州"字,底本上字的墨色很淡,但可辨認。經過拍照後,"州"中的三點缺失而變成了"川"字。描潤工人又未發現,所以造成了這個誤字。經描潤過的字,在《初編》中可見其墨色較同

① 張元濟《張元濟全集》第十卷,商務印書館,2010 年,第 267—268 頁。

頁其他字深些,且字的綫條也較粗些。如例4、5、8,這三處是經過描潤了,但卻描錯了。例4"寶"與"實"兩個字形相似,筆劃又多,底本又不甚清晰,經拍照後描修而誤;例8"天下學士",描成了"夫下學士"。這十二例的訛誤,該書其他版本如程榮《漢魏叢書》本、王謨《增訂漢魏叢書》本及《龍溪精舍叢書》本均不誤。中國基本古籍庫選用的《四部叢刊》本也呈現了上述誤字。目前該書通行注本爲孫啓治《申鑒注校補》,該書《凡例》言:"今所見黄注本爲明嘉靖四年何孟春所刻,即《四部叢刊》所收之文始堂本也。"又言:"本書以文始堂本爲底本,爲此《校補》。"①本文所舉以上諸例,孫本注曰"原本作某某"者,其實只有《四部叢刊》本如此,而文始堂本與他本均同,且不誤。如第5例"汚墨者富羨",《校補》注曰:"'羨'原作'美',據程本、《四庫》本、《龍溪精舍》本改。"事實上,明文始堂本原作"羨",其他本亦如此,只有《四部叢刊》本影印時才誤成了"美"。可見,孫啓治《校補》中所說的"原作"二字,恰恰説明了他將《四部叢刊》影印本當成了明文始堂本,也證明了《申鑒注校補》的底本並非如孫啓治所説的是明文始堂本,而是《四部叢刊》本。

再如賈誼《新書》,《四部叢刊初編》本採用明正德吉藩刻本影印。目前通行的《新編諸子集成》本《新書校注》,亦是以明正德吉府本爲底本,又參校他本而作的校注。其《序》言:"吉府本所據雖非一個完整宋本,但未加删改,比較真實地保存了兩種宋本的原貌,校勘名家俞樾屢加贊賞,以爲彌足珍貴。"②可見《叢刊》本是採用一個善本加以影印的。但實際影印時,仍未能忠於原貌,存在一些異文。卷六第1頁前8行"尋常之室、六尺之輿,處無禮",此句承上文"六尺之輿無左右之義,則君臣不明"言,《初編》本將"輿"描潤成"與",且筆墨比本頁其他字略粗,當爲描潤所致的明顯錯誤。卷十下卷第93頁前6行"帝入西學,上賢而貴德"句中的"貴"字,《初編》本訛作"責"。今中國基本古籍庫收此本仍舊承其誤。

二　因有意校改而致誤

《叢刊》本與所據底本之間的異文,除了描潤方面的因素外,還有一些是人爲有意的改動,也就是所謂的"校改"。如上述《申鑒》異文第11例,明文始堂本作"廣成苑",《四部叢刊》本則明顯的是在"成"字下添加了"皿"字底,成了"廣盛苑",本書其他版本均作"廣成苑",且漢代無廣盛苑,當爲誤改而產生的新訛誤。再如上文中提到的賈誼《新書》,卷四第62頁第7行"臣聞彊國戰智王者戰義"句中"彊"字,明吉藩本雖然有點模糊但尚可辨識其字形,《初編》本卻描改成"彌"字。《新編諸子集成》本《新書校注》此處作"臣聞伯國戰智王者戰義",《校注》曰:"伯,原作彌,參《文中子》,據李本(李空同)改。伯通霸。"從"原作"二字可知,《新書校注》雖明言以明吉府本爲底本,其實用的還是《四部

① 孫啓治《申鑒注校補》,中華書局,2012年,第1頁。

② (漢)賈誼《新書校注》,閻振益、鍾夏校注,中華書局,2000年,第6頁。

叢刊》影印本。校注本承襲《初編》之誤,因其不可解,乃據《文中子》並參李空同本改作"伯"。其實明吉藩本原作"彊",而非"彌","彌"乃《四部叢刊》影印時新産生的一個誤改字。

再如《叢刊》本《晏子春秋》採用江南圖書館藏明活字本影印,該底本現藏于南京圖書館,索書號爲GJ/KB1558,爲嘉靖翻刻本,馬笏齋曾藏,而今已墨色模糊,首尾不全,前目録頁、劉向叙録及書之尾頁已脱落。由《四部叢刊》本乃可知此本之舊貌,體現了《四部叢刊》保存古本的重要意義。兩本對校後也發現存在一些文字改動的現象:

1. 卷二第17頁前9行"詩云穀則異室",《叢刊》本將"云"誤改作"去"。

2. 卷三第9頁後4行"夫子以左佑寡人",《叢刊》本"左"改作"佐"。

3. 卷三第13頁前2行"山林羨飲□多畋漁",《叢刊》本將空格處補作"食"。

例1中爲誤改字,例2爲古今字,不煩改字,例3當爲據别本補字,但均未作説明。這些改動,不管其正確與否,均是改變了底本。

由以上諸例比較可知,由於底本漫漶不清或人爲因素影響,這類未描而誤、經描而錯、誤改的情況在《四部叢刊》中存在較普遍,改變了底本的原貌。

三　删除底本注文未盡而致版本差異

《四部叢刊》采用的底本有些爲前人的校本,有朱筆校記,而《四部叢刊》本考慮到叢書整體上的統一性,就將前人的校勘文字從底本上剔除,這道程式也是非常複雜的,出現部分殘留前人校改文字在所難免,但這造成了《叢刊》本與所據底本之間出現了文字差異。如《孔子家語》,採用江南圖書館藏明翻宋本影印,底本現仍藏於南京圖書館,索書號爲GJ/118540(EB110499),前有王氏序,後有黄魯曾後序,並且全書有道光年間耕蘭氏的詳盡朱筆校語。而《初編》本將耕蘭氏所作朱筆校字均一一除去,但書尾頁末行有小字"道光甲午孟冬耕蘭氏校",可知《初編》本所用的底本即此耕蘭氏校過的明翻宋本。丁丙《善本書室藏書志》曾評價耕蘭氏校本曰:"末有道光甲午耕蘭氏從宋本再校,益精美矣。"由此可知,耕蘭氏所據的本子爲另一宋本,從其所校補的内容大多正確且多有補佚,實乃爲優於明翻宋本的另一善本。且耕蘭氏對校極爲精細,標注清楚,朱筆小字工整,校勘嚴謹細密,保存了宋本文字原貌。其採用的是死校法,即不論文字正誤,凡有異同,皆逐一記於明翻宋本上。在校勘處理形式上,他作了這樣的處理:其所校異文一律用朱筆直接書於底本文字之上(覆蓋於底本文字上),或者書於所校之字旁;若異文僅爲偏旁的差異,則直接在底本文字上做偏旁部首的增删改易;若爲底本所脱或所無之字,則於相應插入的字旁標上符號"\",或寫在兩行間隙處;若個别處有脱文較多者,因行間不便書寫,便記於天頭或地脚;若爲對校本上所無文字,則於底本文字上畫"○";若對校本與底本文字互倒，則以"S"表示。《中國古籍善本總目》收録了此校本。"判别一書之校勘價值，主要不是看它存在多少誤字，而是看其能提供多少别本或别本不能提供的正確文字。"①耕蘭氏所作的校補乙正了明翻宋本的很多訛誤，還補充了一些脱文。如耕蘭氏在卷十末補"衛莊公之反國"等内容，這些在汲古閣本《孔子家語》中亦有保留，而明翻宋本卻大量脱漏，耕蘭氏工整地抄録了正文，只是小注未抄録。這也證明了明翻宋本脱文較多，通過耕蘭氏所補及所校可知宋本之原貌，故耕蘭氏校本有重要的價值。但《四部叢刊》在影印時將這些朱筆小字全部剔去，使得明翻宋本中的一些訛誤仍舊存在。但將《叢刊》本與明翻宋本對校發現，《叢刊》本中仍有部分耕蘭氏的校改文字殘留其中。今選列如下：

1. 卷二第1頁第18行"回聞薰蕕不同器而藏"下小注"熏香蕕臰"，"臰"，《叢刊》本從耕蘭氏校，改作"臭"。按：臰、臭，異體字。

2. 卷二第9頁第8行"丈夫不以措意遂度而出"，"度"字，耕蘭氏校改添三點水旁成"渡"字，《叢刊》本未將此改回，仍作"渡"。

3. 卷四第21頁第11行"明命鬼神，以爲民之則"下注："明命，猶尊名，使民事其祖禰。"《叢刊》本從耕蘭氏校，在"禰"後加"也"。

4. 卷五第20頁第8行"其廣則睪如也"下小注："廣及爲壙，睪，高貌，墉而高冢是也。""墉"，耕蘭氏改作"壙"，是。其中"及"，耕蘭氏校改作"宜"，《叢刊》本作"反"，不可解，當從耕蘭氏改而爲"宜"。因耕蘭氏校改此字是直接在這個"及"字上朱筆改作"宜"，拍照之後必然是模糊不清的，故而重新描潤，受底本模糊影響，描潤成"反"了。這屬於誤改。

5. 卷五第23頁第6行"弘其志而無不容"下小注中"如地無所不容"，《叢刊》本從耕蘭氏校，在"容"後空格處加"也"字。

6. 卷五第25頁第16行"闇忽之意"下小注："闇忽，反遠不明。"《叢刊》本"反"訛作"友"。"反"、"友"二字均不可解，當作"久"，庫本亦作"久"。《叢刊》本中"友"字明顯筆墨粗，當爲描潤之誤。

7. 卷六第1頁第6行"育以成萬物"下小注："一歲三百六十日，五行行主七十二日也。"後"行"字，《叢刊》本從耕蘭氏校改作"各"。

8. 卷六第1頁第11行小注："下生王者其爲帝或無可言。"耕蘭氏在"言"後空格處加"也"，《叢刊》本從之亦增。

9. 卷七第17頁第18行小注："其用事爲官。"《叢刊》本從耕蘭氏校，在"官"後空格處加"也"字。

10. 卷七第21頁第17行小注："各隨四時之道也。""道"，《叢刊》本從耕蘭氏校，改作"宜"。

11. 卷九第14頁第4行"綢練設旐夏也"下小注："崇牙旌旗鎊綢練。"

---

① 武師秀成《〈舊唐書〉至樂樓抄本與葉石君校本考略》，《古籍整理研究學刊》，2004年第1期，第40頁。

《叢刊》本"餝"從耕蘭氏改作"飾"。按:餝、飾,二者爲異體字。

12. 卷九第 26 頁第 1 行"質諸鬼神而無憾"下小注:"恨。"《叢刊》本從耕蘭氏校,在"恨"後空格處加"也"字。

13. 卷九第 27 頁第 10 行"公父文伯之母"下小注:"文伯母,敬姜女。"《叢刊》本從耕蘭氏校,將"女"改作"也"。按此屬於改字。

14. 卷十第 4 頁第 11 行"子射諸射之弊一人韔其弓"下小注中"韔韇",《叢刊》本"韔韇"從耕蘭氏改作"韔韜"。按此屬於改字。

15. 卷十第 8 頁第 6 行"逾月則其善",《叢刊》本從耕蘭氏校,於"善"後空格加"也"字。

以上十五例中,第 3、5、8、9、12、15 例均爲句尾從耕蘭氏校補了一個"也"字。第 1、7、10、11、13、14 例涉及到依耕蘭氏改字,而第 4、6 例爲描潤而誤。這些改動有些是改正確了,有些是改錯了,均改變了明翻宋本的原貌。目前通行本楊朝明、宋立林主編《孔子家語通解》①以《四部叢刊》影印本爲底本,採用《四部備要》本、《四庫》本、玉海堂本及陳士珂《孔子家語疏證》參校,改正了《四部叢刊》本一些訛誤,有很多與耕蘭氏所校改相合,此亦可證耕蘭氏校改之精確。但《四部叢刊》本將有價值的耕蘭氏校語全部删除,使得此明翻宋本的價值有所降低,且由於修除的不甚徹底,又改變了明翻宋本的原貌,所以《四部叢刊》本與明翻宋本之間還是有所區别的。

四　不同印次間文字略有别

還有一個值得注意的是,《四部叢刊》在歷次的重印過程中,除了某些底本的版本更换外,文字上也有所修訂,造成了不同印次間文字的差異。如《陸士衡文集》,《叢刊》本是借江南圖書館藏明陸元大翻宋本影印。陸本卷四第 3 頁第 20 行"蓋受則於籧甫","籧甫",上海書店影印的 1926 年版《初編》本爲"籧蒲",而 1929 年影印本則作"籧甫"。現通行本《陸士衡文集校注》②以《四部叢刊》本爲底本,卷四《羽扇賦》中作"籧蒲",當是以上海書店影印的 1926 年重印本爲底本,其下注曰:"'蒲',《藝文類聚》卷六十九、七十二家集本、《六朝詩集》本、影宋鈔本、清鈔本並作'甫',古二字通。"又如陸本卷六《悲哉行》第 10 頁第 4 行"翩翩鳴鳩羽",1926 年版《叢刊》本"鳴"作"鳰",1929 年二次影印《叢刊》本作"鳴",清抄本亦作"鳴",當是,蓋"鳴"、"鳰"兩字形近而致誤。再如,明活字本《晏子春秋》卷二第 11 頁前 8 行"士景公欲以聖王之居服而致諸侯",1926 年版《叢刊》本將"士"字删除,1929 年二次影印本則有"士"字。1989 年上海書店據商務印書館 1926 年版重印時不大可能專門作此修改,當是所據底本即初印本就如此。重印本與初印本之間存在着一些陸續校改的情況。

① 楊朝明、宋立林主編《孔子家語通解》,齊魯書社,2009 年。

② 劉運好校注整理《陸士衡文集校注》,鳳凰出版社,2007 年。

上述所論,在《叢刊》本與底本之間,就文字方面來説,有影印時未描潤而產生的異文,有描錯而產生的異文,有人爲有意改動而產生的異文,有删除前人校注不盡而遺留的異文,有因《叢刊》本不同印次的修訂而產生的異文,這些均使得《叢刊》本有别於底本,成另一個新版本了。學者在校點古籍時就不能籠統地將《叢刊》本等同於其所據底本。

五　内容編排上存在錯頁疏漏

《叢刊》本影印時,除了文字上有異同外,在内容編排上也存在一些疏漏。如:《叢刊》本《申鑒》除了上文所論及的與底本存在異文外,還存在錯頁的問題。南京圖書館所藏明文始堂本,首爲正德己卯秋九月望吴郡黄省曾撰《注申鑒序》,次爲嘉靖乙酉十一月冬至日郴燕泉何孟春子元父撰《申鑒注序》,後爲武英殿大學生致仕王鏊撰《申鑒注序》,後兩篇序的篇名均同。《初編》本在裝訂時,將黄省曾的《序》放在最後,且將王鏊《序》的最後一頁和何孟春《序》的後兩頁前後顛倒,造成兩序内容之錯亂,《中國基本古籍庫》也承襲《叢刊》本之誤,我們使用時定當注意。① 這種混亂確實給使用者帶來了不便,故在運用《四部叢刊》本進行文獻校勘時還應參照其他版本方可。

六　内容上存在抽换調整現象

《四部叢刊初編》本在内容上也存在抽换調整現象。以賈誼《新書》爲例,《四部叢刊初編》本採用明正德吉藩刻本影印,共十卷。通過比校,我們發現明吉藩本卷七《耳痹》在内容上與《叢刊》本有出入。明本卷七第 22 頁的文字是"歸則萬人之吏也,故萬人之吏選卿相焉。……夫道者行之于父則行之於君也",卻爲《叢刊》本卷九《大政下》第 52 頁的内容。而《叢刊》本卷七第 22 頁的内容則换作爲:"累德以來民心於是上帝降禍絶吴命乎……故凡自行不可不謹慎也"及"《諭誠》"標題二字。

若是按明吉府本内容來看,最直觀的就是《諭誠》這篇標題脱漏了,造成《耳痹》與《諭誠》這前後兩篇内容相合在一起了,致使内容混亂,且書前目録中所列的第七卷之《諭誠》篇在正文中找不到了。《叢刊》本此頁依别本作了一些調整補充,應是正確的。李空同本、何允中本均是如此。而明吉府本卷九第 52 頁的内容爲:"今天下如囊也。淮陰侯尚王楚,黥布王淮南,彭越王梁,韓信王韓,張敖王,趙貫高爲相……共王王梁,靈王王燕厲",與下頁的"行之于兄則行之於長矣"等内容不接。但從字體及頁碼上看均是前後一貫的,可推知明吉藩本原就如此,而非脱頁後人重補。

那明本卷九第 52 頁内容又從何而來呢? 查爲卷三《親疏危亂》第 25 頁内容,明本將此頁内容重複出現於卷九第 52 頁,造成明吉府本内容上的混亂,

① 孫啓治《申鑒注校補》在《附録一》録入此二序已加以乙正。

《叢刊》本作了重新整理,但未作説明。閻振益等著《新書校注》一書,内容安排上均與《初編》本同,進一步證實了《新書校注》所依底本並非其所言之明正德十年吉府本,而是《四部叢刊初編》影印本。

七 内容上存在新增校補現象

《四部叢刊》本在影印時若底本出現一些脱頁,也會參照别本進行適當的校補。如叢刊本《陸士龍文集》採用的是江南圖書館藏明陸元大翻宋本,即明正德己卯吴士陸元大重開本。現南京圖書館藏有三部明正德刊本,索書號分别爲 GJ/112008、GJ/114558 及 GJ/110976,其中 GJ/110976 本未見。GJ/112008 本封面爲《晉二俊先生集》,首頁首行爲《晉二俊文集叙》,下有"江蘇第一圖書館善本書"朱方印、"八千卷樓珍藏善本"朱方印、"八千卷樓藏閲書"朱方印。次行署"奉議郎知嘉興府華亭縣事徐民瞻"。每半頁十行,行十八字,四邊單欄,上魚尾,版心記有"陸士衡卷某"及頁碼。此本中的《晉二俊文集叙》現只剩一頁,"非所以揭虔"後均脱,而今《四部叢刊》本全。另此本卷一第 6 頁爲空白頁,而 GJ/114558 本中此頁不缺,而且内容與《四部叢刊》本同。但 GJ/114558 本前無徐民瞻叙文,《二俊集序》下有朱筆字:"明正德刊本,從昭文張金吾《愛日精盧藏書志》卷二十九集部録補",可知此本本來就無序。則可推測,《四部叢刊》本當是參照了這幾種版本重新整理影印而成。

即便《四部叢刊》本存在諸如以上之問題,但其價值仍爲學界所共識,以影印方式保存古籍,使許多珍本得以廣泛流傳。相比於其他影印方法,石印法有其優點,但描潤又産生了一些新的訛誤,甚至有些人爲的誤改現象。在古籍整理中,改字問題一直是校勘學討論中的熱點。黄丕烈曾曰:"凡舊板模糊處,最忌以新板填補。"[①]阮元《江西校刻宋本〈十三經注疏〉書後》亦云:"刻書者最患以臆見改古書。"張元濟自己也曾言:"傳刻古書,雖疑文異字,貴能遵守,爲其能正今本訛失,溝通大義也。"張元濟《印行〈四部叢刊〉啓》中又云:"明之《永樂大典》、清之《圖書集成》,無所不包,誠爲鴻博。而所收古書,悉經剪裁,此(作者按:《四部叢刊》)則仍存原本。"[②]可知《四部叢刊》影印是以保存舊本爲宗旨。若是如此,則應如黄永年所説的"爲了力求顯示書之本來面目,似不宜作描潤工作。缺字和過於模糊之字當然可用别本校補,但應寫成校記,列於書後備查"[③]。如果主觀去進行改動且未出校記,這樣造成的後果就是改動了古籍舊貌,影印成的版本已是另一個文字有差異的新版本了。就如張元濟輯印的《百衲本二十四史》一樣,"百衲本的描潤並不僅限於對瘢垢、墨蹟、雙影、溢墨

---

① 繆荃孫《〈蕘圃藏書題識〉序》,見於余鳴鴻、占旭東點校《黄丕烈藏書題跋集》,上海古籍出版社,2013 年,第 4 頁。

② 張元濟《張元濟全集》第九卷,商務印書館,2010 年,第 3 頁。

③ 黄永年《古籍整理概論》,第 50 頁。

等方面的處理,而是進行了校改,且校改量相當大,但卻未加以説明"[①]。上世紀六七十年代中華書局點校"二十四"史,發現百衲本改錯的不少。如《元史》,中華書局點校本《出版説明》中説:"對百衲本在影印過程中的描修錯誤,用北圖原書核對,對百衲本描修錯的一律徑改(即不出校記了),改的描修錯誤共有近八十處。"實際上已成爲另外一種本子。杜澤遜評價百衲本《史記》時也稱:"涵芬樓影印時改正了兩千處,厥功甚偉,但也因此大失原貌,造成版本系統混亂。"[②]

也許張元濟也意識到了這一點,在年事很高的情況下仍孜孜不倦地主持著《四部叢刊續編》及《三編》,還精心校勘並撰寫校記,將之附於書後,這樣處理是妥當的。但對於讀者來説要將校記與正文合起來閱讀,稍微有點不便。

這部叢書的影印,對學術研究貢獻很大,使一些宋元舊本、善本得以化身千百,並最大限度的保存了古籍原貌,便利學者,推動了學術的發展,是非常值得肯定的。但由於影印流程及總校、工人等因素的影響,造成了一些新的問題。我們在使用時不能簡單地將《四部叢刊》本與底本等同起來。《四部叢刊》本除了版式行款上與底本相同外,其中文字及内容上是存在一些改動的,這些改動既有優於底本的地方,也有新增的訛誤,我們須加以留意。

(作者單位:南通大學文學院)

① 汪家熔《商務印書館及其他——汪家熔出版史研究文集》,第257頁。

② 《古籍整理出版情況簡報》,1994年第4期。

古典文獻研究（第十八輯下卷）
Journal of the Institute for Chinese Classics Studies
Nanjing University
Volume 18, No.2 2015

【編者按】

本文是程章燦教授在全國古籍整理出版編輯培訓班上的講稿，雖然所探討的屬於基本層面的內容，但對於目前文獻整理的末流之弊，亦頗有針砭之效。特予刊發，以供文獻整理及出版者參考。

古籍校點中的文體問題

程章燦

很高興有機會爲新一期的全國古籍整理出版編輯培訓班學員上課。今天要給大家講的這個題目，主要是關於古籍整理中各位都要碰到的、也都要處理的一些涉及中國古代文學文體的問題。諸位的專業背景各不相同，不一定是中國古代文學專業畢業的，而且，即使是這個專業碩士甚至博士畢業，每個人的研究方向或側重點也不一樣。在大學、碩士或者博士的學習過程中，不一定會特別關注古代文體的問題。從事古籍校點整理工作，無論是當這方面的編輯，還是親自做古籍校點整理，總是難免碰到一些與古代文體知識相關的問題，這些問題都繞不過去。也許你校點的並不是古代文學文獻，而是古代歷史文獻，包括歷史地理學文獻或者方志類文獻，甚至你面對的是古代經學方面的文獻，也常常要涉及古代文體問題，有必要具備關於古代文體的基本知識。所以，我選擇了今天這個講題：古籍校點中的文體問題。

我下面要説的内容大概分這樣五個方面：第一個方面，我想强調古今文體（换個角度，也可以説中西文體）有很大不同。在校點古籍的過程中，當然要瞭解中國古代文體的特點。具體説到中國古代的文體，首先就要涉及詩詞歌賦和各體文章，這是最基本的。第二個方面，談談在古籍校點中，應該具備一些古代詩體的基本知識。我所謂古代詩體，是廣義的詩體，包括古體詩和近體詩，也包括詞和曲。不過，詞曲與詩有所不同，所以，我單獨分出來，列爲第三個方面。第四個方面，説的是古代文體中相當具有中國文化特色的、很能體現漢語傳統文學特點的文體，也就是韻文和駢文。在各體文章中，我重點選擇幾種韻文和駢文的文體，説説它們的基本特點，希望有助於古籍校點中對這些文體的把握。最後一個方面,是就其它一些零散問題,再結合具體事例做些發揮。

在講述的過程中,我儘量多舉一些例子。這些例子出現於近幾十年各家出版社出版的古籍整理著作中,是我平常看書時積累下來的。我的目的不是要挑哪本書或者哪家出版社的毛病,只是要藉助這些例子,談談古籍校點中的古代文體問題,所以只説具體事例,至於具體出處就略去不提了。如果能夠掌握相關文體的知識,可能就不會犯或者少犯此類錯誤。

一 古今(中西)文體的不同

在今天的文學研究領域使用到"文體"這個詞語,主要有兩個方面的意思:一個是説文章的體格,也就是文章風格學;另一個是説文章的體類,也就是文章分類學。我今天要講的"文體"是第二個意思,主要是講文學作品的體類,也就是分類。研究中國古代文學的人,可以根據他們的研究領域區分成幾類,有人研究唐代文學,有人研究宋代文學,有人研究漢魏六朝文學,有人研究明清文學,這是斷代的區分法。也可以根據其所研究的文體對象來區分,有人專門研究詩,有人專門研究詞或曲,有人專門研究辭賦,還有人專門研究傳記或者小説等,這是文類的區分法。在中國古代文學這個二級學科之下,以前析出過一個研究方向,叫做"中國個體(各體)文學",現在似乎還在用。每個文類既有各自的形式規定,往往也有與其相關的風格特色。我所説的"文體"主要是就文類而言,但有時候也不免涉及到風格。

今日大學的文學史教材,不管是中國文學史教材,還是外國文學史教材,基本上是采用西方那套文學分類體系,即把所有的文學作品分作四大類:詩歌、小説、戲劇、散文。大部分教材對於文學史的描述,都遵循這樣一種模式:把所有文學創作先分作四大體類,按照階段(時代)順序,分別描述,詩歌怎麽樣,小説怎麽樣,散文怎麽樣,戲劇怎麽樣。中國古代文學史如此,中國現當代文學史如此,外國文學史也是如此。這樣的"四分法",是現代西方通行的文體分類觀念,拿這個觀念套在中國古代文學身上,表面看也没有什麽不可以。細究起來,卻有不少具體問題,有很多不能貼合的地方。中國傳統文學,嚴格地説,是漢語傳統文學,不是簡截了當地把文體分爲詩歌、小説、戲劇、散文四大類,而是先分爲詩、文兩大類,然後在這兩大類底下,再有細小類别,還有一些文類介於詩文之間,不詩不文,亦詩亦文。

傳統文學的文體分類學也蠻發達的,這方面有不少書,現在通常稱爲古代文學批評或者文學理論著作。比較早的,有大家都知道的南朝劉勰的《文心雕龍》,書中有很大一部分篇幅專門講各種文體,可以稱爲"文體論"部分。在這個部分,劉勰對他認爲比較重要的文體單立一篇論述,次要一些的,兩個或多個文體合成一篇。這是《文心雕龍》非常重要的一個部分,對每個文體,都要講到這幾個方面:這個文體的起源,有什麽特點,有哪些名家名篇,寫作這個文體應該注意什麽,等等。劉勰的論述非常精彩,對於我們今天研究文學史,理解當時的文學作品,把握這些文體體制與創作要領,還有很大的指導意義。

劉勰之後,歷代都有這類文體學的著作,明代特别多。有兩本文體學的書今天經常提到,都是明代人做的,一本是吴訥的《文章辨體》,另一本是徐師曾的《文體明辨序説》。這兩本書有合印本,早在1960年代就整理出版了,收入人民文學出版社出版的那套《中國古代文學理論批評叢書》之中。這兩本書篇幅不大,但對我們今天掌握古代文體的基本知識,是非常有用的。明代還有一本《文章辨體彙選》,是一位叫賀復徵的學者編的,篇幅龐大,聽説現在有人在整理了。賀復徵分辨文體很是細緻,每一種文體下面,都選録有代表性的作品,篇幅自然小不了。

這些書能够代表傳統文學的文體分類。這種文體分類的特點是什麽呢?我剛才説是分作詩、文兩大類。那麽,大家也許會問:小説、戲曲分在哪兒呢?對不起,它們還没有人理會,還在門外呢。實在要找個位置,我想,小説是近乎文,而戲曲大概偏於詩。蒲松齡寫《聊齋志异》,大家都稱贊他文章做得好,不説他小説寫得好,這是抬高他。廣義的詩,底下有詩、詞、曲,還有歌謡。有時還可以包括賦,我們也常説詩詞歌賦。賦是個比較特殊的文體,可以劃在詩體裏,也可以算在文體裏面,實際上,它介於詩、文之間,既可以説是詩,也可以説是文章。説賦是文章,理所當然,是明擺著的。唐代人的賦,肯定是收録在《全唐文》裏面的,而不會收在《全唐詩》之中。唐以前的賦,肯定是收在嚴可均編的《全上古三代秦漢三國六朝文》,而不會收入逯欽立那本《先秦漢魏晉南北朝詩》。但是,賦是押韻的文字,從形式來看,完全可以把賦看作是長篇描寫詩。國外有一些漢學家,就堅决認爲賦是中國的長篇描寫詩,應該歸入詩類。在中國傳統的文體分類體系中,像賦這樣介於詩文之間的,其實不止賦,還有一些,可以統稱爲"韻文",我下面還會細講,這裏先提一下。韻文所包括的文類很多,很多押韻的文章,多半可以歸爲韻文。韻文就是介於詩文這兩大類中間的,如果我們畫兩個圈,詩是一個大圓圈,文是一個大圓圈,那麽,韻文就是這兩個大圓圈交叉的那個部分。

文章有很多體類,各有各的用途,各有各的寫作特點。劉勰在《文心雕龍》中説,文可以分作兩種,一種叫做文,一種叫做筆。文和筆,這是六朝人對於文章的兩分法。文和筆的區别在哪裏呢?文是抒情的,是更講究文采的,多半是押韻的,而筆是應用性的文字,實用性强,不那麽講究文采。把文章分成文與筆,這是一種分法,也可以分爲駢文與散文,這又是一種分法。駢文還可以看做是韻文的一部分。還可以分出一種叙事文,比如唐傳奇,今天看做是小説,但是唐代人是把傳奇當做文章來看的,這屬於叙事文。叙事文的概念再推廣一點,也可以包括史書中的傳記,簡稱史傳文。總之,中國傳統文體分類跟今天文學史中套用的西方那種文體分類的四分法是不一樣的。

這裏,我想重點説一説詩體。古詩跟新詩不一樣。古詩是用文言文寫的,新詩是用白話文寫的。有些人對詩體尤其是古代詩體的認識,可能受了新詩的影響,認爲只要寫四句、每句七個字,那就是七絶了,或者寫八句、每句七個字,便是七律了。他們不管什麽平仄,連押韻也不管,這樣寫出來的舊體詩,即使用最寬的標準來衡量,也不能算是詩。基本上可以説,古詩都是要押韻的。無論是古體詩,還是近體詩,或者是詞曲,都押韻。還有一種銘詩,也押韻,這種比較少見,大家可能也不熟悉,我下面會再解釋。詩體有齊言的,每一句字數一樣。五言詩每句五個字,七言詩每句七個字。也有長短不齊的,詞就是長短句,古體詩中也有長短不齊的句式。可見句式整不整齊,不能一刀切,但都要押韻,押韻這一點要强調。儘管詩體不同,押韻的疏密程度也不一樣,有的押韻很密,密到每一句都押韻,有的押韻很疏,隔上三五句才押一個韻。最爲常見的是隔句押韻,而且往往是奇數句不押韻,偶數句押韻。如果在古籍中讀到一首古詩,居然是不押韻的,應該想一想,是不是哪裏出了什麽問題。是不是標點錯了?不應該這麽斷句?或者,是不是古音跟今音不一樣?因爲我們按今音來讀,所以,没有能看出韻脚來,但它實際上是押韻的。

近體詩是與古體詩相對而言的。近體詩包括律詩和絶句,律詩主要是五律和七律,絶句主要是五絶和七絶。近體詩是有格律的,也就是所謂格律詩。其格律可以歸納爲若干條,在寫作的時候必須要遵循的。在整理古籍的時候碰到格律詩,也要瞭解它的一些格律原則。當然,古體詩,尤其是唐以後的古體詩,聲律上也不是全無規定,現在暫時不展開説了。

詞曲也有韻,也有格律。無論是詞還是曲,儘管它押韻的疏密程度不一樣,但都是要押韻的,而且還有一定的句式規定。其實,不同的句式、押韻加上平仄規定,就構成各種詞牌和曲牌的格律。至於説文章,類别繁多,而且散文與韻文經常摻和在一起。比如説碑文或者墓誌文,前面一段叙述可能是用散文來寫,也可能用駢文來寫,後面就會跟一段銘文,也可以稱爲“銘詩”,這是韻文與散文,或者説文章與詩歌的融合,在校點古書時也應該瞭解。如果不瞭解的話,就有可能把一些作品點破。古籍整理中的這種“破體”,是要盡力避免的。

二　詩體常識與古籍校點

掌握一些詩體常識,有助於在古籍整理中做出正確的判斷。我今天的著眼點不是教大家作詩,也不是要完整地介紹詩體格律常識。如果要瞭解這方面的知識,有各種詩律之類的書可以參看,後面我也會介紹一些,大家可以參考。這裏只講一些最基本的常識,掌握好了,就可以避免校點中出錯。我講的常識涉及四個方面。

首先,關於用韻。我剛才强調過,古代詩歌基本上都是要押韻的,但是具體來講,押韻的情況各不一樣。有的詩會换韻;有的不换韻,從頭到尾一個韻押到底。有的是押平聲韻,有的是押仄聲韻。不管怎麽押,也不管押什麽樣的韻,總歸要押韻。一般來説,韻脚的位置比較固定,大多是在第二句、第四句、第六句、第八句等偶數句的位置。所以,我從某書中讀到一首所謂《離杯咏》的詩,五言三句:“四更山吐月,何來幽夢後,獨入素幃清。”三句彼此都不押韻,就應該懷疑這裏面有什麽問題。究竟是什麽問題呢?我待會兒再説。再則,一般來講,古籍中引證詩句,要麽引一句,要麽引一聯,要麽引完整的一段,要麽引全篇,總是有講究。如果莫名其妙、没頭没尾的只引用三句,你也應該覺得奇怪。

用韻位置一般都在偶數句尾,但是也有例外。比如下面這個例子:"玉質兮蘭心,跕屣履兮彈鳴琴。如何憐才兮愁愔愔。"這首詩只有三句,書中的標點就是這樣,第一句逗號,第二句句號,第三句句號。我覺得,這三句要麽點成逗號、逗號、句號,要麽點成句號、句號、句號,後者也許更好一點。三句三個句號,表示三個韻脚,有韻脚的地方就下一句號。今天寫舊體詩的人,還有人是這樣使用句號的。

詩有長有短,但是,中國古人寫詩,絶大多數(我没有做過統計,但相信會在百分之九十以上)詩篇的總句數,應該是偶數。偶數比較對稱,容易取得平衡。如果看到一首詩,全篇只有三句,或五句、七句、九句、十一句、十三句等,都顯得比較另類。另類不見得不對,有的另類就很有創意,個性突出,很好。但是,要特别注意,奇數句數的詩篇應該如何標點。假如有一首詩是二十一句,你覺得它不平衡,但它其實是平衡的。全篇二十一句,很可能每三句一個段落,總共七段,如果是這樣的結構,自是别一種平衡。再舉一首楚騷體的詩歌:"綴芳蓮兮曲房,素月流兮朱筵張。臨清淮兮樂未央,懷佳人兮何極。怨今夕兮難忘。"這是用騷體寫的古歌,五句。碰到這類詩篇,應該怎麽斷句?原書後三句的標點,顯然是有問題的,掩蓋甚至破壞了原作的篇章結構。它原來的結構是這樣的:前三句句句押韻,後兩句再押一個韻。無論如何,"懷佳人兮何極"句下,應該用逗號,而不能用句號。

用韻位置與全篇篇章結構包括句數有關。在杜甫詩集中,有一篇《曲江三章章五句》,形式上相當另類,我專門爲這首詩寫了一篇一萬多字的文章,談它的形式特點。杜甫很喜歡搞一些詩體的實驗,《曲江三章章五句》就是一個例證。全詩只有三章,每一章就是五句,非常罕見,不信的話,可以去翻檢《全唐詩》來驗證。"曲江蕭條秋氣高,菱荷枯折隨風濤,游子空嗟垂二毛。白石素沙亦相蕩,哀鴻獨叫求其曹。""即事非今亦非古,長歌激越梢林莽,比屋豪華固難數。吾人甘作心似灰,弟侄何傷泪如雨。""自斷此生休問天,杜曲幸有桑麻田,故將移住南山邊。短衣匹馬隨李廣,看射猛虎終殘年。"很明顯,三章都是第一句、第二句、第三句押韻,然後第四句不押韻,第五句又押韻。如果用字母來標注押韻格式,三章都是 a a a b a。需明説明的是,"莽"在這裏不讀"mǎng",要讀"mǔ",杜集中、韻書上都是這麽注音的。這首詩在杜甫詩集整理中没有任何問題,但是别的文獻徵引此詩,就没有弄清它的特點。按照常規點法,兩句一節,第二句下一個句號,第四句再下一個句號,不僅破壞了原詩的韻式結構,連原詩内部結構的完整性也被破壞了。引録這樣一首詩,如果同時抄録了詩題,好歹對讀者是個嚮導,可以有個提醒:"三章章五句",至少按照這個來判斷,一般不會弄錯。如果不録詩題,又不細查,就有可能出問題,因爲這首詩形式比較另類,不常見,大家也不熟悉。

古人抄録或者編刻詩歌作品,有時候是各篇連著抄録,比如兩三篇或更多篇七絶連抄,不另起一行,從外形上看,很像一篇長篇歌行。在這種情况下,怎樣分辨是一篇長篇歌行,還是若干篇七絶呢?掌握古詩用韻的一些基本規律,有助於我們做出正確判斷。一般來講,長篇歌行很少是從頭到尾只押一個平聲韻,它有可能换韻,但很少從頭到尾全部押平聲韻。先請大家看郝之璽《爲吴公開贈董重樓詩》:"神如秋水骨如梅,玉鑒光中謫下來。一字小名呼作桂,雙成還入董家胎。無席歌筵積寸塵,可憐花月不成春。秦淮豈意蕭條後,十四樓中有此人。楊家徐氏後人稀,曰馬曰王少異姿。奇絶獨誇樓子董,瓊花根底出孩枝。蜂喧蝶笑浪探春,采盡名花半裏人。更有一枝君速取,莫教化作洛川神。"乍一看像長篇七言歌行,其實是四首七絶抄到一塊。整理的時候要把它們分開,否則容易給人誤導。當然,只憑押韻這一點不能判斷的話,還有别的辦法,比如核對原書、校驗其他版本、體會章法起迄,但用韻始終是我們判斷詩體的一個重要依據。如果暫時無法判斷是歌行還是絶句,可以看一看有没有用仄聲韻,如果有,那肯定不是七絶,也不會是七律。七言歌行中有一類,平仄韻互换比較有規律,盛唐邊塞詩人高適、岑参的歌行,常是有規律地换韻,平仄相間,押幾句平聲韻,再來幾句仄聲韻,再來幾句平聲,再來幾句仄聲,如此類推。後來也有人專門仿作這種體格的歌行。

律絶和韻的詩比較多,古詩歌行和韻的比較少。清代詩人吴偉業有一首長篇歌行很有名,叫做《圓圓曲》,寫秦淮八艷中的陳圓圓的,相當長,韻脚也很多,和韻非常麻煩,也没有人和作。但是,假設吴偉業寫了一組七絶詩,同樣是題咏陳圓圓與吴三桂之事,那麽,很有可能有人要和吴梅村的詩,哪怕多達十首、十五首。所以,基本上可以説,有和韻的作品,它屬於歌行的概率比較小。歌行跟絶句放在一起,還有什麽不一樣呢?那就是章法結構不一樣。絶句每四句一篇,每四句重新换一個頭,這是明顯的。歌行儘管也有層次,但不見得每隔四句就是一層,層次與層次之間前後聯繫性也更强,如剛才提到的郝之璽那四首七絶。

古體詩的用韻,比近體詩律絶的用韻要靈活得多。不過,也有例外。唐代韓愈以文爲詩,把詩寫的像文章那樣,花樣翻新,招數很多。其中一招就是在押韻的安排上儘量多變,絶不像近體詩那樣每兩句就押一個韻,整齊劃一。韓愈寫了一篇《柳州羅池廟碑文》,紀念他的好朋友柳宗元,很有名。柳宗元死了以後,在柳州成了神,柳州當地人給他建了廟,韓愈這篇碑文就是爲此寫的。碑文末尾有一首《迎享送神詩》:

> 荔子丹兮蕉黄,雜肴蔬兮進侯堂。
> 侯之船兮兩旗,度中流兮風泊之,待侯不來兮不知我悲。
> 侯乘駒兮入廟,慰我民兮不嚬以笑。
> 鵝之山兮柳之水,桂樹團團兮白石齒齒。
> 侯朝出游兮暮來歸,春與猿吟兮秋鶴與飛。北方之人兮爲侯是非,千

秋萬歲兮侯無我違。

福我兮壽我,驅厲鬼兮山之左。

下無苦濕兮高無干,秔稌充羨兮蛇蛟結蟠。

我民報事兮無怠,其始自今兮欽於世世。

這首詩一共八段,第一段兩句,第二段三句,第三段兩句,第四段兩句,第五段四句,第六段兩句,第七段兩句,第八段兩句。有的押平聲的韻,有的押仄聲的韻,很靈活跳蕩。韓愈的詩體如此,不足爲奇。古體詩中有諸如此類變化的,其實也不只韓愈一個人。杜甫那篇很有名的《飲中八仙歌》,寫八個非常能喝酒、非常好喝酒的人,所謂"飲中八仙"。他寫這八個人,不是平均用力,而是有的人寫兩句,有的人寫三句,最多的一個人寫四句,錯綜變化。這個被杜甫給予最高待遇的酒仙是李白:"李白一斗詩百篇,長安市上酒家眠。天子呼來不上船,自稱臣是酒中仙。"從章法結構上講,韓愈這首《柳州羅池廟碑》的《迎享送神詩》,跟杜甫的《飲中八仙歌》頗有類似的地方,但杜詩是一韻到底,韓詩用韻則是平仄相間。

其次,關於篇幅。判斷一段詩是歌行,還是絶句,或者是律詩,還可以數一數它一共有多少句。絶句一首只有 4 句,律詩一首只有 8 句。如果總共有 16 句,你就要思考,它是四首絶句,還是兩首律詩或一首排律,或者一篇歌行。當然,還可以根據别的一些因素去分析。律詩中有一種篇幅比較長,就是所謂的排律,排律的句數也有規定,那就是在 8 句的基礎之上,以 4 的倍數往上遞增。一首排律只能是 12 句、16 句、20 句、24 句……不可能是 22 句,也不可能是 14 句、18 句。

古體詩的篇幅也有其特點。我前面已經説過,古體詩如果出現 3 句、5 句、7 句、11 句、13 句、17 句這樣的句數,借用數學中的概念,這些數字就是質數,只能被它自己整除,還有被 1 整除,其它的都不能整除。如果一首詩通篇總句數是質數的話,你也要小心一點。這首詩已經用外形暗示我們:這是一首另類的詩,不能用一般的眼光來看它。

七言八句排在一起,有可能是律詩,有可能是絶句,也有可能是七言歌行。來看下面這個例子:"珠簾綉闥麗如春,玉鏡臺前照麗人。灼灼如花向誰贈,芙蓉出水一時新。香風細細透窗紗,窗外歌聲唱破瓜。一片緑雲嬌不起,傍人催上七香車。"從押韻來講,前四句跟後四句押的不是一個韻,所以不可能是七言律詩。從平仄來講,它完全符合近體詩平仄的格律,所以,這是兩首七言絶句。另外,在南朝後期以及唐朝初期,也就是在古體詩向近體詩過渡那個階段,有一些人喜歡寫七言八句的古體詩,有人甚至把它稱做"古律"。庾信、沈佺期都有這類作品,格律上不如後來的律詩那麼嚴整,雖然篇幅也是七言八句,格律上並不一樣。所以,碰到七言八句,也要考慮有没有可能是南朝後期或者初唐人寫的那種處於變革過渡期的七言古詩。

第三,關於詩題。古人寫詩,題目有講究,很多題目中出現"賦得"、"用(某人或某詩)韻"、"和韻"、"題"、"咏"等字眼。前面提到的那篇《離杯咏》,實際上,此詩題目應作《咏四更山吐月》。“四更山吐月”是杜甫的詩句,出自杜甫的《月》,句中“吐”字用得好,詩話中經常稱道。熟悉古詩的人,應該對杜甫這句詩有印象。作者以“四更山吐月”爲題目作詩,有這樣兩句:“何來幽夢後,獨入素幃清。”原來莫名其妙的三句詩,這樣就理順了。

再舉一個例子:“梅村集中《琴河感舊》爲卞玉京而作,牧齋和之,即《上林珠樹集·啼鳥》四首是也。”按照這個標點,吴梅村(偉業)詩集裏有一篇《琴河感舊》,是爲秦淮八艷的卞玉京寫的,後來錢牧齋(謙益)和了一首,就是《上林珠樹集》裏面的《啼烏》那四首。這個標點有問題。《上林珠樹集·啼烏》,中間那一點,還是有點新式的標點。今天要引用《史記·秦始皇本紀》,中間也要加個點,這是可以的。“《上林珠樹集·啼烏》”,給人感覺是錢謙益有個詩集叫《上林珠樹集》,問題是錢謙益根本没有所謂《上林珠樹集》,也没有一首叫《啼烏》的詩,這一查就能明白,很簡單。這是怎麽一回事呢?原來,古人稱一首詩,或者稱一組詩,有時候只稱引第一句,或者稱引最有名的那一句,用一句指代全篇,用一個部分來代表整體。錢謙益寫過一組詩,題爲《讀梅村宫詹艷詩有感》,共四首,是他讀了吴梅村《琴河感舊》那組艷詩之後寫的,收在錢謙益《有學集》裏。第一首第一句就是“上林珠樹集啼烏”,不是“集啼鳥”,“烏”和“鳥”長得太像,形近而訛。這段文字,可能是因爲前面講到吴梅村集,誤導了校點者,以爲錢謙益有所謂《上林珠樹集》,又把“啼烏”錯成“啼鳥”,標點完全錯了。這是因爲不瞭解古人稱引詩篇的一種慣例。

有些詩題或許有一點怪,但總的來説,應該是能够理解的。下面這一段文字,就不好理解:“《立冬》:‘樹遠瘦于簪,送友歸新安。’《去贈新别》:‘夢遠仗故交,心遲方似之。夜鳳融斑管,朝鸞引畫眉。’”《立冬》這個詩題好理解,但《去贈新别》就比較難理解,這個題目下面有兩句詩:“夢遠仗故交,心遲方似之。”也不知所謂,不像後面兩句“夜鳳融斑管,朝鸞引畫眉”是工整的對偶,好懂。實際上,這段文字引了三首詩。第一首是《立冬》,只摘録一句寫得特别好的詩:“樹遠瘦于簪。”再引另一首詩,題爲《送友歸新安》,摘録兩句詩:“去贈新别夢,遠仗故交心。”這兩句對偶非常工整。古人點評詩作,通常是摘録佳句,很多時候,佳句又往往是對偶句,比如眼前這個例子。緊接下來的,是第三首詩,題目叫做《遲方似之》。“遲”就是等候的意思,作者在等候的那個朋友叫做方似之。這首詩被摘録的也是兩句對偶句:“夜鳳融斑管,朝鸞引畫眉。”校點者没有瞭解詩題構成與摘句批評的慣例,所以搞錯了。

三　詞曲常識與古籍校點

先講詞,再講曲。

每一首詞都有詞牌,每個詞牌有其不同的格式。對熟悉的詞牌,可以按照經驗來校點,不熟悉的,就要對照詞譜來點。有一點要注意:同一個詞牌,可能有好幾個不同的名稱,你可能只熟悉其中一個。比如説《念奴嬌》,大家都非常熟悉,可是,《念奴嬌》還有好多個名稱,就不見得人人皆知了。《念奴嬌》,又叫

《百字令》,因爲它正好一百字。又叫《大江東去》、《赤壁詞》、《酹江月》,那是因爲蘇軾著名的《念奴嬌》詞或詞中的某些字句。如果某一天,你看到一首詞,詞牌是《淮甸春》,或者《壽南枝》、《慶長春》,可能就會愣住了。一查詞譜,原來就是《念奴嬌》。這是古代文人的風雅把戲,喜歡起個别名,用個别稱,不難對付。《滿庭芳》也是大家非常熟悉的一個詞牌,但是,它又叫《鎖陽臺》、《滿庭霜》、《瀟湘夜雨》、《話桐鄉》、《江南好》、《滿庭花》、《轉調滿庭芳》,不查詞譜,可能就不一定知道了。

比詞牌别稱麻煩一點的是,同樣一個詞牌,卻有不同格式。這個人填的《滿庭芳》,與那個人填出來的《滿庭芳》不一樣,字數不同,甚至用韻和平仄格式也有很多差異。這個時候更要勤查詞譜。詞譜告訴我們,《滿庭芳》有七體,《八聲甘州》有七體,《念奴嬌》有十二體,《聲聲慢》有十四體,《水龍吟》有二十五體,最可怕的是《河傳》有二十七體。一牌多體,多達十幾體、二十幾體,我看很少有人能記得住。《河傳》二十七體中,字數相差好幾個字,"判若兩體"。如果一味拘守自己所熟悉的那個《河傳》格式,就可能刻舟求劍,難免犯錯。一般來説,每個詞牌總有一個最常見的格式,通常稱爲"正格",再有一些不太常用的,稱爲"又一體",不必一一牢記,但要心中有數,勤於檢查。

再比如説,《女冠子》這個詞牌,正格是 41 字,《御定詞譜》提供的例子,是唐代温庭筠的這首《女冠子》:"含嬌含笑,宿翠殘紅窈窕。鬢如蟬。寒玉簪秋水,輕紗卷碧烟。　雪肌鸞鏡裏,琪樹鳳樓前。寄語青娥伴,早求仙。"詞分上下兩片。上片五句,押兩個仄聲韻,兩個平聲韻;下片四句,押兩個平聲韻。但是"又一體"的《女冠子》,以宋代蔣捷詞爲例:"蕙花香也。雪晴池館如畫。春風飛到,寶釵樓上,一片笙簫,琉璃光射。而今燈漫挂。不是暗塵明月,那時元夜。況年來、心懶意怯,羞與蛾兒爭耍。　江城人悄初更打。問繁華誰解,再向天公借。剔殘紅灺。但夢裏隱隱,鈿車羅帕。吴箋銀粉砑。待把舊家風景,寫成閑話。笑緑鬟鄰女,倚窗猶唱,夕陽西下。"詞也是上下兩片,上片十一句,六仄韻;下片十二句,七仄韻,多達 112 字,幾乎是正格《女冠子》的 3 倍。詞牌都叫《女冠子》,相差卻這麽多,字數、韻脚和句式都不一樣。如果碰到這樣一首《女冠子》,就要查一查詞譜。一般來説,詞譜這類書,哪些地方押韻,哪些地方不用押韻,哪些地方要停頓,都標得清清楚楚,對校點詞很有幫助。没有韻脚的地方,一般不用句號,有韻脚的地方,多半要用句號。有時韻脚太密,也可以不必都用句號,這要看具體情况。

爲什麽會出現一牌多名、一牌多體呢?這就要説到詞體的發展歷程。從中晚唐經五代到宋代,在這個漫長的過程中,詞不斷豐富,一牌多名和一牌多體,就是這種豐富性的表現之一。很多詞牌初起時只是單調的小令,後來慢慢發展爲雙調,上下兩片,字數成倍增加。詞牌一體跟另一體字數相差很大,甚至是另一體的一倍,就跟這個發展過程有關係。舉個例子吧。我曾從書中讀到清張景祁《題卞玉京道人重簾香鎖圖》。卞玉京是秦淮八艷之一,張景祁這首詞是題卞玉京的《重簾香鎖圖》,這是一首艷詞,但是没有標詞牌,標點就有一點難度。如果一開始没有意識到這是一首詞,而是往詩體那個方向去想,就歧路亡羊了。因爲它既不是七言古詩,又不是七言律詩,也不是五言詩,那就點不出來,找不到韻脚,相當於走路找不著北。確定是詞,卻不知道是什麼詞牌,怎麼辦呢?可以數一數全篇字數,然後根據字數,到詞譜中"按圖索驥"。無論是古代人還是現代人編的詞譜,基本上都是按照字數多少排列,字少的排前面,字多的排後面,從前往後翻就是了。現在有了電子檢索,就易如反掌了。《四庫全書》中有《御定詞譜》,可以查電子本,輸入檢索字串"一百十二字"(限"注釋文字"),書名條件限定"《御定詞譜》",就可以在卷四查出來,這首詞用的是《女冠子》又一體。原書的標點是這樣的:"綉幢烟裊,散花人,意含笑。黄紵新剪舞衫旋,换碧玉,華年空門垂老。障風銀蒜小坐,對博山灰冷,忏情多少。剩飘零吴苑舊曲,付與暮鐘殘照。　　尊前涕泣談天寶。嘆翠鈿塵委,鼙鼓漁陽道,故宫春杳。但素琴寄恨,水雲同調。長眉慵更掃。鎮日寫經窗静,篆紋縈繞。問祇陀遺迹,至今猶認,緑裙芳草。"核對詞譜,可以知道,上片點錯了幾處。正確的標點應該是這樣:"綉幢烟裊,散花人意含笑。黄紵新剪,舞衫旋换,碧玉華年,空門垂老。障風銀蒜小。坐對博山灰冷,忏情多少。剩飘零吴苑舊曲,付與暮鐘殘照。""黄紵新剪,舞衫旋换",是對句。在長調詞中,四言和六言極爲常見,兩個四言句或六言句聯翩出現,往往有對偶的關係,值得注意。

《念奴嬌》這個詞牌,有一個别名叫做《湘月》。有一些人不用《念奴嬌》這個名稱,而用其他名稱,除了有意炫博,顯擺學問,可能還别有用意。比如説近代著名文獻學家繆荃孫,他寫過一首詞,詞牌名爲《湘月》,也就是用《念奴嬌》詞牌的别名。這首詞是爲秦淮八艷中的馬湘蘭寫的,馬湘蘭字月嬌,又號湘蘭子,《湘月》這個詞牌關涉馬湘蘭的名和字,我想,繆荃孫是有意爲之的。《念奴嬌》字面也有香艷色彩,也關涉到一個"嬌"字,比起"湘月",就相形見絀了。校點者不熟悉《湘月》這個詞牌,斷句就出了錯。如果知道這其實就是《念奴嬌》,恐怕就不會弄錯了。所以,要勤翻詞譜。像《念奴嬌》這樣的常見詞牌,即使能背誦蘇軾那首《念奴嬌》,爲小心起見,也要查查詞譜。

因爲不熟悉《湘月》這個詞牌,有人把繆荃孫的詞錯點成這樣:"瑶肪一寸,向湘簾、棐幾相伴妝鏡,巧語如簧。楊柳外,道是催詩境。小字蠅頭,短書魚腹,紅押芝泥,淨雪漁妙,篆斯冰聖迹,堪并乘輿。放棹秦淮,板橋流水,娉婷曾照影。孔雀庵邊,歸去也,睍睆新聲,誰聽。眉硯生香,練裙顧曲,舊事心頭,省綢繆風月,王昌艷福同領。"好幾句讀破了。詞中的"雪漁",指的是明清之際一個非常有名的徽派篆刻家何震。何震受人之託,替馬湘蘭刻了一方印。後來繆荃孫有緣看到這方印,發思古之幽情,填寫了這首詞。現在把它斷成"淨雪漁妙",還有一個地方點成"淨雪漁妙篆斯冰",這是什麼話?這幾句應作:"小字蠅頭,短書魚腹,紅押芝泥淨。雪漁妙篆,斯冰聖迹堪并。"下面幾句也錯了,應作:"乘輿放棹秦淮,板橋流水,娉婷曾照影。孔雀庵邊,歸去也,睍睆新聲誰聽。眉硯生香,練裙顧曲,舊事心頭省。綢繆風月,王昌艷福同領。""淨"是韻脚,"雪漁妙篆",是説何震篆刻極爲高妙,可以比併李斯、李陽冰的聖迹。詞牌的陌生化,一定程度上給這首詞增加了閱讀斷句的難度。

如果一首詞有脱衍,多出或少去一個字,核對詞譜,也可以發現問題。舉一首《連理枝》詞爲例:"一片疏香度。似有離雲護。説與東風,依稀曾記,忍寒無語。恁生生天上復人間,剩窗前那樹。　芳訊更换,清夢知難遇。紙帳垂垂月嬋娟,影可留春住。悵文君消渴不移時,向紅覓句。"乍一看,好像"芳訊更换"以下諸句没有問題。核對詞譜,就發現"芳訊更换"這個地方應該是五字句。再查原詞出處,發現整理本真的脱了一個字,而"紙帳垂垂月嬋娟"以下,應該點作四言三句:"紙帳垂垂,月嬋娟影,可留春住。"總之,詞譜對於校點詞作是有幫助的。

再舉一個例子。《高陽臺》並不是稀罕的詞牌,有一首《高陽臺》上闋是這樣的:"疏影香粘,芳心寒禁,夜來點破春痕。珠簾依稀,認取前身。冰肌玉骨誰厮問,憑彩筆、畫個真真。便和伊索笑巡檐,一向温存。"不熟悉《高陽臺》詞牌,就不會發現第四句少了兩個字,"珠簾"前脱"試捲"二字。此處應作:"試捲珠簾,依稀認取前身。"不核對詞譜,簡單讀下來,貌似也都通順。不細心數字數,也不會發現這首《高陽臺》少了兩個字。所以,在校點詞作過程中,哪怕平常對這個詞牌比較熟悉,也建議再核一下詞譜,就能隨時發現問題,訂正訛誤。

校點過程中還會碰到一些作品,一時難以分辨是詩體還是詞體,比如那些詩詞混編的别集中,就有這個問題。只有題目,没有詞牌,詞就有可能被誤認爲詩。詞一般是長短句,但是,也有一些詞牌句式整齊,比如《浣溪沙》是七言六句,《玉樓春》是七言八句,《生查子》是五言八句,後兩者外形上很像律詩。怎麽判斷是《玉樓春》而不是七律,是《生查子》而不是五律呢?很簡單,《玉樓春》一定押仄聲韻,《生查子》也是押仄聲韻,凡押仄聲韻的,就不可能是律詩。至於《浣溪沙》,只有七言六句,也不可能是律絶,只能是《浣溪沙》。不過,碰到七言六句或者七言八句押仄韻的,除了考慮詞,也要考慮是不是七言古體。最好是原書有明確的提示,有詞牌或詩體的標注,否則,就要格外小心。辨認詞的韻脚,小令好辨一點。小令通常比較短,韻式變化也少一些,句式以五七言居多;而長調句式,四、五、六、七言都有,多種句式混雜,變化更多,韻式也多變。所以,長調詞要找對韻脚,給予正確的標點,相對難一點。

下面再簡單地講一下曲。我讀的曲不多,所以,碰到曲作,就比較緊張。籠統地説,曲跟詞是一回事。詞有很多詞牌,曲也有很多曲牌;一個詞牌有好多名稱,一個曲牌也有很多名稱;一個詞牌有好多種格式,一個曲牌也有好多種格式;《四庫全書》中有《御定詞譜》,也有《御定曲譜》。但是,也有不一樣的。曲的文字比詞更通俗,詞每一句多少字是比較固定的,曲的彈性比較大,因爲加上了很多襯字。小令用的襯字少,套曲比較多。襯字通常是一些比較俚俗的字詞,一般不占用樂曲的節拍,通常唱得比較快,一口帶過。在曲譜中,襯字往往用小字書寫,跟正字有個分辨,但是,有的文獻根本不做這個分辨,正字襯字一起寫下來,很麻煩。對照曲譜,這一句明明是五個字,加上襯字就八個字了。曲譜中明明只有四個字,可是作品中卻是七個字,有三個是襯字,辨别襯字要特别小心,因爲它直接影響到斷句。

用韻方面,曲的用韻比詞更寬,有時候,也有跟詞一樣類似的習慣性對偶。碰到一個曲牌,如果斷句没有把握,我建議找幾首同樣曲牌的作品來比對參證。曲譜跟詞譜不太一樣,有時候,它像只提供一個基本框架,每個人創作的時候,都可以加上自己的襯字修飾。把多首同一曲牌的作品放在一起比較參證,有助於辨句定韻。

這裏只舉一個例子。《僥僥令》:"梅英春綻後,蕙草雪消初。只見歌斷泠泠山泉溜,舞罷也亭亭海鶴孤。""只見"、"也"就是襯字,去掉這兩個襯字,正句就變成了"歌斷泠泠山泉溜,舞罷亭亭海鶴孤",不那麼俚俗,很有點像詞的句子。開頭的"梅英春綻後,蕙草雪消初"是兩個對偶句,本來就像詞。所以,曲少不了襯字,襯字影響甚至決定了曲的通俗風格。它給校點工作帶來一些麻煩,那也是没有辦法的事。

四　韻文駢文常識與古籍校點

這個部分,我想主要從四個方面舉例來説,一個是銘文,一個是頌贊,一個是賦,一個是駢文。

首先説銘文,銘文其實是四言詩的一種變形。《詩經》中百分之九十多的句子都是四言,所以,人們都説《詩經》是四言詩。《詩經》之後,四言詩就逐漸衰落了,魏晉詩人也只有曹操、嵇康和陶淵明等少數人,還寫得一手好四言詩,但總的來説,四言詩越來越少。魏晉南北朝基本上是五言詩獨尊的時代,唐代基本上是五七言詩爭雄的時代,這一格局在唐代以後長期維持著。但大家往往没有注意到,四言詩其實是轉移了陣地,"轉進"到了銘文、頌贊等文體中。

很多銘文,特别是碑文、墓誌後面的那些銘文,實質上都是四言詩體,"銘詩"就是對這種詩體的傳統稱呼。"銘詩"跟"銘文"一字之差,卻代表了兩種不同的文體認定,一個是文,一個是詩。也許,名稱不重要,實質才重要。我在這裏要强調的是,銘文(銘詩)有常規格式,也有非常規的格式。常規的格式都是一樣的,是每句四言,第二句、第四句、第六句、第八句等押韻;非常規格式卻各有各的花樣,有很多種變化格式。比如説,其中有一種不是我們通常習慣的第二句、第四句、第六句、第八句押韻,而是每三句押一個韻。所謂每三句押韻,就是第三句、第六句、第九句、第十二句等彼此押韻,每三句一個單元,一個段落,這種格式實際上來自秦始皇東巡碑文,源遠流長。秦始皇統一中國後,巡行山東、浙江、河北等地,令李斯撰作四言詩,刻石立碑。這些四言詩都是三句一韻,不是我們通常習慣的兩句一韻。這種格式在整個魏晉南北朝少有人用,而到了唐代,尤其是中晚唐,又有很多作家寫作碑銘文時使用這樣一種格式。比如權德輿《董晉神道碑》的銘文:

後王財成,雋乂昭明。以建皇極。

甫申居内,方邵理外。周邦是式。

于惟隴西，求福不回。文武宣力。
調和公餗，整訓長轂。柔惠且直。
膠西章章，道可佐王。屈相下國。
綿代儲慶，至公而盛。位實配德。
孑孑幹旟，昔往浚都。俗既紓息。
翻翻素旗，今旋洛師。人用凄惻。
惟是壤樹，資于四布。萬安之側。
德輝在兹，永代有詞。于以篆刻。

每三句一章，章與章之間，通過相互押韻的末句而聯成一體，這是與秦始皇東巡刻石的四言詩一樣的。不僅如此，權德輿又有新的發展，就是每章内部的前兩句彼此押韻，"成"與"明"、"内"與"外"、"西"與"回"等等，形式更加精緻，標點時要注意。有人不懂，將這段銘文按常規標點爲："後王財成，雋乂昭明。以建皇極，甫申居内。方邵理外，周邦是式。于惟隴西，求福不回。文武宣力，調和公餗。整訓長轂，柔惠且直。……"那就完全錯了，没有找對韻脚，也就没法體現這篇銘文的形式結構。假設再有人根據這樣一個錯誤的整理文本，來推斷中唐作家權德輿寫的這篇碑文是不押韻的，那就貽害無窮了。這個問題目前還没有引起足够重視。很多古籍整理著作或者研究著作，水平相當好，涉及碑銘文標點，卻由於不瞭解這種文體格式特點，弄錯了，不能卒讀，很扎眼。

又如大家都很熟悉的唐代大書法家顔真卿，他寫過一篇《郭子儀家廟碑》，碑文後面有八章四言詩：

郭之皇祖，肇之虢土。逮乎後昆，實守左輔。徙華陰兮；
源長流光，施于司倉。凉州兵部，克熾而昌。載德深兮；
篤生太保，允懋厥道。神之聽之，永錫難老。式如金兮；
于穆令公，汾陽啓封。文經武緯，訓徒徬空。簡帝心兮；
含一不二，格于天地。愷悌君子，邦之攸塈。昭德音兮；
芝馥蘭芳，羽儀公堂。子子孫孫，爲龍爲光。鏘璆琳兮；
乃立新廟，肅雍允邵。神保是聽，孝思孔昭。亶居歆兮；
乃立高碑，盛德美鼓。日月有既，徽猷永垂。映來今兮。

一共八章，每章五句，前四句是 a a b a 這種韻式，第五句與下一章的第五句押韻。以前三章爲例，"祖"、"土"、"輔"押韻，"光"、"倉"、"昌"押韻，"保"、"道"、"老"押韻，然後，"陰"、"深"、"金"等押韻。每章前四句自成一體，第五句屬另一部分，跟另一章的第五句聯爲一體。我所建議的標點如上，希望能够提示其韻脚位置，把它的形式特點表現出來。

權德輿和顔真卿所用的四言體式，不是我們常見的那種四言詩格式，《詩經》中也不曾有，是唐代人發展變化出來的。唐代碑誌文中的銘文，有很多這類新變格式。今天整理古籍，不注意這一點，就有可能標點出錯，並且誤導讀者。標點這一類文本，到底什麽地方應該用逗號，什麽地方用句號，或者用分

號,有時候也蠻爲難的。比如唐代張説《贈廣州大都督馮府君神道碑銘》:

明珠紫貝,産於南國。代所珍兮。
允矣君子,不耀其德。克全真兮。
慶流我後,高驤上翥。中貴臣兮。
朱幡象服,寵及泉路。榮其親兮。
孝道不隕,勒銘表墓。留芳塵兮。

一共五章,每章三句。每章第二句和鄰章第二句押韻("國"與"德"、"翥"、"路"、"墓"押韻),第三句與鄰章第三句押韻(語氣詞"兮"字去掉不計,"珍"、"真"、"臣"、"親"、"塵"押韻)。在三句構成的一章之内,前兩句自成一體,第三句則既屬本章,又游離於外,與其它章的第三句的關係構成整體。這種章法結構安排,也涉及古代文體的特點。怎樣標點,才能更好地體現出來呢?上文是我建議的方案,提出來供大家參考。如果能够通過標點做一些提示,使讀者更好地掌握這個作品的文體形式特徵,花些氣力,還是值得的。

再説頌贊。漢魏六朝以後,四言詩並没有全綫衰退,而只是轉移到别的文體中發展,並且在銘文、頌贊等文體中,發揮著中流砥柱的作用。劉勰寫《文心雕龍》,已經是在南朝後期了。他還説四言是詩歌正體,風格以雅潤爲本,比較正式,而那時已經蓬勃發展的五言詩,在劉勰眼中,還只是"流調",也就是流行的體式,靠清麗的風格取勝。五言跟四言相比,清麗跟雅潤相比,總之不那麽莊重,不那麽典雅,不那麽正式。所以,在銘文頌贊中要用四言詩體,才够正統、够正式、够典雅。這些都屬於禮儀場合,必須要用四言,才够端莊。

在頌贊當中,四言體有時會有一些調整,如果不瞭解這一點,就會弄錯。比如這一篇就點錯了:"贊曰:子之豐兮遺盼如練,欲結綢繆以承繾綣。花睡方沉蝶尋無倦,珠光在縣玉温言。念情之所之素以爲絢,觀陣於奇操術以變。迫而視之是耶非,目而送之美而艷。"其實這段文字不難。我不明白,點校者爲什麽斷成八言的句子。事實上,這基本上是四言句:"子之豐兮,遺盼如練。欲結綢繆,以承繾綣。花睡方沉,蝶尋無倦。珠光在縣,玉温言念。情之所之,素以爲絢。觀陣於奇,操術以變。"只有最後兩句稍微變了一下,是七言:"迫而視之是耶非,目而送之美而艷。"可能是這兩句七言誤導了整理者,使他以爲此篇以七八言爲主體。再説,頌贊押韻也分平仄,這一篇押的是仄聲韻,以"言"爲韻脚,也是靠不住的。其他韻文文體與此類似,也要注意。

接著説賦。賦既是文,又是詩,既不是文,又不是詩,介於詩和文這兩個文類之間,像動物裏的蝙蝠。賦是韻文,其押韻靈活多變,不容易把握,所以很多人習焉不察,視而不見。這裏我想强調兩點。第一,這幾年辭賦創作很時髦,有《百城賦》等,有些完全無韻,是不合格的。辭賦並稱,其中的"辭"是詩體,那不用多説。賦本身也是詩體,也是無可置疑的。第二,有些賦中還額外添加一些詩篇,那就是更加明顯的詩體,其形式多樣,也很值得注意。從漢賦開始,就是這樣的,比較常見的,是賦末有亂辭,也叫賦末繫詩。亂本來是音樂術語,樂曲彈奏到最後一輪,要加以總結、提升,把主題再突出一下。東漢王延壽《魯靈光殿賦》中,就有一篇騷體的亂辭,三句一章,句句押韻。馬融《長笛賦》也有一篇亂辭,是七言句句押韻的格式。不過,這兩篇漢賦怪怪奇奇的字比較多,這裏就不再抄録了。

嵇康《琴賦》篇末也有亂辭,是四言三章,共十二句:"愔愔琴德,不可測兮。體清心遠,邈難極兮。良質美手,遇今世兮。紛綸翕響,冠衆藝兮。識音者希,孰能珍兮。能盡雅琴,唯至人兮。"此篇用的是楚辭《橘頌》的句式。再舉明代俞安期《歌賦》的亂辭爲例:

音聲微妙,惟絲竹兮。
　　瑟琴箏笛,管笙簫兮。
聆其清韻,匪不淑兮。
　　惠察其文,殊邈邈兮。
往哲有言,兹可復兮。
絲不如竹,竹不如肉兮。

我有意這樣排列,方便大家看清它的韻脚。總共六行,韻脚格式是 a b a b a a。"音聲微妙,惟絲竹兮",也可以看作是八言句,還可以看作是七言句之後多了一個"兮",其他可以類推。如果删去"兮"字,這首亂辭就變成:"音聲微妙惟絲竹;瑟琴箏笛管笙簫。聆其清韻匪不淑;惠察其文殊邈邈。"第一句跟第三句,第二句跟第四句,這是交韻(交叉押韻),在傳統詩歌和韻文中並不多見。"絲不如竹,竹不如肉。"這兩句多了一個字,變成兩個四言句相互押韻。諸如此類的格式,在賦中時常能碰到,也要注意。

最後,簡單講一下駢文。對於古籍整理者來説,瞭解駢文體制很重要。最好既理解駢文的内容,又懂得它的形式,但是,這談何容易。駢文難懂,難在它經常用典。比如説清代駢文寫得很好的陳維崧,字面一看就漂亮,可是内涵不容易懂,因爲有好多典故。不過,一般古籍校點碰到駢文,不要求你百分之百理解它的意思,只要能正確斷句就行。爲此,先要瞭解它的形式,掌握駢文形式,比掌握其内容更重要。那麽,駢文的形式有什麽特點呢?

常説駢文是"駢四儷六",四言、六言的句子最多,還有嚴整的格式。定型以後的駢文,形成了最嚴格的格式,就是句尾呈現"馬蹄格"那種平仄格式。什麽叫句尾"馬蹄格"平仄格式呢?駢文每一句最後那個字的聲調,是平聲還是仄聲,是有規律的。據説馬是前蹄跨出去,後蹄就跟上來,前後蹄會踩在同一個位置上。"馬蹄格"的意思,就是説駢文句尾的平仄安排,要依照平仄兩兩相間的格式,也就是平聲出現兩次,接著仄聲出現兩次,然後再接著出現平聲兩次,依此類推,循環反復。如果這麽講大家還不太好理解,還覺得抽象,那麽,就請記住我舉的唐代王勃《滕王閣序》這個例子。只要回憶一下《滕王閣序》的平仄格式,就能掌握最嚴格的駢文格式。

在王勃以前,南朝人庾信、江總這些人也寫駢文,不過格式没有這麽嚴格。

但是王勃以後，唐宋直到明清，最嚴格的駢文格式也就是王勃這種格式。瞭解這種格式，對於校點駢文大有好處。先看王勃《滕王閣序》最前面一段：

豫章故郡，洪都新府。星分翼軫，地接衡廬。襟三江而帶五湖，控蠻荆而引甌越。物華天寶，龍光射牛斗之墟；人杰地靈，徐孺下陳蕃之榻。雄州霧列，俊采星馳。台隍枕夷夏之交，賓主盡東南之美。都督閻公之雅望，棨戟遥臨；宇文新州之懿範，襜帷暫駐。十旬休假，勝友如雲；千里逢迎，高朋滿座。騰蛟起鳳，孟學士之詞宗；紫電青霜，王將軍之武庫。家君作宰，路出名區；童子何知，躬逢勝餞。

開篇第一句"豫章故郡"忽略不計，從"洪都新府"開始，句尾字的平仄格式是仄仄、平平、仄仄、平平、仄仄、平平、仄仄、平平、仄仄（府軫、廬湖、越寶、墟靈、榻列、馳交、美望、臨範、駐假）……所以，如果在意義上把握不住是否在某個位置斷句的話，可以看看是否符合這種平仄格式。《滕王閣序》全篇只有一個地方出了問題，"賓主盡東南之美。都督閻公之雅望"這兩句都是仄聲收尾，按道理，接下來的應該是平聲收尾的兩句，可是，"棨戟遥臨；宇文新州之懿範" 卻是一句平聲收尾，一句仄聲收尾；再下來"襜帷暫駐。十旬休假"又是兩句仄聲收尾，"勝友如雲，千里逢迎"又是兩句平聲收尾，都没有問題。我很懷疑，"宇文新州之懿範"文字有誤，或許應該是"宇文新州之範懿"，可惜没有任何版本依據。也可能只是王勃偶爾疏忽了。

唐代以後，很多駢文的寫作遵從嚴格的平仄，除了句尾格式，還有句中的平仄要求，前平後仄，前仄後平，都有嚴格的要求。那麽，掌握這種嚴格的駢文格式，不但有助於我們斷句，也有助於我們校勘。同一篇駢文有兩個版本，一個版本作平聲，另一個作仄聲，可以參照聲律格式來判斷。所以，看懂駢文形式比看懂它的内容，對於校點工作來説，應該是更重要的。駢文的麻煩之處在於，由於它格式嚴整，環環相扣，所以，如果一句點錯，相連幾句往往也跟著出錯，"無獨有偶"，很難只錯一句。比如程光祚《惆悵詞序》，有這樣一種標點："祈靈紺殿爲期，空睍瓣香；而送恨命舸，渝洲各泛，徒窺影箔以摇魂。詢知妝閣臨波，蕙帳深栖。鴛侣浪邀游帆入浦。桃花偏阻，漁郎相隔，一漚孰禁，永夜地同。居則異望，中銷銀箭之聲，室邇人非，遥想處變玄冠之髮。"首先是句尾不合"馬蹄格"平仄格式，"魂"和"波"兩個平聲，貌似是對的，"栖"和"浦"一平一仄，那就顯然不對了。其次是前後句看不出對偶結構來，"祈靈紺殿爲期，空睍瓣香"與"而送恨命舸，渝洲各泛"，完全看不出來對偶。實際上，這段文字應該這樣標點："祈靈紺殿爲期，空睍瓣香而送恨；命舸渝洲各泛，徒窺影箔以摇魂。詢知妝閣臨波，蕙帳深栖鴛侣；浪邀游帆入浦，桃花偏阻漁郎。相隔一漚，孰禁永夜。地同居則異，望中銷銀箭之聲；室邇人非遥，想處變玄冠之髮。"前四句中，"紺殿"和"渝洲"都是地名，"送恨"和"摇魂"對得很好，"祈靈"與"命舸"、"空睍"跟"徒窺"，都對得很工整。全篇平仄嚴整，扇對的結構也一目瞭然。

駢文講平仄,也講對偶。對偶有單句對,也有隔句對,又稱扇對。程光祚《惆悵詞序》中,好多是扇對,比如"祈靈紺殿爲期,空睨瓣香而送恨;命舸渝洲各泛,徒窺影箔以摇魂"。扇對的標點,應該在前兩句結束處加個分號,後兩句終了再加句號。分號在這裏表示前兩句跟後兩句有對偶的關係,這樣可以突出扇對的結構。點校駢文,應該盡可能清楚地呈現其形式結構的特點,包括平仄對偶的構造特點。

五 其他與文體相關的校點問題

在整理古籍的過程中,也經常會碰到對聯。對聯不是文體,勝似文體。對聯其實是駢文的縮略版,可以説,駢文裏充滿了對偶,對聯有的是單句對,有的是雙句對(扇對)、三句對、多句對,等等。扇對,是説這種對聯(對偶)像兩扇打開的門。扇對的標點,是在上聯末尾加分號,在下聯的末尾加句號。三句以上的對聯,稱爲長聯,上下聯仍是平仄相對。長聯的組織,也有嚴格的平仄格式。游覽名勝古迹,有很多對聯,可以看看那些對聯是怎麼寫的,平仄是否合格。嚴格的長聯,句尾平仄也應該遵守"馬蹄格"。從這一點也可以看出,對聯是具體而微的駢文。長聯的句尾平仄格式,可以參看余德泉《對聯通》。我這裏只列一個七句聯句尾的平仄格式,上聯是"平平仄仄平平仄",下聯是"仄仄平平仄仄平",可以作爲參照標準。六句聯的句尾平仄格式,取此七句聯格式後六字,五句聯取其後五字,四字聯取其後四字……皆可依此類推。在古籍校點中,不瞭解對聯這個格式,也會把對聯點破。

古籍整理涉及各種各樣的文獻,包括印章及其邊款。前面提過繆荃孫的《湘月》詞有小序,提到著名篆刻家何震(何雪漁)應蘇州名士王百穀(王稚登)之請,替馬湘蘭刻了一方印,印文四字:"聽鸝深處"。還有一個邊款,叫做:"王百穀兄索篆,贈湘蘭仙史。何震。"印章邊款與書信題跋一樣,出現落款(名字、時間等),就意味著題款到此結束。這是邊款的基本格式。所以,"何震"署名後面那一句"秦淮舊物也",確定不是邊款裏的文字,而是繆荃孫的説明,不應該放在表示印章邊款的那段引文引號之内。

明清之際,徽州人潘之恒寫了一部有關秦淮歌妓文化的書,叫做《亘史》。司馬遷《史記》各篇篇末有"太史公曰"云云,清人蒲松齡寫《聊齋志异》,也經常在故事後面説"異史氏曰",這位潘之恒先生好古成癖,遂在《亘史》自稱"亘史氏曰",這是他的自稱,不能把這個"亘史"當成書名。

由於各種原因,排版的時候,把若干篇七絶連排,不加分隔。有一本書,就把楊萬里的七絶《初入淮河》三首連排,第一首四句正好排滿一行,第二首從次行起排,但並不間隔;更礙眼的是第三首第一句"中原父老莫空談",緊接在第二首第四句之後,不另起一行,這種版面外觀給人的感覺,是這十二句很像一首七言古詩,容易引起誤解。古書竪行,有時候一行 20 個字,正好刻一首五絶,這樣,若干首五絶連刻,就可能分不清是若干首五絶,還是一首長篇五言詩。或者把七言詩連排,從頭到尾,不另起行,也可能混淆七絶、七律和歌行。

今天整理古籍,涉及重新排版,至少應該把這個問題解决好,是絶句還是古詩,或是律詩,應該在排版格式上有清楚的提示。其實也很簡單,要麽每篇另起一行,要麽每篇之間間隔一行。如果是在長篇的引文中,各篇之間可以分别加前後引號。舉一個例子,有的詩題會對詩體、篇數明確提示,比如説,有個人明確地説"予作《吊古》二絶",後面跟著抄録了八句詩。他已經講得很明白,他寫的是兩首絶句,題目是《吊古》。在這種情况之下,應該通過標點符號和排版格式,把這兩首絶句分清楚,不要讓人誤認爲是一首律詩。

古籍中引詩,或者引用古人的句子,要標注出來,加上引號,給讀者一個提示。有的時候没有意識到是引文,那是因爲讀的書不够多。比如明末冒伯麐説過的這段話:"余從十二名姬中見(趙)今燕詩。頃游秦淮,知其尚在,屏居謝客,與吴非熊訪之。客與温文,清言楚楚,枇杷花下閉門居,風流可想。""枇杷花下閉門居",應該加上引號,因爲這不是冒伯麐的話,是他引唐人王建寫女校書薛濤的那首詩中的句子:"萬里橋邊女校書,枇杷花下閉門居。"又比如這一句:"所謂子美集開詩世界也。"既然前面有"所謂"二字,那就應該是引文,引述前人的説法。"子美集開詩世界"是北宋王禹偁的詩句,贊揚杜甫詩集打開詩歌的新世界。"所謂"後面這七個字,是應該加上引號的。再如某書上有這樣一句:"袁簡齋謂:'阮亭詩一代正宗,才力薄。'"看來,校點者没有讀過袁枚那組鑾有名的論詩絶句《仿元遺山論詩》,總共 42 首,其中有一首傳誦甚廣:"不相菲薄不相師,公道持論我最知。一代正宗才力薄,望溪文集阮亭詩。"袁枚認爲,當時寫文章的桐城派大家方苞,寫詩的神韻派大師王士禛,儘管被稱爲一代正宗,可是才力淺薄,袁枚對他們評價不高。那麽,這個地方要斷句的話,應該作:"袁簡齋謂阮亭詩'一代正宗才力薄'。"這才是正確的標點。

(作者單位:南京大學古典文獻研究所)

《古典文獻研究》稿約

1.《古典文獻研究》是南京大學古典文獻研究所主辦的學術集刊，每年出版一輯兩卷，由鳳凰出版社出版。

2. 本集刊主要登載以古典文獻爲中心而展開的各種專門性研究。關於其他傳統學術問題的研究論文，並所歡迎。内容、主題，均所不限。尤其期望提出新理論、實踐新方法、開闢新領域的各種專深研究。書評、研究綜述等，亦適量登載。史料整理、文獻考證等，視其重要程度，選擇刊發。

3. 本集刊設有編輯委員會，採用專家匿名審稿制度。每輯上卷六月底截稿，八月出版；下卷十月底截稿，十二月出版。

4. 來稿一經刊出，即付稿酬及樣刊。來稿一般不退，若稿件寄達後三個月内未接到本刊採用通知，作者可自行處理。

5. 來稿内容之著作權（如圖、表、照片、統計數字及長篇引文等）問題，由作者負責。如發生侵害第三者權利之事，概由投稿者承擔法律責任，與本集刊無關。

6. 來稿請遵從本集刊格式規範（另見），並請注明真實姓名、服務機構、職稱、詳細通訊地址、電子郵箱、電話或傳真，以便聯繫。來稿若不符合格式要求，恕不受理。

7. 來稿請寄：210023　中國南京栖霞區仙林大道 163 號　南京大學仙林校區文學院　古典文獻研究所《古典文獻研究》編輯委員會；編輯部將視審稿情况通知再寄電子文本。

垂詢請電：8625－89683390　或傳真至：8625－89687098

《古典文獻研究》編輯委員會　謹啓

二〇一四年六月

《古典文獻研究》

稿件書寫格式

一、來稿請使用繁體字。除特殊論文外，異體字、俗字等請改用繁體正字。

二、注釋請採用頁下注。注釋碼用阿拉伯數字①②③④……表示，其位置在標點符號前(引號除外)文字的右上角。

三、引用文獻，務請詳列出處。引用古籍，應標明著者时代、著者名、版本(新印古籍，標明出版社、出版年代及整理信息)、卷數、頁碼；引用專書，應標明著者(譯著，著者名前加注國别，用圓括號括起)、章(卷)數、譯者、出版者、出版年月、頁碼；引用期刊論文，應標明期刊名、年代及卷期數、頁碼；引用西文論著，依西文慣例，標明作者、論著名、出版地及出版者、出版年代、頁碼，著作名用斜體，論文名加引號；如：

Kristofer.M. Schipper, *The Taoist Body*, Berkeley: University of California Press, 1993. pp.21

Anna SEIDEL, "Chronicle of Taoist Studies in the West 1950—1990". Cahiers d'Extrême Asie 5:223—347. 1989.

四、再次徵引，注明責任者、文獻名、頁碼即可。

五、常用古籍，若不涉及版本、異文問題，可隨文用括號注明文獻名及篇章名、卷數，不再另出頁下注。

六、首次提及帝王年號，須加公元紀年；首次提及外國人名，須附原名。中國年號、古籍卷數用中文數字。其他如公曆年數、期刊卷期號、頁碼等，均使用阿拉伯數字。引用敦煌文獻，用縮略標號加阿拉伯數字形式。其他特殊文獻，依學界慣例。

七、文中若有插圖，請提供清晰照片或電腦文件，並在文中注明位置。